# 고려 역사상의 탐색

국가체계에서 가족과 삶의 문제까지

고려 역사상의 탐색 : 국가체계에서 가족과 삶의 문제까지

This Edition was published by Jipmoondang Publishing Co. in 2017, Seoul, Korea.

이 책은 한국출판문화산업진흥원의 지원금을 받아 제작하였습니다.

# 고려 역사상의 탐색

## 국가체계에서 가족과 삶의 문제까지

노명호 서성호 이익주 박재우 윤경진 최연식
이종서 추명엽 정요근 이강한 최종석 강호선
이명미 김우택 정동훈 황향주 오희은
렘코 브뢰커(Remco E. Breuker) 모리히라 마사히코(森平雅彦)

집문당

# 고려 역사상의 탐색

국가체계에서 가족과 삶의 문제까지

2017년 10월 30일 1판 1쇄

저 자 | 노명호, 서성호, 이익주, 박재우, 윤경진, 최연식
이종서, 추명엽, 정요근, 이강한, 최종석, 강호선
이명미, 김우택, 정동훈, 황향주, 오희은
렘코 브뢰커(Remco E. Breuker), 모리히라 마사히코(森平雅彦)
발행인 | 임동규
발행처 | **집문당**
등 록 | 1971. 3. 23. 제300-2012-69호
영업부 | 10881 경기도 파주시 광인사길 85(파주출판도시)
(02)743-3192~3 팩스(02)742-4657
sale@jipmoon.co.kr
편집부 | 03134 서울시 종로구 돈화문로 82 집문당빌딩 5층
(02)743-3096~7 팩스(02)743-0227
edit@jipmoon.co.kr
홈페이지 | www.jipmoon.co.kr

ISBN 978-89-303-1775-7

가격 25,000원

이 도서의 국립중앙도서관 출판시도서목록(CIP)은 e-CIP홈페이지(http://www.nl.go.kr/ecip)와
국가자료공동목록시스템(http://www.nl.go.kr/kolisnet)에서 이용하실 수 있습니다.
(CIP제어번호: CIP2017027958)

# 머리말

이 책의 집필자들은 서울대학교 국사학과 대학원에서 필자의 고려시대 강의에 함께한 바 있었던 학계의 중견학자들과 신진학자들이다. 각기 전문 연구 성과를 쌓아 올리며 학계에서 활약하고 있는 학자들과 참신하고 예리한 시각의 연구 성과를 내고 있는 신예 연구자들이 함께 이 책을 기획하고 집필하였다.

이 책의 기획방향은, 집필자들이 연구해온 전문 영역과 관련하여, 고려시대에 대한 근래의 연구들에서 밝혀진 새로운 사실들을 학부생이나 일반 독자들에게 쉽게 풀어서 소개하는 것이다. 그 새로운 사실들은 한국사인식의 폭과 깊이를 더하는 데 의미 있는 것이지만, 일반 개설서에는 아직 거의 제대로 소개되지 않은 것들이다. 이 책은 학계의 전문 연구와 일반 개설서 사이의 큰 간극 사이에서 징검다리 역할을 하는 것이다. 이 책에서 다루어지는 내용은 크게 두 가지로 볼 수 있다. 하나는 학계의 고려시대 연구결과의 새로운 내용 가운데에서 사실의 윤곽이나 내면에 대한 증거 자료의 확보와 분석의 합리성에서 의미 있는 완성도에 도달한 것들이다. 그리고 다른 하나는 보완연구가 좀 더 필요하지만 현시점에서 일반의 관심을 받는 역사적 사실 등에 대해 관련 자료나 주요 연구 동향을 정리하여 소개한 내용이다.

이 책은 고려시대의 국제관계와 국가체제부터 삶의 문제까지 네 범주의 큰 주제 안에 각기 다섯 주제씩 모두 스무 개의 세부 주제로 나누어, 여러 측면의 역사적 모습을 살펴보려 하였다. 그 세부 주제들은 집필자들의 연구주제를 살리면서 학계의 관련 연구 결과들을 다룬 것이다. 세부 주제의 글들은 공동의 집필 방향에 의거하면서도 집필자들의 개성이 살아 있다.

이 책의 서술 원칙은 일반 독자들에게 보다 친근하게 다가갈 수 있게 하는 것이다. 그에 따라 문장은 되도록 쉽게 풀어쓰는 한편, 서술 형식에서도 장절의 제목에 번호를 달지 않고, 각주 등도 붙이지 않았다. 참고문헌도 10개 이내로 줄여 제시하도록 하였다.

필자는 이 책에 앞서 서울대학교 국사학과 대학원에서 공부한 사람들과 함께 작업하여 펴낸 책들이 있다. 『한국고대중세고문서연구(상 · 하)』는 기존의 내용정리착란, 연대파악 오류, 양식 파악 오류 등을 바로잡고 새로이 밝혀 정리한 책이었다. 『교감 고려사절요』는 학계에서 모두 같은 것으로 간주하였던 여러 갑인자본들의 차이를 교감하여 하나의 책에 수록하고, 그 사료적 특성을 새롭게 밝힌 책이다. 현재 서울대학교출판문화원에서 출판 작업이 진행되고 있는『교감 고려사』 역시 같은 성격의 책이다. 모두 한국학 내지 한국사 연구에서 학계 공공의 기초 자산이라 할 책들로 선진국에서는 한 세기 이전에 완료된 종류의 작업을 21세기 들어와서야 한 것이다. 드러내기 부끄러운 일이지만, 한국학 내지 한국사의 기초 전적들은 몇몇 책 외에는 대부분 이러한 작업이 되어 있지 않은 상태이다. 더 이상 방치할 수 없어, 천리 길도 한 걸음부터라는 생각으로 시작한 작업이었다. 개인 연구실적을 쌓는 데는 시간 손해가 대단히 크고, 연구비 지원도 너무 불충분한 작업에 이 책의 집필자들의 대부분과 서울대 국사학과 대학원생들이 헌신적으로 기여해준 것이 위 세 책의 출간에 원동력이 되었다. 이 자리를 빌려 그 공로에 깊은 감사의 인사를 보낸다.

이 책은 필자를 제외한 집필자들이 필자의 정년퇴임에 맞추어 기획하고 출간작업을 진행하였다. 연구시간을 빼앗기지 말라고 거듭 만류하던 필자는 원고들이 출판사에 넘어가는 단계에서 이 책의 출간에 합류하였다. 이 자리를 빌려 귀중한 시간에 이 책을 기획하고 원고를 만들어 주신 집필자 여러분께 깊은 감사의 인사를 드린다.

2017년 10월

한강 변의 서재에서

노명호

# 차 례

## 주제 2. 중앙 지배층과 정치문화

## 주제 3. 지역사회 운영과 주도계층

## 주제 4. 종교신앙과 사회적 심성

# 주제 1.

# 국왕 위상과 국가 정체성

# 고려전기 천하관과 황제국체제



노명호

## 뒤늦게 주목된 고려의 황제제도와 다원적 천하관

고려시대의 황제제도는 한국사에서 비교적 근래에 주목되고 있는 사실이다. 지금은 연구성과들이 적지 않게 축적되었지만, 아직도 황제제도가 고려시대에 어떤 의미와 기능을 가졌는지는 제대로 인식되지 않고 있다.

고려의 국가체제와 관련된 기본적이고 중요한 사실이 한국사 학계에서 뒤늦게 주목된 데는 조선시대에 편찬된《고려사》나《고려사절요》의 영향이 컸다. 이 책들은 15세기 중엽의 명저라 할 역사책이며, 그 어느 자료보다도 고려시대 연구에 가장 많은 기본적 정보를 전해준다. 선대의 기록을 인용하여 서술하고, 편찬자가 문장을 지어내지 않는다는 '술이부작述而不作'을 원칙으로 한 두 역사서는 '사료집'에 가까운 '객관성'을 갖는다고 평가되면서 근현대의 한국사학자들에게 큰 영향을 주었다.

《고려사》 등은 철저히 사료에 입각하여 서술되었지만, 역사서술 대상과 사료의 선정은 철저히 주자학 이념에 따라 편향적으로 이루어졌고, 이념에 어긋나는 것은 이단으로 배척되었다. 그 책들의 편찬에서 불교문화와 고대에 연원을 두고 변천해 온 토속문화는 이단으로 배척되어 당시에 큰 의미를 가졌던 중요한 사실들 대부분이 서술에서 축소되거나 배제되었다. 반면에 유교문화와 관련된 것은 많은 분량을 할당하여 크게 부각시켰다. 고려의 황제제도는 유교문화에 속하는 것이었지만, 사대명분론을 중요 구성요소로 갖는 조선의 주자학 이념에 배치되어 배척되었다.

역사서술에서 불교문화나 토속문화의 축소 · 배제는 당시의 지배층에서 이견이 없었다. 그것은 군주와 조정의 동향을 중심에 두는 왕조사 서술에서 적어도 표면적으로는 두드러진 문제를 일으키지도 않았다. 하지만 군주나 조정의 정치와 직결된 황제제도의 배제는 그렇지 않았다. 한 예로 황제제도의 관제의 경우는 여러 차례의 개정이 있었다. 이것을 제후제도의 한 가지 관명으로 바꾸어 서술하는 것은 사실들을 혼동하게 만들고, 어떤 사실은 서술 자체가 거의 불가능해진다.

황제제도의 서술 문제는 조선이 건국된 1392년에 시작된 고려왕조 역사편찬에서부터 대두되었다. 정도전 등은 고려의 역사를 서술하며, 사대명분론에 어긋나는 황제제도를 제후국의 제도로 바꾸어 쓰는 '개서改書' 방식을 취하였다. 그 결과 황제제도를 바탕으로 이루어지는 사실들이 제대로 서술될 수 없었고, 역사적 사실들이 왜곡될 수밖에 없었다. 제후국의 제도로 사실을 바꾼 역사 서술은 구조적인 큰 문제로서 사대명분론을 갖는 관료들 속에서도 비판이 제기되었다. 그럼에도 불구하고 명분론적 이념을 극단적으로 관철하려는 쪽은 제후국 제도로 고쳐 써야 한다고 완강하게 주장하였다. 이에 치열한 논쟁과 함께 고려시대 역사편찬을 다시하기를 거듭하며 반세기를 끌었다. 그 논쟁은 세종에 의해 종결되었고, 그 결실이 《고려사》와 《고려사절요》로 나오게 되었는데, 그간의 과정은 《조선왕조실록》에 기록되어 있다.

세종은 고려의 황제제도에 대하여 비판은 하되, 사실을 그대로 쓰는 '직서直書'를 하게 하였다. 그런데 그 직서 원칙은 관제 등에 만 적용되고, 황제제도의 핵심에는 적용되지 않는 제한적인 것이었다. 제한적 직서 원칙에 의해 '황제', '천자' 등의 용어는 '왕'으로 개서하거나 부분 삭제되었다. '(고려 황제의) 천하' 등 고려황제제도의 실질적 기능과 관련된 것도 부분 삭제되었다. 그 결과 『고려사』 등의 대부분의 기록들에서는 황제제도의 실상이 제대로 드러나지 않게 되었다.

『고려사』 등의 제한적인 직서가 학계에서 온전한 직서로 이해되면서 고려의 황제제도는 뒤늦게 밝혀질 수밖에 없었다. 고려의 황제제도는 고려 당시의 고문서 · 문집 · 금석문 등에도 많은 기록이 있다.

## 동아시아의 국제정세와 고려 황제제도의 기능

10~13세기, 고려 전기와 중기의 대부분의 시기에는 황제제도가 시행되어, 임금은 천자, 황제라는 위호를 사용하였다. 고려 황제에 대한 존칭으로는 폐하陛下가 사용되었다. 전하殿下는 왕비와 태자에게 사용되는 존칭이었다. 두 위호의 기원을 보면, 천자는 천명天命을 받아 천하를 지배하는 군주라는 의미로 중국 상고시대부터 사용되어 온 것이다. '황제'는 진시황이 중국을 통일한 후 만든 위

호이다. 기원과 의미가 다른 두 위호는 부문별로 구별되어 사용되는 면도 있었으나, 후대로 올수록 별칭처럼 혼용되게 되었다. 두 위호는, 당唐 나라의 선진적인 유교정치문화가 동아시아의 여러 나라들에 확산되어 국제문화가 되는 흐름속에서, 고려에 도입되었다.

이 시기의 동아시아에는 국제관계를 주도하는 절대적 유일 초강대국이 없어서, 북-남에 두 강대세력이 대치하고, 동-서에도 두 세력과 인접하여 경쟁하는 두 세력이 존재하여, 세력균형을 이루고 있었다. 북에는 북방족 왕조인 거란契丹(요遼)-금金이 이어서 일어나, 남의 송宋과 경쟁하고 충돌하였다. 동에는 고려가, 서에는 서하西夏가 남북의 두 강대세력과 경쟁-교류하고 때로 충돌하였다. 이러한 환경에서 남북의 두 강대세력은 물론 고려나 서하도 황제제도를 시행하였고, 동아시아 서남부 외곽의 베트남이나 동남부 외곽의 일본도 그러하였다. 이 나라들의 황제제도는 서로 다른 유형을 보여준다.

① 북방 왕조와 남방의 송은 국내의 세력들을 정치적으로 통합하고 정복팽창과 함께 패권경쟁을 하였다. 이들은 황제제도를 통해 동아시아 국제질서를 주도하는 양대 패권세력이 되었다. 이들은 인접한 나라들의 정복을 꾀하고, 정복하기 어려운 경우에는 군사력 등을 동원하여 압박하며 패권적 위치에 서려 하였다. 자신들과의 관계에서 다른 나라들에게 제후국의 위상과 책봉冊封-조공朝貢 관계를 요구하였다.

양대 세력의 황제제도는 국내적으로는 정치적 통합 확립과 국외적으로는 국제적 패권을 지향하였다. 이들의 황제제도를 전형적인 것으로 보는 연구자들 가운데는 공존한 동아시아 다른 나라들의 변형된 황제제도들에 대해 그 의미를 검토하기보다 황제제도가 아닌 것으로 부정하는 경향이 있다. 전형적인 제도만이 아닌, 변형된 제도들도 어떠한 의미와 기능을 가지고 있었는지 검토하는 것이 필요하다. 이 시기에는 송의 요나 금에 대한 사대에서 보듯이 전형적인 황제제도에서도 이미 변형이 나타나고 있었다.

② 서하는 중원왕조의 지배를 받았던 번진蕃鎭에서 세력을 키워 독립하였고, 양대 세력을 상대로 황제국을 표방하였다. 서하 군주는 칭제에 대하여 처음에는 자신을 낮춘 예를 갖추어 송 황제의 승인을 얻으려 하였다. 그는 제후가 황제에게 올리는 표문表文을 송에 보내서, 내부의 여러 세력들을 지배하는 데 황제를 칭하는 것이 필요하다고 하고, 송 황제의 허락을 청하였다. 중원 황제의 지배력을 밀어내고 재침투를 막아내며 독립국으로서 내부 세력들을 통합 · 지배하기 위해서는 서하의 지배자도 황제로서의 외형적 권위가 필요하였을 것으로 보인다.

송은 이를 용납하지 않았고, 결국 양국은 여러 차례의 전쟁을 하였다. 서하는 거란과도 전쟁을 하였다. 국경을 맞댄 양대 세력과의 전쟁에서 서하는 여러 차례 승리하기도 하였으나, 거듭되는 전쟁으로 민생과 국력에 많은 피해를 보았다.

서하의 황제제도는 일차적으로 자체 세력들에 대한 정치적 통합에 기능이 있었다. 서하는 그 칭제 사실을 양대 세력으로부터 공식적 인정을 받으려 하였는바, 그들에게 그것은 자신들의 패권에 대한 정면 도전이었다. 그 결과 전쟁이 거듭될 수밖에 없었다.

③ 베트남은 중국 황제의 천년이 넘는 지배를 받은 후 10세기에 독립하였다. 베트남도 서하와 유사하게 중국 황제의 지배력을 밀어낸 후, 자체 세력권 내에서 중국황제와 대등한 독립적 군주로서의 권위 확보가 필요하였다. 그 군주는 인도차이나 반도의 자체 세력권 내에서는 황제를 칭하고, 국호를 대월大越이라 하였다.

육지로 인접한 초강대국 송과의 관계에서 베트남의 군주는 왕을 칭하고, 책봉 · 조공관계를 맺었다. 이 관계 속에서 베트남의 국호는 중국이 설치했던 안남도호부에 기원을 둔 안남安南이었다. 베트남은 자체의 세력권 내에서 군주의 권위를 확고히 하면서, 강대세력을 대놓고 자극하지 않는 정책을 추구한 것이었다.

베트남은 송에 대해 사대하였지만, 그 군주가 사대예법을 행하는 것에서 부분적으로라도 벗어나려 하였다. 송과의 교섭에 아들을 내세움으로써 사대관계 형식에 군주가 노출되는 것을 피하는 방식을 쓰기도 하였다. 송의 책봉을 받으면서 송 황제의 조서를 받을 때 거짓으로 다리를 다쳤다고 하며 절하는 것을 피한 군주도 있었다. 그렇게라도 함으로써 베트남 '황제'의 면모를 유지하려 한 것으로 보인다.

④ 군주가 천황天皇을 칭한 일본은 대륙의 강대세력과 국경을 맞대지 않고, 고려가 그 압력을 막아내고 있는 후면에 바다를 건너 위치하였다. 바다 길로 멀리 떨어진 절역絕域이었던 일본은 송나라 등 대륙의 패권 세력들이 적극적 국제 관계를 추구할 대상이 아니었다. 일본은 동아시아국제사회와 여러 가지 면에서 거리가 있었다. 천황이라는 위호도 당시 동아시아 사회에 일반적 군주 위호로 자리 잡은 황제 · 천자의 변형이었다. 그것은 7세기에 성립한 율령국가에서 일본 지배층의 자국중심적 사고에 의해 형성되어 내려 온 것이었다. 독립된 국가로 내려 온 일본은 헤이안시대나 가마쿠라시대에도 전통적인 군주의 위호는 그대로 사용되었다.

일본의 천황제는 국내를 대상으로 한 것이었다. 양쪽 모두 소극적이었던 일본과 송의 관계에서 천황은 표면에 보이지 않는 존재였다. 큐슈 북부에 자리 잡은 관부인 다자이후大宰府에서 바닷길로 상인들이 왕래하는 편에 승려 등을 파견하여 조공을 바치고 하사품을 받아 가는 제한적인 교류가 이루어졌다. 송은 일본의 군주가 천황을 칭한다는 것을 알고, 조공-책봉체제의 격식을 제대로 갖추지 않은 일본 사절을 문제 삼은 적도 있지만, 대체로 교역 위주의 제한적인 관계를 이어나갔다.

⑤ 고려의 황제제도는 대내적 기능도 일부 있었지만 오히려 대외적으로 중요한 기능을 하며, 위의 네 경우 모두와 부분적으로 유사하면서도 근본적으로 다른 유형이었다. 고려의 대내외 정치 · 군사적 환경이 이들과 크게 달랐기 때문이다.

상고시대 이래 독립된 국가로서의 오랜 역사 전통 위에 세워진 고려에서는 중국의 제도인 황제라는 위호가 대내 정치에서 큰 의미를 갖지 않았고, 뿌리 깊은 고유어 군주 칭호도 있었다. 중국의 지배로부터 독립한 서하나 베트남에서 중국 황제가 대내 정치에 남긴 깊은 궤적軌跡이 고려에는 없었다. 고려에서는 중국 황제를 대치한 독자적 황제라는 것을 대내적으로 내세울 필요가 근본적으로 없었고, 국내 세력들의 통합이나 군주의 권위 강화에 외래 위호인 황제의 상징적 의미나 기능은 제한적이었다. 천자 · 황제 위호의 사용은 대내 정치 통합보다는 대외적 교류와 관련된 천하관의 설정이나 군사적 대치 등의 필요에 의해 도입되어, 그 부문에 집중적으로 적용되었던 것으로 나타난다.

팔관회 같은 토속적 천지의 신에 대한 의례나 여진부족들 · 발해유민집단들 · 탐라국 등과의 관계 등등에서처럼 황제 · 천자라는 위호 사용이 공식화된 부문이 있었다. 고려의 황제제도는 정복팽창을 추구하는 거란을 방어하는 대거란 동맹의 맹주역할을 하는 데 중요한 기능이 있었다. 고려는 발해를 멸망시키고 인접하게 된 거란의 침략 위협에 맞서며, 거란에 저항하는 자치 상태의 생여진집단들이나 발해유민집단들을 규합하고 있었다.

그러한 부문 이외에서는 외래제도인 황제 위호와 혼용하여, 현대까지도 내려오는 '임금'이라는 전통적인 고유어 칭호가 백성이나 관리들 사이의 구어에서 널리 쓰인 것으로 보인다. 또한 전시대 이래로 '임금'을 한자어로 '왕王'이라 함에 따라, '(대)왕'이라는 용어도 한문 기록에 사용되었다. 중국과의 교섭에서도 실익이 없는 갈등을 피하기 위하여 '왕'을 칭하였다. 단, 송나라 등에서도 고려가 자체 내에서 황제를 칭함을 알고 있었으나, 그것을 문제 삼지 못하였다.

『고려사』나 『고려사절요』 등을 편찬하면서 기록에서 '(대)왕'은 그대로 둔 반면, '황제' · '천자'는 모두 삭제하거나 (대)왕으로 고쳐 놓았다. 그 동안 학계에서는 『고려사』 등을 편찬할 때 사실대로 기록한다는 '직서直書'의 원칙이 군주 위호 등에도 일률적으로 적용된 것으로 잘못 이해함으로써, 고려의 황제제도를 제대로 파악하기 어려웠다.

한국사 안에서 보면, 고려에 앞서 발해에서도 황제를 칭했던 사실이 알려져 있다. 그리고 고구려에서도 황제를 칭했을 가능성을 제기한 설도 있지만 확실치 않다. 발해의 제도는 외부의 강대국들에 대해서는 왕을 칭하고, 자체의 세력권 내에서는 황제를 칭하는 외왕내제外王內帝였다. 고려도 대체로 외왕내제였으나, 달라진 면도 있었다. 강대세력들인 요遼, 송宋, 금金 나라 등은 고려의 자체내 칭제稱帝를 암묵적으로 인정하여 쌍방의 외교 의전儀典 내용에서 그것이 절충적으로 일부 받아들인 면이 있었다. 그리고 요나 송의 고려 사신에 대한 의전의 격은 베트남보다 높았고, 때로는 서하보다도 높았다. 금나라 황제는 1117년에 고려에 보낸 국서에서 형제의 예를 요구하며 고려 군주를 '황제'라 한 바 있었다. 이 국서를 보고 기록을 남긴 것은 고려시대 이승휴도 있고, 조선시대 양성지도 있다. 물론 제한적 직서에 의해 『고려사』 등에는 이 경우도 '고려황제'가 '고려왕'으로 개서되어 있다.

고려 임금은 황제, 천자와 함께 (대)왕이라는 위호를 상황에 따라 강대세력들과의 관계를 고려하며 사용하고 있었다. 그리고 외왕내제를 추구하며, 고려는 대부분의 시기에 독자적인 연호年號를 사용하지 않았다. 태조대와 광종대 등에 잠시 연호를 정하여 사용한 적도 있지만, 대륙왕조와의 사대외교가 없었던 때의 일이다.

외왕내제는 고려의 자주적 실리추구 외교정책과 관련된다. 외왕내제가 실시되던 대부분의 시기에 고려의 외교정책은 대륙의 초강대세력들과의 관계에서 평화적 문물교류를 추구하며, 초강대국 거란의 국력을 기울인 오랜 침략전쟁도 막아낸 국방능력을 바탕으로, 국익 중심의 실리적인 강온 양면책을 적절히 구사하고 있었다. 이러한 외교정책에 외왕내제는 상당히 효율적이었다. 이것은 고려의 독자적인 세력권인 천하天下의 외교적 관리와도 관련되었다.

## 고려 황제제도의 구성요소

### 황제 복식

고려 임금의 관복冠服은 황제의 복식이었다. 《고려사》 〈여복지輿服志〉에는 국초이래의 군주 복식으로 황제가 사용하는 복색 중에 대표적인 색인 황색이 포함된 사실이 짧게 기록되어 있을 뿐이다. 고려 임금은 외왕내제에 의해 요, 송 등에 사대관계를 맺고 있었으므로, 이들 나라로부터 사신을 통해 제후의 관복을 받기도 하였는데, 〈여복지〉의 국왕 관복제도에 대한 서술의 대부분은 이러한 제후관복을 받은 기록으로 채워져 있다. 이것은 고려 군주의 황제복식에 대한 자료를 구하기 어려워서보다는 《고려사》 찬자의 편찬 방향에 영향 받은 것으로 판단된다. 고려 임금의 황제복식에 대한 문헌 자료도 적지 않았을 것이고, 고려 역대 임금들의 황제 복식 초상화가 세종대까지도 궁중이나 경기일대의 여러 사원 등에 적지 않게 존재하고 있어서, 조선의 관리들이 그것을 본 기록을 남기고 있다. 그들은 그 초상화가 고려 임금이라는 것을 복식을 통해 한 눈에 알아보고 있었다.

고려 광종 2년(951) 경에 제작된 태조 왕건의 동상은 고려 임금의 황제 복식을 형상과 실물로 직접 보여 주는 중요한 유물 자료이다. 이 동상은 1992년에 출토되었는바, 왕건동상은 황제가 쓰는 통천관通天冠과 황금 장식 옥대(옥 허리띠)를 착용하고 있었다. 통천관은 세부 형상까지 사실적으로 묘사한 조각상이고, 옥대는 실물이다. 출토 당시 왕건동상에는 착용한 황제 복식이 부식된 천조각이 많이 붙어 있었는데, 실물 옥대는 이 복식 위에 착용한 것이었다. 이 왕건의 동상을 매장하여 폐기한 것이 세종 11년(1429)이므로, 그 전에 왕건동상을 본 적이 있는 조선의 관료들도 적지 않았다.

### 황실제도

고려는 황제제도에 따라, 당 · 송의 황실제도인 제왕제諸王制를 시행하였다. 제왕제는 황제를 옹위하는 친족제도상의 기본적이고 친밀한 혈연 범위인 황실을 규정하는 제도였다. 그것은 또한 황제의 가까운 혈연 인물들을 봉작封爵 등으로써 예우하는 범위이기도 하였다. 그런데 당이나 송은 부자관계 등 남성을 통한 혈연에만 비중을 두는 전형적인 부계 사회여서, 제왕제의 대상 범위도 황제의 부계혈족만으로 구성되었다. 이와 근본적으로 다르게, 고려 사회는 부모와 자녀의 관계처럼 남녀를 통한 혈연관계 모두에 대등한 비중을 두는 총계적總系的 사회여서 제왕제의 혈연범위도 총계적으로 구성되었다. 이러한 혈연 구성상의 차이는 제왕제의 세부적인 내용에서 여러 가지 차이를 파생시켰지만, 황실제도로서의 성격은 기본적으로 같았다.

고려의 제왕제도는 고려가 元 나라에 복속되어 황제국의 제도들이 모두 제후국의 제도로 바뀌어 질 때, 왕실 봉군제封君制로 변화되어, 조선시대로 이어지게 되었다.

### 황제제도의 문서양식

고려임금의 명령을 담은 문서 중에는 황제제도에 따라 조서詔書, 칙서勅書,

제서制書 등이 있었다. 이들 명령서는 각기 문서양식이 달랐고, 용도도 달랐다. 그리고 제서는 나머지 군주문서양식들과 달리 중서문하성中書門下省의 심의를 거쳐 시행되는 문서 양식이며, 그 만큼 중요한 비중의 나라 일에 사용되는 문서 양식이었다. 이 문서들은 그 내용을 옮겨 적은 문건들이 많이 남아 있고, 특히 제서의 경우는 전남 송광사에 고려 고종이 1216년에 진각국사 혜심에게 내려준 문서 실물이 보존되어 내려온다.

황제제도 하에서 사용된 임금의 명령서 중에는 그 연원이 아직 밝혀지지 않은 조서 양식의 교서도 있었다. 이 문서 양식은 제후국 제도에 따른 교서 양식과는 구별된다.

신료들이 사용한 문서 양식은 여러 가지였는데, 그중에는 황제에게 올리는 문서 양식에만 사용하는 표表라는 문서가 있었다. 이 표는 그 내용을 옮겨 적은 문건들이 많이 남아 있다. 고려국 밖에서 고려 황제에게 올린 표도 있다. 《고려사》에는 철리국鐵利國의 지배자와 발해유민집단이 표를 보내왔다는 기록들이 보인다.

### 관제와 제천 의례

고려의 황제제도를 구성하는 내용 중에는 관제도 중요하다. 중서문하성 · 상서성, 이吏 · 병兵 · 예禮 · 호戶 · 형刑 · 공工의 6부, 그리고 추밀원樞密院 등의 관부와 그 관원들의 관직명 등은 당송의 제도를 모델로 도입된 것이다. 이러한 황제국의 관제는 고려가 원 나라에 복속된 후 제후국의 제도로 격하되어 바뀜에 따라 1275년에 관제도 모두 명칭과 조직이 격하되었다. 그 후 공민왕 5년(1356)에 원나라의 세력을 몰아내며 한 때 관제의 복구를 시도하기도 하였으나, 제후국으로서의 관제의 틀은 그 뒤에도 이어졌다.

고려의 관제가 황제국 제도라고 할 때, 그 도입 초기의 정치적 상황을 아는 사람이라면, 외견상으로는 모순된 움직임에 의문을 갖는 경우가 많을 것이다. 980년대에 추진된 당송 관제의 도입이 황제국의 관제를 도입한 것이지만, 역설적으로 고려의 황제국 제도를 제후국 제도로 바꾸는 정책이 추구되는 속에서 이루어진 것이기 때문이다.

당시 고려조정은 성종의 즉위와 함께 최승로 등 화이론자들이 정치를 주도하며, 고려의 황제제도를 소중화적 제후국제도로 바꾸는 정책을 추구하고 있었다. 그들은 송 나라를 중화, 고려를 이夷라고 보았다. 그리고 고려의 토속적 문화전통을 비야하다고 하며, 궁극적 선진문화로 생각하는 당송의 문화에서 경제와 관련된 거마의복車馬衣服 외에는 모두 바꿀 것을 주장하였다.

그들은 송나라가 979년 5대10국 시대의 분열된 중국을 통일한 것에 크게 고무되어 있었다. 그들은 고려가 제후국으로서 천자의 나라인 송나라에 충심으로 사대할 것을 주장하였다. 최승로가 성종에게 지어 바친 시에는 송 나라 군주를 하늘 가장 높은 곳에 있는 고귀한 존재라 하고, 땅 위 동쪽 변방의 제후인 성종이 그 어여삐 여김을 받는 것이 영광스럽다고 읊었다. 한편 이들은 고려가, 유교문화를 중심으로 당송의 문화를 잘 받아들여, 동아시아에서 송나라 다음으로 문화적으로 앞서 나가는 소중화적 존재라는 의식을 가지고 있었다.

이러한 고려가 소중화적 존재라는 의식을 갖는 때문에, 그들은 제후국의 제도로 전환하는 정책을 추진하면서도, 당송의 제도들도 도입한 것으로 보인다. 성종대에는 관제만이 아니라, 천지에 대한 제사인 원구圓丘 · 방택方澤 제도 등도 도입하였다. 이 제도들은 당송에서는 황제국의 제도였지만, 고려에 들여 온 것은 그 규모와 내용에서 축소 · 격하된 것이다. 원구제도의 경우 그 가장 중요한 의례인 황제가 제후들의 하례賀禮를 받는 동지사冬支祀를 빼었다. 더구나 원구제는 고려의 독자적인 제천의례이기도 한 팔관회를 폐지하고 도입한 것이므로, 근본적으로 국가적 제례의 격을 낮춘 것이었다.

이러한 것은 관제에서도 유사한 사정을 드러낸다. 중서문하성 등의 관제는 황제의 명령이 입안 · 검토된 후 일정한 양식의 명령서로 만들어져 반포되는 과정과도 밀접히 관련된 것이었다. 그런데 성종대의 고려는 제후국 제도로 전환하며, 군주의 명령도 황제의 제도인 조詔 등을 제후의 제도인 교敎로 바꾸었으므로, 이때의 관제는 그 영향을 받아 일부 축소된 기능을 하였을 것으로 보인다.

고려의 황제제도는 1009년 현종이 즉위한 이후 다시 복구되어 갔다. 팔관회 등이 복구되고, 황제의 문서 양식들도 복구된다. 관제가 황제국의 제도로서의 실질적 면모를 갖게 되는 것도 그 이후였다. 특히 현종 대에 거란과의 오랜 전쟁을 강감찬이 이끄는 고려가 동아시아 정세에 큰 영향을 줄만큼 대승리로 끝냄으로써, 고려의 동아시아에서의 외교적 위치는 크게 상승하게 된다. 그리고 고려의 제천의례인 팔관회는 고려가 영향력을 갖는 독자적 '천하'내의 여진, 발해 유민 등의 세력들은 물론 송, 거란, 일본의 상인 등도 참여하는 동아시아의 국제적 행사로 활기를 띄게 되었다.

고려시대 문집 등에는 고려시대 인물들이 지은 팔관회 등의 의례를 위한 여러 양식의 글들이 많이 보존되어 있다. 그 글들은 고려의 황제제도가 시행되는 현장에서 작성되어, 그 생생한 측면을 보여주기도 한다. 《고려사》 〈악지樂志〉에는 이러한 의례들에서 연주된 풍입송風入松이라는 악곡의 가사 전체가 수록되어 있다. 이 악곡의 가사는 고려 황제를 '해동천자'라고도 하며, 천하를 태평하게 다스리는 고려 황제의 성덕을 칭송하는 내용이다. 이 악곡은 조선시대에도 널리 연주되어서 조선시대 악곡집에도 수록되었는데, 그 가사의 '해동천자'는 '성명聖明天子'로 바뀌어 성스러운 명 나라 천자의 성덕을 칭송하는 노래로 바뀌었다.

## 대사천하의 실체

'대사천하大赦天下'는 황제가 자신의 지배 영역과 제후들의 지배영역 전체를 범위로 하는 '천하'에 죄인의 사면을 명하는 것이다. 이러한 '대사천하'는 고려시대 황제 제도에서 주목할 만한 또 한 가지의 내용이다. '대사천하'에서 '천하'를 삭제하기로 한 조선 세종의 결정에 의해 《고려사》나 《고려사절요》에는 '대사'만이 기록되었다는 것은 앞에서 살펴보았다. '천하'를 삭제한 것은, 조선초의 역사 편찬자들이 고려의 황제제도를 참람하다고 여긴 때문이었다.

《고려사》 등에는 태조대부터 후대 군주들에까지 '대사'를 내린 기록이 많이 나타난다. 그런데 황제제도를 제후제도로 스스로 바꾼 성종대나 원 나라에 복속되어 피동적으로 제후제도로 바꾼 후에는 '대사경내大赦境內'라 한 기록들이 보인다. '대사경내'는 고려군주가 제후로서 자신의 지배영역 내에 사면령을 내린 것을 의미한다. 이러한 경우 《고려사》 등의 편찬자는 '경내'를 삭제하지 않았다. 황제의 사면령도 항상 '천하'만을 대상으로 한 것은 아니고, 직접 지배하는 영역만을 대상으로 '사면'을 하는 경우도 있었다. 황제제도가 시행되고 있던 덕종대에 '대사국내'라 한 것이 보인다. 이러한 경우도 《고려사》 등의 편찬자는 '국내'를 삭제하지 않았다.

《고려사》 등에 '대사천하'에서 '천하'를 삭제한 것은 제후제도가 시행되던 때는 해당되지 않는다. 황제제도가 시행되고 있던 때의 '대사' 기록들은, 세종이 직접 부분 삭제에 대한 결정을 내리고 있음을 보면, 적어도 그 일부는 '천하'를 삭제한 기록이라는 것이 분명하다.

'대사국내'의 범위보다 큰 '대사천하'의 외곽은 고려국 밖의 고려 황제의 세력이 미치는 범위이다. 그러한 '천하'의 범위는 고려국가의 남과 북에 존재하였다. 우선 남에서는 탐라국이 존재하였다. 탐라가 고려의 내지 군현으로 편입되는 것은 숙종 10년(1105)이며, 그 전에는 자치적인 집단이었다. 그 지배자는 고려로부터 '주기朱記'라는 인장 등을 하사 받고, 방물을 바치고 있었다.

'주기' 등을 하사 받는 대상으로는 고려의 북쪽 국경 밖에 '기미주羈縻州'들도 있었다. 대규모 여진족 집단 등이 고려의 백성이 되기를 원하는 경우, 고려 조정은 종종 그들을 내지에 받아들이는 대신 고려 외곽지대의 기미주로 인정하여 주호州號(주의 이름)를 내려 주고, 외교 · 군사적으로는 보호와 통제를 받는 한편, 그 수장에 의한 자치를 하도록 하였다. 기미주 중 연대가 확인되는 위계주威雞州는 1038년 이전부터 존재하였다. 고려의 기미주 제도가 만들어지는 것은 1038년에서 얼마나 올라가는지 알 수 없지만, 고려의 '번蕃'으로 지칭되며 긴밀한 관계를 가졌던 여진집단 등의 존재는 고려 태조대 초까지 올라간다. 고려 태조는 이들과의 관계에 공을 많이 들이고 있었다. 936년 후백제를 쳐서 후삼국 통일을 달성할 때 동원된 군대에 북방의 여러 집단들인 '제번諸蕃'의 경기勁騎가 9500 기나 포함되었던 것도, 그들과의 긴밀한 관계를 보여 준다. 고려 천하내의 수장들은 고려로부터 관작官爵을 수여받았고, 주기를 가지고 고려와 제도적인 문서 수발의 채널을 가졌다. 그리고 제도적으로 열려 있는 문물의 교류 및 교역을 할 수 있었다.

《동문선》에 수록된 글에 의하면, 1045년에는 고유高維라는 탐라 사람이 고려의 과거시험에 빈공賓貢으로 급제한 사례도 있다. 당 · 송 등의 경우, 빈공은 제후국 사람들을 과거시험에 응시하게 하는 제도였다. 자료가 너무 적지만, 고려가 이러한 빈공을 시행했다는 것은 그 나름의 천하 내의 다양한 교류를 보여주는 것일 수 있다. 조선시대 지배층의 《고려사》 편찬 방향에 의하면, 고려시대의 빈공 제도나 기미주 제도 역시 삭제되는 대상이어서 다른 기록에 포함된 파편만이 남아 있다.

기미주 만큼 제도적으로 긴밀한 관계를 갖지는 않았지만, 고려 천하에는 '화내化內'와 '화외化外'로 지칭되는 여진 집단들이 존재하였다. 거란이 동아시아의 북부를 장악한 상태에서 만주의 동남부에는 거란의 지배를 받지 않는 자치적 상태의 여진집단들이 존재하였다. 이들은 독자적 자치를 위협하는 거란에 대항하기 위한 목적으로, 그리고 문물의 교류나 교역의 필요에 따라 고려에 의지하고 관계를 가질 필요가 있었다. 이들을 고려는 화내와 화외의 집단들로 나누어 파악하고 있었다. 화내의 집단들은 고려를 찾아와 친선관계를 맺고, 수장이 고려의 관작을 받고, 고려가 영도하는 대거란 동맹 등에 보조를 함께하는 여진집단들이었다. 고려와 거란의 전쟁에서 고려가 중심이 된 동맹의 여진집단 발해유민 등이 거란군에 타격을 입힌 것은《송사》나《요사》에 기록이 남아 있다. 화외의 집단들은 때로 고려의 영도를 따르며 친선적인 관계를 갖기도 하지만, 쉽사리 고려에 등을 돌리고 변경을 약탈하기도 하는 집단들이었다.

고려 '황제'가 '대사천하'를 반포하는 천하의 범위를 보면, 고려 국내 다음으로 탐라나 기미주가 일차적으로 포함되었을 것으로 보인다. 화내 집단의 경우는 형식적일지라도 대사 반포의 대상이 되었을 수도 있지만, 현재로서는 불분명하다.

12세기에 들어가며, 고려의 천하는 크게 변동하여 실질성이 없는 관념상의 '천하'로만 남게 되었다. 1105년에는 탐라가 내지 군현으로 편입된다. 1115년에는 완안부 여진이 여타의 여진 집단들을 제압하여 통합함으로써 金 나라를 세우게 된다. 대대적인 무력 충돌을 수반한 이 과정에서 기미주와 화내의 여진집단들의 많은 인구가 고려 내부로 들어와 고려의 백성이 되고, 나머지는 금나라에 통합되었다. 이 때 고려에 통합된 많은 여진인구는 금나라가 그들을 돌려 줄 것을 요구하여, 금나라와 한 동안 각을 세우고 갈등하게 되는 분쟁의 중요한 현안이 되었다.

## 고려 황제제도의 사상적 배경: 세 가지 천하관

### 고려 중심론 천하관의 자주지향 고려 황제 유일론

고려의 황제제도에 대한 고려 당시 세력들의 태도는 일률적인 것이 아니었다. 그것은 크게 세 가지로 나누어지며, 그 바탕에는 세 가지 천하관들이 존재하였다. 그 세 가지 천하관들은 병존하며, 경쟁을 통해 서로 자극을 주고 단점을 보완하는 영향을 주고받았다. 세 가지 중 가장 오래된 것은 한국 상고시대부터 나타나는 자국중심론 천하관이었다. 이 천하관에서는 고려가 온 천하의 중심이라거나 장차 그렇게 될 운명을 가지고 있다고 생각하였다. 따라서 그러한 고려의 군주가 진정한 유일적 천자 · 황제라거나 장차 그렇게 될 운명이라고 하였다. 그리하여 현실 세계의 강대국들을 포함한 모든 나라들이 언젠가는 고려국의 번방이 되고 조공을 바치게 되어야 할 운세를 가지고 있다고 보았다. 고려시대에는 이러한 관념에 입각한 여러 가지 도참서圖讖書들이 만들어졌고, 그러한 것을 신봉하는 자들이 고려조정에도 있었다.

이들은 동아시아의 국제관계나 선진문화에 대해서는 대개 개방적인 태도가 부족하였고, 그에 대한 정보에 밝지도 못하였다. 대륙의 강대국들과의 관계에서 이들은 현실성이 부족할 정도로 고려의 자존성을 살리는 강경한 대처로 편향되는 경향이 있었다. 고대적 사유를 크게 벗어나지 못한 이 천하관은 이러한 약점에서 벗어나기 어려웠고, 그 때문에 당대의 엘리트들이 주도하는 고려 조정에서 주도적인 위치에 선 기간도 아주 단기간에 불과하다. 이들이 불과 몇 년간 정국을 주도하게 된 것은, 이자겸일파가 여진족이 세운 금나라에 대한 사대를 정략적으로 결정한 것에 대한 반대 여론이 비등하던 12세기 중엽 인종대의 일이었다. 오랜 기간 고려를 부모의 나라로 섬기던 여진족이 세운 금나라에 고려가 사대하는 것에 대한 반대 여론은 거셀 수밖에 없었다. 이러한 흐름 속에서 당시 고려 조정을 주도한 묘청일파妙淸一派는 이 계열의 대표적 세력이다. 그들은 고려 황제 유일론을 내세우며, 국제정세를 잘못 파악한 속에 금나라와의 정면 대결을 주장하기도 하였다.

이 계열의 천하관은 당대의 엘리트들이 주도하는 다른 두 천하관들에 비하여 조정 내에서의 경쟁력이 뒤졌다. 그러나 오랜 역사 전통에 뿌리박고 사회 하층을 포함한 넓은 사회적 공감기반을 가짐으로써 무시할 수 없는 생명력과 영향력을 가지고 있었다. 이들은 강대국들에 압도되지 않도록 고려의 자존감과 자주성을 고취하는 세력이었다. 그리고 경직성을 띨 만큼 고려 중심 천하관을 견지하고, 그 연장선상에서 황제제도를 강력히 옹호한 세력이었다.

### 화이론의 평화지향 고려 군주 제후론

화이론華夷論은 한족漢族의 상고시대부터 내려오는 자국중심 천하관을 받아들인 것이다. 화이론은 한족의 국가가 온 천하의 중심인 중화이며, 그 인접 국가나 종족들은 모두 오랑캐인 이夷로서 중화가 주도하는 국제 질서 속에서 사대관계를 통해 평화를 추구해야 할 존재라고 본다. 따라서 그 중화의 군주가 천하의 유일한 천자이고, 현실이 그와 다르면 장차 그렇게 되어야 한다고 생각한다.

한국사에서 이러한 화이론을 받아들인 세력이 존재하게 되는 것은 적어도 삼국시대말까지 올라갈 가능성이 있다. 수隋나 당唐 같은 강력한 한족의 통일왕조와 빈번한 관계를 가지면서, 그 거대한 세력과 선진 문화에 압도되어 한족의 화이론을 그대로 인정하고 받아들이게 된 것이다. 그런데 신라통일기말에 가까워지면, 유교문화를 중심으로 한족의 선진적인 문화와의 격차가 많이 좁혀지게 된다. 이러한 추이 속에서 천자 · 황제의 나라인 중화에 대해 자국을 이夷의 나라, 제후의 나라로 보지만, 문화적으로 중화에 근접한 소중화적 존재로 보는 화이론이 형성되었다.

고려시대의 화이론은 그러한 사고를 바탕으로 하였다. 화이론자들은 대개 선진문화인 당송의 문화에 심취하였고, 그 방면에서 당대의 문화적 엘리트들이었다. 이들은 유교문화를 비롯한 중화의 문화를 가능하면 전면적으로 수용해야할 절대적 선진문화로 여기고 있었다. 대외관계에서는 송에 대해 명분론적이고 당위론적 관점에서 사대이념을 주장하였다. 따라서 고려는 절대로 천자(황제)국의 제도를 채택해서는 안 되며, 반드시 제후국의 제도를 채택해야만 한다고 보았다. 실제로 최승로崔承老 등 이 계열의 인물들이 정치를 주도하던 10세기말 성종대나 김부식金富軾이 주도하던 12세기 중엽에는 고려초 이래의 황제국제도들이 혁파되거나 억제되고 제후국의 제도들이 새로이 도입되었다.

고려시대의 화이론은 한족의 선진 문화 수용에 가장 과감하고 적극적이었다. 이점은 긍정적인 기능도 있었다. 그러나 그러한 성향이 견제되어 조절되지 못할 때는, 당시 고려 사회에서 큰 비중을 가졌던 토속문화를 무리하게 급진적으로 훼손시킴으로써, 문화적 혼란이나 국론분열이 크게 야기되기도 하였다. 또한 동아시아에 남북의 양대세력이 경쟁하는 역동적인 국제형세 속에서 이념적이고 명분론에 치우친 나약한 평화주의 위주의 대외정책을 추진하였다. 그에 따라 외교정책상의 중대한 실태 오판으로 성종대에는 거란의 침입에서 국가를 위기에 처하게 만들기도 하였고, 예종대의 김부의처럼 신흥세력 금과의 관계에서 외교적인 실리 확보를 위한 협상의 기회도 배제시킨 명분론적 사대주장을 하기도 하였다. 이러한 화이론 세력이 고려 조정을 주도한 기간은 자국중심론보다는 길지만, 천하다원론에 비하면 아주 짧은 기간에 불과하였다.

### 천하다원론의 평화 · 자주지향 외왕내제

앞서 본 두 천하관이 온 천하에 하나의 중심만을 설정하는 일원론적인 천하관인 것과 달리, 천하의 구성을 다원적으로 보는 천하관이 고려초부터 주도적

세력을 형성한 것으로 나타난다. 천하다원론에서는 각기 다른 특성과 중심을 갖는 몇 개의 소천하들이 병렬적으로 존재한다고 인식하였다. 송이나 거란도 각기 황제국이고, 고려도 나름의 소천하를 갖는 황제국이라고 생각하였다. 천하다원론자들은 국제적 선진문화인 당 · 송의 문화인 '당풍唐風'에 대해서도 개방적이고 그에 대해 깊은 소양을 갖는 당대의 엘리트들이 많았다. 그러나 그들은 당풍의 적극적인 수용을 추구하는 한편 고려의 전통적인 토속문화인 '국풍國風(=토풍土風)'에 대해서도 소홀히 하지 않고, 양자의 조화를 추구하였다. 대외관계에서는 평화적 교류를 통한 실리와 번영을 추구하며 강대국과의 형식적인 사대를 받아들이되, 국익을 지키는 데는 강온 양면책을 폭넓게 구사하며, 격동하는 정세에 유연하게 대처하였다. 그 결과 이들은 고려 군주가 고려 천하 내에서는 황제 · 천자를 칭하면서, 강대국들과의 관계에서는 왕을 칭하는 외왕내제를 추구하였다.

천하다원론은 고려 초기 이래 대부분의 시기에 주도적 위치에 있었다. 고려 태조 왕건 역시 천하다원론자였다. 천하다원론자들은 강대세력들의 막강한 세력이나 우수한 선진 문화를 직시하고 인정하였지만 그에 압도되지 않고, 국가적 사회적 자존감이나 자주성을 견지할 수 있었다. 그런 까닭에 유연하게 그에 대처하며 고려가 가지고 있는 세력이나 토속문화를 적극적으로 활용하였다. 고려 태조는 후대의 왕들에게 남긴 훈요訓要에서 당풍 즉 당의 문물예악이 훌륭하지만 동방은 당과 지역 · 풍토가 다르며, 사람들의 성품도 각기 다르므로, 굳이 같게 할 필요가 없다고 하였다. 즉 선진문화라도 고려에 맞게 받아들여야 하며, 고려 나름의 문물도 살릴 것이 있다는 것이다. 한편 거란이 발해를 멸망시키고 정복 팽창을 거듭하자, 거란으로부터 스스로를 지키려는 여진집단들이나 발해유민들을 규합하여 거란에 대항하는 맹주 역할을 하였다. 맹주로서 나름의 세력을 규합하며, 황제국인 거란과 정면으로 대항하는 데도 고려의 황제제도는 여러 면에서 유용하였다.

천하다원론자인 고려 태조가 시작한, 토속문화에 뿌리를 둔 팔관회는 고려 천하의 중심적인 제천의례로 발전해 갔다. 고려 왕조에서 최고의 신성한 상징물이었던 고려 태조 왕건의 동상이 고구려 이래의 토속문화의 전통에 기반을 둔 것은 이러한 시대상의 소산이었다. 외왕내제의 황제제도는 원 나라에 복속된 후 폐지되지만, 고려 시대 대부분의 시기를 천하다원론이 주도하는 속에 고려시대에는 불교문화나 유교문화와 함께 토속문화가 함께 공존하고 발전하였다. 다양성과 풍부한 개성을 갖는 고려시대의 문화는 경직되어 정체되지 않고 고려 전 · 중 · 후기에 걸쳐 역동적으로 뚜렷한 자체 변화를 보이며 발달하였다.

## 참고문헌


김기덕, 1997「고려의 제왕제와 황제국체제」『국사관논총』78.

김성규, 2008「宋朝에서 본 고려, 서하, 베트남의 국제지위에 관한 일면: '進奉使見辭儀'의 비교를 통하여」『國際中國學硏究』11.

노명호, 2009『고려국가와 집단의식: 자위공동체, 삼국유민, 삼한일통, 해동천자의 천하』서울대학교출판문화원.

노명호, 2011『고려 태조 왕건의 동상: 황제제도·고구려 문화전통의 형상화』지식산업사.

노명호, 2014「『고려사』의 '僭擬之事'와 '大赦天下'의 '以實直書': 핵심이 삭제된 고려의 황제제도」『韓國史論』60.

정동훈, 2015「고려시대 사신 영접 의례의 변동과 국가 위상」『역사와 현실』98.

최종석, 2015「베트남 외왕내제 체제와의 비교를 통해 본 고려전기 이중 체제의 양상」『진단학보』125.

# 10~14세기 세계 속의 고려

▸ 이승휴가 본 '고려국황제'

▸ 고려와 금의 형제 관계

▸ 황제의 조공

▸ 고려 후기의 부마고려국왕

▸ 다시 이승휴를 읽다

이익주

## 이승휴가 본 '고려국황제'

이승휴李承休의 『제왕운기』는 대몽항쟁 이후 고려 지식인의 역사인식을 보여주는 귀중한 자료이다. 특히, 우리 역사의 첫머리에 단군신화를 수록함으로써 대몽항쟁과 단군 인식의 관련성을 입증하는 자료로 자주 이용되곤 한다. 그런데 그 가운데 고려의 국체國體를 언급할 때 빠트릴 수 없는 중요한 대목이 숨어 있다. 금나라의 역사를 기록하면서 "우리를 부모 나라라 부르고, 형제 맺어 사신을 통하였다."라고 한 뒤에 작은 글씨로 "신이 일찍이 식목도감 집사가 되어 도감의 문서를 열람하다가 우연히 금의 조서 두 통을 보게 되었는데, 그 머리말에서 모두 말하기를 '대금국황제大金國皇帝가 고려국황제高麗國皇帝에게 글을 보낸다' 운운하였으니 이것이 형제를 맺은 증거입니다."라고 한 중에 고려국황제가 등장한 것이다.

우리 학계에서 고려 황제의 존재가 본격적으로 부각된 것은 1999년 해동천자海東天子와 다원적 천하관에 대한 연구부터라고 해도 지나치지 않으니 그리 오래된 일이 아니다. 그럼에도 현재는 TV 사극에서조차 고려의 국왕을 폐하라고 호칭할 정도로 황제국 고려는 일반적인 상식이 되었다. 이러한 가운데 이승휴의 위 자료는 외국에서도 고려 황제의 존재를 인정했음을 보여줌으로써 황제 칭호가 고려인들만의 자존칭自尊稱이 아니었음을 증명하는 데 의미가 있다. 하지만 이승휴가 보았다는, 금 황제가 고려 황제에게 보내온 조서는 지금 남아 있지 않고, 또 『고려사』에는 그러한 문서의 존재가 기록되어 있지 않아 이승휴의 증언에 의구심이 이는 것 또한 사실이다.

『고려사』에는 예종 12년(1117) 3월 25일에 금 황제가 보내온 조서가 실려 있다. 그 조서는 "형兄 대여진大女眞 금국金國 황제가 제弟 고려국왕에게 글을 보낸다."로 시작된다. 이승휴가 보았다는 조서의 고려국황제가 여기에는 고려국왕으로 되어 있고, 금국 황제와 고려 국왕 앞에 각각 '형' · '제' 한 글자씩이 붙어 있는 점이 다르다. 이 둘은 서로 다른 문서일까? 아니면 같은 문서를 『고려사』가 고쳐서 기록한 것일까?

금과 고려는 형제 관계에서 시작해서 고려가 신하를 칭하고 표문을 올리는 관계로 나아갔다가 마침내 금에 의해 고려국왕 책봉이 이루어지는 단계로 진전되었다. 즉, 시간이 흐를수록 두 나라의 상하 관계가 점점 더 분명해지는 추세에 있었으므로 금에서 고려국황제 운운한 것은 양국 관계 초기의 일이라고 할 수 있다. 더욱이 『고려사』의 기록처럼 예종 12년(1117) 3월 조서에서 이미 고려국왕을 호칭했다면, 고려국황제를 수신인으로 하는 조서는 그보다 먼저 고려에 왔어야 한다. 따라서 위의 의문을 풀기 위해서는 고려와 금의 초기 교섭 과정을 자세히 정리할 필요가 있다.

여진 추장 아쿠타阿骨打가 금을 건국하고 황제에 오른 것은 1115년 1월이었다. 그로부터 해포 뒤인 예종 11년(1116) 4월 7일에 "금주金主 아쿠타가 아지阿只를 보내왔다."라는 간략한 기록이 『고려사』에 실려 있고, 앞의 예종 12년

(1117) 3월 조서가 두 번째 것으로 기록되어 있다. 다른 금 사신의 도착 사실이 누락되지 않았다면, 이승휴가 보았다는 고려국황제 운운의 조서 두 통은 바로 예종 11년(1116) 4월과 예종 12년(1117) 3월의 것을 가리킬 가능성이 크다. 『고려사』는 중국 왕조의 사신 파견을 빠짐없이 수록하고자 했고, 특히 고려-금 관계 초기의 급박한 상황에서 금 사신의 왕래 사실은 반드시 기록했을 것이므로 그럴 가능성은 더욱 크다. 그렇다면 『고려사』가 원 자료의 고려국황제를 고려국왕으로 고쳐 썼다는 결론에 이르게 된다.

『고려사』는 편찬 당시 세종의 직서直書 원칙에 따라 사실을 충실하게 기록한 역사책으로 평가받는다. 하지만 고려 황제의 '대사천하大赦天下'를 ('천하'를 삭제하고) '대사大赦'라고만 기록한 데서 보듯이, 황제 · 천자 등 황제제도와 관련된 금기어들에 대해서는 직서하지 못하는 원초적 한계가 있었음이 이미 밝혀져 있다. 그러한 사례를 하나 더 추가하자면, 고종 46년(1259) 고려 태자가 강화를 위해 몽골에 갔을 때 쿠빌라이가 "고려는 만 리나 되는 나라이다. 옛날 당 태종이 친정했으나 이루지 못했는데, 지금 그 세자가 스스로 내게 왔으니 이는 하늘의 뜻이다."라고 말한 가운데 세자는 『고려사』 편찬 과정에서 태자를 고쳐 쓴 것임이 분명하다. 당시 고려에서는 세자라는 말을 쓰지 않았고, 쿠빌라이가 태자와 세자를 구분할 만큼 중국식 사고를 하지 않을 때였기 때문이다. 그렇다면 『고려사』가 고려의 황제제도를 직접 증명하는 '고려국황제'를 '고려국왕'으로 고친 것도 무리가 아닐 것이다.

금이 건국되기 전 고려는 여진에 대해서 황제를 칭했으며, 여진 역시 그 칭호를 받아들였을 가능성이 크다. 그랬기 때문에 아쿠타가 금을 건국한 뒤에도 고려국황제라는 칭호를 그대로 사용했을 것이다, 따라서 이승휴는 금의 조서를 제대로 보았고, 그 사실을 제대로 기록했다고 할 수 있다. 여기서 『고려사』가 감추고자 했던 황제국 고려의 위상이 다시 한 번 확인된다. 그렇다면 이승휴가 증언하는 또 하나의 사실, 고려와 금이 형제를 맺었다는 것은 무슨 뜻일까?

## 고려와 금의 형제 관계

예종 12년(1117) 3월 25일, 금의 황제 아쿠타는 형으로서, 아우[弟] 고려국왕에게 글을 보내 형제 관계를 맺을 것을 요구했다. 이 형제 관계는 당연히 금 황제 아쿠타와 고려국왕 예종 개인이 아니라 고려와 금의 국가 간에 성립될 것이었다. 정치집단 간의 관계를 친족 용어로 표현하는 방식이 유목민족 사이에서 일반적이었다는 사실을 우리는 이미 알고 있지만, 당시 고려 사람들에게는 생소했을 것임에 틀림없다. 고려는 건국 직후 후당으로부터 책봉을 받은 이래 후진 · 후주 · 송 · 거란과 거의 단절 없이 책봉-조공 관계를 맺어왔고, 그 이외의 관계는 맺은 적이 없었기 때문이다. 금과 유사한 유목 국가인 거란도 고려와 책봉-조공 관계로 일관했을 뿐, 형제 관계를 거론한 적이 없었다.

금이 형제 관계를 요구해왔을 때, 고려는 국가 간의 형제 관계에 대해 얼마나 알고 있었을까? 형제 관계를 받아들인다면 무엇을 어떻게 해야 하는 것이며, 사신 파견과 영접의 격식은 어떻게 갖추어야 하고, 외교문서의 서식은 또 어떻게 정할 것인가? 이런 모든 것들이 문제가 되었을 것이다. 하지만 당시 고려에서는 이런 문제를 따질 겨를도 없이 금의 요구를 받아들여서는 안 된다는 주장이 격렬하게 일어났다. 형제 관계가 무엇인지를 떠나 여진과의 관계의 역전을 받아들일 수 없다는 정서가 팽배했던 것이다. 그도 그럴 것이 바로 전까지만 해도 고려를 부모의 나라라고 불렀고, 해동천자의 교화가 미치는 동 · 서 번蕃으로 간주되었던 여진의 아우가 된다는 사실만으로도 고려 사회가 격앙되기에 충분했다. 금 사신의 목을 베야 한다는 목소리가 높아지는 가운데 결국 무대응으로써 거부 의사 표시를 대신했다.

하지만 시간은 분명 고려 편이 아니었다. 시간이 흐를수록 금은 점점 강성해졌고, 그 사실을 고려도 모르는 바 아니었다. 거란의 다급한 구원 요청으로부터 거란의 멸망은 충분히 예견되었으며, 이미 예종 11년(1116) 4월부터는 거란 연호를 중지하고 간지로 해를 표시하며 사태를 관망하던 참이었다. 금의 형제 관계 요구에 감정적으로 격앙된 분위기 속에서도 옛날 한이 흉노에 대해서, 당이 돌궐에 대해서 고개 숙였던 역사적 사례를 들어가며 금의 요구를 수용해야 한다는 주장이 나타나고 있었다.

예종 14년(1119) 2월 금은 세 번째 조서를 보내왔다. 금 황제가 거란을 정벌하여 북으로 상경上京에서 남으로 바다까지 영토를 넓혔음을 알리는 내용이었다. 그런데 이 조서는 '고려국왕에게 조유詔諭한다'로 시작해서 금과 고려의 상하 관계를 좀 더 분명하게 드러냈다. 조유란 일반적으로 군신 관계에서 쓰이는 말이었기 때문이다. 그럼에도 불구하고 고려는 그해 8월 금에 사신을 보냈다. 금의 형제 관계 요구 이후 첫 사신이었던 만큼 그 요구에 대한 고려의 답변을 가지고 갔을 것이지만, 아마도 거부하는 내용은 아니었을 것이다. 거부의 뜻이라면 무대응으로 이미 전달한 바 있었다. 결국 고려는 금의 요구를 수용했던 것인데, 이 시점에서는 금의 어떤 요구를 수용했는지가 문제가 된다. 세 번째 조서의 '조유詔諭'라는 말로부터 금의 요구가 형제 관계에서 군신 관계로 변경된 것처럼 보이기 때문이다. 이를 염두에 두고 이후의 전개 상황을 좀 더 살펴보면 다음과 같다.

논란 끝에 고려가 금이 요구에 화답하는 국서를 보냈지만, 이번에는 금에서 수령을 거부하는 일이 벌어졌다. 『고려사』는 그 이유를 국서 가운데 "하물며 저들의 근원이 우리 땅에서 시작되었다."라는 구절 때문이라고 했지만, 사실은 그 문서가 표문表文의 격식을 갖추지 않았기 때문이었다. 금의 속내는 6년 뒤인 인종 3년(1125) 5월 고려가 두 번째 국서를 보냈을 때 드러내 놓고 그 문서가 표문이 아니며, 신하를 칭하지 않았다는 이유로 받아들이지 않은 데서 분명히 드러났다. 이제 고려는 금에 '상표칭신上表稱臣'할 것인가를 둘러싸고 논란을 벌이게 되었다.

인종 4년(1126) 3월 25일 어전 회의에서 반대하는 중론을 물리치고 이자겸과 척준경의 주장에 따라 금에 사대하기로 결정하였다. 그리고 다음 달 11일 금에 사신을 보내 '상표칭신'하고 조공을 약속함으로써 금의 요구를 이행하였고, 금에서는 즉시 회답 조서를 보내는 것 외에도 9월 8일 따로 사신을 보내와 고려에 대해 옛 거란의 전례를 따를 것임을 밝혔다. 고려와 거란의 관계는 군신 관계를 전제로 하는 책봉-조공 관계였다. 따라서 이 때 고려와 금의 관계를 군신 관계로 이해하고 그 시작을 예종 14년(1119) 2월 금의 세 번째 조서로부터 찾는 것도 무리가 아니다. 하지만 그렇게 본다면 금이 고려에 형제 관계를 요구한 것은 초기의 3년 정도이고, 그나마 고려가 거부하여 형제 관계는 수립되지 않았으며, 고려-금 관계는 군신 관계로 시작되었다는 결론이 이르게 된다. 이승휴가 "형제 맺어 사신을 통하였다."고 한 말이 허언이 되고 마는 것이다. 과연 그럴까?

인종 4년(1126) 4월 고려가 금에 '상표칭신'하고 공물을 보내며 사대하기로 했지만, 고려-금 관계는 앞선 고려-거란 관계와 결정적으로 다른 점이 있었다. 고려 국왕에 대한 책봉이 이루어지지 않았던 것이다. 책봉과 조공은 국가 간의 사대 관계를 겉으로 드러내는 행위이자 절차이다. 조공이 책봉을 받은 나라의 의무라면, 책봉을 받는 것은 조공하는 나라의 권리라고 할 수 있다. 책봉을 통해 국왕의 지위를 인정받고 더 나아가 국가의 유지를 보장받는 대가로 조공을 하는 것이기 때문이다. 이 점은 책봉을 받기 위해 노력했던 고려 말이나 조선의 사례로부터 증명된다. 책봉과 조공이 교환되어야 책봉-조공 관계가 완성되는 것이고, 그때까지 고려의 경험으로는 그것이 온전한 군신 관계였을 것이다. 그런데 고려와 금 사이에서는 책봉이 빠진 채 조공만 이루어졌다. 이 '책봉 없는 조공'을 당시 고려에서는 어떻게 받아들였을까?

여기서 한 가지 눈여겨 볼 점은, 고려가 금에 사대하기로 결정하고 '상표칭신'

과 조공을 이행하면서도 책봉을 요청한 적이 없다는 사실이다. 당시 고려가 의도적으로 금과의 책봉-조공 관계를 완성하지 않으려 했던 것은 아닐까 하는 의심이 드는 대목이다. 거기에는 금과의 관계를 끝내 군신 관계가 아닌 형제 관계로 간주하고자 하는 의도가 숨어 있던 것은 아니었을까?

인종 4년(1126) 고려가 사대하기로 결정한 이후 당분간 고려의 책봉 요구 대신 금의 서표誓表 요구가 『고려사』의 지면을 장식한다. 금은 고려에 충성을 맹세하는 표문을 따로 만들어 올릴 것을 요구했고, 고려는 그것을 꺼리고 미루려는 분위기가 역력했다. 그러다가 결국 인종 7년(1129) 12월 서표를 올리게 되었는데, 그 마지막 부분의 '삼가 맹세하건데 군신의 의리로써 대대로 번병藩屏의 직무를 다할 것이며'라는 구절에서 고려가 그토록 꺼렸던 이유를 짐작해볼 수 있다. 서표에는 금과의 군신 관계가 명확하게 드러날 수밖에 없었던 것이다.

금이 고려에 형제 관계를 요구한 이래 그것을 군신 관계로 변경하자고 요구해온 적이 없다. 고려에 '칭신상표'와 조공을 요구하고, 서표를 통해 군신 관계를 드러내기도 하였지만, 이것을 가지고 군신 관계를 요구했다고 단정하기는 어렵다. 한편, 고려는 금과 형제 관계를 맺는 것부터 국내의 반발이 있었고, 그러한 반발은 '칭신상표'나 서표 제출 과정에서도 여전했을 것이다. 인종 13년(1135) 칭제건원과 금국 정벌을 앞세운 묘청의 서경천도 운동이 일어난 것은 그 단적인 예이다. 이러한 상황에서 금의 요구와 국내의 반금反金 정서를 고려하면서 선택한 길이 금에 '칭신상표'하고 서표를 제출하면서도 그것을 군신 관계로 간주하지 않는 이중적 태도가 아니었을까 한다.

인종 20년(1142)에 금의 고려국왕에 대한 책봉이 이루어짐으로써 이제 고려는 금과의 군신 관계를 부정할 수 없게 되었다. 금은 이 책봉에 앞서 1140년에 하국왕夏國王을 책봉하고 1142년에는 남송의 고종을 황제로 책봉하는 등 주변국 군주들에 대한 책봉을 비로소 시작했다. 고려국왕에 대한 책봉도 고려의 요청에 의한 것이라기보다 금의 일정에 따른 것이었다. 하지만 고려는 그러한 상황을 이용하여 1126년부터 1142년까지 16년 동안 '책봉 없는 조공' 상태를 유지하면서 금과의 관계를 형제 관계로 간주함으로써 여진과의 위계 역전의 충격을 완화할 시간을 벌 수 있었던 것이다.

## 황제의 조공

'칭신상표'와 조공을 하면서도 군신 관계임을 인정하지 않는 것은 물론 논리적으로 어긋나는 면이 있다. 하지만 당시 국가 간의 관계에서 그러한 형식 논리를 반드시 지켜야 한다고 생각했을까? 그렇지는 않았을 것이다. 고려가 금에 '칭신상표'한 뒤에도 형제 관계로 간주하고자 하는 것을 금에서도 동의했을까? 그 역시 반드시 그렇다고 볼 수 없다. 동의하지 않았지만 단지 문제 삼지 않은 것일 수도 있다. 여기에 고려의 대외정책에서 흔히 보이는 이중적 태도와, 국제관계에서 흔히 보이는 국가 간 동상이몽의 상황이 있다. 국가 간의 관계에서 내용과 형식이 일치하고, 그러한 상태에 대해 해당 국가들이 합의에 이르러야 한다고 보는 것은 오히려 조선시대의 독특한 경험에서 비롯된, 현재 우리의 일방적인 생각이 아닐까?

고려의 대외정책에서 이중적인 태도는 '외왕내제外王內帝'에서도 단적으로 드러난다. 밖으로는 중국 왕조의 책봉을 받는 국왕으로 존재하면서, 안에서는 해동천자로서 황제를 칭하는 것은 분명 이율배반적이다. 황제의 조공 즉, 황제가 국왕으로 책봉을 받고 조공을 하는 상황이 이어졌던 것이다. 하지만 그러한 상황이 10~12세기 고려에서 역사적으로 실재했음은 부정할 수 없는 사실이다. 한편, 고려의 칭제稱帝를 후당 · 후진 · 후주 · 송 · 거란 같은 책봉국들이 묵인한 것은 사실이지만, 그렇다고 해서 고려를 황제국으로 인정했다고 보기는 어렵다. 후당 이후 중국 왕조들을 모두 고려국왕을 책봉했다. 그러면서 고려국왕이 자기 나라에서 황제를 칭하고, 황제국의 관부인 3성 6부를 설치해서 운영하고, '짐朕'·'조詔'·'칙勅' 같은 황제의 용어를 사용하고 있다는 사실을 모를 리 없었지만 그 참월함을 문제 삼지 않았다. 책봉국들도 고려에 대해서 이중적 태도를 보이고 있었던 것이다.

**우전국왕공양도**于闐國王供養圖

**(국립중앙박물관, 『실크로드와 둔황』, 2010, 49쪽)**

둔황 제98굴의 10세기 작품. "대조 대보 우전국 대성 대명 천자大朝大寶于闐國大聖大明天子"라는 이름이 선명하게 보인다.

10~12세기의 '외왕내제'의 상황은 비단 고려에서만 나타난 것이 아니었다. 베트남에서는 966년 딘丁 왕조의 딘 보 린이 황제를 칭하고 970년부터는 타이 빈太平이라는 연호를 제정했지만, 973년 송으로부터 교지군왕交趾郡王의 책봉을 받았다. 탕구트 족이 세운 하夏에서도 이원호李元昊가 1038년 황제를 칭하고 천수예법연조天授禮法年祚라는 긴 연호를 채택했지만, 동시에 거란과 송으로부터 하국왕夏國王의 책봉을 받았다. 10~11세기에 황제 또는 천자의 칭호는 타클라마칸 사막 서쪽의 우전국于闐國(호탄) 국왕도 사용했을 만큼 널리

퍼져 있었다.

어떤 경우에 국가 간의 이중적 태도가 용인되었을까? 일반론으로서는 10~12세기의 다원적 국제질서를 들 수 있다. 이 시기 동아시아에서는 북중국의 거란·금과 남쪽의 송·남송이 차례로 대립하고 있었고, 그런 만큼 책봉국의 구심력이 약해질 수밖에 없었으며, 주변국들의 독립성이 상대적으로 강화되었다. 이러한 상황에서 주변국들이 황제국을 표방하는 것을 중국 왕조가 막기 어려웠을 것이다. 이러한 가설은 15~19세기 중국이 명·청에 의해 통일되었을 때 주변국들과의 상하 관계가 훨씬 더 엄격해진 데서 반증된다.

이러한 일반론에 더하여 10~12세기 동아시아의 다원적 국제질서에서 거란·금 등 비한족非漢族 왕조가 주도권을 장악했던 사실도 관련이 있을 것이다. 책봉-조공 관계는 그 출발이 중원의 한족 왕조에서 비롯된 것으로 중원에 진출한 비한족 왕조에게는 자신들이 선택해서 받아들일 수 있는 한족의 여러 문화 가운데 하나 정도로 인식되었을 것이기 때문이다. 거란이 936년에 후진의 군주를 대진황제大晉皇帝로 책봉한 것이나, 금이 1142년에 송 고종을 황제에 책봉한 것은 그 좋은 예이다. 즉, 거란·금 등 비한족 왕조의 책봉-조공 관계에 대한 느슨한 해석이 고려를 비롯한 주변국들의 '외왕내제'를 가능하게 하는 요인이 되었다고 할 수 있다. 이승휴가 보았다는, 고려국황제를 수신인으로 하는 금의 조서도 이러한 상황에서 출현할 수 있었던 것이고, 또한 고려가 금에 '칭신상표'를 하면서도 군신 관계임을 부정할 수 있었던 사정도 이해가 된다.

그렇다면 10~12세기의 다원적 국제질서 속에서 국가 간의 관계는 아무 원칙도 없이 상황에 따라 달라졌을까? 그렇지는 않았을 것이다. 예컨대, 고려와 송·거란·금 및 원·명의 관계는 크게 보아 모두 책봉-조공 관계의 틀 안에서 성립되고 유지되었다. 이 사실은 933년 태조가 후당의 책봉을 받은 이후 1385년 우왕이 명의 책봉을 받을 때까지 고려 전 기간에 걸쳐 거의 끊임없이 중국 왕조의 책봉을 받고 조공을 실시했던 데서 확인할 수 있다.

고려는 중국이 거란과 5대 및 송, 금과 남송, 그리고 명과 북원으로 나뉘었을 때에도 양쪽에서 동시에 책봉을 받은 적이 없었다. 또 중국 왕조들과 책봉-조공 이외의 방식으로 관계를 맺거나, 맺으려 한 적도 거의 없었다. 이러한 사실은 고려가 중국 왕조와의 관계에서 나름의 원칙을 지키고 있었음을 보여준다. 그 원칙이란 중국 왕조와의 상하 관계를 인정하며, 책봉과 조공을 교환하는 것이었다고 할 수 있다. 고려-금 관계 초기에 당분간 '책봉 없는 조공' 상태가 지속되었지만, 그조차도 책봉-조공 관계의 사고 틀 안에서 가능한 일이었다.

황제국 고려의 위상을 이야기할 때 자주 예로 드는 것이 연호의 사용이다. 고려에서는 태조와 광종 때 독자적인 연호를 사용한 적이 있었다. 연호를 세우는 일, 즉 건원建元은 예로부터 황제를 칭하는 칭제稱帝와 더불어 황제국의 위상을 과시하는 수단이었다. 따라서 고려의 건원은 황제국의 위상을 보여주는 근거가 되기도 하였다. 그런데 고려 초의 건원에 대해서는 그 시점의 상황을 좀 더 자세히 살펴볼 필요가 있다.

먼저, 918년 태조가 즉위와 동시에 국호를 고려, 연호를 천수天授라고 했지만, 이때는 고려가 중국 왕조로부터 책봉을 받기 전이었다. 고려의 첫 책봉은 태조 16년(933)에 이루어졌으니, 그와 동시에 책봉국 후당의 연호를 사용하게 되었을 것이다. 건국 후 독자적인 연호를 세우지 않고 책봉을 기다리는 방법도 있었겠지만, 고려에 앞선 태봉에서 독자 연호를 사용했던 전통을 자연스럽게 계승한 것이라고 하겠다.

결국 태조의 천수 연호는 책봉을 받지 않은 상태에서 사용할 수 있었던 것이고, 후당의 책봉을 받으면서 중단되었을 것이다. 이 점은 광종의 연호도 마찬가지이다. 광종은 950년에 광덕光德, 960년에 준풍峻豐이란 연호를 세웠다. 그런데 950년은 후한이 멸망한 해로 고려국왕에 대한 책봉이 이루어지지 않았다. 광

**용두사지 철당간**

이 당간에는 준풍 3년(962)에 세웠다는 기록이 새겨져 있다. 준풍 연호의 실제 사용을 보여주는 귀중한 자료이다.

종은 953년 후한에 이은 후주의 책봉을 받았으므로 광덕 연호는 950년부터 953년까지 짧은 기간 동안 사용되었을 것이다. 광종을 책봉했던 후주가 959년에 멸망하자 광종은 이듬해부터 준풍 연호를 만들어 사용하기 시작했다. 그리고 963년에 광종이 송의 책봉을 받았으니, 준풍 역시 이때까지만 사용되었을 것이다.

이후로는 묘청의 연호 천개天開를 논외로 한다면, 고려에서 독자적인 연호를 만들어 사용한 적이 없었다. 금이 강성해지면서 책봉국이던 거란의 쇠망이 거의 확실해지자 거란 연호를 중지하고 간지로 연도 표기를 하면서 사태의 추이를 살폈을 뿐, 독자적인 연호를 만들지 않았다.

이후 고려에서 연호는 황제국의 위상을 과시하는 수단으로서가 아니라 책봉국에 대한 외교 수단으로 활용되었다. 현종 22년(1031) 11월에 거란에서 요구를 들어주지 않자 하정사 파견을 중지하고 새 황제의 경복景福 연호 대신 먼저 황제의 태평太平 연호를 계속 사용한 일이 있었다. 이는 연호 사용을 수단삼아 소극적으로나마 책봉국에 불만을 표시한 것이라고 할 수 있다. 공민왕 5년(1356) 공민왕의 반원운동에서도 원의 지정至正 연호를 중단했지만 독자 연호를 만들지는 않았고, 원이 반원운동의 성과를 인정하자 곧 지정 연호를 다시 사용하기 시작했다. 이 역시 연호 사용의 중단이 책봉국을 압박하는 수단으로 활용된 사례이다.

고려가 황제국 체제를 갖추고 있으면서도 유독 연호에 대해서만은 소극적인 태도를 보인 것은 흥미로운 일이다. 그 이유는 따로 밝혀야 하겠지만, 어쨌든 고려가 '외왕내제'의 상황에서 중원 왕조와의 관계에서 나름의 원칙을 가지고 있었음을 보여주기에는 충분하다. 그 원칙은 상대에 따라서 부분적으로 변경되기도 했지만, 상하 관계를 인정하고 책봉-조공 관계를 맺은 것은 고려 일대에 걸쳐 변함이 없었다. 고려는 이 상하 관계를 역전시키려 하거나, 최소한 대등한 관계로 변경하려는 시도를 하지 않았다. 그러한 점에서 황제국 고려의 존립 근거인 다원적 천하관이란 다수 천하의 대등함을 전제로 하는 것이 아니라 천하 간의 위계를 인정하는 것이었음을 새겨둘 필요가 있다.

## 고려 후기의 부마고려국왕

고려는 태조 때부터 중원 왕조와의 책봉-조공 관계를 통해 왕조의 존속을 보장받으려 했고, 그 점에서 성공을 거두었다고 할 수 있다. 성종 12년(993) 거란이 침략해 왔을 때 사대의 대상을 송에서 거란으로 변경함으로써 전쟁을 피한 것이나, 현종 9년(1018) 귀주대첩 직후 거란에 사신을 보내 '이전처럼 번국藩國을 칭하고 조공할 것'을 먼저 요청한 것이 그 사례이다. 즉, 책봉-조공 관계가 중원 왕조의 일방적인 요구로 성립된 것이 아니라 고려에서 내면화되어 실리를 위한 대외정책으로 실현되었던 것이다.

그렇다면, 고려 후기 몽골과의 관계에서는 어떠했을까? 몽골은 그 이전의 송은 물론이고 같은 유목민족인 거란, 여진과도 달랐다고 생각하는 경우가 있다.

특히 책봉, 조공 같은 중국 문화를 받아들이는 데 있어 거란, 여진과 차이가 있었고, 따라서 고려-몽골 관계는 책봉-조공 관계로 설명할 수 없다고 주장한다. 그래서 고려와 몽골의 관계는 몽골의 논리로 설명하려는 경향이 있다. 과연 그랬을까?

고려가 몽골과 처음 접촉한 것은 고종 5년(1218) 12월 평양 근처의 강동성에서였다. 당시 고려는 몽골에 쫓겨 고려로 들어온 거란족을 몽골군과 함께 진압했고, 그 직후 몽골의 요구에 따라 형제 관계를 맺었다. 이 형제 관계를 고려는 전에 금과 맺었던 것과 같은, 책봉 없이 '칭신상표'하고 공물을 납부하는 관계로 인식했을 가능성이 매우 크다. 실제로 고려는 몽골의 책봉을 받지 않은 상태에서 '칭신상표'하고 몽골이 요구하는 공물을 납부했다. 그러나 몽골은 고려를 그저 복속시켰다고 생각했으므로 두 나라가 마치 동상이몽을 꾸는 것과 같았다. 이러한 인식 차는 결국 파국을 초래하여 고종 18년(1231)부터 28년 동안 전쟁으로 이어졌다.

고려의 대몽항쟁에 대한 연구가 적다고는 할 수 없지만, 지금까지 중요한 문제 하나를 간과하고 있다. 항쟁의 목표 즉, 고려가 몽골과 싸우면서 가지고 있던 목표가 무엇이었을까 하는 문제이다. 몽골을 멸망시키려 했을까? 고려가 강대국임을 과시하여 다시는 넘보지 못하게 하려고 했을까? 아니면 몽골과 사대관계를 수립하여 전쟁 상태를 종식시키고자 했을까. 강화 천도에 반대하면서 유승단이 '소국으로서 대국을 섬기는 것[以小事大]'을 명분으로 내세웠는데, 그의 주장은 당시 고려 사람들 다수의 정서를 대변했을 것이다. 게다가 전쟁 초기인 고종 21년(1234)에 책봉국이던 금이 멸망했으므로 몽골과 책봉-조공 관계를 맺는 데에도 어려움이 없었다. 그러나 사대 관계를 받아들이면 정권이 위태로워진다고 생각하는 최씨 정권의 계산과, 책봉-조공 관계의 경험이 거의 없었을 몽골의 태도 때문에 전쟁이 장기화될 수밖에 없었다.

고종 45년(1258), 오랜 전쟁 끝에 고려의 강화론자들은 최씨정권을 무너뜨리고 몽골과의 강화에 나섰다. 몽골 또한 고려의 요구를 받아들여 고려 태자가 몽골에 입조入朝하는 조건으로 강화가 성립되었다. 당시 고려는 강화 이후 몽골에 대한 사대 이외의 다른 대안을 갖고 있지 않았지만, 그것을 몽골에서 수용할지는 전혀 예측할 수 없었다. 아무 것도 정해지지 않은 상황에서 몽골에 파견된 고려 태자는 그곳에서 몽골 칸의 죽음과 후계자들의 내전이라는 예상치 못한 사태를 만나게 된다. 그리고 우연이었는지, 아니면 면밀한 정세 판단에 따른 것인지 알 수 없지만, 태자는 내전에서 열세에 있던, 그러나 장래에 승자가 되는 쿠빌라이를 찾아갔다.

고려 태자와의 갑작스런 만남에서 쿠빌라이 또한 고려에 대한 정책을 미리 준비해두지 못했을 것이다. 따라서 이 두 사람의 만남에서 가장 중요했던 것은 향후 양국 관계의 기본 방향, 요즘 흔히 말하는 외교 프로토콜을 정하는 일이었다. 지금까지 전혀 다른 경험을 가지고 있던 두 나라의 접촉에서 고려는 당연히 책봉-조공 관계를 희망했을 것이고, 몽골은 유목 전통에 따른 정복지역 지배 방식을 염두에 두고 있었을 것이다. 둘 가운데 전쟁에서 승리한 몽골의 방식이 일방적으로 강요되었을 것으로 생각하기 쉽지만 결과는 그렇지 않았다. 쿠빌라이는 태자를 만난 자리에서 '고려는 당 태종이 친정親征했으나 이루지 못한 나라' 운운하며 고려에 대해 전혀 모르지 않음을 내비쳤고, 측근의 신료들은 고려 태자를 번왕藩王의 예로 대우할 것을 건의했다. 때마침 고려국왕의 부고가 도착하자 쿠빌라이는 '일졸一卒을 수고롭게 하지 않고도 일국一國을 얻는' 방책으로서 태자를 국왕으로 삼아 환국시켰다.

쿠빌라이 진영에서 오간 발언들은 한문으로 번역되는 과정에서 한화漢化되었을 가능성이 물론 없지 않다. 하지만 당시 고려는 강화 후 몽골과의 첫 만남에서 전쟁 중 목표로 했던 책봉-조공 관계 수립의 가능성을 발견했을 것이다. 고려는 그 직후 몽골에 여섯 가지 요구를 했는데, 그 첫 번째가 '의관衣冠 등 풍속은 본국의 것을 따르도록 할 것'이었다. 이 '불개토풍不改土風'의 요구는 풍속의 유지뿐 아니라 풍속이 유지되는 공간 범위로서 국가의 유지로 해석되고, 그것은 고려에서 목표로 한 책봉-조공 관계의 대전제가 되었다. 몽골이 이 요구를 받아들인 데 대해 몽골의 정복지역에 대한 일반적인 정책일 뿐이라는 설명도 있지만, 고려의 입장에서는 그 이상의 각별한 의미가 있었다.

쿠빌라이가 고려의 요구를 받아들이고 몽골식 외교 프로토콜을 강요하지 않은 이유는 분명치 않다. 아릭부게와의 내전을 앞두고 고려 태자의 귀부를 하늘의 뜻으로 선전하고 있던 상황에서 고려의 요구를 거부하기 어려웠을 것이라거나, 쿠빌라이 즉위 초에 나타나는 중국 제도의 수용이 이때부터 조짐을 보이고 있었다는 등의 설명이 가능하지만 아직은 추측일 뿐이다. 어쨌든 고려 태자는 몽골과 책봉-조공 관계를 맺을 수 있다는 희망을 가지고 귀국했고, 이러한 믿음은 시간이 흐를수록 점점 더 굳어졌다. 귀국 직후인 원종 1년(1260) 8월 쿠빌라이는 중통中統이라는 한자 연호를 세우고 고려에도 그것을 사용하도록 하는가 하면, 원종 3년(1262)부터는 해마다 역曆을 보냄으로써 고려에서 볼 때는 '연호와 정삭正朔을 받드는' 책봉-조공 관계의 기본 형식이 갖추어졌던 것이다. 또 몽골에서 중서성 · 추밀원 · 어사대 같은 중국식 관제를 만드는 것을 보면서, 그리고 결정적으로는 원종 12년(1271) 12월 몽골이 국호를 대원大元으로 고쳤음을 알려오면서 원이 요 · 금을 잇는 왕조이며, 고려와의 관계 또한 책봉-조공 관계라는 확신을 갖게 되었을 것이다.

하지만 아직 문제가 남아 있었다. 원종 3년(1262)부터 몽골이 유목 전통에 따른 '6사'를 요구해왔는데, 이는 책봉-조공 관계와 결이 다른 것이었다. 특히, '6사' 가운데 호구 보고와 다루가치 설치 두 가지는 고려가 생각하고 있던 책봉-조공 관계를 근저에서 부정할 만한 것이었다. 태자와 쿠빌라이의 합의가 또 한 번의 동상이몽이었음이 드러나는 순간이었다. 하지만 긴 협상 끝에 충렬왕 4년(1278) 충렬왕이 직접 쿠빌라이 칸을 만나 '6사' 가운데 위의 두 가지를 면제받는 대신 인질을 보낼 것[納質], 역로를 개통할 것[設驛], 군사를 원조할 것[助軍], 식량을 수송할 것[輸糧] 등 네 가지는 받아들이는 것으로 타결을 보았다. 이때 합의된 것을 이후 두 나라에서 '세조구제世祖舊制'라고 부르게 되거니와, 당시 고려에서 세조구제가 책봉-조공 관계와 다른 것이라고 여기지 않았던 것만은 분명하다.

고려와 몽골의 왕실 혼인도 마찬가지이다. 혼인을 통해 고려 국왕이 원 황실의 부마가 됨으로써 '부마고려국왕'의 지위가 탄생했고, 그에 따라 몽골제국 안에서 고려의 위상이 기존의 왕국에서 부마의 속령으로 크게 변화된 것처럼 이해하는 경우도 있다. 하지만 그러한 이해는 당시 현실, 특히 고려인들이 인식하고 있던 현실과 부합하지 않는다. 혼인을 먼저 제의한 고려 왕실이 그러한 변화를 예상하거나 희망했을까? 왕조 유지를 위해 그토록 오랫동안 저항해왔던 고려가 왕국의 지위를 스스로 포기하고 몽골 부마의 분봉지가 되는 길을 과연 택했을까? '부마고려국왕'이란 고려 국왕이 자신의 필요에 따라 부마를 겸한 것이며, 그 지위는 몽골 공주와의 혼인이 아니라 고려국왕 책봉을 통해 보장되었다. 그런 점에서 고려가 원과 책봉-조공 관계를 맺은 외국으로서 존재했다는 점은 의심의 여지가 없다.

고려가 몽골과 책봉-조공 관계를 맺고 있다는 생각이 고려인들만의 일방적인 것일 수도 있다. 몽골은 고려를 부마의 속령으로, 심지어는 지방 행정구역의 하나인 정동행성으로 간주했으나 고려에서는 달리 생각한 것이라고 볼 수도 있다. 하지만 당시 몽골의 행동 가운데 고려로 하여금 양국 관계를 책봉-조공 관계로 인식하도록 하는 요소가 있었음은 부인할 수 없다. 고려 국왕에 대한 책봉은 빠짐없이 이루어졌고, 고려의 조공도 계속 되었다. 고려 관부의 명칭과 왕실 용어가 참월하다고 지적하며 격하하도록 요구한 것은 그 내용을 떠나 책봉-조공 관계 아래서 사대의 명분을 더욱 강화한 것으로 인식되기에 충분했다. 몽골의 이러한 태도는 충선왕 2년(1310)에 몽골 황제가 "짐이 보건대, 지금 천하에서 인민과 사직이 있어 왕 노릇을 하는 것은 오직 삼한(즉, 고려)뿐이다."라고 한 데서 절정에 이른다. 30년 전쟁 끝에, 그것도 사실상 패배한 전쟁 끝에 책봉-조공 관계의 수립이라는 소기의 목적을 달성하고 국가를 유지할 수 있게 된 고려 사람들의 심정은 어떠했을까? 충렬왕이 쿠빌라이 칸을 만나 호구 보고와 다루가치 설치 요구를 무르고, 몽골 군대와 홍차구 등을 철수시키는 등의 성과를 거두고 돌아왔을 때 '이 행차에서 국가의 시끄러운 일들을 모두 아뢰어 없앴으니, 나라사람들이 덕을 칭송하고 감읍하였다'는 기록은 당시 분위기를 잘 전한다. 그 감읍하는 사람들의 심정이란 불안이 씻겨 내린 뒤에 오는 안도감이라고 표현할 수 있지 않을까? 그런 심정을 이승휴에게서도 확인할 수 있다.

## 다시 이승휴를 읽다

이승휴(1224~1300)는 『제왕운기』를 쓴 역사가일 뿐 아니라 몽골과의 전쟁을 몸소 겪고 강화 과정을 직접 지켜본 역사의 증인이다. 그는 전쟁 중이던 고종 39년(1252) 과거에 급제했으나 고향 삼척에 내려갔다가 몽골군 때문에 길이 막혀 복귀하지 못하고 13년 동안이나 무직자로 지냈다. 삼별초가 반란을 일으켰을 때는 그들의 포로가 되었다가 탈출하는가 하면, 외교 문서 작성의 능력을 인정받아 몽골에 사신으로 다녀오기도 했다. 그렇게 어렵게 얻은 관직이건만 국왕에게 직언했다가 파직당하고 그 후 20년 동안을 삼척에서 은거하다가 생을 마치는, 굴곡진 삶을 살았다. 그런 그가 64세인 충렬왕 13년(1287)에 쓴 『제왕운기』에는 격변의 시대를 살았던 지식인의 현실에 대한 고민이 오롯이 담겨 있다.

『제왕운기』에서 동국사東國史, 즉 우리 역사의 첫머리는 "요하 동쪽에 별도의 한 천지天地 있으니, 천문도 중조中朝와는 구분되네."로 시작한다. 중국 왕조와 구분되는 요하 동쪽의 세상, 그것이 바로 이승휴가 생각한 동국사의 무대이다. 『제왕운기』에서 동국사는 단군이 개창한 전조선前朝鮮에서 시작해서 고려까지 이어진다. 그리고 그 역사는 삼황오제에서 시작해서 하 · 상 · 주로부터 당 · 송 · 요 · 금을 거쳐 원으로 이어지는 중국의 역사와는 출발부터가 다르다. 출발이 다르니 현재 고려와 원이 다른 나라인 것은 너무도 당연하다는 말을 하고 싶었던 것이 아닐까?

이승휴는 원에 대해서 "오로지 우리 상국[吾上國] 대원이 일어나서, 천하 백성을 노래케 하였으니, 성덕의 높고 넓음 어찌 다 이르리오. … 토지는 광대하고 인민은 많으니, 개벽한 이래 이런 나라 처음일세."라고 노래하였다. 여기에는 오랜 전쟁으로 고려를 괴롭힌 몽골에 대한 적개심보다는 '우리 상국 대원'의 광대함에 대한 찬양만이 있을 뿐이다. 이러한 태도는 원을 사대의 대상으로 인정하지 않고서는 나오기 어렵다.

충렬왕이 원 황실의 부마가 된 사실은 "곧이어 부마가 되는 은총을 입으니, 성대하도다! 빈왕賓王의 이익이여"라고 읊어 칭송하였다. 만일 이 혼인으로 고려국왕이 몽골의 부마가 되고, 그럼으로써 고려가 몽골 부마의 분봉지가 되었다고 생각했다면 이런 시가 나올 수 있었을까? 『제왕운기』의 마무리는 "조업祖業은 다시 빛이 나고, 황은皇恩은 멀리 젖어오네. 청사靑史는 태평을 구가하고 창생蒼生은 즐거움을 노래하네. 원컨대 억만 세월, 길이길이 부귀하소서."라고 되어 있다. 고려 왕조의 존속을 믿지 않았다면 가능한 표현이었을까?

『제왕운기』 말고도 충렬왕 7년(1281)에 편찬된 일연의 『삼국유사』 역시 고조선古朝鮮에서 시작해서 고려에 이르는 역사를 썼다. 역사의 출발을 조선까지 끌어올리고 단군신화를 수록한 것이 『제왕운기』와 같다. 몽골과의 전쟁과 강화를 경험한 세대의 역사 서술에서 공통적으로 조선과 단군을 되살리고, 그를 통해 중국사와 구별되는 독자적인 역사를 강조한 것은 우연이 아닐 것이다. 아마도 두 사람은 고려가 몽골과의 전쟁에서 비록 승리하지 못했으나 책봉-조공 관계를 맺고 국가를 유지할 수 있게 된 데 대해 안도하면서, 그러한 현실의 당위성을 역사적으로 증명하고자 했던 것이리라. 지금 우리들은 당시 사람들의 고민을 얼마나 이해하고 있는 것일까.

## 참고문헌

김호동, 2007『몽골제국과 고려』, 서울대학교출판부.

盧明鎬, 1999「高麗時代의 多元的 天下觀과 海東天子」『韓國史研究』105.

______, 2014「《고려사》의 '僭疑之事'와 '大赦天下'의 '以實直書' -핵심이 삭제된 고려의 황제제도-」『韓國史論』60.

이익주, 1996「高麗·元關係의 構造에 대한 研究 -소위 '世祖舊制'의 분석을 중심으로-」『韓國史論』36, 서울대 국사학과.

______, 2009「고려-몽골 관계사 연구 시각의 검토 -고려·몽골 관계사에 대한 공시적, 통시적 접근-」『한국중세사연구』27, 한국중세사학회.

______, 2011「고려-몽골관계에서 보이는 책봉-조공 관계 요소의 탐색」『13~14세기 고려-몽골관계 탐구』, 동북아역사재단.

이개석, 2013『고려-대원 관계사 연구』, 지식산업사.

이명미, 2016『13~14세기 고려·몽골 관계사 연구 -정동행성승상 부마 고려국왕, 그 복합적 위상에 대한 탐구-』, 혜안.

채웅석, 2007「11세기 후반~12세기 전반 동북아시아 국제정세와 고려」『전쟁과 동북아의 국제질서』, 일조각.

추명엽, 2002「고려전기 '번蕃' 의식과 '동·서번'의 형성」『역사와 현실』43.

森平雅彥, 2013『モンゴル覇權下の高麗 -帝國秩序と王國の對應-』, 名古屋大學出版會.

# 고려와 원제국, 격절과 융합



이강한

## 고려와 원제국의 '관계關係'

이른바 '원간섭기'라고 불리는 시기에 대해서는 몇 가지 통념이 있다. 고려의 정치적 자기결정력이 훼손되는 와중에 그 전통과 관습도 원제국에 의해 대체되거나 사라져 갔을 것이라는 짐작이 하나이고, 양국관계의 초기에 자행된 경제적 침탈이 이후로도 이어져 정상적인 거래와 교역이 부진했을 뿐 아니라 양국 경제 간 계선도 점차 약화돼 갔을 것이라는 짐작이 또 하나다. 고려의 왕이 황제의 사위가 되고 고려정부 옆에 정동행성이 들어섰으며, 고려인들이 원제국의 의관까지 착용하게 됐음을 감안하면 첫 번째 우려가 제기된 것도 당연하다 할 것이다. 아울러 원제국이 13세기 내내 침공 당시에는 물론 강화 이후에도 한반도의 물자를 약탈했고 이후에도 공녀와 직물을 요구했음을 감안하면, 두 번째 우려 역시 결코 이유 없는 것이 아니었다 하겠다.

다만 이러한 통념에서 비롯된 '오해' 또한 없지 않은 상황이다. 흔히들 원제국이 고려의 제도를 원의 그것과 동일화시키려 하거나 그 결과 고려의 공식제도들이 멸절 위기에 몰렸을 것으로 짐작하곤 하지만, 그와 다른 정황들도 결코 적지 않았다. 고려가 원제국의 압도적 권력에 짓눌렸던 것 역시 부인할 수 없지만, 고려가 그를 역이용한 경우 또한 의외로 많다. 게다가 원제국의 등장으로 촉발된 신종 동-서 세계간 교역으로서의 오르탁(Ortaq) 무역의 열기 속에 회회인, 서역인 상인들이 고려로 쇄도했음이 주목된다. 30여 년간 징발에 신음하던 고려인들이 1276년 원제국의 남송 복속에 따른 몽골인들의 고려물자 징발 감소로 인해 뜻밖의 전기를 맞이한 데 이은 '반전'이었다.

따라서 이렇듯 '오해되어 온 부분들'에 대한 재검토가 필요한 상황이다. 이른바 '원간섭기' 연구가 본격적으로 시작된 지 반세기가 가까워져 오고 있음을 감안하면 더욱 그렇다. 그러나 한편으로, '오해 해소'에만 그쳐서는 안 된다. 당시 고려인들이 어떻게 살았을까에 대한 연구자들과 대중의 성의 있는 관심이 절실히 요망된다. 연구자들은 대개 '여말선초'라는 전환기에는 관심을 두면서도, 그 앞 시기인 13-14세기는 고려가 멸망해 가던 시기로만 간주해 왔다. 그런 탓에 이 시기를 '제도가 붕괴하는 와중에 민생은 도탄에 빠진 시기'로 단정하는 경우가 잦았다. 그러나 당시인들의 생활을 가장 직접적으로 규정하고 그들의 일상에 가장 큰 영향을 미쳤을 기본적인 제도들, 예컨대 형정刑政, 지방제도 및 군역제軍役制 등을 살펴보면 문제를 해결하고 상황을 개선하려 했던 위정자들의 치열한 고뇌가 엿보인다. 그리고 해법을 모색하는 과정에서 원제국 제도 및 정책 방향 등을 요긴하게 활용한 정황도 드러난다.

비록 진부한 표현일 수도 있겠지만, 이 시기(13-14세기) 역시 흑백의 관점에서만 바라볼 경우 많은 오해와 몰이해가 발생할 수밖에 없는 시기다. 그간 이 시기를 지칭할 때 사용돼 온 여러 단어들, '간섭', '복속', '흡수', '포섭' 등의 표현만으로는 포괄이 되지 않는 여러 다양한 양상과 정황들이 속출하기 때문이다. 당시의 세태가 오늘날의 그것만큼이나 복잡하고 다단했다는 것을 인정, 존중하는 것이 필요하다. 그럴 때에나 고려 500년의 절반에 해당하는 13-14세기 200년의 역사를 새로이 보게 됨과 동시에, 그를 뒤따랐던 후대의 역사 또한 제대로 볼 수 있게 될 것이다.

## 허물어지는 벽, 남아 있는 경계境界

원제국의 정치적 간섭이 고려의 국왕을 황제의 부마駙馬이자 정동행성征東行省의 승상丞相으로 만드는 것을 넘어, 살아 있는 국왕을 갈아치우는 지경까지 나아갔음은 잘 알려진 사실이다. 고려 정계 권력의 정점에 있던 고려왕이 이렇게까지 무시를 당했는데 관료와 일반인들이 당했을 수모도 미루어 짐작하기에 어렵지 않다. 그러나 정치는 흔히 이르듯이 살아 움직이는 생물과도 같아서, 고려-원제국의 관계가 100여 년 이상 일방적 압박과 억압의 양상만 보였을 것이라 판단하는 것은 현실적이지 않다. 원제국정부 역시 고려의 정치인들을 상대로 압박과 회유, 타협과 절충을 병행했을 것으로 생각된다.

그런 와중에 고려 관료사회와 원제국 간의 경계를 약화시킬 만한 양상도 전개됐음이 주목된다. 원제국의 '문산계文散階' 또는 '무산계武散階'를 하사받은 고려관료들이 대표적인 사례다. 김방경金方慶을 필두로 하여 다수의 고려관료들이 13세기 후반-14세기 전반 원제국 황제로부터 다양한 종류의 문산계를 수여받아 일찍이 보유하고 있던 고려 문산계와 함께 보유했는데, 고려의 관료로서 원 정계政界 내에서도 통용되는 일종의 위상을 부여받은 셈이었다. 게다가 14세기 전반에는 고려관료의 기존 문산계보다 훨씬 '낮은' 문산계가 하사됨에 따라, 원제국 문산계를 기준으로 놓고 볼 때 양국 관료들 간에 일종의 '우열관계'마저 형성됐음이 주목된다.

아울러 고려인들에게 원제국 만호직萬戶職과 함께 수여된 "무산계"의 경우,

고려 관료들의 기존 정체성을 더욱 강력하게 조정하는 효과를 가져왔을 것으로 짐작된다. 충렬왕忠烈王 원년(1275)-6년(1281) 사이에 단행된 두 차례의 일본정벌을 계기로 다수의 고려관료들이 만호직과 무산계를 원으로부터 수여받았다. 애초 고려 무신들은 무산계를 보유하고 있지 않았으므로, 새로이 원 무산계를 수령한 그들로서는 '원제국 무장'으로서의 정체성이 새로 형성된 셈이었다. 게다가 그런 위상과 자격이 후손에게 승계되어 하나의 기득권으로 고착되기까지 하였다.

물론 당시 고려와 원제국 간에 인적人的 교류가 활발하지 않았다면, 이러한 새로운 정체성의 발생이나 새로운 위상의 부여 또한 그저 일시적인 현상에 머물렀을 수도 있다. 그러나 고려관료들의 중국진출, 예컨대 원제국 중심부 또는 지방정부에 임명되는 사례들이 빈번해지고 결과적으로 그들의 활동공간이 한반도를 넘어 중국으로 확장되면서, 고려 정치인들의 자기관과 국가관이 변질됨과 동시에 양국 관료사회 간 경계선이 '약화'되었을 가능성도 상당히 크다. 몽골식 인명의 상용이나, 상대를 지칭하는 별명(별칭)으로 원제국의 관직 · 관계명이 사용된 양상 또한 그래서 주목된다. 이전에는 고려인을 부를 때 그가 보유한 관직(예컨대 '찬성사贊成事')이나 관계官階(이를테면 '조청대부朝請大夫')를 써서 "찬성공贊成公"이나 "조청공朝請公"이라 부르던 상황에서, 이제는 예를 들어 '원선지元善之'라는 인물을 호칭할 때 그가 보유하고 있던 원제국 무산계인 "소신교위昭信校尉"를 사용해 그를 "원소신"이라 부르게 됐던 식이다. 당시 원제국의 문화와 관습이 고려사회에 침투한 정도가 오늘날 한국 대중문화 속 '외국적' 요소들을 능가했을 가능성까지 상정된다.

그러나 양국 관료사회 간의 '경계境界'가 약화되는 한편으로, 양국 정부의 모습 자체는 오히려 더욱 '달라진' 점 또한 눈에 띈다. 종래의 경우 고려의 정부구조와 중국의 정부구조(이를테면 송宋)에 비슷한 점이 많았지만, 이 시기에 들어와서는 고려의 정부구조가 원제국정부의 그것과 비슷하다는 점을 원제국정부가 지적하고 나선 것이다. 고려의 '정부구조'가 원제국의 그것과 동일한 것을 원제국정부가 '참람하다'고 인식했던 것인데, 그 결과 여러 차례의 관제官制 및 관계官階 개편이 잇따르게 된다. 충렬왕 원년(1275) 관제와 문산계, 그리고 충선왕忠宣王 즉위년(1298)과 복위년(1308)의 관제 · 문산계 개편이 대표적인 사례다. 1275년 원측의 '개변改變' 요구로 인해 종전의 고려전기 '문종대文宗代 관제 · 관계'와는 전혀 다른 '충렬왕 관제 · 관계'가 마련되었고, 1298 · 1308년 '원측의 요구 없이' 출범한 '충선왕 관제 · 관계' 역시 원제국 관제 · 문산계와 중복되는 바가 전무할 정도로 전혀 달랐다. 원제국이 모든 분야에서 양측 제도의 동질화를 추구한 것은 아니었고, 결과적으로 양국간의 정치적 경계가 유지된 구석도 없지 않았음을 시사하는 대목이라 할 것이다.

더욱 흥미로운 것은, 원제국의 간섭을 받는 와중에 오히려 고려의 전통제도가 부분 복구되거나 사람들의 기억에서 사라져 가던 전통들이 새삼 되살아난 경우도 있었다는 점이며, 더 나아가 그것이 원제국 내부의 분위기(원제국정부의 '구제舊制 추구' 노선, 국가 제사祭祀 제도 정비 추세)를 '역이용'한 결과였다는 점이다. 충선왕이 즉위년 관제개편에서 '6부部'의 내부 관속을 문종대의 상태로 복구하고 복위년 관제개편에서는 국초 '태조대太祖代' 관제의 몇몇 요소들을 부활시킨 점이나, 충숙왕이 원제국정부의 사전祀典 정비노선을 수용하되 제국정책의 대상이었던 공자孔子나 고황제古皇帝들을 고려도 현창하는 대신 고려인들에게는 단군檀君에 필적하는 고성古聖이었던 "기자箕子"에 대한 제사를 재개하기로 한 점 등이 그런 사례에 해당한다. 게다가 경우에 따라 원 제도를 수용하면서도, 고려제도를 없애는 대신 그와 '병존'시킨 사례 또한 확인된다. 고려 태묘太廟의 묘수廟數는 원제국의 그것을 피해 '7묘'에서 '5묘'로 줄였으나, 원제국 태묘의 '협실夾室' 개념을 도입해 '9실室'이라는 종전 실수室數는 회복하고

(5묘+4실), 서쪽에 있던 태조신주는 중앙으로 이동하되, 불천지주不遷之主들을 '서협실'에 배치해 기존의 '서상西上' 원칙을 견지함으로써, 고려 태묘 속에 원제국적 요소와 전통적 운영원리를 '동거'시킨 충선왕의 노력이 그런 경우에 해당한다.

심지어 원제국정부의 국정개혁 노선을 차용해 고려의 내부를 개혁한 정황마저 감지된다. 원제국정부의 정치개혁 '의제' 및 세입증대 '기조'를 수용하거나 공유하되, '고려풍토에 맞는' 방법론을 개발해 내부개혁에 활용한 경우가 충선왕의 정방政房 혁파, 관부 통폐합, 감찰사監察司 승격 및 각염제榷鹽制 실시에서 확인된다. 원제국 황제의 '개혁 권유'를 명분 삼아 '정치도감整治都監'이라는 개혁부서를 발족시킨 후 전횡과 권력남용을 일삼던 기씨奇氏 일족을 겨냥했던 충목왕대忠穆王代 관료들의 상황도 그와 다르지 않고, 1356년 결행된 공민왕恭愍王의 이른바 '반원反元 개혁'에서도 기씨세력 척결 후 정동행성과 군제軍制 개혁을 도모했던 공민왕이 '쿠빌라이의 약속'을 거론하며 원정부의 추인을 이끌어내는 기지를 발휘했음이 흥미롭다.

## 다른 시장市場, 다른 통화通貨

13세기 중 · 후반 몽골측의 가혹한 물자 징탈에 시달리던 고려정부는 기회가 있을 때마다 그 중단과 경감을 호소하곤 하였다. '매가 은과 모시를 먹는다'는 풍자를 낳을 정도로 극심했던 응방鷹坊을 통한 은 징탈, 일본정벌용 미곡 생산을 위해 설치됐으나 멸망한 남송南宋 패망군의 집합소로 둔갑한 둔전屯田으로 인한 폐해도 극심하였다. 그러다가 13세기 말에 이르러 원제국정부의 고려물자 징탈이 뜻밖에도 급감하게 된다. 강남지역을 복속하면서 원제국의 재정에도 여유가 생겼기 때문이었다.

14세기 전반 고려-원제국 간의 거래 및 교역 양상은 13세기 후반과는 완전히 달랐다 해도 과언이 아니다. 고려상인과 외국상인 접촉빈도가 현저히 높아져 시장간 전면교류가 본격화한 것으로 평가된다. 원제국元帝國으로의 고려물자 수출은 그 동선과 양태가 어학교습서 『노걸대老乞大』에서 확인된다. 아울러 원 항구의 지방지地方志에 고려측 물자가 '세색細色'으로 규정돼 있음에서는 원이 고려제품의 품질을 높이 평가했음을 엿볼 수 있다.

무엇보다도 이른바 "Silk Road 교역"으로 흔히 불리는 동東-서西 세계간 교역의 일종으로서의 "오르탁Ortaq" 교역이 성행하는 와중에, 여러 '회회인回回人', '서역인西域人', '색목인色目人'들이 한반도를 방문했음이 주목된다. 11-12세기 한반도를 활발히 찾던 한족漢族 '송상宋商'들은 12세기 중반 이래 중국-서역 교역에 이끌려 한반도 방문을 줄여갔지만, 13세기 후반에는 대신 회회인들이 한반도에 체재하기 시작했음을 『쌍화점雙花店』 등의 문학작품을 통해 엿볼 수 있다. 이들은 동-서교역의 중요 거래품(진주珍珠 등)을 조달해 줄 추가 시장들을 모색하다가(1270년대), 또는 원제국 투자자들로부터 위탁받은 무역자금을 소진한 후 재기를 도모하기 위해 한반도를 방문하곤 하였다(1290년대). 또 중국 본토와 서아시아 소재 여러 칸국들 사이를 오가던 노예무역선들도 한반도에 다양하게 기항했다(1310년대). 1280년대 원제국과 긴밀한 무역관계를 유지하다가 1290년대 이후 관계가 소원해진 인도지역 마아바르(Mabaar)국의 고위관료가 충선왕을 예방하거나(1298), 1320-1330년대 원 태정제泰定帝와 활발히 교류했던 일칸국(Il Khanate)의 마지막 술탄 아부 사이드(Abu Sa'id, 불새인不賽因)가 충혜왕에게 사신을 보내오기도 하였다(1331). 당시의 동-서 세계간 교역에서 한반도 시장이 새로이 주목받고 있었음을 엿볼 수 있다.

그리고 그러한 외부로부터의 방문에 고려인들도 적극적으로 대응하고 있었음을 고려국왕들의 다양한 무역품 생산정책(충선왕 · 충혜왕) 및 어용상인 유치책(충렬왕, 충숙왕)에서 엿볼 수 있다. 충렬왕(1275-1307)은 1280년 고려의 은과 모시를 징발하던 응방鷹坊의 관리를 회회 출신 오르탁상인에게 위탁시켜 고려왕 명의의 해외투자를 시도했고, 충선왕(1298; 1308-1313)은 1308년 기존의 관복 방직 및 염색부서를 결합시킨 직염국織染局을 통해 더 많은 수출품의 효율적인 제작을 시도했다. 충숙왕忠肅王(1313-1330; 1332-1339)은 원제국 수도[대도大都]에 억류돼 있던 5년 동안 중국 · 몽골 · 서역 상인들을 다수 사귄 후 1325년 고려로 데리고 와 어용상인으로 육성했고, 충혜왕(1330-1332; 1339-1343)은 사기沙器 상인의 딸을 자신이 만든 궁궐형 방직공장[삼현신궁三峴新宮]의 관리자로 삼은 후 그에서 생산된 물품들을 회회상인들에게 팔아 막대한 이윤을 올리기도 하였다. 이 모두 이전의 고려국왕들에게서는 보이지 않던 모습으로, 당시 고려정부가 원제국 중심 동아시아 무역권 내의 돌아가는 상황에 적극적으로 부응하고 있었음을 보여준다.

그런데 양국 경제주체들 사이의 이러한 활발한 접촉이 양국 시장 간 관계를 '긴밀'한 것으로 만드는 데 그치지 않고, 양국 시장들이 서로 '중첩'되거나 '통합'되게 했을 가능성은 없는가? 양국 상인들의 접촉과 교류가 증가할수록 양자의 공통분모가 넓어지고 양국 유통권의 내부상황도 서로 비슷해져 갔을 가능성이 이론적으로는 존재한다. '양국의 시장이 사실상 하나의 시장으로 통합돼 갔다'고 보아 온 종래의 통념도 여기에서 비롯한다.

종래의 통념이 정당한지는, 양국의 통화체계가 연결돼 있었는지, 원제국이 중국이 아닌 고려내 상품거래에도 거래세를 부과했는지, 그리고 양국간에 관세장벽은 존재하고 있었는지 등의 문제를 고민해 볼 때 결국 판가름나게 될 것이다. 우선 원제국의 지폐인 '원보초元寶鈔'는 13세기 후반 일본정벌 준비 등의 특정 계기에 제한적으로만 유입됐고, 14세기 전반에는 그 규모가 늘었으되 '가치가 하락한' 상태로 들어왔으며, 그나마 고려 관료 · 종교인 · 상인의 해외활동 과정에서 반출됐던바, 은병 · 포화 등 고려의 전통 기축통화에 실질적인 영향을 미치지 못한 것으로 평가된다. 원제국의 상세(商稅) 역시 고려에 적용된 정황이 관찰되지 않으며, 지금까지 그러한 맥락으로 오독돼 온 기사는 "원정부가 '고려 소재 오르탁상인'에게 채권을 추심"한 정황을 배경으로 한 것으로 최근 새로이 해석됐다. 마지막으로 원제국 경원항慶元港(닝보, 寧波)의 지방관을 역임했던 원제국 관료 사요史燿의 묘지명에서 확인되는 바처럼, 원제국에서 고려에 부과한 관세가 원제국정부가 '해외상박'에 부과하는 관세와 '동일'했다는 사실에서, 원제국이 고려선박을 엄연한 '외국선박'으로 간주했음이 확인된다. 이런 여러 정황을 고려하면 양국 시장이 '통합'돼 있었다는 판단에 강한 의구심이 든다. 오히려 양국 시장이 '분립'해 있었음을 뒷받침하는 정황들이 아닌가 한다.

아울러 이 밖에도 고려할 지점들이 몇 가지 더 있다. 원제국의 무역정책이 중국, 몽골인들의 출항出航이나 회회, 서역인들의 중국 입항入港에 대해 '장려 노선'을 보이던 시기에는 중국 · 서역 상인들의 한반도 방문이 '감소'하고, 원 정부가 교역이윤의 정부독점 또는 과열영업 통제를 위해 민영 교역에 대한 '견제 노선'을 보인 시기에는 중국 · 서역상인들의 한반도 방문이 반대로 '증가'하는 일종의 "반비례적" 추세가 확인돼 흥미롭다. 전자의 시기에는 중국상인들이 서역과의 교역에, 그리고 서역상인들은 중국과의 교역에 집중하느라 그랬던 것으로 보이는 반면, 후자의 시기에는 중국시장이 빗장을 걸면서 양자 모두 인근지역에서 '대안시장'을 찾는 일환에서 한반도와 거래하느라 그랬던 것이 아닌가 짐작해 본다. 이런 정황은 원제국정부의 무역정책노선, 중국 및 서역상인들의 영리활동, 그리고 한반도의 이해관계가 모두 '상이'했을 가능성을 강하게 시사한다. 원제국을 중심으로 한 동북아시아 교역권에서 '한반도 시장'이 외부시장과 공유되지 않는 '고유'의 이해관계에 따라 작동하고 있던 공간이었음을 암시하는 대목이라 할 것이다.

이처럼 서로 상이한 이해관계를 가진 양국 시장 간에 다년간 거래된 대표적인 상품으로는 직문저포織文苧布와 자기磁器가 있다. 특히 저포苧布 · 紵布 등의 직물제품의 경우, 고려왕들이 중국 및 해외시장의 상황을 면밀하게 지켜보고 있었던 경우에 해당한다. 원제국의 중국 비단 수출 및 '서금西錦' 수입이 중국과 인도(Mabaar), 그리고 이란(Il Khanate) 사이의 관계 변화 등으로 인해 특정시기 큰 변동을 보였는데, 공교롭게도 그런 시기(1290-1310년대, 1320-30년대) 충선왕과 충혜왕이 공격적 직물생산정책을 펼쳤음이 확인되기 때문이다. 아울러 도자기 역시 주목되는 사례다. 잘 알려진 바와 같이 다수의 원대元代 경덕진景德鎭 백자들이 고려에 들어와 고려 청자들에 큰 영향을 미쳤고, 그 결과 '귀대접', '호형호鎬形壺', '대반大盤' 등의 새 기형器形들이 나타났음은 물론 용 · 봉황 · 물고기 · 돌기 · 보상당초문 역시 새로운 방식으로 고려청자에 시문(施紋)되게 되었다. 그런데 중국내 원제국시기 유적이나 원제국-일본 간 교역선이었던 '신안선新安船' 등에서 확인되는 "대원對元 수출용 고려자기"들은 정작 그와는 전혀 무관한 "전통적 상감청자"들이다. 고려인들이 원에 자기를 보낼 때 전통기형, 전통문양으로 제작된 물품들을 주로 보낸 셈으로, 고려상인들이 원제국의 도자기 소비자들을 '익숙함'이 아닌 '이채로움'을 무기로 공략하려 한 것이 아닐까 추측해 본다.

## 새로운 질서, 공존의 미학

이렇듯 고려는 정치적으로 불리한 상황에서는 최대한 그 상황을 활용하려 하였고, 경제적으로 절망적이었던 상황에서 벗어나서는 오히려 이전보다도 더욱 활발하게 외부시장을 공략했다. 원제국의 도래라는 돌발변수는 고려인들의 삶을 뒤흔들어 놨고 이전의 삶의 방식은 파괴됐지만, 새로운 삶의 방식을 끝내 찾아냈던 것이다.

그렇다면 이제는 그 새로운 삶의 방식을 살펴보는 작업이 필요하다. 원제국이 도래하기 전 고려인들의 삶은 어떠했고, 원제국과의 '공존'이 '강요'된 상황에서는 그들의 삶이 어떤 방향으로 바뀌어 갔는가를 검토해야 할 것이다. 그와 관련해서는 결국 당시인들의 생활과 일상을 가장 크게 결정지었을 몇몇 분야들을 먼저 들춰봐야 할 것이다. 앞서 언급한 형사제도의 문제, 지방제도의 문제, 군사제도의 문제가 그것인데, 인신에 대한 구속으로서의 형벌과 군역, 그리고 지방관과 군관 및 민간인 사이의 관계야말로 일반인들에게는 가장 생생한 '체감요소'들이었을 것이기 때문이다.

원제국은 고려제도의 일부를 바꾸는 한편으로 '제국 제도'의 도입을 고려에 종용하기도 했는데, '법제'가 바로 그 대표적인 사례이다. 13세기 후반의 쿠빌라이는 '전장典章의 경우 조풍祖風(고려전통)을 버리지 말라' 했지만, 14세기 전반 정동행성 이문소理問所(형사刑事 담당부서)의 관리 게이충揭以忠이 이곡李穀에게 '원의 법제가 고려에서는 제대로 구현되지 못하고 있다'고 우려했음이 그를 잘 보여준다. 원의 법규정을 고려의 각종 상황에 '적용'하려는 시도도 빈발했는데, 1270년대 초 조석기趙石奇라는 양민이 '양인-천인 부부 소생자의 신분' 문제에 대한 원제국의 법령들이 1260년대 말 완성된 것을 인지하고, 그에 기대어 자신 또는 자신의 아들의 신분을 '양인'으로 조정하려 한 사건이 발생했던 것으로, 고려의 전통 사법 관행에서는 감히 기대하지 못했을 불가능한 판정을 몽골의 사신에 의탁해 해결하려 한 셈이다. 13세기말 정동행성 평장정사平章政事로 부임한 활리길사闊里吉思(Gorgis)도 대표적인 사례이다. 고려정부가 그간 집행해 온 형벌이 가혹함을 지적하는 한편으로, '양천교혼良賤交婚 소생의 신분판정' 관습에도 개입하면서 '원정부가 고려의 신분제도를 변경하려 든다'는 논란을 촉발했던 것이다.

양측 법제 간의 '불안한 공존'은 이후에도 계속된다. 위 이곡과 게이충의 대화 내용을 보면 고려인들이 상황에 따라 원법제와 고려법제를 적절히 병용했을 가능성도 엿보인다. 그런 점에서는 고려의 법체계가 '보전'됐다는 평가도 성립하지만, 원제국의 법제도 역시 고려 내부에서 만만찮은 존재감을 구축했음에 유의할 필요가 있다. 1370년대 후반과 1380년대 말, 고려왕들이 옛 원제국의 법제들을 갖고 각종 옥사獄訶들을 처리하게 하거나, 옛 제국 법조문들을 번역하게 한 것이다. 고려법과 원법의 백여 년 공존의 결과였다고 하겠는데, 고려인들에게는 비록 일부 혼선의 우려는 있었으되 법적 선택의 범위만큼은 넓어졌던 셈이다.

그렇다면 다른 제도의 경우는 어떠했을까? 민들에게 끼친 영향을 살핌에 앞서, 제도 자체가 어떤 변동을 거쳤는지를 먼저 살펴볼 필요가 있다.

양국 '법체계'의 경우 어찌 보면 다소 기계적인 공존의 모습을 보였다면, 양국의 '문물제도'들은 '절충과 조율'의 사례들이 제법 보인다. 고려정부가 자체적인 판단과 의도 아래 원제국의 문물제도를 고려국정에 '접목'시킨 경우들이었기 때문이다. 고려의 기존 제도들과 원측 제도의 독특한 운영방식 또는 권위가 '결합'된 형태로 출현한다.

지방제도의 경우를 먼저 살펴보자. 고려의 지방제도에는 기초단위로서의 주부군현州府郡縣 외에, 광역단위로서의 목牧과 도道가 있었다. 문제는 우선 기초단위에서 발생했다. 지방관이 파견된 곳이 턱없이 부족했고, 지방관이 없는 곳에서는 백성들이 오랜 기간 방치됐다. 이에 고려후기의 국왕들은 지방관 없는 곳에 새로 지방관을 파견하거나, 기존의 현을 주 · 부 · 군으로 승격시키고 나섰다. 지방민들을 더 체계적으로 관리하려는 노력의 일환이었지만, 상당수 지역의 승격 명분이 '공훈을 세운 아무개의 고향'이었다는 점 때문에 고려 후기의 이러한 상황은 한동안 학계로부터 부정적인 평가를 받기도 했다. 다만 이들 지역들 중 많은 경우가 그 위치상 지방제도 운영 개선 차원에서 승격될 가치가 높은 지역들이었던 것도 사실이다. 따라서 해당 지역의 승격이 특정 인물 현창 차원에서 이뤄졌다기보다는, 오히려 해당 지역의 승격을 정당화하기 위해 특정 인물이 '여론 조성용'으로 거론됐을 가능성이 은근히 감지된다. 게다가 거론된 인물들 중 '원제국에서 영향력을 떨치고 있었던 고려인'인 경우가 상당수라는 점이 주목된다. 고려 지방제도 운영개선을 위한 일부지역 승격에, "원제국의 권위"가 일종의 명분재名分財로 활용됐던 셈이기 때문이다.

고려정부의 지방제도 정비노력은 광역단위에서도 계속됐다. 기초단위들과 도道 사이에서 중간자 역할을 해야 할 목의 수가 8-9개에 불과해 도무지 제 기능을 하기 어려웠기 때문이다. 그래서 충선왕은 15개의 목을 신설해 '중간자'들을 확충하고, 기존 목들과의 위계질서 문제가 발생하자 2년 뒤 그들을 '부府'로 재편해 '도-목-부' 체제를 만들었으며, 각도에는 이른바 '제찰사提察使'들을 파견해 도 운영을 개선했다. 지방제도 상층을 조밀하게 만들고 위계구조도 만들어 고려 지방제도의 체계성을 강화하려 한 것이다. 그런데 흥미롭게도 이 조치는 당시 중국 강남에서 전개된 지방단위 재편작업을 연상시키는 바가 있다. 원제국정부가 남송멸망 후 강남지역을 재편하는 과정에서 '로(路)'마다 '숙정염방사肅政廉訪司'들을 설치해 광역 관리를 강화하고, 인구 밀집 지역들을 '주州'로 신설해 숙정염방사를 보좌케 했기 때문이다. 충선왕대의 시도와 묘하게 닮은 형상이다. 충선왕은 오랜 기간 원제국에 체류했고, 특히 강남 사상계는 물론 정·재계와도 인연이 깊었다. 그가 중국 강남 내부의 행정적 변화상을 오랜 기간 관찰한 끝에, 그에서 추출한 아이디어를 고려 지방제도에 활용했을 가능성이 높다.

지방관이 백성들을 직접 관리하는 지역들이 많아지면서, 백성들의 삶도 나아졌을 것이다. 물론 전근대 지방관들은 오늘날의 지방공무원과 달랐으니, 그들이 부임하면서 백성들의 생활이 더 큰 제약을 받았을 수도 있다. 그러나 세금이나 송사 등 민생에 직결된 부분들이 원활하게 처리되기 위해서는 아무래도 지방관의 친림親臨이 필요했던 것 역시 사실이다. 그런 점에서 고려 후기 지방제도의 개혁은 주목되는 바가 있으며, 그것이 원제국의 정책방향 및 고려의 기존 제도가 절묘하게 결합된 결과였음이 더욱 흥미롭게 다가온다.

군사제도 분야 역시 다르지 않았다. 고려의 군역제軍役制는 종래 양인良人 위주로 운영되었다. 고려 후기 군역제가 해체 위기에 몰린 것도 군역을 담당할 양인인구의 확보가 어려워졌기 때문이다. 천인賤人들을 동원하는 것은 고려 국역제의 원칙을 훼손하는 것으로 여겨져 일찍이 시도되지 못했다. 그런데 충선왕이 1308년, 몇십 년간 교대 없이 근무하던 변경지역의 수비군을 돌연 교체하는 동시에, 일종의 '군호軍戶 지원 제도'로 활용돼 온 고려의 전통적 '호양護養' 제도를 복구했음이 확인된다. 다수의 양인이 새로 확보되지 않았으면 불가능했을 조치들을 단행했던 것이다. 그런데 충선왕이 이 조치를 단행하기 직전, 소유권자가 불분명한 전국의 분쟁노비들을 대거 끌어 모았음이 주목된다. 앞서 언급한 충선왕의 두 조치에 천인노동력이 대거 투입됐을 가능성을 시사하는 대목이다. 그리고 이러한 과감한 발상의 전환에는 원제국의 이른바 '군구軍驅' 제도가 참조된 것으로 보인다. 1년 전인 1307년 말, 충선왕은 원제국 제도를 도입해 고려형 "군호-민호" 결합제도를 출범시키려다가 관료들의 반대로 실패한 바 있었다. 그 시도가 무위로 돌아간 다음 해 내려진 1308년의 위 두 조치는, 충선왕이 원제국 군제의 전면도입을 포기하는 대신("정군호正軍戶+첩군호 貼軍戶"), 그 중 일부만을(군구[천인]를 첩군호로 편성하는 관행) 고려 군역제 운영에 접목시킨 결과로 해석된다. 고려 군역제의 조기붕괴를 막는 방편으로 원제국의 제도를 활용했던 셈이다.

한편 원제국 군제의 성격이 고려 군제에 반영된 또 다른 경우로 '만호부萬戶

府' 제도를 들 수 있다. 원제국 만호부들은 군사단위이자 경제단위로서 사실상 '지방관'으로서의 성격도 지녔는데, 13세기 후반 고려의 두 수도와 영 · 호남, 그리고 제주도에 설치된 만호부들 역시 비슷한 모습을 보였다. 더욱 흥미로운 것은 1350년대말 공민왕이 설치했던 만호부들의 모습이다. 공민왕과 우왕은 이들 만호부들을 원수元帥, 순문사巡問使 등 고려의 기존 군직들과 '결합'시켜 운영했는데("안주원수 겸 만호", "서북면 도순문사 상만호"), 이미 지방관적 성격이 강했던 만호부들의 속성이 원수, 순문사에게로 전이되면서 원수, 순문사들의 지역단위 운영이 강화됐고("서북면 원수 겸 평양윤", "서북면 도순문사 겸 평양윤"), 그로 인해 원수와 순문사들이 지역을 매개로 '통합운영'되는 추세가 강해지면서("서해도 상원수 겸 도순문사", "전라도 원수 겸 도순문사" 등), 결국 "지방관의 성격을 지닌 통합 군직"으로서의 '절제사節制使' 제도가 기존의 원수와 순문사들을 대체하게 되었음이 주목된다. 지방행정과 군사행정의 '융합'이라고까지 할 수 있을 이런 변화는 복잡한 군제의 간소화와 단일화는 물론 '지역밀착형' 군제운용을 가능케 했을 것으로 생각된다. 이러한 거대한 변화에 원제국 제도인 '만호부'가 사실상의 촉매 노릇을 했다고 해도 과언이 아닌 셈이니, 원제국의 제도가 고려의 기성 제도들 간 경계를 무너뜨린 자못 흥미로운 경우라 할 것이다.

## '원간섭기'를 어떻게 볼 것인가

이렇게 써 놓고 보니, 이 시기의 '좋은 면'만 보려 한 것은 아닌가 하는 느낌이 없지 않다. 읽는 독자들을 의아하게 할 대목도 없지 않을 것이다. 사실 이 시기가 고려인들에게 극한의 고통을 안겨주었던 시기였던 점은 어떤 이유로든 부인할 수 없다. 당장 '공녀貢女' 문제가 그렇다. 원제국이 사라질 때까지 계속됐던 공녀 반출은 고려인들에게는 공포이자 근심이자 상처였다. 그것을 강요하는 원 제국에 대한 분노와 저항심 역시 내내 계속됐을 것이다.

게다가 고려인들이 '피해자'인 경우만 있었던 것도 아니다. '내부에 총질하는' 경우들이 없지 않았던 것이다. 고려왕이야 자신의 의사와는 무관하게 원 황실의 일원이 됐다고 쳐도, 그런 국왕들을 바라보는 관료들의 속내는 복잡했다. 원 황제의 권위가 고려왕의 권위에 앞서는 상황에서, 관료들의 견지에서는 고려왕이 '복종'의 대상이 아닌 '선택'의 대상이 되어 갔기 때문이다. 그래서 벌어진 것이 이른바 심왕瀋王 옹립 운동인데, '더 나아 보이는' 국왕후보를 선택할 권리, 옹립해 볼 형세상의 여지가 존재한다는 믿음이 생겨 버린 결과다. 그런데 고려왕의 눈에 이는 엄연한 반역일 수밖에 없었다. 후대인들의 시각에서 봐도, 원제국 인사들과 '공모'된 이런 시도들은 '밖과 손잡고 안을 치는' 정치공작으로밖에 안 보인다.

필자 또한 13-14세기의 이런 어두운 측면들을 모르는 바 아니다. 다만 기왕의 연구에서 이미 이런 측면들을 꼼꼼하게 검토한 터라, 그 이상을 보고 싶었던 마음이 컸던 것 같다. 그래서 가능한 한 당시 존재했던 인간들의 모든 존재상을 파헤치고 싶었다. 이런 인생을 살았던 사람은 그 사람대로, 저런 인생을 살았던 사람은 그 사람대로 이해해 주고 싶었던 것이다. 그 결과 웬만하면 공감하려 노력하고, 어떤 경우 감정이입을 피하기 어려웠던 게 사실이다.

그러나 그러다보니, 후대인이자 제3자의 시각에서 당시인들을 옹호, 변호하는 결과로 이어진 경우가 없지 않다. 잘못된 판단, 명백한 과오를 부각시키는 데에도 소홀했다. 당시인들의 처지를 이해하고 당시인들의 지향을 높이 사는 데 골몰한 나머지, 어떤 경우 주변 사람들에게 '왜 당시의 나쁜 모습만 보려 하느냐'는 항변을 할라치면, 그런 항변이 '당시의 어두운 면모를 주로 검토해온 그간의 관점을 당신은 '자학自虐' 사관이라 생각하느냐'는 엉뚱한 오해를 사는 웃지 못할 촌극도 없지 않았다.

필자로서는 그저 균형을 찾겠노라고 답할 수밖에 없다. 이 글에서 살펴본 부분들이 13-14세기 고려의 여러 모습들 중 극히 일부분에 해당한다는 점 또한 절감한다. 이 글에서 정치적 경계의 동요, 경제적 계선의 유지, 그리고 이 시기 고려인들의 생활에 원 제도가 어떻게 녹아들었는지 등을 살펴봤지만, 고려인들의 원제국 인식 및 세계관 변화도 살폈어야 할 대목이다. 아울러 이런 논제들은 그야말로 두 문화권이 부딪치면서 발생한 상황들에 해당한다 하겠는데, 이 밖에도 고려후기인들의 역사를 이해하기 위해 살펴야 할 부분이 무궁무진함은 물론이다. 고려의 내부와 외부 모두에 주목하는 전향적 고려 후기사 이해를 통해, 새로운 한국사 이해를 도모해 볼 때다.

## 참고문헌


이강한, 2007「征東行省官 闊里吉思의 고려제도 개변 시도」『한국사연구』139.

______, 2008「고려 충선왕의 국정과 '舊制' 복원」『진단학보』105.

______, 2008「충선왕의 정치개혁과 元의 영향」『한국문화』43.

______, 2010「14세기 고려 太廟의 혁신과 변천」『진단학보』109.

______, 2010「고려, 원간 '交婚' 법제의 충돌」『동방학지』150.

______, 2011「1307년 "依上國之制, 定軍民" 조치의 내용과 의미-고려 충선왕대 軍役制 정비 방향에 대한 試論」『한국사학보』45.

______, 2012「1308-1310년 고려내 "牧·府 신설"의 내용과 의미-충선왕대 지방제도[계수관제] 개편방향에 대한 검토-」『한국사연구』158.

______, 2013『고려와 원제국의 교역의 역사』, 창비.

______, 2015「고려후기 외관의 신설, 승격 및 권위제고」『한국사연구』171.

______, 2016「고려후기 만호부(萬戶府)의 지역단위적 성격」『역사와 현실』100.

# 고려의 국왕 복식服飾과 국가 위상



이종서

## 황제의 복식과 제후의 복식

중국을 상위의 '화華'로, 주변 이민족을 하위의 '이夷'로 보는 '화이관華夷觀'은 고대 한족漢族 왕조가 설정한 국제관계의 기본 틀이었다. 화와 이의 구분과 상하 관계는 마땅히 준수해야 하는 불변의 질서로 상정되었다. 한족 왕조뿐 아니라 중국을 통치한 북방민족의 여러 왕조 역시 화이관에 근거하여 주변 민족과의 관계를 정립하였다. 이 화이관은 한국의 여러 왕조가 자기 자신과 자국 문화에 대한 인식을 정립하는 데에도 큰 영향을 끼쳤다.

중국에서 화와 이를 나누는 명분은 힘이 아니라 문화였다. 중국은 수준 높은 문화를 보유했기 때문에 '화'이며, 그렇기에 '이'는 중국을 섬기면서 그 문화를 수용해야 한다는 논리였다. 따라서 한국의 역대 왕조가 중국 문화를 수용할 때 두 가지 태도를 보일 수 있었다. 하나는 필요에 따라 중국 문화를 선별적으로 수용하는 것이고, 다른 하나는 화이관에 근거하여 중국의 문화 전체를 모범으로 인식하는 것이었다.

태조 왕건은 훈요訓要에서 "우리 동방은 예부터 당풍唐風을 사모하여 문물과 예악은 모두 그 제도를 따랐다. 그러나 지역과 풍토가 다르고 인성이 각기 다르니 억지로 같게 하려 하지 말라."고 하였다. 반면에 성종 때 최승로는 시무時務에서 "예·악·시·서의 가르침과, 군신·부자의 도리는 마땅히 중화를 본받아 비루함을 개혁해야 한다"고 하였다. 태조는 자국의 독자성을 강조하면서 중국 문화의 우수성을 인정한 반면, 최승로는 중국 중심의 국제 질서를 인정하면서 보편 문화를 추종했다고 평가할 수 있다. 최승로는 시무에서 '거마車馬와 의복의 제도는…구태여 중국과 같이 할 필요가 없다"고도 했다. 그러나 중국에서 부자·군신의 의리를 위시한 사회 질서를 문화의 핵심 내용으로 인식하였음을 고려하면, 최승로는 화이론을 수용하고 중국 중심의 보편문화를 추구했다고 볼 수 있다.

이처럼 고려의 지배층은 중국 문화의 우수성을 인정하면서도 화이관에 대한 입장은 일치하지 않았다. 태조처럼 자국의 독자성을 강조한 세력이 있었던 반면, 최승로처럼 중국 중심의 국제질서와 보편문화를 강조한 세력이 있었다. 한국의 역사과정을 통시적으로 보면 자국의 독자성과 독립성을 강조하는 경향이 점차 약화된 한편, 중국 중심의 일원적 질서를 강조하는 경향은 더욱 강화되어 갔다. 이와 같은 흐름은 고려와 조선 통치자의 복식에서도 확인된다.

신라에서 당의 관복官服을 수용한 이래 고려·조선의 국왕과 관리의 복식은 한족 왕조인 송과 명의 양식을 철저하게 수용하였다. 이렇듯 한족 왕조의 복식을 착용한 것은 한족 문화에 대한 긍정과 선호의 차원을 넘는 함의가 있다. 한족 왕조의 복식을 착용하는 것은 한족 왕조가 화이론에 입각하여 설정한 국제질서의 수용과도 관계될 수 있기 때문이다.

중국에서는 자국의 통치자인 '황제'를 하늘로부터 통치를 위임받은 '천자天

子'로 설정한 반면, 주변국 통치자는 황제를 대리해 통치하는 '왕王', '공公' 등의 제후로 설정하였다. 황제와 제후 사이의 상하 관계 즉, '화 · 이', '군 · 신'의 관계는 책봉과 조공 의례로 구체화되었으며 책봉에 수반되는 복식의 사여는 양자의 상하 관계를 밖으로 드러내는 역할을 하였다. 그런데 고려와 조선의 국왕은 중국과 일치하는 양식의 복식을 착용했고, 중국에서는 고려와 조선의 국왕을 책봉하면서 복식을 사여하였다.

그러므로 고려와 조선의 국왕이 착용한 복식의 등급과 중국에서 사여한 복식의 착용 여부는 화이관에 대한 인식이나 국제관계 속에서의 자의식을 반영한다. 황제 복식의 전형이 확립된 당 이래 역대 한족 왕조의 복식제도와 고려와 조선의 국왕, 나아가 관리가 착용한 복식을 살펴보면 고려와 조선 시기에 각 왕조가 설정한 국가의 위상과 자의식이 확인된다.

## 역대 한족 왕조 통치자의 복식

중국에서 황제와 관리의 복식은 제복祭服, 조복朝服, 상복常服으로 구분하였다. 제복은 하늘과 땅, 태묘太廟에 대한 제사, 즉위식, 성년식, 혼인, 새해 첫 날의 조하 의식 등에 착용하였다. 옷인 '곤袞'과 관인 '면冕'으로 구성되어 '곤면'으로 통칭되었다. 이 곤면은 황제뿐 아니라 황태자, 친왕, 관료들도 착용하였다. 착용자의 위상은 면에 드리운 류旒의 수와 웃옷[衣]과 치마[裳]에 배치한 문장의 개수로 표시하였다.

당에서 황제의 면류관은 12개의 류를 드리웠으며, 황태자와 친왕[황제의 형제]은 9개를 드리웠다. 관리는 1품관은 황태자와 같이 구류를 드리웠고, 2품은 칠류, 3품은 오류로 줄어들었다. 문장은 황제는 12개[십이장]를 놓았고, 황태자와 친왕은 구장을 놓았다. 관리는 1품은 구장이었고, 2품은 칠장, 3품은 오장으

**그림 1. 명 황제의 십이류면관**

앞뒤에 각기 12줄의 '류'를 드리우고, 각 류마다 12개의 옥을 달았다. 귀 부분에도 귀마개를 상징하는 옥을 달았다. 신중함과 겸손함을 강조하는 의미이다.

로 감소하였다. 특히, 해[日], 달[月], 별[星辰]은 황제의 십이장복에만 배치하여 하늘과 관련된 신성한 권위를 드러내었다. 다음 등급인 구장복에서는 산과 용이 이 복식을 착용하는 대상의 최고 권위를 표현하였다.

조복 역시 관과 옷으로 구성되었다. 관은 양관梁冠이라고 통칭하고, 옷은 강사포絳紗袍라고 통칭하였다. 양관은 도드라진 줄인 양梁을 설치한 데서 연유한 명칭으로 양의 개수에 따라 지위의 고하를 표시하였다. 강사포는 옷의 빛깔이 붉은 데서 유래한 명칭이다. 조복은 제사를 지내고 돌아올 때, 동지와 초하루의 조회, 황족이나 제후를 책봉할 때에 착용하였다. 황제의 양관인 통천관通天冠은 앞쪽에 금으로 박산博山을 형상화하였고 12마리의 매미를 새겼으며 24량을 배치하고 옥이나 물소뿔로 만든 비녀를 꽂았다. 황태자의 양관인 원유관遠遊冠은 9마리의 매미와 3량을 두었다.

**그림 2. 황색 상복**常服**을 착용한 당 태종**

상복常服은 평소에 편하게 입던 옷에서 유래한 것으로 당에서 제도화 되었다. 황태자 이하 신하들이 입으면 황제의 상복과 구별하여 '공복公服'이라고도 칭하였다. 이 옷은 빛깔로 지위의 고하를 나타냈다. 황제는 적황赤黃의 포를 입고 황태자는 자색 포를 입었다. 황제의 아들과 형제도 황태자와 같은 색의 공복을 착용하였다. 관리의 공복은 3품 이상은 보랏빛[紫], 4품과 5품은 붉은빛[緋], 6품과 7품은 녹색[綠], 8품과 9품은 푸른빛을[靑]을 입었다.

당의 관冠·복服 제도는 약간의 수정을 거치며 송으로 계승되었다. 당에서 송으로 이어진 관복 제도는 명明에 이르러 대폭 개정되었다. 황태자는 조복의 양관인 원유관이 피변皮弁으로 바뀌었으며, 관리의 제복은 곤·면 제도를 폐지하고 조복으로 통용하였다. 상복도 황제는 당·송과 동일하게 황포를 착용했으나 황태자와 친왕은 적포赤袍를 착용하는 것으로 바뀌었다. 관리는 1품부터 4품까지는 붉은빛[緋]을, 5품에서 7품은 푸른빛[靑]을 입고 그 아래는 녹색을 입게 되었다.

이처럼 중국에서는 황제 이하 관리의 복식을 용도에 따라 제복, 조복, 상복으로 구분하고 각각의 양식과 색상을 규정하였다. 그리고 신라에서 진덕왕 2년(649)에 당의 관복을 수용한 이래 한국의 역대 왕조는 중국의 복식제도를 전면적으로 수용하였다. 김부식(1075~1151)이 송에 사신으로 갔을 때 사신을 접대하는 관리는 고려의 사신과 송의 관리를 구별하지 못하였다. 고려와 송의 관복이 완전히 일치했기 때문이다. 따라서 한국 역대 왕조 통치자의 복식을 중국과 비교하면 국제 질서 속에서 각 왕조가 설정한 위상과 자의식을 가늠할 수 있다.

## 고려 전기 복식 제도의 이중성

고려는 건국 초에 거란(요)과 반목하고 한족 왕조의 책봉을 받았다. 이후 거란과의 전쟁을 승리로 마감하고 국교를 맺으면서 거란의 책봉을 받기로 하였다. 명목상 거란의 제후국이 된 것이다. 한편, 한족 왕조인 송과는 정식 국교가 끊어졌지만 거란과의 관계가 안정되자 다시 사신이 왕래하였다.

거란(요)이 고려 국왕에게 보내온 복식을 보면 거란을 기준으로 설정한 고려의 위상이 확인된다. 정종 9년(1043)에 관冠·복服을 보내온 것이 처음 확인되고 이후 역대 국왕들에게 복식을 보내왔다. 거란을 멸망시킨 여진족의 금金도 거란의 예의 의거하여 고려 국왕을 책봉하고 복식을 사여하였다.

이처럼 요와 금에서는 고려 국왕에게 수차에 걸쳐 복식을 사여하였다. 거란이 보내온 복식은 『고려사』에 단지 관冠·복服으로 기록된 경우가 많지만, 관冠·면冕이나 장복章服으로 기록된 경우도 확인된다. 요와 금에서 사여한 복식은 면관과 곤복으로 구성된 제복이었음을 알 수 있다. 그런데 요에서 보낸 한 사례와 금에서 보낸 두 사례는 구류관九旒冠과 구장복九章服으로 기록되어 복식의 등급까지 확인된다. 구류관과 구장복은 당과 송에서 황태자나 친왕이 착용하였다. 거란 및 금 중심의 국제 질서에서 고려 국왕의 지위가 황태자와 동급으로 설정되었음을 알 수 있다.

한편, 송에서는 고려 국왕을 책봉하지 못했지만 사신을 교환하면서 각종 물품을 선사하였다. 이 중에는 자색 공복도 포함되어 있었다. 문종 32년(1078)에 송의 신종은 '자화라협공복紫花羅夾公服', 즉 보라빛 꽃무늬 비단으로 만든 공복을 보내왔다. 송의 제도에서 자색 공복은 황태자와 친왕, 3품 이상의 관리가 착용했다는 점에서 송에서도 고려 국왕의 위상을 황태자와 동급으로 설정했음을 짐작할 수 있다. 그리고 고려 국왕은 이 자색 공복을 입고 송의 사신을 맞아 외교 의례를 행하였다. 인종 1년(1123)에 사신으로 온 서긍은『고려도경』에 다음과 같은 기록을 남겼다.

> 고려왕의 상복은 검은 실로 짠 높은 모자를 쓰고 소매 좁은 담황색 포를 입으며 보라색 비단 허리띠를 매는데 사이사이 금색과 푸른색을 수놓았다. 그 나라의 관리와 사민士民을 모을 때는 복두와 허리띠를 더한다. 제사를 지낼 때는 면복에 규[통치자가 드는 홀]를 든다. 오직 중국 사람이 사신 가면 보라색 비단 공복을 입고 상아홀을 들고 옥대를 띠며, 절하고 춤추며 손뼉치고 뛰어 신하의 역할에 매우 근면하다.

송의 사신을 맞이하여 인종이 자색 공복을 입고 신하의 의례를 행한 것은 외교 관례를 따른 것임을 짐작할 수 있다. 그런데 서긍은 자색 공복을 착용한 의례를 소개하기에 앞서 고려왕이 평소에 '담황색 포'를 입는다고 기술하였다. 담황색 포는 중국에서 황제만이 입을 수 있는 황포黃袍를 뜻한다. 고려 국왕은 평상시에 황포를 착용하고 있다가 송의 사신이 오면 자색 공복으로 갈아입고 의례를 행한 것이다. 이로부터 고려 내부의 의례를 행할 때의 복식과 중국과 관계되는 외교 의례를 행할 때의 복식이 달랐음을 알 수 있다.

고려 전기에 내부 의례를 행할 때 고려 국왕이 중국의 황제와 같은 등급의 복식을 착용했음은『고려사』에서도 확인된다. 국왕의 복색服色을 살펴 보고하라는 문종 12년(1058)에 지시에 대해 담당 관청에서는 다음과 같이 답변하였다.

> 예를 담당하는 관청에서 아뢰기를, "삼가 '임금의 옷은 예를 갖출 때는 마땅히 홍색과 황색을 입는데 그 나머지 색도 입을 수 있는지 널리 서적을 고찰하여 아뢰라'고 명령하셨습니다. 이제 율력지律曆志를 살펴보니 '황黃은 중앙의 색으로 통치자[君]의 복색이다'라고 하였고, 『당사』에서는 '천자는 적황을 입으므로 선비와 백성에게 삼황색三黃色으로 옷을 만들지 못하게 하였다'라고 하였으며, 또 '강사포는 초하루에 조하를 받을 때 입는다'고 하였고, 『개원례開元禮』에서는 '황제는 원구에서 제사할 때 강사포를 입는다'고 하였습니다. 그러므로 제왕의 옷은 예를 갖출 때는 황 · 자赭[붉은 색] · 강絳[분홍색]의 3색으로 하고 연회와 작은 모임에 나갈 때는 편의대로 합니다. 그러므로 지금 입는 홍색과 황색 외에 다른 색은 없습니다."라고 하였다.

이처럼 담당 관청에서는 중국의 전고를 두루 살핀 뒤 고려 국왕의 복색은 중국 황제에게 적용되는 색 외에 다른 색이 있을 수 없다고 보고하였다. 이는 고려 내부적으로 국왕의 위상을 중국의 황제에 비기면서 복식 제도를 수용했음을 알려준다. 고려는 중국의 복식 제도를 수용했지만 중국에서 설정한 제후국의 위상은 수용하지 않았다. 중국과 대별되는 또 다른 중앙으로 설정한 것이다. 고려 국왕이 상복으로 황제복을 착용한 것은 다른 기록에서도 확인된다. 의종 때 성립한 규정에서 국왕은 붉은 색 계통의 황포인 자황포赭黃袍나 분홍색 계통의 황포인 치황포梔黃袍를 착용하도록 하였다. 그러므로 제복과 조복 역시 중국 황제의 제도를 준용했음을 짐작할 수 있다.

예종(1105~1122)이 아우 왕보를 대방공으로 책봉한 글에는 '곤 · 면'을 내리니 제도가 구장九章에 미쳤다'라는 표현이 있다. 대방공 왕보는 국왕의 아우이므로 중국에 견주면 친왕親王에 해당한다. 중국에서 친왕의 제복은 구류관과 구장복이었다. 이렇듯 예종이 아우에게 구류면과 구장복을 사여한 것으로부터

**그림 3. 통천관을 착용한 태조 신상**
고구려의 전통에 따라 나상으로 주조하여 철따라 옷을 갈아입힌 신상이다. 머리에 통천관을 쓴 상태로 주조하였다.

고려 전기의 국왕들은 십이류면관과 십이장곤복으로 구성된 제복을 착용했음을 알 수 있다.

국왕이 중국 황제와 동급의 조복을 착용한 것은 1992년에 고려 태조(918~943)의 현릉顯陵 부근에서 발견된 태조 신상을 들 수 있다. 이 나상裸像은 고려에서 숭배하다가 조선 세종의 명령으로 1429년에 매장한 것으로 머리에 관을 쓴 형태로 주조하였다. 이 관은 박산과 매미를 설치한 24량 통천관으로 당과 송의 황제가 착용한 것과 같다. 통천관을 쓴 태조의 신상은 고려 전기의 국왕들이 황제의 조복을 착용하고 축하를 받았음을 알려준다. 고려 전기의 국왕들은 중국 황제와 같은 등급의 제복, 조복, 상복을 착용하고 국내 의례를 거행한 것이다.

한편, 고려에서는 관리의 복식도 중국의 제도를 수용하였다. 송의 사신 서긍은 고려 관리의 복식 제도에 대해 '우리 송의 제도를 한 결 같이 따르게 되었다' 라고 하면서 복색을 자紫, 비緋[붉은색], 녹綠의 순으로 기술하였다. 이후 의종(1146~1170) 때의 규정에서는 송 제도의 수용이 더욱 구체적으로 확인된다. 규정에 따르면 문관 4품 이상은 자색 관복을 입고, 6품 이상은 비색을 입으며, 9품 이상은 녹색을 입었다.

그런데 송에서도 4품, 6품, 9품을 계선으로 하여 자, 비, 녹으로 복색을 정하였다. 이렇듯 복색의 종류뿐 아니라 등급까지 송과 일치시킨 것은 송의 복식 제도를 수용하되 송에서 화이관에 근거하여 설정한 고려의 국제적 위상은 수용하지 않았음을 알려준다. 4품 이상의 관리가 자색을 착용한 것은 같은 등급에 있는 양국 관리의 위상을 동등하게 여기는 의식을 반영한다. 외교 의례에서는 중국 중심의 국제관계를 수용하면서도, 내부적으로는 중국과 동등한 국가 위상을 구축한 것이다.

이렇듯 고려 전기에 국왕과 관리의 복식 제도는 이중적으로 운용되었다. 고려는 외부적으로 거란[요], 송, 금 등 중국 왕조들과 사대 관계를 맺고 황태자에 준하는 제후의 위상을 승인하였다. 그리고 그에 합당한 복식을 착용하고 외교 의례를 거행하였다. 그러나 국내 의례에서는 제후의 복식을 착용하지 않았다. 중국 황제와 동일한 복식을 착용하고 의례를 행하거나 집무하였다. 관리도 중국과 동급의 관복을 착용하였다. 이는 고려인의 자주적인 자의식을 반영한다. 밖으로는 강약이 엄연한 국제질서에 적응하며 실리를 취하고, 안으로는 중국과 동등한 자주국으로서의 위상과 의식을 견지한 것이다.

## 고려 후기 복식 등급의 강등과 자의식의 변화

실리적이고 자주적인 의식을 반영하던 고려의 복식 제도는 후기에 이르러 중국 중심의 질서와 부합하는 것으로 바뀌었다. 그것은 몽골[원]의 간섭이 심화되면서 제후국의 위상이 굳어진 결과였다.

고종이 사망하고 원종이 즉위한 1259년에 고려는 평화조약을 맺고 몽고와의 전쟁을 끝냈다. 고려의 협상 대표였던 원종은 '의관은 본국의 풍속을 따르고 모두 바꾸지 않는다'는 약속을 받아냈다. 이 '의관 풍속의 유지'는 풍속에 국한되는 것이 아니라 고려의 자주적 위상을 드러내는 모든 요소의 유지를 의미하는 조항이었다. 고려는 밖으로 중국에 사대하면서, 안으로는 황제국 체제를 유지하였다. 이 황제국 체제는 각종 의례로 실현되었으며, 그 의례에서 착용하는 복식은 의례의 성격과 위상을 드러내는 역할을 하였다. 등급까지 중국과 일치하는 국왕과 관리의 복식은 한족 왕조로부터 수용한 고아한 문화를 상징하는 동시에 중국과 동등한 국가의 위상을 표상하는 것이었다.

따라서 '의관 풍속의 유지'는 풍속과 문화의 유지를 약속한 데 그치지 않고 고려전기 수준의 국가체제 유지까지 약속한 것이었다. 이와 같은 의미를 지닌 '의관 풍속의 유지'는 원종이 생존했을 때까지는 유효하였다. 원종은 쿠빌라이와 마주한 협상 당사자였기 때문이다. 원종은 황포를 입고, 자신을 '짐'이라 부르며, 사후에 '종宗'자가 들어가는 묘호를 받은 마지막 국왕이 되었다. 이후 원종의 아들[충렬왕]이 즉위하고 몽골[원]의 세력이 더욱 깊숙이 침투하면서 고려는 내부적으로도 제후국의 의례를 행하게 되었고, 자의식도 이에 맞게 변해 갔다.

> 왕[원종]이 복위하고 왕창이 사제로 돌아갔다. 백관이 왕부에 나아가 수레를 호위하여 대궐에 들어오는데 몽고의 사신이 따르니 보는 사람이 감격하여 울었다. 몽고의 사신이 백관의 하례를 보겠다고 청하니 왕이 자포紫袍

> 를 입고 뜰에 나와 북쪽을 향하여 멀리 사례하고 황의黃衣로 갈아입고 강안전에서 축하 의례를 받았다.

이 『고려사』의 기록은 원종 10년(1269)에 거행된 원종의 복위식 장면을 묘사한 것이다. 원종은 몽골 사신이 참관한 복위식에서 자색 포를 입고 뜰에 나와 북쪽을 향하여 사례한 다음 황색 포로 갈아입고 백관의 하례를 받았다. 자포는 몽골의 제후로서 입은 것이고 황포는 고려의 통치자로서 입은 것임을 짐작할 수 있다.

고려 전기였다면 즉위식에 자포를 입고 북을 향해 절하는 의례는 포함되지 않았을 것이다. 즉위식은 온전히 국내 의례로 치러졌을 것이고, 중국 사신이 참관하지도 않았을 것이며, 자포를 황포로 갈아입는 절차도 없었을 것이다. 원종이 자포를 입고 북쪽을 향해 사례한 것은 몽골 사신의 참관을 고려한 조치였음을 짐작할 수 있다.

이후 몽골의 간섭이 심화되면서 국내 의례에서 제후의 복식을 착용하는 경향이 더욱 강화되었다. 1274년에 충렬왕이 즉위할 때에도 먼저 포와 홀을 갖추고 원 황제의 조서를 받은 뒤 황포로 갈아입고 즉위하였다. 충렬왕은 조서를 받는 의식을 치를 때 신하를 상징하는 자포를 착용했음을 짐작할 수 있다. 나아가 원에서는 1301년에 황제국과 동등한 고려의 제도를 제후국에 맞게 격하하라고 요구해 왔다. 이에 충렬왕은 상복을 보라색 계통의 지황芝黃으로 바꿨다가 복색에 대해서는 명시적인 금지가 없었음을 알고 1304년에 다시 황색으로 바꿨다. 따라서 1304년 이후에는 비록 황포를 착용했어도 이를 국가의 위상이나 자의식과 관련짓기 어렵다. 모든 제도가 제후국으로 격하된 상태에서 단지 원의 금령에 해당하지 않는다는 이유로 황포를 착용했을 뿐이기 때문이다.

마침내 충선왕 때에는 자색이 국왕의 정식 복색이 되었다. 충선왕은 1298년에 원의 배려로 즉위하여 잠시 국왕의 자리에 있을 때 부왕[충렬왕]에게 태상왕이라는 존호를 올렸다. 존호를 올리는 의식을 행할 때에 충선왕은 자포를 입었다. 또한 충렬왕 사후에 복위식을 거행할 때에도 자포를 입었다. 이렇듯 충선왕이 즉위 후 자포를 입고, 또 자포를 착용하고 복위식을 거행한 것은 그가 자색을 고려 국왕의 위상에 맞는 복색으로 여겼음을 알려준다. 부왕이 입던 황포를 포기하고 자포를 입은 것은 원제국 질서 속에서 제후국으로 설정된 고려의 위상을 자발적으로 수용한 것이라고 볼 수 있다.

충선왕의 자포 착용은 원이 고려를 압도하던 국제 환경과 충선왕 개인의 경험이 함께 작용한 결과라고 생각된다. 쿠빌라이의 외손자였던 충선왕은 장기간 원에서 생활하였다. 1차 퇴위 후에는 10년 간 원에 머물면서 황제를 옹립하는데 성공하여 원 조정의 실권자가 되었다. 이러한 혈통과 경험으로 말미암아 충선왕은 원을 기준으로 하는 일원적 국제질서를 수긍하고 이에 합당한 자의식을 갖추게 되었다. 고려 국왕을 원의 제후로 여기는 생각은 부왕의 시호를 올리자는 건의에 대해 "상국上國이 있으니 청할 뿐이다. 옥책 · 죽책이 역시 예에 합당한가?"라고 한 것에서도 잘 나타난다. 충선왕의 자포 착용이 반영하는 자의식은 묘호와 시호를 스스로 포기하고 원의 시호를 요청한 것과 같다고 평가할 수 있다.

이후 원의 간섭이 더욱 심화되고 원과의 관계가 긴밀해질수록 고려의 국왕들은 현실적으로 원의 제후가 되었을 뿐더러 이를 긍정하고 당연시하기에 이르렀다. 실리적 차원에서 제후국의 위상을 승인한 고려 전기와 달리 이 시기는 중국 중심의 일원적 질서를 내면화 한, 자의식에 큰 변동이 발생한 시기라고 볼 수 있는 것이다.

충선왕 이후의 국왕들이 국내 의례에서 어떤 색상의 옷을 착용했는지는 기록에서 확인되지 않는다. 충렬왕 때부터 국왕과 관리들은 평상시에 몽골식으로

**그림 4. 공민왕과 노국공주의 초상**

부부를 한 폭에 그린 원의 초상화풍을 따랐다. 공민왕은 복두를 쓰고 통치자의 홀笏인 규圭를 들었으며 소매가 넓은 자포를 착용하였다.

머리를 깎고 몽골 옷을 입었다. 그러나 충선왕이 자포를 입은 것처럼 고려 후기에도 전통적인 의례를 행할 때에는 송의 제도를 수용한 고려 전기의 복식을 착용하였다. 따라서 충숙왕 이후 공민왕에 이르는 국왕들도 즉위식 등의 의례를 거행할 때 자색 포를 착용했을 것으로 생각된다. 이는 현존하는 공민왕의 초상에서 확인된다.

조선시대에 종묘 경내에 세운 공민왕신당에는 공민왕과 그의 비妃 노국공주를 함께 그린 초상이 전하고 있다. 이 초상의 유래나 진위는 명백히 알려지지 않았다. 그러나 인물 배치가 원에서 유행한 양식과 같을 뿐더러 조선 초기에 제작된 부부 초상과도 구도가 같다.

또한 공민왕은 복두를 쓰고 자색의 포를 입고 홀[圭]을 들고 있어, 고려 전기에 송의 사신을 맞아 의례를 행할 때의 복식과 동일하다. 그리고 고려 전기 관리의 초상과 비교하면 복두의 각角이 길이가 짧은 반면 폭이 넓다. 이러한 형태는 안동의 태사묘太師廟에 소장되어 있는 복두와 유사하다. 따라서 공민왕신당의 초상은 공민왕의 생전 모습을 그린 것이라고 판단할 수 있다. 공민왕도 자포를 착용하고 의례를 거행한 것이다.

## 공민왕의 복식제도 회복 노력과 좌절

고려 후기의 국왕들은 외교 의례뿐 아니라 국내 의례에서도 제후의 복식인 자포를 착용하였다. 이는 고려의 실질적인 위상이 제후국으로 낮아졌을 뿐 아니라 국왕 스스로도 제후왕에 합당한 자의식을 지니게 되었음을 알려준다. 그러나 원의 세력이 쇠퇴하자 공민왕은 공민왕 5년(1356)부터 반원 자주 정책을 펼치며 전기의 제도를 회복하였다. 이때 고려 전기의 복식제도도 함께 회복한 듯하다. 『세종실록』에서는 공민왕이 십이장복을 입고 황색 물품을 사용한 것을 비판하는 기록이 확인된다.

그러나 공민왕의 황제복 착용은 오래가지 못하였다. 장기간 지속된 원의 간섭으로 지배층의 자주 의식이 전기보다 약화되었을 뿐더러 중국에 대한 사대를 당연시하는 성리학자가 증가하였다. 외부적으로는 한족 정권이 흥기하고 홍건적이 침략하는 등 자주성을 강화하기 어려운 상황이 지속되었다. 이에 공민왕은 1362년에 고려 전기의 관제를 포기하고 원간섭기의 관제로 돌아갔다. 이때에 십이장 · 십이류로 상징되는 황제복도 함께 포기했음을 짐작할 수 있다.

이후 신흥 한족 왕조인 명이 중국을 장악하면서 복식의 사여를 통해 국가의 등급과 격을 드러내는 외교 관계가 부활하였다. 명 태조 홍무제는 공민왕 19년(1370)에 공민왕을 책봉하면서 구류관과 구장복을 사여하였다. 또한 7량의 원유관과 강사포를 사여하였다.

명에서 고려국왕을 책봉하면서 복식을 사여하고 그 복식으로 제후국의 위상을 표현한 것은 고려전기에 요 · 금과 송이 한 것과 다르지 않다. 그러나 이 제후 복식을 고려 내부의 의례에서 착용했다는 점에서는 고려 전기와 크게 달라졌다. 원의 간섭은 종료되었지만 고려 통치자의 자의식은 고려 전기의 수준을 회복하지 못한 것이다.

1372년에 공민왕은 태후를 책봉하는 의식을 거행하면서 황포를 입고 원유관을 착용하였다. 원유관은 강사포와 짝을 이루므로 황포에 원유관을 착용하는 것은 제도에 맞지 않다. 게다가 황포는 황제의 색이므로 양관을 쓴다면 통천관을 써야 한다. 따라서 황제의 격과 제후의 격이 섞여 있는 이와 같은 복식은 고려 전기의 자주의식과 고려 후기의 제후국 의식이 섞여 있는 불안정한 상태를 반영하는 것이라고 평가할 수 있다.

공민왕 때에 나타난 제도와 격식에 맞지 않은 복식의 착용은 이내 명에서 사여한 복식을 착용하는 것으로 정리되었다. 공양왕은 원유관과 강사포를 착용하고 왕태비를 책봉하였다. 공양왕이 국내 의례에서 제후의 복식을 착용한 것은 공민왕의 개혁이 성과를 거두지 못했으며 고려 스스로 국가의 위상을 제후국으로 설정했음을 알려준다. 이후 건국된 조선에서도 명에서 사여한 복식을 기준으로 국내의 복식제도를 정비하였다.

> 도평의사사에서 아뢰었다. "명년 1월 1일부터 조정[명]에서 제정한 관冠 · 복服을 착용하게 하고 예조에서 자세히 살펴 정하게 하니, 예조에서 보고하기를, '1품은 홍포와 물소뿔 허리띠요, 2품에서 판합문 이상은 홍포와 여지금대요, 3 · 4품은 청포와 검은뿔혁대, 상아홀이며 5 · 6품은 청포와 검은뿔혁대, 목홀이며, 7품 이하는 녹포로서 대와 홀은 5 · 6품과 같고, 신[靴]은 모두 검은 색을 사용하게 하십시오'라고 하였습니다."

위의 기록은 아직 '고려'라는 국호를 쓰고 있던 조선에서 태조 2년(1393) 1월 1일부터 적용할 관복 제도를 정하는 내용이다. 옷의 색상을 홍포, 청포, 녹포로 구분한 것은 명의 제도를 따른 결과임을 알 수 있다. 그런데 해당 복색이 적용되는 관품을 보면 조선에서 '조정'이라고 표현한 명의 제도에 비하여 두 등급이 낮아졌음을 알 수 있다. 명에서는 4품 이상이 붉은색[緋]을 착용하였다. 이에 반해 조선에서는 2품 이상이 붉은색[紅]을 착용하여, 붉은색 관복을 착용하는 관품이 명에 비해 두 등급 높아졌다.

이렇듯 관복 제도의 격을 명에 비해 두 등급 낮춘 것은 1370년에 명에서 공민왕을 책봉하면서 고려의 관리에게 사여한 제복祭服 규정에 근거한 것이다. 당시 명에서는 중국의 9등 관제에 견주어 두 등급을 낮추어 사여하였다. 20여년 뒤에 조선에서 이에 근거하여 관리의 상복(공복) 제도를 정한 것이다. 명에 비해 두 등급을 낮추는 원리는 이후에 성립한 복식 제도에도 적용되었다. 태종 16년

**그림 5. 「세종실록」 관면도冠冕圖의 국왕 제복**

제후 제복을 구성하는 상의上衣의 등 쪽 문양이다. 어깨에 용을, 등에 산을 두었다. 황제라면 양 어깨에 각기 해와 달을 두었다.

(1416)에 제복 제도를 정할 때에도 역시 1370년에 명에서 고려를 두 등급 체감하여 '왕국칠등王國七等'으로 규정한 사례에 근거하였다. 그 결과 조선의 1품 관리는 명에서 3품이 착용하는 오량관을 착용하게 되었다.

조선의 지배층이 명의 제도에 의거하여 관복官服 제도를 정한 것은 스스로를 제후국으로 여기는 의식을 잘 보여준다. 1370년에 명에서 사여한, 명에 비해 두 등급을 격하한 국왕과 관리의 복식은 명의 입장에서 설정한 고려의 위상을 반영할 뿐이다. 이것을 고려 내부에서 착용할지 여부는 온전히 지배층의 자의식에 달려 있는 것이었다. 그런데 조선에서 명의 복식 제도를 수용하면서 두 등급을 낮추어 입은 것은 스스로를 제후국으로 여긴 조선 지배층의 자의식을 반영한다.

고려 후기를 거치면서 국왕을 비롯한 지배층은 다원적인 시각으로 국제 관계를 파악하거나, 자신을 중심으로 한 별도의 영역을 설정하지 않게 되었다. 중국을 중심으로 한 일원적인 국제 관계 속에서 자신의 위치를 설정하는 데 익숙해졌다.

이러한 의식은 국왕의 상복常服 규정에서도 잘 드러난다. 조선이 수용한 명제에 따르면 황제는 상복으로 황포를 착용하고 황태자는 적포를 착용하였다. 명의 입장에서 조선 국왕은 황태자에 준하므로 상복으로 적포를 착용해야 했다. 이 적포 즉, 대홍포大紅布는 대한제국이 선포된 1897년까지 국왕의 집무복이 되었다. 관리의 복색을 2등급 낮추어 정하고, 국왕이 상복으로 대홍포를 착용한 것은 명의 명시적인 요구에 따른 것이 아니라는 점에서 자발적으로 수용한 것이라고 볼 수 있다. 이 역시 고려 전기에 비해 약화된 자주의식과 강화된 제후국의식을 반영한다고 평가할 수 있다.

중국의 화이관을 수용한 자의식은 명이 멸망한 뒤에도 변하지 않았다. 만주족이 건국한 청은 조선 문화의 독자성을 인정했으며 만주족의 복식을 강요하지

**그림 6. 조선 후기 영조 초상**

명의 제후 복식인 익선관과 대홍포를 착용하였다. 태조 초상과 비교하면 명 멸망 이후의 변화로 익선관이 높아졌다.

않았다. 청에서는 만주족 고유의 복식을 착용했으므로 책봉 의례에서 한족의 복식을 사여하지도 않았다. 따라서 명이 멸망한 조선 후기에는 중국 한족의 제도를 모범으로 여길지라도 고려 전기처럼 복식의 등급을 올려 착용하는 것이 가능하였다. 그럼에도 불구하고 조선에서는 명에서 설정한 등급을 계속 유지하여 제복으로 구류면관과 구장곤복을 착용하고, 조복으로 원유관과 강사포를 착용했으며, 상복으로 대홍포를 착용하였다. 이는 중국의 한족 왕조에서 화이관에 근거하여 설정한 국제질서가 조선 지배층의 의식 속에 굳건히 자리 잡았음을 알려준다.

## 청포를 착용한 조선 태조 초상의 의미

고려 공양왕이 국내 의례에서 제후 복식을 착용한 이래 조선의 역대 국왕들도 제후복을 착용하였다. 그런데 현존하는 조선 태조 초상의 복색은 매우 독특하다. 태종 9년(1409) 이래 전주의 경기전에 전해 온 태조의 초상은 익선관을 쓰고 용포를 착용한 모습이라는 점에서 명의 제도와 일치한다. 명 태조의 초상과 비교해 보면 양식상 명나라의 제도를 채택했음이 확인된다. 다만 조선 태조의 복색이 황제의 색인 황색도, 황태자의 색인 적색도 아닌 청색이어서 근거를 찾기 어렵다. 이에 대해 조선 후기에도 의문이 제기되었다.

이 초상의 원본은 태조가 64세였던 태조 7년(1398) 3월에 경주에 봉안했던 것이다. 태종 때에 조선 왕실의 관향인 전주에서 태조 초상을 모시겠다고 요청하자 이 초상을 베껴서 보냈다. 따라서 전주 경기전의 초상은 태조 64세 무렵의 모

**그림 7. 상복**常服**을 착용한 조선 태조(좌)와 명 태조(우)**

습을 담고 있다. 영흥 준원전의 초상과 비교해 보아도 노년의 모습임이 확인된다. 이후 숙종 14년(1688)에 한성에 보관할 초상을 제작하고자 경기전의 초상을 베껴 그린 뒤 모사본은 서울에 두고 원본은 다시 전주로 보냈다.

이때에 숙종은 전주에서 온 초상을 보고 태조가 청색 포를 착용한 것에 대해 의문을 표시하였다. 이에 한 관리가 고려는 청색을 숭상했고 태조 재위 시에도 이런 풍조가 남아 있었으므로 청색 곤룡포를 입었다고 답변하였다. 그러나 이러한 답변은 근거가 없는 추측이었을 뿐이다.

태조가 즉위한 해에 조선에서는 1370년에 명이 고려에 사여한 제복의 등급에 준하여 관리의 복식을 정하였다. 이는 조선의 지배층 스스로 조선을 명의 제후국으로 설정한 결과였다. 따라서 국왕의 상복도 명의 제도를 따랐다면 적포(대홍포)를 착용해야 했다. 그런데 조선 태조 초상의 복식은 명 태조와 동일한 양식이면서도 유독 옷의 색깔만 달리하였다. 조선 태조가 착용한 청포는 중국과 구별되는 조선의 자주의식을 반영한다고 볼 수 있다. 청색은 오방색 중 동방의 색이기 때문이다.

태조는 요동정벌을 반대하고 위화도 회군을 단행하여 정권을 잡았지만 명의 제후로 자리매김하는 것을 당연하게 생각하지 않았다. 태조의 자주 의식은 즉위 후 정도전의 보좌를 받아 요동정벌을 추진한 것에서도 잘 드러난다. 요하 동쪽의 땅은 마땅히 조선의 영역이 되어야 한다고 생각한 것이다. 그러므로 태조의 복색인 청색은 중국의 동방에 위치한 조선의 독자성을 상징하는 의미를 지녔다고 판단할 수 있다. 중앙의 색인 황색을 중국 황제의 복색으로 인정하되, 동방의 색인 청색으로 조선의 자주성을 나타낸 것이다. 이러한 의식은 고려 후기에 이승휴가 『제왕운기』에서 "요동에 별도로 하나의 세계가 있으니, 별자리도 중국과 구분된다네[遼東別有一乾坤 斗與中朝區以分]"라고 한 것과 같은 의식이라고 평가할 수 있다. 따라서 청포를 입은 태조의 초상은 중국을 중심국으로 인정하면서도 동방국 조선의 독자성을 천명하고자 했던 자주의식이 표현된 것이라고 볼 수 있다. 청포를 입은 태조의 초상은 고려 전기 자주의식의 흐름을 반영하는 마지막 작품이라고 평가할 수 있다.

## 참고문헌

노명호, 1999「고려시대의 다원적 천하관과 해동천자」『한국사연구』105, 한국사연구회.

______, 2011『고려 태조 왕건의 동상-황제제도·고구려문화 전통의 형상화』, 지식산업사.

유희경·김문자 1998,『개정판 한국복식문화사』, 교문사.

이민정, 2002「고려초기 태묘 제례복식 연구」, 서울대학교 석사학위논문.

이종서, 2012「고려 국왕과 관리의 복식이 반영하는 국가 위상과 자의식」『한국문화』60.

조선미, 2012『왕의 얼굴』, 사회평론.

한영우, 1999『왕조의 설계자 정도전』, 지식산업사.

# 작위에서 관직으로 –한중관계 외교제도에서 고려국왕 위상의 변화–

- 사람의 등급을 나누는 두 가지 기준: 작제와 관료제
- 자리가 먼저인가 사람이 먼저인가: 책봉호의 구성
- 임명장은 무엇으로 만들었나: 책冊과 고명誥命
- 국왕에게는 어떤 옷과 도장을 사여했나: 면복冕服과 조복朝服
- 외교문서는 무엇을 사용했나: 표문表文과 자문咨文
- 사신은 어떻게 맞이했나: 빈례賓禮의 구성 원리
- 작제에서 관료제로 변화한 배경
- 국내 문제와는 어떻게 연관되었나

정동훈

## 사람의 등급을 나누는 두 가지 기준: 작제와 관료제

전근대 동아시아 국제질서가 어떠한 원리에 따라 구성되고 운영되었는지는 시대에 따라 다르지만, 그 중심에 중국이 있었던 데에는 어느 시대건 변함이 없었다. 그리고 그 질서를 구상하고 구축한 전근대의 중국인들은 천자=황제를 중심에 두고 일원적인 원칙에 따라 동심원 모양으로 천하가 구성되어 있다고 파악하고 있었으며, 거기에는 중국뿐만 아니라 주변의 이민족과 정치체들까지도 포괄된다고 이해하고 있었다. 그리고 그들 각각은 천자와의 거리에 비례해서 그에 걸맞는 의무와 권한을 부여받고 있었다. 예컨대 『주례周禮』에서는 천하를 황제가 직접 다스리는 왕기王畿와 그 바깥의 구복九服으로 나누어 설명하였고, 『상서尙書』에서는 다섯 등급으로 나누어 오복五服이라고 하였다. 이러한 구분

은 단순히 천자와의 물리적 거리에 따른 것만이 아니라 각 지역의 왕화王化의 정도, 천자와의 혈연적 친소관계 등에서 비롯된 것이었다.

중국이 천하를 이해하는 일원적인 원칙이란, 사람과 그가 통치하는 영역을 어떻게 구분짓고 등급을 매길 것인가에 대한 기준과 직접 연계가 된다. 사람을 대상으로 한다면, 예컨대 나이, 키와 같은 신체의 크기, 심지어 치아의 개수와 같이 수치화해서 일렬로 줄세우기 간편한 기준도 있을 것이고, 인품이나 명망, 학식이나 무용 등과 같이 계량화하기 어려운 기준도 있을 것이다. 그 가운데 전근대 동아시아에서 널리 활용된 기준에는 두 가지가 있었으니, 하나는 혈연을 비롯한 출신에 의해 결정되는 작제爵制적 질서가 그것이고, 다른 하나는 개인의 능력에 의해 결정되는 관료제官僚制적 질서가 그것이다. 전자를 귀속지위라고 한다면 후자는 성취지위라고도 표현할 수 있다. 작제적 질서의 정점에는 하늘의 아들이라고 하는 천자天子가, 관료제적 지위의 정점에는 통치기구의 최고 권력자인 황제皇帝가 위치했다.

천하의 지리적 범주를 어떻게 나눌 것인가에 대해서도 각각의 위계질서에 근거하면 다른 방식이 도출된다. 작제적 질서는 곧 봉건제封建制와, 관료제적 질서는 군현제郡縣制와 연결된다. 어떤 인물이 가진, 특정 지역과 그 인민을 다스릴 권한의 근원을 출신 성분에 따른 생득적인 것으로 볼 때에는 천하는 봉건제의 원리에 따라 분할, 운영되게 된다. 제후는 천자와의 혈연관계에 의해 그 지위, 즉 작위爵位를 획득하며, 특별한 잘못을 저지르지 않는 한 그 지위는 대대로 보장되었다. 각각의 봉지封地는 해당 지역에 봉건을 받은 제후가 자신의 혈연상의 후손에게 전승해주게 된다. 이 과정에서 천자의 승인을 받는 행위, 즉 책봉冊封이라는 절차를 거쳐야 했지만 이는 대체로 사후 승인의 성격을 강하게 띠고 있었다. 제후가 씻을 수 없는 큰 죄를 짓지 않는 한, 천자는 봉지에 대한 제후의 통치 권한과 그 계승 권한을 인정해야 했다.

반면에 그 권한이 자신의 능력에 근거하여 황제로부터 부여받은 것이라고 인정된다면 천하는 군현제의 원리에 입각해서 구분되어야 한다. 천하는 황제가 결정한 일원적인 기준에 따라 군郡 · 현縣 등의 통치 영역으로 분할되고, 각 단위들은 황제가 임명한 관료, 즉 지방관에 의해 다스려진다. 관료는 천거를 받든 시험을 거치든 자신의 능력을 황제로부터 인정받아 그 지위를 획득하게 되며, 따라서 그 지위는 계승되지 않는다. 그는 황제의 권한을 일시적으로 위임받아 정해진 권역 안에서 황제의 명령을 수행하는 역할을 담당할 뿐이며, 정해진 임기가 끝나면 임지에서 떠나야 했다.

중국은 이미 주周와 진秦을 거치면서 각각 봉건제와 군현제를 경험하였다. 이 두 가지 위계질서 체계는 중국 역사를 통하여 오랜 길항관계를 이루어왔다고 할 수 있다. 양자가 미묘하게 결합된 방식으로 대표적으로 거론되는 것이 한漢의 군국제郡國制임은 주지의 사실이다. 한은 동성同姓, 혹은 이성異姓의 제후들에게 왕국王國과 후국侯國을 분봉해주어 봉건제의 요소를 남겨두는 한편, 나머지 지역에는 군현제의 통치 원리에 따라 황제가 임명한 관료를 파견하였다. 거기서 더 나아가 '외국'으로 상정된 지역은 이민족의 수장이 스스로 다스리게 하되, 그 군주와 황제=천자 사이의 군신관계를 책봉이라는 형식을 통해 규정하고 확인하는 절차를 취하였다. 그렇게 하면 국내의 '왕국' 혹은 '후국'과 그 바깥의 '외국' 사이에 동일한 원칙과 형식이 적용, 관철되는 것으로 이해할 수 있었다. 즉 중국의 천하 질서에 대한 구상 속에 외국을 포함시킬 수 있는 논리적 기반이 마련된 것이다. 전근대 동아시아 국제질서의 성격을 설명하는 대표적인 이론 가운데 하나인 '책봉체제론'이 전제로 하고 있는 설명 방식이다.

그러나 작제와 관료제, 봉건제와 군현제라는 이항대립적인 운영원리 가운데 어느 쪽이 우위를 점하였는지는 시대에 따라 달라졌으며, 이는 중국 중심의 국제질서 구상에도 그대로 반영되었다. 중국이 바라보는 외국의 위상, 외국 군주와 천자=황제와의 관계에 대한 인식에도 큰 폭의 변화가 있었던 것이다. 그리고 그러한 중국 측의 인식은 외교의 제도 면에 반영되어 간간히 표현되었다.

이에 본고에서는 10~14세기 한중관계에서 고려국왕의 위상을 그것이 표현된 외교제도를 통해 살펴보고자 한다. 이 기간 동안 고려가 상대했던 중국의 왕조는 오대五代부터 북송北宋과 남송南宋, 거란契丹과 금金, 몽골제국을 거쳐 명明까지 11개에 달했다. 그 중에서 후량後粱과 후한後漢, 남송南宋으로부터는 국왕이 정식의 책봉을 받지 않았음을 고려해도 8개 왕조와는 공식적인 외교 관계를 맺고 있었다고 할 수 있다.

전근대 국가의 위상은 그 군주의 위상과 직결되는 문제였으므로 주된 분석의 대상은 고려국왕의 제도적 위치로 할 것이다. 즉 고려국왕이 중국에서 설정한 어떠한 계통의 위계질서 체계 안에 포함되어 있었는지, 그리고 그 가운데 어떠한 위치를 차지하였는지를 검토할 것이다. 이를 통해 장기적으로 중국 왕조들에서 고려국왕의 지위를 인식한 것이 외국의 군주라는 일종의 작위 개념에서 중국 국내 관료제의 구성원과 비슷한 위상으로 변화하게 되었음을 확인해볼 것이다. 그리고 그 결정적인 계기는 몽골 패권 하에서 고려국왕이 정동행성征東行省이라는 몽골 지방행정단위의 장관직을 겸하였던 데에 있었음을 살펴볼 것이다. 나아가 그것이 한중관계에 어떤 영향을 끼쳤는지, 또한 고려, 조선의 국내 문제와 어떻게 연계되었는지를 살펴볼 것이다.

다만 고려국왕의 위상이라는 것이 단순히 제도적 차원에서만 드러나는 것이 아님은 두말할 필요가 없다. 여기서 분석하는 것은 어디까지나 중국에서 설정한, 중국에서 인식한 고려국왕의 위상이라는 측면에만 집중되어 있음을 분명히 해둔다.

## 자리가 먼저인가 사람이 먼저인가: 책봉호의 구성

책봉이란 중원 왕조의 황제가 한반도 왕조의 국왕에게 특정한 지위를 부여하는 행위를 의미한다. 국왕에게 부여되었던 위상은 그가 받은 책봉호를 통해 단적으로 드러난다. 고려시대의 총 34명의 국왕 가운데 28명은 중국의 8개 왕조로부터 책봉을 받았는데, 그들이 받은 책봉호는 매우 다양하였다. 그런데 책봉호의 구성에는 고려 전기, 즉 후당에서 금까지의 시기와 후기, 즉 몽골, 그리고 명대에 큰 차이가 보인다. 그 차이는 '국왕'이라고 하는 지위를 중심에 둘 것인지, 아니면 국왕 '개인'을 중심에 둘 것인지에 대한 것에서 비롯된다.

고려 전기에는 예컨대 문종은 거란으로부터 '개부의동삼사開府儀同三司 수태보守太保 겸시중兼侍中 상주국上柱國 고려국왕高麗國王 광시치리갈절공신匡時致理竭節功臣 식읍食邑 7,000호 식실봉食實封 1,000호'라는 책봉호를 부여받았다. 여기에는 '국왕'이라는 왕위의 작호爵號 외에도 문산계 · 검교직 · 훈직 · 공신호 등 다양한 계통의 직위가 포함되어 있었다. 문산계나 관직명 등은 물론 실질적인 의미라기보다는 작위의 위상을 표현해주는 일종의 명예직으로서의 의미가 강하였다. 즉 고려국왕 개인을 중심에 두고 그의 지위를 수식해주는 다양한 칭호가 동원되었던 것이다. 이를 대표적으로 보여주는 것이 책봉호를 얹어주는 행위, 즉 가책加冊이다. 예컨대 거란은 문종文宗을 처음으로 책봉하면서 위와 같은 책봉호를 내렸지만, 이후 5차례 그 지위를 높여주어 광시치리갈절자충봉상수정보의공신匡時致理竭節資忠奉上守正保義功臣 개부의동삼사開府儀同三司 수태사守太師 중서령中書令 겸 상서령尙書令 상주국上柱國 고려국왕高麗國王으로 '승진'시켰다. 공신호에는 8글자가 더해졌고, 수태보에서 수태사로, 시중에서 중서령 겸 상서령으로 승진한 것이다. 식읍과 식실봉도 각각 7천호에서 2만 3천호, 7백호에서 2천 3백호로 증가하였다. 같은 이유에서 동일한 중국 왕조로부터 책봉을 받았다 하더라도 국왕마다 책봉호에 작지 않은 차이가 나기도 했다. 위의 문종은 식읍 2만 3천호에 식실봉 2천 3백호였던 데 비해, 예종睿宗은 식읍 3천호, 식실봉 5백호에 지나지 않았으며, 정종靖宗이 첫 번째 책봉에서 총 10자에 달하는 공신호를 받았던 데 비해 헌종의 책봉호에는 공신호가 전혀 포함되지 않았다. 이처럼 중국 왕조의 입장에서 볼 때, 고려국왕 개인과 고려국왕위라는 자리 가운데 우선이 되는 것은 국왕 개인이었다. 국왕이 국왕위에 있는 것을 당연한 전제로 하고, 그 개인의 지위를 수식해주는 다양한 위계질서 방식을 동원하여 책봉호를 구성하였던 것이다.

원대에 들어서는 고려국왕 책봉호에 중대한 변화가 발생하였다. 정동행성의 승상이라는 실질적인 의미를 가지는 관직명이 거기에 포함되었던 것이다. 원 역시 전대의 책봉 형식을 계승하여 문산계나 공신호, 훈직 등이 포함된 책봉호를 하사하였는데, 예컨대 충렬왕을 '개부의동삼사 중서좌승상中書左丞相 행중서성사行中書省事'로 책봉한 것 등이 그러하다. 그러나 고려에 정동행성이라는 원의 지방행정기구가 설치되고, 고려국왕은 그 장관직인 승상의 지위를 가지게 되면서 책봉호에는 단순히 명예직으로서가 아니라 실질적인 관료로서의 지위를 뜻하는 '행중서성사'라는 명칭이 추가되었다. 나아가 책봉에 수반하여 정동행성의 장관 지위를 실제로 수행하는 데에 필요한 금패金牌나 인신印信을 하사하기도 하였다. 여기에 더하여 잘 알려진 바와 같이 원은 책봉할 수 있는 권한을 실질적으로 행사하였다. 결과적으로 고려국왕위가 먼저 설정된 상황에서 그 자리에 누구를 임명할 것인가를 고민하는 상황이 연출되었다. 자리가 사람에 우선하는 변화가 발생한 것이다.

명대에 이르러서는 책봉호에 더 근본적인 변화가 생겨났는데, 책봉호가 '고려국왕'으로 단순화되었다는 점이다. 이는 고려뿐만 아니라 명으로부터 책봉을 받았던 안남安南 · 점성占城 · 유구琉球 · 일본日本 등이 모두 그러하였다. 명은 조공국의 국왕에게 일괄적으로 '○○국왕'이라는 칭호를 부여하면서 나머지 요소들, 즉 문산계나 공신호와 같이 그 직위를 수식하는 칭호를 전혀 사용하지 않았다. 여기에는 황제를 정점으로 하는 일원적인 예제 질서를 창출하고, 그 속에서 번국의 지위를 완전히 동일하게 규정하려는 의도가 강하게 반영되어 있었던 것으로 볼 수 있다. 그리고 그 배경에는 몽골의 패권 하에 동아시아의 국제질서가 일원적으로 조직되었던 경험에 토대를 두고 명이 이를 계승하려 했다는 점이 자리 잡고 있다.

다른 요소가 사라진 '고려국왕'이라는 책봉호는 일종의 작위로서의 의미보다는 고정된 지위로서의 성격이 강했다. 고려 전기, 송 · 거란 · 금에서 부여한 책봉호는 이미 군주 노릇을 하고 있는 고려국왕 개인에 중심을 두어 그 권위를 인정하고 수식하는 의미가 강했다면, 명이 부여한 단순한 책봉호는 책봉을 받는 자의 개인적 권위와 무관하게, 당연히 채워져야 하는 자리 그 자체를 의미하는 것이었다.

## 임명장은 무엇으로 만들었나: 책冊과 고명誥命

책봉이라는 행위는 원래 황제가 제후에게 책冊을 줌으로써 제후의 봉지 및 그에 관한 권한을 인정하는 것을 말한다. 그 대상에는 외국의 군주도 포함되어 있었다. 사료에서는 시대를 막론하고 한반도 왕조의 군주를 책봉한 사실을 전할 때에 "책왕冊王"이라고 표현하였다. 한반도 왕조의 군주가 중국 왕조로부터 책봉을 받은 것은 삼국시대부터 대한제국 선포 직전까지 1,500년 이상 지속되었다. 책봉이라는 동일한 제도가 장기간에 걸쳐 지속되었다고 볼 수 있으나, 구체적으로 그와 관련된 절차나 의례, 그리고 그 의미에는 상당한 차이가 있었다.

책봉을 행할 때에는 수봉자受封者, 즉 국왕에게 다양한 선물과 함께 국왕의 권위를 인정하는 여러 가지 의물儀物이 전달되었는데, 그 가운데 수봉자의 위호位號를 적어 넣어 그의 권위를 상징하는 의물이 바로 책冊, 혹은 고명誥命이었다. 이를 책봉문서라고 칭한다. 그런데 중국 역대 왕조에서 외국의 군주를 책봉할 때에 수여한 책봉문서는 모두 중국 국내의 임명문서의 서식 가운데 하나로 작성하였다. 단 그 서식은 시대에 따라 바뀌었는데, 여기서는 중국의 여러 왕조에서 고려시대의 국왕들을 책봉할 때에 내려준 책봉문서의 종류와 그 의미를 추적하고자 한다.

중국의 역대 왕조에서 황제가 황실의 구성원이나 신하에게 특정한 지위를 부여할 때에 수여한 문서에는 크게 책과 제서制書, 고명, 선명宣命, 칙명勅命 등이 있었다. 이 가운데 책은 임명문서 가운데 최고 권위를 가지는 문서식이었다. 원래 책이란 종이가 없던 시절 죽간을 엮어서 만든 문서를 가리키는 말이었다. 그러던 것이 최고 권위를 가지는 임명문서의 의미로 쓰이면서 봉책封冊이라는 이름을 획득하게 되었다. 원래 '책봉'이라는 단어 자체가 '수책봉건授冊封建', 즉 책을 주어 봉토封土를 정해주는 것을 말한다. 임명문서로 책을 수여받는 대상의 범위는 시대에 따라 조금씩 변화하였다. 당대에는 황후나 황태자, 제왕諸王 등 황실의 구성원뿐만 아니라 3품 이상의 고위 관료를 임명할 때에도 책을 사용하였다. 시대가 지날수록 그 수여 범위가 점점 좁아지다가, 명대에는 오직 황후와 황태자, 제왕 등 작제적 지위를 가지는 황실의 구성원으로만 한정되었다. 요컨대 책이란 수봉자에게 작위爵位를 부여하는 문서였다고 할 수 있다.

반면에 고명 · 선명과 칙명은 모두 관직官職을 임명하는 문서였다. 송대에는 문무관 가운데 최고위직에게 제서를 수여한 외에, 그 이하의 모든 관원을 임명하는 데에 고명을 사용하였다. 원대에는 선명, 명 · 청대에는 고명이라고 불리는 고급의 임명문서는 5품 이상의 관원에게, 칙명은 6품 이하의 관원에게 수여되었다. 이들은 모두 관료체계의 일원으로서, 관료제적 지위를 갖는 신하였다는 점에서 책의 수여 범위와는 뚜렷이 구별되었다.

고려국왕의 책봉문서로는 오대부터 송, 거란을 거쳐 금대까지는 항상 책이 쓰였다. 원대에는 부마고려국왕駙馬高麗國王이라는 작위와 함께 정동행성征東行省의 승상丞相이라는 관료제적 지위를 동시에 부여받으면서 기존의 책봉문서와는 다른 관직 임명장인 선명이 사용되었다. 그리고 명대에 이르러서는 선명의 명칭이 고명으로 바뀌었다. 공민왕과 우왕이 받은 책봉문서는 명 국내의 관료를 임명하는 데 사용하는 문서와 똑같은 고명이었다.

고려국왕의 책봉문서로 책이 사용되었던 것은 그 지위를 중국 국내의 황실 구성원과 마찬가지로 일종의 작위로 인정했던 데 따른 것이었다. 원대에 이르러 국왕은 외국의 군주로서, 동시에 황제의 부마로서 작제적 위계를 부여받았던 데 더하여 정동행성의 승상이라는 관료로 인정되어 그에 해당하는 임명문서인 선명을 수여받았다. 명은 원대에 부여하였던 두 계열의 지위 가운데 후자, 즉 관료로서의 성격만을 인정하여 고명을 책봉문서로 수여했던 것이다.

## 국왕에게는 어떤 옷과 도장을 사여했나: 면복冕服과 조복朝服

중국의 황제가 고려국왕에게 일상적인 선물 이외에 그 지위를 반영하는 의물로 하사한 것 가운데 대표적인 것이 관복冠服과 도장圖章이다. 이 두 가지는 작제적 지위와 관료제적 지위를 모두 반영하는 요소를 가지고 있었으며, 그 안에서도 다양한 장치를 통하여 위계의 고하를 표현하였다.

먼저 관복 가운데는 면복冕服과 조복朝服이 각각 작제적 질서와 관료제적 질서를 표현하는 복식이었다. 면복은 제천례나 태묘 제사 등 가장 높은 수준의 의례를 행할 때에 착용하는 복식으로, 황제와 황태자, 제왕 등 황실의 구성원들만이 입도록 규정되어 있었던 점에서 작제적 지위를 반영한다고 할 수 있다. 한편 조복은 조회朝會와 같이 일반적인 행정 의례에서 입는 관복으로, 공식적인 행정활동의 주체가 되는 문무품관들이 입도록 규정되어 있었던 점에서 관료제적 지위를 반영한다고 할 수 있다.

고려 전기 송 · 거란 · 금의 황제들이 고려국왕에게 사여한 관복에는 모두 구류관九旒冠과 구장복九章服으로 이루어진 면복밖에 없었다. 이는 중국 역대 왕조들이 고려국왕의 작제적 지위를 인정하였을 뿐, 그에게 관료적 지위를 따로 부여하지는 않았음을 의미한다. 원대에는 황실과 관료의 복식 규정이 기존의 중국적 전통과 전혀 달랐기 때문에 어떠한 관복이 하사되었는지, 그것이 어떤 위계를 표현한 것인지 확인하기 어렵다. 이후 명대에 이르면 명 황제는 고려와 조선의 국왕에게 역시 구류관과 구장복의 면복을 하사하였을 뿐 아니라 원유관遠遊冠과 강사포絳紗袍로 구성된 조복도 내려주었다. 이는 고려국왕에게 관료제적 위계를 부여하였음을 의미하는 것인데, 이 역시 원대에 국왕이 정동행성 승상이라는 실질적인 관직을 부여받았던 데서 그 기원을 찾을 수 있다.

더 구체적으로 이들 관복이 어느 정도의 위계에 해당하는 것이었는지를 살펴보자. 고려 전후기를 막론하고 고려국왕에게 하사된 구류관과 구장복은 중국 황제의 아들인 친왕親王과 동격의 것이었다. 반면에 명대에 처음 하사된 조복에는 칠량관七梁冠이 포함되어 있었는데, 이는 중국에서 1품의 관원에 해당하는 것이었다. 원대에 국왕이 띠고 있던 실직實職인 정동행성의 승상직이 1품이었던 것을 고려하면, 그 관례를 계승한 위계가 부여되었음을 알 수 있다.

한편 도장은 문서의 말미에 그것을 찍음으로써 그것을 소유한 사람의 권위를 공식적으로 드러내는 중요한 의물 가운데 하나이다. 도장은 정확하게 구분하자면 인장印章과 도서圖書로 나눌 수 있는데, 전자가 자리를 상징하는 물건이라면 후자는 사람과 연관되는 물건이다. 예컨대 서울시장은 자연인으로서 자신의 도장을 언제든지 가지고 있을 수 있지만, 서울시장의 직인은 그 직위에 있을 때에만 사용하다가 다음 시장에게 전해주어야 하는 것이다.

거란과 금은 고려에 새로운 국왕을 책봉할 때마다 그에게 새로운 도장을 하사하였다. 이때의 도장을 『고려사』에서는 '인印' 혹은 '인장印章'으로 기록하고 있지만, 이는 고정된 지위로서 '고려국왕'에게 하사하는 것이라기보다는 그 자리에 오른 국왕 개인을 대상으로 하사한 것으로 보는 것이 더 타당할 것이다.

원대에는 관작의 높낮이에 따라 인장의 재질, 크기, 금속의 사용중량, 손잡이[鈕]의 모양 등이 아주 상세하게 규정되어 있었다. 원에서 고려국왕을 책봉할 때에 수여한 인장은 '부마고려국왕지인駙馬高麗國王之印'과 '정동행중서성인征東行中書省印' 두 가지가 있었던 것 같다. 전자는 원래 부마인과 국왕인으로 나뉘어 있던 것을 충렬왕 8년에 합친 것으로, 부마고려국왕의 작위를 상징하는 물건이었다. 후자는 정동행성이라는 관직의 수장에게 부여된 직인職印이었다. 고려 전기와는 달리 이들 인장은 국왕이 바뀌더라도 그대로 유지되었다. 이에 따라 이 인장을 '전국인傳國印'이라고 부르기도 하였고, 이것을 받음으로써 책봉, 혹은 즉위 절차가 완성되는 것으로 이해하기도 하였다.

명에서 국왕에게 사여한 인장은 '고려국왕지인高麗國王之印' 하나였다. 공민왕이 처음 책봉을 받을 때에 명에서 이를 하사하였으며, 이는 1392년에 왕조가 교체된 이후에도 쓰이다가, 명에서 국호를 '조선朝鮮'으로 개정하라는 의사를 전해온 이후에야 비로소 명에 반납되었다. 그런데 원에서 하사한 것과는 달리 인장이 하나밖에 없었으니, 하나의 도장 안에 두 계통의 서로 다른 예제를 융합해서 표현해야 했다. 인장의 재질이나 손잡이[鈕]의 모양은 작제적 질서를, 인장의 크기, 즉 한 변의 길이는 관료제적 질서를 반영하는 것이었다. 명으로부터 수여받은 고려국왕지인은 금으로 만들었고, 거북이 모양의 손잡이에 한 변

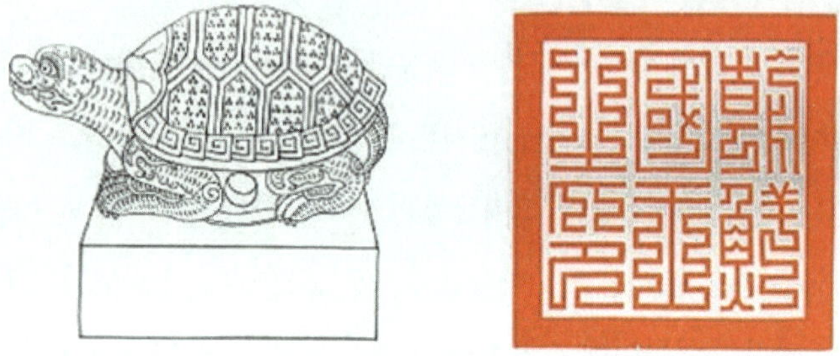

**그림 1. 조선국왕지인**朝鮮國王之印

태종 3년(1403)에 명나라에서 수여받은 조선국왕지인을 고종 13년(1876)에 복원하면서 그려놓은 인장의 외형과 그 인문印文의 모습이다. (『보인소의궤寶印所儀軌』(奎14212))

의 길이는 3촌이었다. 금이라는 재질이나 거북이 모양의 손잡이 등은 명의 친왕과 동격임을, 한 변의 길이 3촌은 명의 2품관과 거의 동격임을 표현하였다.

이처럼 명대의 예제질서에서 고려국왕이 작제적 지위에서는 명의 친왕과, 관료제적 지위에서는 1~2품 관원과 동격으로 인정되었던 것 역시 원대 천하질서의 유산이다. 원대의 위계질서에서 고려국왕이 황제의 부마라는 작제적 지위와, 1품관에 해당하는 정동행성 승상의 지위를 겸하고 있었던 것이 후대의 예제질서에 그대로 반영된 것이다.

## 외교문서는 무엇을 사용했나: 표문表文과 자문咨文

전근대 동아시아에서 외교는 사신의 왕래와 외교문서의 교환을 통해 이루어졌다. 사신을 파견하고 접대하는 데에는 빈례賓禮 규정이 있어 양자 사이의 위계질서를 표현하였다. 한편 외교문서는 서면을 통해 양쪽의 외교 담당자들이 만나는 행위로, 이에 대해서는 서식書式이 양자의 관계를 표현하는 가장 중요한 제도적 요소가 되었다.

고려 전기 송 · 거란 · 금과의 관계에서는 황제의 조서詔書와 국왕의 표문表文이 주된 외교문서의 서식으로 사용되었다. 기본적으로 조서와 표문은 양자가 군신관계에 있음을 명확하게 드러내는 문서식이었다. 반면에 고려국왕이 중국의 관부 내지 관원과 문서를 주고받는 일은 극히 드물었다. 고려 관부와 중국 관부 사이의 문서 왕래는 더욱 드물어서 아주 한정된 경우에만 등장하였고, 아주 제한된 기능만을 수행하였다. 결과적으로 이는 고려 전기에는 중국왕조의 관계에서 외교행위의 주체가 양국을 대표하는 군주, 즉 '중국의 황제-피책봉국의 왕'으로 한정되었음을 의미한다. 즉 고려가 하나의 독립적인 국가, '외국'으로서의 위상만을 가지고 있던 데에 따른 것이라고 할 수 있다.

그런데 원대에 들어서면서부터는 고려와 원 사이에 이전까지의 의례적인 성격이 강했던 관계와는 비교할 수 없을 정도로 빈번한 접촉이 행해졌고, 그에 따라 원대의 문서행정과 연동되어 각종의 문서들이 오고 갔다. 이때에는 황제와 국왕 사이의 문서 이외에도, 국왕이 원의 중서성中書省과 주고받는 자문咨文이라는 관문서 형식이 추가되었다. 자문은 원에서 2품 이상의 고위 관부 사이에 주고받는 평행문서이다. 고려국왕이 원의 1품 아문인 중서성과 자문을 교환한 것은 그가 정동행성의 승상이라는 관직을 가지고 있었기 때문이었다.

고려와 명의 외교관계가 성립된 이후, 양국 사이의 외교문서로 황제와 국왕 사이의 조서와 표문이 사용되었다는 점에서는 전과 다름이 없었다. 그밖에 고려국왕이 외부와 교섭할 때에 사용하는 문서는 관문서식 외교문서로 일원화되었다. 국왕은 명의 중서성中書省 · 예부禮部 · 요동도지휘사사遼東都指揮使司 등 1 · 2품 관부와 자문을 주고받았다. 또한 고려의 최고위기관인 도평의사사都評議使司는 명의 1 · 2품 관부에 상행문서인 신申이나 정모을 올렸고, 그들로부터 하행문서인 조회照會를 수신하였다. 이들 서식은 명 국내에서 통용되는 문서식

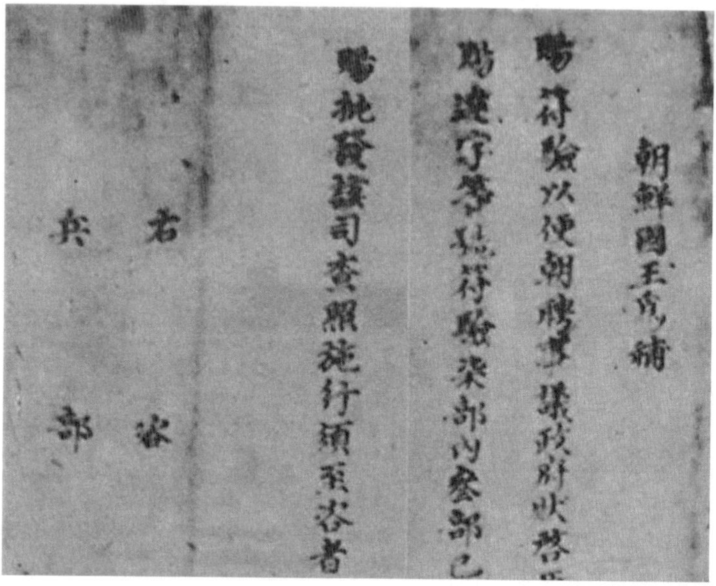

**그림 2. 조선국왕이 명나라 병부에 보낸 자문(일부)**

조선 인조 8년(1630) 조선국왕 명의로 명나라 병부에 보낸 자문의 첫머리와 마지막 부분을 확대한 것이다. "朝鮮國王爲補賜符驗以便朝聘事"라는 문서의 첫머리와 "右咨兵部"라는 말미의 구절이 명대 자문의 양식과 완전히 일치한다. (李光濤 編著, 『明淸檔案存眞選輯(初集)』, 中央研究院歷史語言研究所, 臺北, 1959, 210쪽)

과 완전히 일치하는 것이었다. 국왕이 명의 1·2품 관부와 평행문서를 주고받았고, 고려의 1품 관부가 명에서 3품 관부에 준하는 것으로 인정되었던 것인데, 이는 고려의 관료체제가 스스로 설정한 관품보다 두 등급씩 품급을 낮춘 상태로 명의 관료체제와 연동되는 방식이 적용되었음을 단적으로 보여준다.

## 사신은 어떻게 맞이했나: 빈례賓禮의 구성 원리

전근대 동아시아에서는 군주가 중심이 되는 왕조의례로서 길吉·흉凶·군軍·빈賓·가嘉의 오례五禮가 그 핵심을 이루었다. 이들 대부분은 국내에서 시행되는 것을 전제로 한 것이었는데, 유일한 예외가 외국을 그 규정의 대상의 일부로 삼은 빈례賓禮이다. 중국 역대 왕조에서 빈례는 주변국의 군주[蕃王], 혹은 그 사신[蕃使]이 중국 조정을 방문했을 때의 상황을 가정하여 제정되었다. 그러나 중국의 사신이 외국에 나갔을 때, 주변국에서 이를 어떻게 대우해야 하는지에 대해서는 원대 이전에는 중국에서 명시적으로 규정한 바가 없었다. 의례가 연출되는 공간적 범위가 중국의 바깥이었기 때문이다.

송·거란·금에서도 중앙의 사신이 지방에 파견되었을 때 어떠한 의례를 행할 것인지를 꼼꼼하게 규정해두고 있었다. 그러나 그 의식을 고려에서도 그대로 거행해야 한다고는 생각하지 않았다. 따라서 고려 전기, 송·거란·금의 사신이 황제의 명을 받들어 고려를 방문할 경우, 이들을 맞이할 때의 의례를 어떻게 구성할 것인지에 대해서는 중국 사신과 고려 조정 사이에서 합의와 조정이 이루어질 필요가 있었다.

예컨대 거란의 사신이 파견되어 조서를 전달하는 상황에서는 사신은 북쪽에 위치하여 남면하고 국왕은 동쪽에 위치하여 서면하는 위차로 의례를 행하였다. 이는 양국이 동서남북의 방위에 상하관계를 결부짓는 관념에 차이가 있었던 까닭에 예제 해석의 이중성, 혹은 비대칭성이 발생하여, 각각 자국이 유리한 방식으로 해석할 수 있도록 구성된 것이었다. 이러한 방식은 송과 금의 사신을 맞이할 때의 의례에서도 대체로 동일하였다. 사신은 북쪽에서 남쪽을 바라보고, 국왕은 동쪽에서 서쪽을 바라보았다. 기본적으로는 국왕이 황제의 책봉을 받아 군신관계에 있었음은 인정하였지만, 구체적인 의례의 장면에서는 국왕이 신례

臣禮를 회피하는 듯한 인상을 줄 수 있도록 여지를 남기는 형태로 의례를 제정했던 것이다.

원대에 이르러서는 원에서 파견한 사신을 고려국왕이 맞이하는 의례는, 원 국내의 지방에서 그들을 맞이하는 것과 동일한 방식으로 거행되었다. 국왕은 사신을 성 밖으로 나가서 영접하였고, 황제의 명령은 그 자리에서 반포되었다. 이는 현상적으로 고려, 정확히는 개경開京에 파견된 사신이 관념적으로는 '외국'인 고려를 대상으로 파견된 것인지, 아니면 국내 행정구역의 하나인 '정동행성'에 파견된 것인지 뚜렷하게 구분하지 않았던 데서 비롯된 것이라고 할 수 있다. 바꿔 말하면 원의 천하질서 속에서 고려는 외국이면서도 국내와 동일한 의례를 수행하도록 요구받았던 것이다. 실제로 이러한 관계가 장기간 지속되면서 적어도 사신 영접 의례 면에서는 정동행성으로서의 고려가 원 국내의 지방행정 단위와 차이를 보이지 않게 되었다.

뒤를 이어 명은 고려를 외국으로 인식하면서도 중국 왕조 가운데서는 최초로 자국의 사신이 외국에 파견됐을 때 행해야 할 의례를 직접 규정하였다. 그 의례는 국왕이 국문國門 밖에 나와서 사신을 영접한다는 점, 국왕이 참석한 현장에서 황제의 명령문서인 조서를 낭독한다는 점, 사신은 남면하고 국왕은 북면한 상태에서 무릎을 꿇고 조서의 내용을 듣는다는 점 등으로 규정되어 있었다. 그리고 이는 명 국내의 지방에서, 혹은 황제의 아들인 친왕이 위치한 왕국王國에서 황제가 파견한 사신을 맞이할 때 행하는 의례와 완전히 일치했다. 고려라는 영역을 자국에서 마련한 의례 규정이 적용되는 자국 경내의 어느 곳과도 차이를 두지 않고 이해했던 것이다. 이 점에서 명은 역시 원대의 유제를 계승한 것으로 볼 수 있다. 원과의 관계를 통해 제후국으로서의 자신의 위상에 대해 인정하게 된 고려에서도 이를 그대로 수용하여 준행하였다.

## 작제에서 관료제로 변화한 배경

이상에서 살펴본 고려국왕의 지위 변화를 한마디로 요약하자면, 작제적 질서와 관료제적 질서 두 가지 가운데 고려국왕에게 적용된 위계질서가 고려전기까지 전자였다가 원대에는 양자가 모두 포함되었으며 명대에는 오히려 후자만이 강조되었다는 것이다. 이를 국왕의 지위에만 머무르지 않고 중국 왕조에서 고려라는 국가를 어떻게 이해했는가의 문제로 확장시켜보자.

10~12세기 고려는 작위를 가진 '국왕'이 다스리는 '외국'으로서 천하의 일원으로 자리매김되었다. 상황은 몽골제국 시대에 들어 일변하였다. 고려는 독자의 국왕이 다스리는 독립국임과 동시에, 정동행성이라는 원의 지방행정기구의 하나가 되었다. 그러다가 명대에 들어서는 이념상 '중국'과 '외국'의 구분이 사라지면서, 고려 역시 중국 국내에서와 동일한 제도가 적용되는 영역의 일부로 인식되었다. 이러한 변화의 배경에는 해당시기의 국제질서가 다원적이었는가(10~12세기, 오대~금) 일원적이었는가(13~14세기, 몽골~명)의 차이가 크게 작용하였으리라 생각된다.

필자는 여기서 한 단계 더 나아가 그보다 더 큰 배경을 중국사회의 변화 양상과 결부지어 볼 수 있지 않을까 생각한다. 그 양상이란 중국 사회를 규정하는 위계질서로서 고대부터 적용되던 작제적 질서의 영향력이 점차 옅어지고, 사회 전체가 관료제적 질서로 구성되는 장기적인 경향성이 엿보인다는 점이다. 즉 혈연에 의한 세습에서 능력에 따른 성취 여부가 개인의 지위를 결정하는 데에 더 큰 영향을 주는 흐름이 전개되었다는 것이다. 이른바 당송변혁기를 거치면서 중국이 귀족제적인 사회에서 관료제적 사회로 이행되고 있었음은 이미 통설로 받아들여지고 있다. 중요한 지위에는 고대로 올라갈수록 세습을 받은 인물의 비중이 높았으나, 시대가 내려올수록 과거 등을 자신의 능력을 증명하는 절차를 거친 자들이 많이 포진하게 되었다. 임명문서의 변화만을 놓고 보더라도 당대부터 명대에 이르기까지 작제적 질서를 반영하는 책의 수여 범위는 점차 축소되는 경향을 보인다.

이러한 경향이 최고조에 이른 것이 14세기 후반, 즉 명대 초기이다. 명의 국가 제도를 설계했던 인물들은 원말의 사회 상황을 극도의 혼란기로 보면서 정치 · 사회 면에서의 질서를 재구축하고자 하였다. 그리고 그 원칙으로서 일원적인 관료제적 질서를 매우 철저하게 적용하고자 하였다는 점이 연구를 통해 밝혀지고 있다. 이러한 경향은 명초의 문물제도 정비과정, 예제 · 법제 · 관제의 조직 방식에서도 뚜렷하게 드러난다. 즉 황제부터 최하급 관료에 이르기까지, 수도에서 향촌에 이르기까지, 그가 어떠한 직역을 가지고 있든지 모든 사람을 하나의 기준에 따라 일렬로 늘어세우고 각각에게 위계를 부여하고자 하는 지향을 보였던 것이다. 그 기준이 바로 관료제적 질서였다.

명이 관료제적 운영 원리를 통해 일원적으로 재편하고자 했던 천하의 범주에는 '외국'도 예외가 아니었다. 그러나 명이 실제로 외국의 모든 인민을 대상으로 그들에게 관료제적 위계를 부여하기란 불가능한 일이었다. 명이 내세운 '일시동인一視同仁'이라는 이념에 따르자면 마땅히 그렇게 해야 했을 것이나, 현실적으로는 실현 가능하지 않았다. 대신에 명은 외국의 군주를 자신이 설정한 관료제적 위계질서 체계 안에 포함시킴으로써, 그를 정점으로 하는 외국의 관료체제, 혹은 국가 그 전체를 중국의 하위에 위치짓는 방식을 택했던 것으로 이해할 수 있다.

## 국내 문제와는 어떻게 연관되었나

마지막으로 언급해둘 것은 이러한 질서의 변화와 고려 국내 제도의 연동에 대한 것이다. 과거 고려국왕에게 작제적 질서만이 적용되었던 때에는 고려는 어디까지나 외국으로서, 중국 왕조와는 별개의 위계질서 체계를 가지고 운용될 수 있었다. 이른바 '외왕내제外王內帝'나 '황제국체제皇帝國體制'라는 현상도 이러한 국제적 배경 하에서 가능할 수 있었다. 그러나 원대를 거쳐 명대에 이르러 고려국왕에게 관료제적 위계질서가 적용되고, 그에 따라서 문서식이나 조복, 인장과 같은 요소에서 양국 외교에서 동일한 원칙이 적용되자 이제 고려 국내의 문물제도 역시 명의 그것과 통합되는 과정을 거치지 않을 수 없게 되었다. 과거 원과의 관계에서는 원의 강압에 의해 아주 일부의 영역에서만 국제國制가 강등되었다면, 명대 이후로는 외교면에서의 제도적 통합에 따라 필연적으로 국내의 관료체제 전체에 조정이 이루어질 수밖에 없었던 것이다.

때마침 조선의 개창자들이 가지고 있었던 문제의식도 여기에 부합되는 측면이 있었다. 정도전鄭道傳을 비롯한 조선의 설계자들은 고려 말의 상황을 질서가 무너진 혼란한 상황으로 인식하였고, 이를 바로잡기 위해 국초의 문물제도를 정비하는 과정에서 철저히 계서적인 방식의 제도를 적용하고자 하였다. 이러한 현실 인식과 대응 방안은 명초에 국가제도의 기틀을 마련한 것으로 알려진 이른바 금화학파金華學派의 정치사상과 공유하는 바가 컸다. 양자가 이러한 인식을 공유한 상태에서 관료제적인 계서제를 관철시키고자 한 데에는 원대에 일원화된 천하질서를 경험한 유산과 그 기억이 크게 작용했으리라 생각된다.

실제로 『경국대전經國大典』, 그중에서도 이전吏典과 예전禮典의 체제와 내용은 『대명회전大明會典』의 그것과 유사한 방식으로 구성되고 그것을 대폭 수용한 규정들로 채워져 있었다. 차이가 있다면 각종 제도의 격이 강등되었다는 사실 정도이다. 이와 같이 조선국왕이 명의 예제 질서에서 위치했던 관료적인 위상은 조선의 관료제적 문물제도 정비 과정에서 대원칙으로 작용했던 것이다. 앞서 검토한 조복과 인장, 그리고 문서행정 등 조선 초기에 정비된 각종 관료제도에서 그러한 모습이 발견된다.

한 걸음 더 나아가 조선은 일본이나 여진 등 주변의 하위 세력들과의 외교관계에서, 자국의 관료제적 제도와 질서를 그들에게 관철시키는 모습을 보였다. 외교문서의 수수 방식이나 사절의 신분증명 방식 등에서 조선은 중국이 자신에게 요구했던 제도적 요소를 모델로 하여 그것을 그대로 주변국에 적용했던 것이다. 조선의 관료제적 위계질서가 중국의 그것에 대한 하위 레벨의 것이었다는 점에서 당시의 동아시아 국제질서는 중국을 중심으로 한 '전체' 국제질서와, 조선을 중심으로 한 '부분'의 국제질서가 중첩된 층위를 이루고 있었다고 볼 수 있다. 그리고 그 '부분'이 '전체'를 복제하고 있다는 점에서 이러한 중층적 국제질서는 프랙탈 구조를 연상시킨다고 할 수 있다.

## 참고문헌

정동훈, 2012「명대의 예제질서에서 조선국왕의 위상」『역사와 현실』84.

______, 2013「명초 국제질서의 재편과 고려의 위상」『역사와 현실』89.

______, 2013「明代 前期 外國 使臣의 身分 證明 方式과 國家間 體系」『明淸史硏究』40.

______, 2015「고려시대 사신 영접 의례의 변동과 국가 위상」『역사와 현실』98.

______, 2016「高麗時代 外交文書 硏究」, 서울대학교 박사학위논문.

______, 2017「册과 誥命 -고려시대 국왕 책봉문서-」,『사학연구』126.

최종석, 2010「고려시대 朝賀儀 의례 구조의 변동과 국가 위상」『한국문화』51.

檀上寬, 2013『明代海禁=朝貢システムと華夷秩序』, 京都大學出版會.

森平雅彦, 2013『モンゴル覇權下の高麗』, 名古屋出版會』, 名古屋大學出版會.

岩井茂樹, 2005「明代中國の禮制覇權主義と東アジア秩序」『東洋文化』85.

Edward L. Farmer, 1995 *Zhu Yuanzhang and Early Ming Legislation—The Reordering of Chinese Society Following the Era of Mongol Rule*, Brill, Leiden.

John W. Dardess, 1983 *Confucianism and Autocracy—Professional Elites in the Founding of the Ming Dynasty*, University of California Press, Berkeley.

# 주제 2.

# 중앙 지배층과 정치문화

# 고려 문벌의 형성과 성격



박재우

## 문벌귀족, 새로운 이해가 필요하다

한국 전근대 시대의 최상층 지배층은 신라의 진골귀족, 고려의 문벌귀족, 조선의 양반관료로 변화되었고, 고려의 지배층은 문벌귀족이므로 고려는 문벌귀족사회라고 이해되어 왔다.

고려 문벌귀족에 대한 이해는 대략 다음의 내용을 포함한다. 고려는 호족세력이 건국하였고 그들은 중앙에 진출하여 성종 이후 문벌귀족이 되었다. 문벌귀족은 벌열閥閱, 갑족甲族 등으로 불리는 명망 있는 가문인 문벌로 존재하였다. 그들은 재추를 비롯한 고위 관직을 차지하여 권력을 장악하고 그들의 뜻대로 국정을 운영하여 고려의 왕권은 상대적으로 약했다. 그리고 왕실과 통혼하는 것은 물론 문벌귀족끼리 폐쇄적 통혼권을 형성하였다. 이들 문벌귀족은 음서제나 과거제를 활용하여 지위를 세습하였고 경제적 토대로서 공음전을 받아 상속하였다.

이같은 문벌귀족에 대한 내용은 최근 고려시대사에 대한 이해가 깊어지면서 그대로 받아들이기는 어렵게 되었다. 이 글에서는 최근의 연구 경향을 반영하여 고려의 문벌에 대한 새로운 이해를 제시하고자 한다.

## 고려 문벌은 어떻게 형성되었나?

여기서는 먼저 고려 문벌의 형성 과정에 대하여 살펴보자. 한국사의 전개 과정에서 나말여초는 커다란 사회변동을 가져온 시기였다. 골품제骨品制를 바탕으로 운영된 신라가 기울면서 중앙에서는 유교적 교양을 갖춘 6두품이 성장하였고, 지방에서는 호족들이 지역공동체를 형성하며 세력을 확장하였다. 하지만 신라는 유교를 정치이념으로 채택하지 못했고 지방호족의 성장도 막아내지 못했다. 결국 신라의 외곽에서 후백제와 태봉이 건국하면서 신라는 경주 인근으로 영향력이 위축되었다. 태봉을 이어 고려가 건국하였고 고려의 후삼국 통일로 다시 하나의 나라가 되었다.

신라가 6두품과 지방호족이 만들어낸 사회변화를 국가운영의 틀 속으로 받아들이지 못한 것은 골품제의 운영원리를 포기하지 못했기 때문이었다. 골품제의 운영원리란 한마디로 신라의 국가운영이 최상층 신분인 진골을 중심으로 이루어지도록 만든 정치사회의 운영원리였다.

골품제는 골骨과 두품頭品으로 이루어진 신라의 신분제로서 경주의 지배층을 대상으로 하였다. 신라의 국가운영은 신분에 따라 관등官等을 주고, 관등에 따라 관직官職을 주는 방식으로 이루어져 무엇보다 신분이 중요하였다. 즉 신분이 관등과 관직을 결정하는 가장 근본적인 요인이었고, 신분을 뛰어넘어 관등과 관직을 주지 않았다는 것이 골품제의 중요한 특징이었다.

예를 들어 신라의 관등은 17개로 이루어졌는데, 진골은 1등급 이벌찬까지 승진할 수 있었으나, 6두품은 6등급 아찬까지, 5두품은 10등급 대나마까지, 4두품은 12등급 대사까지만 승진하였다. 그리고 1~5등급에 오른 인물들만 상대등上大等이 되거나 병부, 집사부, 창부 등 여러 상급관청의 장관이 되었고, 이들 장관 중에서 재상을 선발하여 제도의 운영이 진골에게 유리하였다. 그리고 골품제는 경주의 지배층을 위한 제도여서 지방세력은 비록 관등을 받는 경우가 있었다고 해도 그에 따른 중앙 관직을 주지 않았기 때문에 중앙정치에 참여하지 못했다.

이런 까닭에 신라의 국정운영에서 국왕의 위상은 높지 못했다. 신라의 국왕이 신료들보다 지위가 높기는 하였으나 그렇다고 해도 골품제의 운영원리를 뛰어넘어 권력을 행사하지는 못했던 것이다. 예를 들어 신라의 국왕과 함께 국가를 운영했던 재상은 진골에서만 선발되었으므로 재상회의는 진골의 이해를 벗어난 논의가 이루어지기 어려웠다. 그리고 국왕의 대표적 권한인 인사권을 행사하는 경우에 아무리 재능이 있어도 골품을 뛰어넘어 관등을 주지 못했다. 6두품의 상한선인 아찬은 사중아찬四重阿飡까지, 5두품의 상한선인 대나마는 구중대나마九重大奈麻까지 중위제重位制를 설치하여 왕권 행사의 유연성을 발휘하기도 하였으나 그러한 시도 자체가 국왕이 골품제를 뛰어넘는 것이 근본적으로 불가능했음을 의미하였다.

이에 반해 후백제와 태봉, 그리고 고려는 신라의 골품제와는 전혀 상관없이 건국되었다. 이들은 경주 바깥의 지방호족의 지지를 받아 건국되었고 그래서 처음부터 골품제를 국가운영의 원리로 채택하지 않았다. 고려는 호족출신 왕건이 국왕이 되었고 지방호족이 중앙관료로 진출하여 중앙정치에 참여하였으며 나아가 재상이 되어 국왕과 함께 국정을 논의하였다. 신라에 비해 중앙정치에 참여하는 지배층의 범주가 크게 넓어졌고 그들을 선발하는 국왕의 인사권도 확대되었다. 그리고 중앙에 진출한 지배층의 다양한 이해관계를 조절하는 존재로서 국왕의 역할이 중요하게 되면서 국왕의 위상도 높아졌다.

그러나 건국초기 고려의 정치가 곧장 안정되지는 못했다. 고려는 통일전쟁을 거치면서 호족출신 관료들의 정치적 영향력이 컸는데 혜종, 정종, 광종의 왕위 계승과정에서 상당수가 도태되었다. 특히 광종은 왕권강화의 일환으로 건국 과정에서 공로를 세운 훈신勳臣과 숙장宿將을 대부분 제거하였는데, 최승로가 그들 중에 살아남은 자가 40여 명에 불과하다고 말할 정도로 철저히 숙청되었다. 광종의 자의적인 권력남용으로 고려초기의 특권층이 대부분 제거되었던 것이다. 경종 초에는 숙청당한 호족 출신에게 복수를 허용하면서 권신權臣이 권력을 마음대로 하여 광종대와는 반대로 국왕이 정치에서 중심적인 역할을 하지 못하면서 정치가 어지러웠다.

성종대 지배층은 국왕과 신료의 자의적인 권력행사가 정치적 파국을 가져온다는 사실을 깊이 인식하고 있었고 그래서 국왕과 신료 어느 한쪽이 국정을 독점하는 것을 크게 견제하였다. 대신 국왕이 권력을 독단적으로 행사하지만 않는다면 국왕이 정치를 이끌어가며 지방에서 중앙으로 진출한 지배층의 다양한 이해관계를 조절해주기를 바랬다. 이렇게 해서 국왕이 정치의 중심에 있으면서 국왕과 신료가 합의하여 국정을 이끌어가는 관료제도가 수립되었는데, 이것이 바로 당송제도를 도입하여 만든 3성 6부 제도이다. 당시는 광종과 경종대의 정쟁으로 문벌로 성장할 만한 특권층이 대부분 몰락한 상태였으므로 제도가 문벌의 이익을 보장하는 방식으로 조직되고 운영될 가능성은 거의 없었다.

이처럼 지방세력이 진출하여 중앙관료가 되어 국정운영에 참여하고 이를 통해 지배층의 지위를 유지하는 것이 가능해지자, 고려의 지배층은 중앙관료를 계속해서 배출하는 것이 무엇보다 중요하였고 그래서 지배층에 대한 국가의 배려도 이러한 점에 집중되었다.

흔히 문벌귀족을 위한 제도로 음서제蔭敍制와 과거제科擧制를 들고 있지만 실은 이들은 문벌만을 위한 제도가 아니었다. 음서제는 5품 이상의 관료의 자손에게 관직을 주었던 것으로 문벌만을 위한 제도라고 보기 어렵고, 과거제는 문종 2년 10월의 판문判文에 따르면 부호장副戶長 이상의 손, 부호정副戶正 이상의 자는 제술업과 명경업에 응시할 수 있어 지방향리나 중앙관리의 자손이면 누구든지 응시가 가능하였으므로 문벌 자손만의 응시제도가 아니었다. 이들 제도는 정치 사회적으로 유리한 위치에 있었던 문벌이 적극적으로 활용할 수는 있었어도 그들만을 위한 제도라고 보기 어렵고, 지배층 내에서 관료를 재생산하기 위해 그들을 정치 신분적으로 배려하는 제도적 장치였던 것이다.

현종 이후 문종에 이르기까지 고려사회가 안정되면서 관료들 중에 누대에 걸쳐 다수의 재상을 배출하거나 왕실 또는 다른 문벌과 통혼을 하여 가문의 사회적 명망을 높인 부류가 생겨났는데, 이들이 바로 고려의 최상층 지배층인 문벌이다. 고려의 모든 관료가 누대에 걸쳐 재상을 배출하고 왕실 또는 다른 문벌과 통혼하였던 것은 아니었기 때문에 관료라고 해서 모두 문벌이 되었던 것은 아니었다.

고려에서는 관료가 문벌로 진출하는 것이 쉽지는 않았으나 문벌이 되는 길이 열려 있었다는 점에서 신라의 진골과 같은 폐쇄적 신분은 아니었고, 다만 재상을 계속 배출해야 문벌이 될 수 있었다는 점에서 문벌의 지위는 새로 획득할 수도 잃을 수도 있었다. 그러므로 문벌이 진골과 같은 배타적 특권을 가질 가능성은 없었다. 그리고 신라의 경주를 기반으로 하였던 진골과 달리 다양한 지방을 본관으로 하는 이성異姓의 가계로 이루어져 문벌의 숫자도 많았다.

고려의 문벌은 누대에 걸쳐 다수의 재상을 배출하거나 왕실 또는 다른 문벌과 통혼하면서 형성된 가문이어서 문벌이 되면 사회적으로 높은 평가를 받았다. 그래서 문벌은 일반 관료들과 비교되면서 그들도 인정하는 갑족甲族, 벌열閥閱과 같은 문벌의식을 가지고 있었고 자부심도 컸다. 다음 『고려사』 열전의 최온전을 살펴보자.

> 일찍이 하천단河千旦, 이순목李淳牧과 함께 고원誥院에 있었다. 하천단과 이순목은 모두 문명文名이 있었으나 최온崔昷은 벌열閥閱에 의지하여 그들을 매우 가볍게 대했고, 하천단과 이순목 역시 굽히지 않았다.

여기서 철원최씨 최온은 부가 좌복야 최종재崔宗梓, 조가 평장사 최선崔詵, 증조가 평장사 최유청崔惟淸, 외조가 평장사 민공규閔公珪로 다수의 재상을 배출한 문벌 출신이었다. 그는 과거에 급제하여 당시 문필로 이름을 떨치고 있던 하천단, 이순목과 함께 고원誥院에 있었는데, 고원은 왕명을 찬술하는 곳으로서 문학적 능력이 중요한 곳이었다.

그런데 최온은 평소에 벌열을 자부하며 문벌 출신이 아닌 하천단, 이순목을 그들의 문필 능력에도 불구하고 가볍게 대했다. 이는 문벌이 사회적으로 높은 평가를 받고 있었기 때문에 가능한 것이었다. 하지만 하천단, 이순목이 굽히지 않았다는 것에서 짐작할 수 있듯이 고려는 문필 능력을 가진 인물이 문벌 출신에게 굽히지 않고 저항할 수 있는 사회였다. 문벌이라는 것이 사회적으로 높은 평가를 받았던 것은 분명하나 그 외의 다른 사회적 가치가 무의미할 정도로 월등한 위상을 갖는 것은 아니었다.

예를 들어 최온의 조였던 최선崔詵은 『고려사』 열전의 최선 전에 '문학으로 세상에 알려졌고 담백하고 말수가 적었으며 문지門地로서 자부하지 않아 어진 이에게 예를 갖추고 사士에게 낮추었다.'라고 하여, 그는 부가 평장사 최유청, 조가 평장사 최석崔奭, 외조가 지추밀 정항鄭沆으로 문벌 출신이었으나 문지로서 자부하지 않았다. 문지가 높으면 높은 평가를 받았지만 고려에서는 그것으로 자부하지 않는 것이 미덕이었던 것이다. 게다가 그는 문학으로도 세상에서 높은 평가를 받아 그의 사회적 지위와 명예가 문벌로만 평가되지 않았다.

이처럼 고려는 문벌이 숭상되고 사회적으로 높은 평가를 받았으나 문필 능력도 높은 평가를 받아 문벌만이 사회적 평가의 월등한 기준인 것은 아니었다. 이러한 현상은 고려가 골품제 하의 신라와 달리 신분이 사회적 평가에 끼치는 영향력이 상대적으로 약화되었음을 의미한다.

## 고려 문벌은 어떤 존재인가?

고려의 최상층 지배층이 문벌을 이루고 있었다는 점은 이견이 거의 없다. 그러나 문제는 문벌이 되기 위한 조건이 무엇이었는가 하는 점과 그러한 고려의 문벌은 귀족이었는가 하는 점이다. 고려에서 지배층의 지위를 유지하려면 관료를 계속 배출해야 했으나 단순히 관료를 배출한다고 해서 문벌로 인정받았던 것은 아니었다. 고려의 문벌은 법제적 신분이 아니라 사회 관습적으로 일반 관료보다 높은 평가를 받는 가문이었으므로 문벌이 되는 법적 규정이 있었던 것은 아니었다. 그래서 문벌로 인정되는 조건에 대해서는 다양한 견해가 있었고 그리고 이들 견해들은 대체로 문벌을 귀족으로 이해하였다.

우선 지방향리가 중앙관리가 되고 그 자손들도 중앙관리가 되는 것을 세습적인 직업으로 삼게 되면 독립적 신분인 중앙귀족이 되었다는 견해가 있었으나, 중앙관리를 세습적으로 배출한 관리가문을 왜 중앙귀족으로 보아야 하는지에 대한 이유가 제시되지는 않았다. 또한 고려는 문벌이 좋은 집안에서 태어나면 귀족으로서 관직을 갖고 정권을 잡게 되며 막대한 토지를 소유하고 사회적 특권을 향유하였으므로 고려의 지배층은 문벌에 의해 형성된 문벌귀족이었다는 견해가 있었으나, 문벌이 좋은 집안에서 태어나면 왜 귀족이 되는 것인지에 대해서는 설명이 없었는데 사실 문벌이라 해서 모두 귀족인 것은 아니었다.

그리고 고려는 서양의 작위귀족과 달리 관직이 정치권력의 원천이자 경제적 수입원이며 사회적 위세의 상징이었으므로 5품 이상의 문무 고위관료가 되면 귀족적 특권을 부여받고 이를 3세대 거듭하면 가문을 형성하여 귀족이 되었다는 견해도 있었으나 이 역시 3세대에 걸쳐 고위관료를 배출했다고 해서 이들 관료가문을 귀족으로 보아야 할 이유는 없다.

특히 이 견해는 귀족의 배출 기준으로 5품을 제시하였으나 5품 이상을 배출하였다고 해서 귀족적 특권을 가졌다고 보기는 어렵다. 5품 이상에게 관직을 주었던 음서제는 신분이 귀족인가 아닌가에 따라 지급한 것이 아니라 관료제 상의 관품을 기준으로 한 것이고, 공음전의 지급 기준인 1품~5품의 품은 품계가 아니라 단계라고 보는 견해가 유력하며, 국자감에는 3품 이상의 국자학과 5품 이상의 태학만 있는 것이 아니라 7품 이상의 사문학, 8품 이하와 서인의 기술학도 있어 국자감에서의 수학이 5품 이상에게만 주는 특혜가 아니었고 이 역시 신분이 귀족인가 아닌가와 상관없이 관품을 근거로 입학하는 제도였던 것이다.

게다가 고려의 제도운영에서 중급관청의 장관은 대체로 3~4품이어서 5품의 직무적 위상이 높지 않았고 누대에 걸쳐 5품 이상을 배출했다고 해도 사회적 인식은 그리 높지 않았다.

예를 들어 문공인文公仁은 부가 산기상시 문익文翼이고 조부가 신호위대장군 행초맹중랑장인데, 시중 최사추崔思諏의 사위가 되었을 때에 '가세家世가 단한單寒하였으나 귀족貴族과 혼인하여 마음대로 호화롭게 사치하였다.'는 평가를 받았다. 그런데 지문하성사를 역임한 「문공유文公裕묘지명」에 따르면 "황고 문익에 이르러 좌산기상시가 되었다. 네 아들을 낳았는데, 장남은 문공인이고 차남은 문공원文公元인데 모두 총재가 되었고 다음은 가관可觀으로 조계종의 대선사이고 공은 막내였다. 백중계伯仲季가 서로 차례로 재상이 되니 세상이 '재□宰□'라고 하며 매우 영화롭게 여겼다."라고 하여, 문공인 가계는 3품을 배출하였을 때는 단한하다는 평가를 받았으나 재상을 배출한 이후에는 재상가라고 하며 매우 높은 평가를 받았다.

이처럼 고려에서는 가문이 높은 평가를 받기 위해서는 재상을 배출하는 것이 매우 중요하였다. 이와 관련해서 다음『고려사』충선왕 복위년(1308) 11월의 기록이 주목된다.

> 지금부터 만약 종친宗親으로 동성同姓을 취하는 자는 성지聖旨를 위배한 것으로 논할 것이니, 마땅히 여러 대에 걸쳐 재상을 배출한 가문의 딸을 취하여 처로 삼을 것이요 재상의 아들도 종실의 딸을 취하는 것을 허락할 것이다. 만약 가세家世가 비루하고 한미하다면 이에 제한될 필요는 없다. 신라의 왕손인 김혼金琿 일가는 또한 순경태후의 숙백叔伯의 종족이다. 언양김씨彦陽金氏 일종一宗, 정안임태후定安任太后 일종, 경원이태후慶源李太后, 안산김태후安山金太后, 철원최씨鐵原崔氏, 해주최씨海州崔氏, 공암허씨孔岩許氏, 평강채씨平康蔡氏, 청주이씨淸州李氏, 당성홍씨唐城洪氏, 황려민씨黃驪閔氏, 횡천조씨橫川趙氏, 파평윤씨坡平尹氏, 평양조씨平壤趙氏는 모두 여러 대에 걸쳐 공신과 재상을 배출한 가문이니[累代功臣宰相之宗] 대대로 혼인을 맺을 만하다.

이는 원나라가 고려의 동성혼을 금지시키자 이와 관련해서 충선왕이 내린 교서의 내용이다. 이를 보면 왕실과 혼인이 가능한 가문으로 왕비를 배출하였거나 여러 대에 걸쳐 공신과 재상을 배출한 가문이 혼인 대상으로 선정되고 있다. 고려는 한번 왕비를 배출한 가문에서 다시 왕비를 선정하는 경향이 있었으므로 전에 왕비를 배출한 가문이 왕실의 혼인 대상이 되었고, 그리고 다수의 재상을 배출하면 명망 있는 가문으로 인정을 받았으므로 혼인 대상이 되었던 것이다. 비록 고려 후기의 자료이기는 하지만 이러한 점은 고려 전기에도 비슷하였을 것으로 생각되므로 고려에서 문벌이 되려면 5품 이상이 아니라 누대에 걸쳐 다수의 재상을 배출해야 했던 것이다.

그런데 고려의 문벌은 누대에 걸쳐 다수의 재상을 배출하여 문벌이 된 것이지 문벌이기 때문에 재상을 배출한 것이 아니었다. 고려는 문벌 출신만 재상이 되었던 것이 아니며 문벌이 아닌 지방향리에서 진출한 인물이나 중앙의 관료가문 출신도 재상이 될 수 있었다. 또한 처음 재상을 배출한 경우에 상가相家로는 인정을 받았지만 문벌로 인정되지는 못했고, 그래서 문벌이 되려면 누대에 걸쳐 다수의 재상을 배출해야 하였다.

그러므로 문벌의 구성 요건을 재추 배출, 공신 책봉, 왕실과의 통혼, 과거 급제와 문벌의식 등 다양한 요소로 파악하려는 견해가 있었으나, 이들 중에 문벌로 인정되기 위한 가장 기본적인 요건은 역시 다수의 재추 즉 재상을 배출한 가문이 되는 것이 아니었던가 생각된다. 다만 이 견해도 이들 문벌을 귀족으로 보는 입장에 있었으나 그렇게 보아야 하는 근거는 충분히 제시하지 못했다.

그런데 누대에 걸쳐 다수의 재상을 배출했다고 해서 귀족이 되는 것은 아니었다. 예를 들어 조선후기에 양반 사대부는 누대에 걸쳐 당상관을 배출한 벌열閥閱과 그렇지 못한 한족寒族으로 분화되었는데, 이들 조선의 벌열을 귀족이라 하지는 않는다. 그러므로 누대에 걸쳐 재상을 배출했다는 이유만으로 그들을 귀족이라 할 수는 없다.

고려의 문벌을 귀족으로 보려면 그들의 특권이 법제적인가 관습적인가는 별개의 문제로 그들 문벌에게만 주어진 배타적 특권과 혈연을 통한 특권의 세습이 가능해야 한다. 하지만 고려의 문벌에게 이러한 특권은 없었다. 역사상 귀족은 그들만의 배타적 특권과 혈연을 통해 그러한 특권의 세습을 향유하는 최상층 신분이고 동시에 군주의 권력이나 군주 중심의 관료제적 질서로부터 일정하게 자율적인 위상을 가진 존재였다.

예를 들어 위진남북조의 귀족은 지역사회에서 명망가라는 우월한 사회적 위상을 바탕으로 사족士族으로서 서인庶人과 같은 자리에 앉거나 서로 알고 지내는 것을 거부하였고 심지어 서인 출신의 황실과도 혼인하려 하지 않았다. 이는 이들 귀족이 군주의 권력이나 관료제적 질서로부터 일정하게 독립된 자율적인 세계를 구축하고 있었기 때문에 가능한 것이었다. 이들이 자율적인 세계를 구축할 수 있었던 것은 대토지를 소유하고 이를 바탕으로 향당의 지도자로 군림하며 자급자족의 소왕국을 이루면서 자신들의 신분과 특권을 혈통을 통하여 자율적으로 계승하고 있었기 때문이었다. 그래서 귀족은 중앙관료로 진출하면서도 자신들의 신분적 특권에 적합한 특권을 누렸는데 관료제가 그들의 정치 사회적 위상을 존중하고 우대하는 방식으로 조직 운영되었던 것이다.

하지만 고려는 지방향리가 중앙관료로 진출하면 사족士族이 되어 신분이 상승하였고, 또 중앙에 진출한 후에는 신진관료로서 처음부터 시작하였으며 이후 문벌이 되려면 누대에 걸쳐 다수의 재상을 배출해야 했다. 그리고 문벌의 경제기반은 중앙관료로서 근무한 대가로 받은 전시과나 녹봉이 가장 중요하였고 그들이 원래 가지고 있던 지역의 경제기반이 관료나 문벌이 된 후에 그들의 사회적 위신을 높이는 데 별다른 영향을 주지 못했다. 고려의 문벌은 국왕을 중심으로 하는 발달된 관료제를 기반으로 형성된 명망 있는 가문이었고 그래서 문벌이 되기 위해서는 관료제 상의 관직인 재상을 배출하는 것이 중요하였으며 관료제를 벗어나 자율적인 특권을 가지고 있지 않았다. 그러므로 고려의 문벌은 귀족으로 보기 어렵다.

한 가지 주의할 것은 고려시대의 가문은 부계집단이 아니었다는 점이다. 흔히 인주이씨, 해주최씨 등 본관과 성씨로 가문을 표시하기 때문에 해당 본관과 성씨의 부계집단 전체를 하나의 가문으로 생각하기 쉽지만 그렇지 않았다. 고려의 가문은 본족本族, 외족外族, 처족妻族 등 총계적 친속관계를 이루는 가운데 가계의 핵심 인물을 중심으로 대략 3세대 4~6촌의 범주에서 친밀한 관계를 가지고 있었다. 고려 전기에는 성씨와 본관을 같이 하는 경우라고 해도 대략 4촌이 넘으면 서로 공동의 조상을 가진 것으로 인식하기는 했으나 이해를 같이 할 정도의 친밀감을 가지고 있지는 않았다. 이러한 범주의 친속 안에서 누대에 걸쳐 다수의 재상을 배출한 경우에 문벌로 인식되었던 것이다.

## 문벌은 권력을 장악했는가?

고려의 문벌 출신이 재상 즉 재추에 임명되어 국정운영에서 중요한 역할을 하였던 것은 사실이다. 하지만 고려의 재추가 모두 문벌 출신인 것은 아니었고 문벌 출신이라고 해서 모두 재추가 되는 것도 아니어서 문벌 출신이 아니어도 얼마든지 재추가 될 수 있었다.

고려 성종에서 의종까지의 재추를 국왕별로 해당 왕대의 상황을 파악하는 측면에서 두 왕대 이상에 걸쳐 있는 인물을 각각의 왕대에 중복하여 계산하면, 본인이 처음으로 재추가 된 경우는 199명인데, 가계 내에서 본인을 포함하여 2명 이상의 재추를 배출한 경우는 98명이어서 전자가 후자보다 2배나 많았다. 그러므로 다수의 재상 곧 적어도 2명 이상의 재추를 배출한 경우를 문벌로 본다면 고려 전기에는 재추라고 해서 모두 문벌로 보기는 어렵고 문벌 출신이 아닌 재추가 국왕별로 훨씬 많았음을 알 수 있다. 그리고 본인이 처음으로 재추가 된 경우는 성종~숙종대[재위 981~1105년, 124년간]에 134명이고, 예종~의종대[재위 1105~1170년, 65년간]에 65명이어서 각각의 재위 기간을 생각하면 꾸준히 존재하였고, 본인을 포함하여 2명 이상의 재추를 배출한 경우는 성종~숙종대에 42명, 예종~의종대에 56명으로 늘었는데 후자의 재위 기간이 전자의 절반에 불과하므로 예종~의종대에 문벌이 크게 늘어났음을 짐작할 수 있다.

그러면 문벌이 크게 늘어난 예종대를 대상으로 문벌화의 정도를 살펴보자. 예종대에는 재신 22명, 추밀 23명이 있었는데, 재신 중에서 추밀을 역임한 인물 16명을 빼면 재신과 추밀에 임명된 인물은 전체 29명이었다. 이들 중에 본인을 포함하여 2명 이상의 재추를 배출한 경우를 살펴보면, 초계정씨 정문鄭文, 경주

김씨 김경용金景庸, 강릉김씨 김인존金仁存, 정주류씨 류인저柳仁著, 수주이씨 이위李瑋, 인주이씨 이오李䫨, 이자겸李資謙, 이자량李資諒, 옥구임씨 임유문林有文, 수주최씨 최계방崔繼芳, 광양김씨 김약온金若溫, 죽주박씨 박경인朴景仁 등 12명(10개 성씨)으로 전체 29명(27개 성씨)의 41.3%에 해당한다.

고려의 재추는『고려사』백관지의 문종 관제를 기준으로 보면 재신 9원員, 추밀 7원員으로 문무반 전체 2,278원의 1% 미만이었다. 예종대는 문무반 관료 중에 그러한 소수의 재추에 임명된 인원이 전체 29명이었고 그들 중에 12명이 본인을 포함하여 2명 이상의 재추를 배출하였던 것이다.

이들을 보면 본인을 포함하여 재추에 임명된 숫자가 5명인 경우는 이자겸, 이자량이며, 4명은 류인저, 김약온이고, 3명은 김경용, 김인존, 이오, 최계방이며, 2명은 이위, 임유문, 박경인, 정문이었다. 이들 중에 3~5명을 배출한 경우는 본인을 제외한다고 해도 이미 2~4명의 재추를 배출한 상태였으므로 문벌 출신으로 재추에 올랐다고 할 수 있겠고, 본인을 포함하여 2명의 재추를 배출한 경우는 가계 내에 1명의 재추가 있었을 뿐이므로 그것만으로는 문벌이라 하기는 어렵고 본인이 재추가 되면서 문벌로 인식되었을 가능성이 있다. 그렇다면 예종대는 6개 성씨는 이미 문벌이었고, 4개 성씨는 예종대에 본인이 재추가 되면서 문벌이 되었던 것으로 생각해 볼 수 있겠다.

반면에 나머지 58.7%인 17명(17개 성씨)은 본인이 처음으로 재추에 임명된 인물이므로 이들 가문이 재상가로 성장하기는 하였으나 당대에 문벌로 인식되었을 가능성은 낮았던 것이 아닌가 한다. 문벌의 숫자가 많아지고 영향력이 커졌던 예종대에도 문벌 출신이 아닌 인물들이 재추에 오른 경우가 더욱 많았던 것이다. 이는 뒤에서 보겠지만 국정 논의의 성격을 이해하는 데 있어 문벌의 영향만을 강조하기는 어렵다는 것을 의미한다.

하지만 왕실과 혼인관계를 맺은 사례는 문벌에서만 나왔는데, 김경용의 고모

원순숙비元順淑妃가 현종비이고, 류인저의 누이 명의태후明懿太后가 숙종비이며, 이예의 딸 정신현비貞信賢妃가 선종비이고, 이자겸과 이자량의 누이 장경궁주長慶宮主는 순종비이고, 이자겸의 딸 문경태후文敬太后는 예종비이다. 왕실 외척으로서 인주이씨의 위상이 높았음을 알 수 있다.

문벌 간의 혼인관계를 보면, 김인존은 인주이씨 이호의 사위이고, 이호의 아들이 이자겸, 이자량이며 이들에게 김약온은 외사촌이다. 김경용은 이호의 아들 이자원의 장인이고, 류인저와 최계방의 외삼촌이다. 이예는 최유선과 왕무숭의 사위이며, 이예와 이오는 형제이다. 이를 보면 인주이씨를 중심으로 강릉김씨, 광양김씨, 경주김씨, 해주최씨가, 경주김씨와 수주최씨, 정주유씨가 서로 연결되어 있는데, 다만 같은 인주이씨라도 이자겸, 이자량 계열과 이예, 이오 계열은 서로 다른 계보를 형성하고 있었다.

문제는 문벌이 그들끼리 결속하여 국왕이나 비문벌 재추들을 억누르고 그들의 뜻대로 국정을 이끌어갔느냐 하는 점이다. 만약 그렇다면 예종대는 문벌이 정치를 이끌어갔다고 이해할 수 있을 것이다. 하지만 실상은 그렇지 않았는데 다음 『고려사』 예종 5년 5월의 자료를 보자.

> 건덕전乾德殿에 나가 조회를 보았다. 재상 최홍사崔弘嗣, 김경용金景庸이 대간과 함께 상소하여 윤관尹瓘, 오연총吳延寵 등이 패전한 죄를 논하였다. 왕은 듣지 않고 곧장 궐내로 들어갔다. (중략) 재상과 간관이 모두 집으로 돌아가 나오지 않으니 성省 안이 모두 비었다. 왕이 평장사 이오李頫, 중서사인 이덕우李德羽 등을 불러 시켜 성省에서 숙직하게 하였다. 최홍사 등이 수십일간 나오지 않으니 왕이 근신을 보내 돈독히 타일러 일어나게 하였다. 간관 또한 나와 일을 보니 당시 사람들이 기롱하였다.

이는 예종 5년 5월에 윤관, 오연총이 여진정벌에 실패하고 군사들이 많이 전사하자 재신 최홍사, 김경용 등이 대간과 함께 윤관, 오연총을 처벌해야 한다고 주장하는 내용이다. 여진정벌은 원래 예종이 윤관과 오연총을 통하여 추진한 것이므로 윤관과 오연총의 처벌을 요구하는 재상들의 입장은 패전한 죄를 처벌하라는 것일 뿐만 아니라 국왕의 국정운영에 대하여 비판한 것으로 이해할 수도 있다.

그런데 당시에 재신으로는 시중 윤관尹瓘, 문하시랑 최홍사崔弘嗣, 이오李頫, 중서시랑 김경용金景庸, 임의任懿, 참지정사 오연총吳延寵, 이위李瑋 등 7명이 있었고, 이들 중에 윤관, 오연총이 여진정벌을 이끌었으므로 이들을 비판한 재신은 최홍사, 김경용을 포함한 나머지 인물이라고 이해할 수 있다. 추밀이 참여한 것 같지는 않다.

이들의 사회적 위상을 보면 우선 윤관은 파평윤씨로서 삼한공신 윤신달의 현손이고 검교소부소감 윤집형의 아들이므로 문벌 출신은 아니다. 오연총은 해주오씨로서 가세家世가 한미하고 어려서 가난하고 천하였다고 하므로 이 역시 문벌 출신은 아니다. 그리고 윤관과 오연총을 비판한 인물을 보면 최홍사는 충주최씨로서 가세家世가 단평單平하며 어려서 힘써 공부하여 등제했다고 하므로 문벌 출신이 아니었고, 임의는 정안임씨로서 부 임호任顥는 공부원외랑이었고 어려서 힘써 공부하여 등제했다고 하므로 문벌 출신이라고 보기는 어렵다. 대신 김경용은 경주김씨, 이오는 인주이씨, 이위는 수주이씨, 최계방은 수주최씨로서 모두 문벌이었다.

여기서 보면 비문벌인 윤관과 오연총의 패전에 대하여 탄핵을 하는 재신에는 김경용, 이오, 이위, 최계방 같은 문벌도 있지만 그렇지 않고 최홍사, 임의 같은 비문벌도 있었다. 즉 윤관, 오연총이 패전한 죄를 묻는 일과 관련해서 문벌이 그들끼리 이해를 같이 하면서 힘을 합쳐 비문벌을 배제하고 국정의 논의를 주도하고 있는 것이 아니었다. 다시 말해 문벌인가 아닌가의 여부가 정치적 견해를 같이하는 기준이 되지 못했던 것이다.

여기서 논의 방식을 보면 재상이 대간과 함께 상소하자 '왕이 듣지 않고 곧장 궐내로 들어갔다.'라고 하는데, 이는 재상과 대간의 상소에 대해 수용하지 않는다는 것으로 국정에 대한 최종 결정권이 국왕에게 있었음을 의미한다. 문벌 출신이든 아니든 재상은 국왕에게 국정의 사안에 대하여 자기 의견을 올릴 수 있었고 그에 대한 최종 결정은 국왕의 고유권한이었다. 이처럼 고려의 문벌은 관료제 바깥에서 독자적인 권위나 명망을 형성하고 그것을 바탕으로 권력을 행사하였던 것이 아니라 국왕을 중심으로 운영된 관료제의 내부에서 관료로서 국왕의 정치를 보좌하는 존재였다. 그리고 문벌 출신이라고 그들만 따로 집단을 이루며 국왕과 대립한 것도 아니었다.

이러한 점은 이자겸의 사례를 통해서 잘 드러난다. 이자겸은 고려 중기의 대표적인 문벌이다. 이자겸이 인주이씨의 중심인물이 되었던 계기는 예종 3년 정월에 급사중인 그의 첫째 딸이 예종비인 문경왕후가 되면서였는데, 이후에 그는 빠른 승진으로 예종 7년 2월에 참지정사로 재상이 되었다. 예종이 사망하자 이자겸은 14세의 인종을 보필하여 왕위에 추대한 공로를 세워 인종 즉위 후에 위세를 떨쳤다.

흔히 문벌과 왕권을 대립적으로 이해하지만 그러한 견해는 적절한 것이 아니다. 고려의 문벌은 왕비를 배출하여 외척으로 왕실의 보필 세력이 되거나 관료로서 국가와 국왕에 충성하는 존재라는 정체성을 가지고 있었기 때문에 왕권과 대립되는 입장이 되기 쉽지 않았다. 이자겸이 권력을 장악한 것도 인종을 추대한 공로 때문이었다는 점을 생각한다면 국왕의 보필 세력으로 보는 것이 자연스럽다.

하지만 그동안 문벌의 이러한 측면은 크게 부각되지 못했는데, 그 이유는 문벌인 이자겸이 신진세력인 한안인 세력을 제거하고 권력을 장악하였고 나아가 군신관계를 무시하는 태도를 보였으며 심지어 국왕이 되려는 생각까지 품었기 때문이었다. 이자겸이 인종의 즉위를 보필하였다는 점을 충분히 고려하지 않고 이자겸이 권력을 마음대로 부렸던 것만 주목하면 고려에서는 문벌에 비해 왕권이 상대적으로 약했다는 일반론에 빠지기 쉽다.

인종은 즉위 이후에 자신의 외조이자 자신을 추대한 이자겸에 대해 특별대우를 하여 이자겸을 중서령으로 삼았고 친인척을 재추에 임명하였다. 이자겸은 국왕의 호의를 바탕으로 권력을 남용하였는데, 인민의 토지를 탈점하였고 뇌물을 받고 관직을 팔았으며 화려한 저택을 지어 살았다. 조선국공에 책봉되고 숭덕부崇德府가 설치되어 왕태자의 예우를 받았고 관리가 축하하고 사례할 때에 전箋을 올렸으며 은총을 굳히기 위해 그의 딸을 왕비로 들였다.

이렇게 되자 이자겸은 숭덕부의 관리를 송에 보내 사적으로 표문을 올렸고, 지군국사知軍國事를 자칭하며 국왕에게 자기 집에 와서 임명해 주도록 강요하는 일탈을 하였다. 이것이 계기가 되어 인종은 이자겸을 멀리하게 되었고 내시 김찬 등의 측근인물을 통해 이자겸을 제거하려 하였으나 실패하여 이자겸 난이 일어나게 되었다. 이자겸의 난은 인종이 이자겸의 사돈인 척준경을 회유하여 이자겸을 잡아 귀양을 보내면서 일단락 났다.

이자겸은 문벌 가운데 그만큼 특별대우를 받은 인물이 없었다는 점에서 문벌의 일반적인 모습이라고 보기 어렵다. 하지만 이러한 이자겸도 국왕과의 관계에서는 신료의 지위를 벗어나지 못했다. 이를 이해하기 위하여 『고려사절요』 인종 즉위년(1122) 7월의 기록을 살펴보자.

> 조詔하여 가로되 "중서령 이자겸은 태후의 아비요 짐에게 외조이니 반차와 예수禮數가 백관과 같을 수는 없다. 양부兩府, 양제兩制 및 여러 시종관은 회의하여 아뢰라."고 하니, 보문각학사 정극영, 어사잡단 최유가 의議하여 가로되 "(중략) 이제 이자겸은 마땅히 서표書表를 올릴 때 칭신稱臣하지 말며, 군신君臣의 큰 연회에서 백관과 함께 뜰에서 하례하지 않고 곧장 막

> 차幕次에 가서 절하면 상께서도 답배한 후에 전에 앉으십시오."라고 하자 중의衆議가 뇌동雷同하였다. 보문각대제 김부식이 홀로 의議를 올려 가로되 "(중략) 마땅히 표장을 올릴 때는 칭신하며, 왕의 뜰에 있을 때 군신의 예는 무리를 따르고 궁궐 안에서는 가인례家人禮로 서로 만나되 이같이 하면 공의公義와 사은私恩이 서로 순조로울 것입니다."라고 하였다. 재추가 두 가지 의議로써 아뢰니 왕이 근신 강후현을 보내 이자겸에게 물었다. 이자겸이 아뢰어 "신이 비록 지식이 없으나 지금 김부식의 의를 보니 실로 천하의 공론입니다. 이 사람이 아니었다면 군공群公들이 노신을 거의 불의에 빠뜨릴 뻔 하였습니다. 엎드려 바라건대 따르시고 의심하지 마십시오."라고 하자, 조가詔可하였다.

이를 보면 이자겸에게 특별대우를 해야 한다는 왕명에 대하여 대부분의 신료들이 동조하였음에도 불구하고, 비록 그가 태후의 아비요 인종의 외조라 하더라도 공적인 상황에서는 군신의 예를 지켜야 하고 궁궐 안에서만 사인례로 해야 한다는 김부식의 견해가 수용되고 있다. 그리고 이자겸은 이러한 김부식의 견해를 천하의 공론으로 인정하고 있다. 이자겸의 실제 생각이 어떻든 상관없이 문벌도 국왕과의 관계에서는 군신의 상하관계를 벗어날 수 없었고 그것은 천하의 공론이었던 것이다.

이러한 점은 이자겸의 난이 발생하고 인종이 두려워 이자겸에게 왕위를 물려주려고 하였던 상황에서도 확인된다. 당시에 인종의 양위 의도가 양부兩府에 전해져 논의가 이루어지자 다들 두려워 말을 못하고 있었다. 이에 이예의 아들 평장사 이공수李公壽가 "주상께서 비록 조서를 내렸다고는 하나 이공李公이 어찌 감히 이같이 하겠는가?"라고 하며 반대하였고, 이에 이자겸은 눈물을 흘리며 "신은 두마음이 없으니 성상께서 헤아려 주십시오."라고 말하며 조서를 인종에게 돌려주었다.

이처럼 인주이씨 이공수는 문벌이지만 신료의 정체성을 가지고 있었고, 이자겸도 왕권을 위축시킬 정도로 강력한 권력을 가지고 있었고 심지어 변란으로 권력을 장악한 상황이었으나 그러한 상황에서도 국왕이 되기는 쉽지 않았으며 결국 이공수의 반발을 받고 자신도 두 마음을 품지 않은 신료라고 인정하였던 것이다. 고려의 문벌은 국왕의 위상을 부정하지 못했고 군신관계의 신료로서 정체성을 가지고 있었던 것이다.

## 고려 문벌, 이렇게 보아야 한다

이처럼 고려는 신라와 달리 지방세력이 중앙정치에 참여하는 것이 가능했던 사회로서 중앙에 진출한 관료들이 정치를 이끌어갔다. 이러한 방식으로 지배층의 지위를 유지하는 것이 가능해지자 고려의 지배층에게는 중앙관료를 계속해서 배출하는 것이 무엇보다 중요하였고 국가의 배려도 이러한 점에 집중되었다. 과거제나 음서제는 지배층 내에서 관료를 배출하기 위한 제도로서 문벌만을 위한 제도가 아니었다. 고려사회가 안정되면서 관료들 중에 누대에 걸쳐 다수의 재상을 배출하거나 왕실 또는 다른 문벌과 통혼하여 가문의 명망을 높인 부류가 생겨났는데 이들이 문벌이었다. 그들은 명망 있는 가문이라는 문벌의식을 가지고 자부심이 컸으나 문필 능력과 같은 다른 사회적 가치가 무의미할 정도로 월등한 위상을 가진 것은 아니었다.

문벌은 법제적 신분이 아니어서 문벌이 되는 법적 규정이 없었기 때문에 문벌이 되는 조건에 대해서는 다양한 견해가 있었고, 이들 견해들은 대체로 문벌을 귀족으로 이해하였다. 고려에서는 누대에 걸쳐 다수의 재상을 배출하면 문벌로 인식되었으나 그렇다고 해서 그들이 귀족이 되었다고 보기는 어렵다. 고려의 문벌은 귀족처럼 그들만의 배타적 특권이 없었고 또 군주의 권력이나 군주 중심의 관료제적 질서로부터 자율적인 위상을 가진 존재도 아니었다. 그들은 관료의 정체성을 가지고 있었으며 그들의 경제기반은 관직에 복무한 대가로 받은 전시과와 녹봉이었던 것이다. 그리고 문벌은 부계집단이 아니라 총계적 친속관계 속에서 가계의 핵심인물을 중심으로 3세대 4~6촌 범주의 가문 형태를 가지고 있었다.

고려의 재상은 모두 문벌 출신으로만 이루어 진 것이 아니었고 문벌 출신이라 해서 모두 재상이 되는 것도 아니었다. 고려 전기에는 비문벌 출신의 재상이 문벌 출신보다 배나 많았고, 비문벌 출신 재상은 고려 전기 내내 꾸준히 배출되었으며, 문벌 출신은 성종~숙종대보다 예종~의종대에 늘어났다.

문벌 출신 재상들이 국정에 참여하여 영향력을 미치기는 했으나 단일한 정치집단으로 존재하지는 않았으며, 국왕이나 비문벌 출신의 재상과 대립하며 국정의 논의를 주도하였던 것도 아니었다. 그들은 국왕이 이끌어갔던 국정운영의 체계 속에서 관료로서 활동하였고, 고려 중기의 대표적인 문벌인 이자겸도 군신관계에서는 국왕의 신료로서 정체성을 벗어나지 못했다. 고려의 문벌은 신라에 비해 발달된 관료제를 바탕으로 누대에 걸쳐 다수의 재상을 배출하고 왕실 및 문벌과 통혼한 명망 있는 가문이었던 것이다.

## 참고문헌

김용선, 1996「고려문벌의 구성요건과 가계」『한국사연구』93.

김의규, 1985『고려사회의 귀족제설과 관료제론』, 지식산업사.

박용운, 1990『고려시대 음서제와 과거제 연구』, 일조각.

______, 2003『고려사회와 문벌귀족가문』, 경인문화사.

박재우, 2014『고려전기 대간제도 연구』, 새문사.

______, 2015「고려전기 재추의 출신과 국정회의에서의 위상」『동방학지』172.

박한제, 1989「위진남조 귀족제의 전개와 그 성격」『강좌중국사』 II, 지식산업사.

유승원, 1997「고려사회를 귀족사회로 보아야 할 것인가」『역사비평』 36.

차장섭, 1997『조선후기 벌열연구』, 일조각.

채웅석, 2014「고려중기 외척의 위상과 정치적 역할」『한국중세사연구』, 38.

# 과거제를 활용한 고려 중기의 다양한 조정 진출 시도



김우택

## 선망의 대상, '조정의 관리' 되기

경복궁의 근정전 앞은 늘 관람객들로 붐빈다. 두 줄로 늘어선 품계석, 그 중에서도 정1품의 품계석 뒤는 인기 있는 사진 촬영 장소이다. 왕조 시대에 조정朝廷이 어떤 공간인지는 사극을 통해, 그리고 근정전 공간의 어좌御座와 품계석 배치를 통해 일반인들에게도 직관적인 인상이 새겨져 있다. 국왕과 신하들이 중요한 나랏일을 논의하고 결정하는 공간. 그곳이 바로 조정이다.

조선의 궁궐인 경복궁은 가까이 있지만, 고려의 궁궐은 지금은 쉽게 가볼 수 없다. 지금은 만월대라 불리는 개성의 궁궐터에 고려의 조정이 있었다. 그리고 약 1천 년 전 그곳에서는 고려의 신하들이 국왕과 함께 나랏일을 처리하고 있었다. 조정의 관리는 당시 속세에서 왕실을 제외하면 가장 높은 지위를 지닌 사람들이었다. 그렇다면 어떻게 고려 조정의 관리가 될 수 있었을까?

먼저 당시 사회는 세습이 기본적인 운영 방식이었다는 점을 상기할 필요가 있다. 정점의 국왕부터 최하층의 노비까지, 세습 원리는 가장 기본으로 작동하고 있었다. 고위 관료의 후손 등에게 관직을 주는 음서제蔭敍制나 직역職役과 그 대가를 묶어 승계시키는 전정연립田丁連立 제도도 같은 맥락이었다. 따라서 기존 관리의 자손이 다시 관직에 진출하는 방식이 일단 널리 쓰이고 있었다.

하지만 기존 관리 집단 내부에서 폐쇄적으로 선발하기만 했던 것은 아니다. 고려 4대 국왕인 광종光宗은 한반도 역사상 처음으로 과거제를 시행하여 혈통이 아닌 시험을 통해 새 관리를 선발하는 길을 열었다. 이후 과거제도는 점차 정비되며 음서제와 함께 고려 관리 선발 제도의 한 축을 담당하였다.

물론 많은 관리 집안의 자제들도 음서 수혜와 별개로 명예로운 과거 급제를 위해 매진했다. 『고려사』와 묘지명에는 명문가의 자제들이 과거에 급제하여 출세했던 수많은 사례들이 기록되어 있다. 학문 연마를 통해 과거에 급제하는 것은 '가문의 업業'이라 표현되곤 하였다. 그들 중 상당수는 최고위 관직까지 도달하여 성공한 삶을 누렸다. 우리의 시선도 이렇게 빛나는 삶을 살았던 사람들에게 쏠리기 쉽다. 고려 중기의 역사상에서 문벌이 주목받는 것도 이상한 일은 아니다.

하지만 과거제가 이들의 전유물이었을까. 고려 시대의 자료를 보면 다양한 사람들이 나름의 방식으로 과거제를 활용하고 있었다. 이 글에서는 시선을 조금 돌려 고려 사회의 한 면을 바라보려고 한다. 장원급제자나 명문대가 출신의 급제자들이 아니라, 좀 더 넓은 스펙트럼에 자리했던 사람들의 이야기이다.

## 호장 가문 출신 이영, 서리와 문신의 갈림길에 서다

과거제를 통해 조정으로 새로 진출한 중요 집단은 바로 향리층이었다. 숙종대에 과거에 급제한 이영李永이라는 사람을 통해 향리층의 조정 진출상에 대하여 살펴보자.

> 이영은 자가 대년大年이고 안성군安城郡 사람이다. 아버지 이중선은 안성군의 호장戶長으로 경군京軍에 선발되었다. 이영은 어려서부터 스승을 따라 공부하였다. 아버지가 돌아가시자 영업전永業田을 물려받아 서리胥吏가 되려 하였다. 정조주사政曹主事에게 서류를 제출하면서 읍만 하고 절하지 않으니 주사가 노여워하며 욕하였다. 이영이 즉시 그 서류를 찢어버리며 말하기를, "내가 급제하여 조정에 출사할 수 있거늘, 어찌 너 같은 무리에게 예를 차리겠는가?"라고 하였다. 숙종肅宗 때에 을과乙科로 뽑혀 직사관直史館이 되었다.

위 내용은 『고려사』의 이영 열전에 실려 있다. 이는 향리가 중앙으로 진출한 두 사례를 보여준다. 이중선은 안성의 호장이었다고 기록되어 있다. 호장은 한 지역의 향리들 중에 가장 높은 지위였다. 고려의 조정은 지역 사회를 관리하는 데에 향리들과 긴밀하게 공조하였다. 향리들은 읍사邑司를 중심으로 지역의 제반 업무를 처리하고, 해당 혹은 인근 군현에 파견된 중앙 조정의 관리, 즉 외관들과 협력하여 행정 체계를 운영하였다. 그중에서도 호장과 부호장 등 최상층을 보통 '호장층'이라고 부른다. 한 지역에는 여러 명의 호장이 있었다. 시기별로 편차는 있으나, 대체로 고려 시대에 호장층은 지역 사회 내에서 중앙의 품관층에 견주어지는 높은 지위를 누렸다고 파악되고 있다.

그런데 이중선은 고향을 떠나 개경으로 와 경군이 되었다. 2군 6위로 편성된 경군은 고려의 최정예부대였다. 정황상 이중선 본인이 호장까지 오른 뒤에 경군으로 선발되었다기보다는, 호장의 아들인 이중선이 젊을 때 경군이 되었다고 보는 편이 자연스럽다. 그가 왜 경군으로 선발되었는지에 대해서는 설명이 없어 알 수 없으나, 삶의 터전이 개경으로 바뀌고 직역에 큰 변화가 생겼음은 분명하다.

그 아들인 이영은 아버지가 돌아가신 뒤에 '영업전을 물려받아 서리가 되려고' 하였다. 다소 모호한 기록이다. 아버지의 영업전을 물려받는다면 경군이 되었어야 하는데, '서리'가 되려고 했다고 되어 있기 때문이다. 혹 이중선이 경군 내의 서리직에 있었던 것일까 생각되기도 하지만, 경군의 조직을 자세히 알 수 없어 확신할 수는 없다. 어쨌든 이영은 원래 향리의 아들이었지만 이제 중앙 조정의 서리가 되려고 하였다. 아버지가 돌아가신 상황에서 한시라도 빨리 안정적인 기반을 확보하려고 했던 것으로 보인다. 서리는 품관보다 하위였지만, 고위 서리까지 승진하면 품관으로 올라가는 길이 열릴 수도 있었다.

하지만 돌발적인 사건으로 이영은 진로를 크게 바꾸었다. 서리직 승계를 위한 서류를 제출하던 이영은 인사를 담당하는 정조의 주사에게 모욕을 받았다. 극진한 예를 갖추지 않았다는 비난이었다. 주사는 서리직 중 가장 높은 지위였다. 현직 최고위 서리가 신참 서리 지망자에게 위세를 부렸던 것이다. 주사가 보기에 이영은 자신이 최고로 자리한 위계 질서에 새로 들어오려 하는 한 젊은이일 뿐이었을 것이다. 서리직은 승진하면 품관직으로 연결되기도 했지만, 조정의 관리 위계 질서에서는 하위에 속했다. 하지만 그들 나름대로 하나의 위계 질서를 형성하고 있었고, 그 위계 질서의 최상위자로 군림하려 든 주사들이 있었던 모습이 보인다.

하지만 이러한 태도는 호장 가문의 후손이자 어려서부터 학업을 닦았던, 즉 과거 응시를 지망했던 이영에게는 납득되지 않았다. 고려 초 이래로 많은 호장층의 자제들은 과거 급제를 통해 중앙 관리로 진출하였다. 이는 조정에서 제도적으로 뒷받침하는 일이었다. 현종 15년(1024)에 이미 지역마다 과거 응시자를 선발하는 방식이 명문화되었다. 문종 2년(1048)에는 한층 규정이 정비되어, 부호장副戶長 이상의 손자와 부호정副戶正 이상의 아들이 제술업에 응시할 수 있다고 정해졌다. 『고려사』·『고려사절요』와 고려 시대의 묘지명에서 향리 출신으로 과거에 급제하여 조정의 관리로 진출한 사람들을 쉽게 찾아볼 수 있다. 즉 지방 읍사의 관리인 향리가 중앙 조정의 관리로 활동 영역을 옮기는 현상이 활발하게 벌어지고 있었던 것이다.

이영은 어릴 때부터 스승을 모시고 공부하며 자신도 언젠가 과거에 급제하여 조정의 품관이 되리라 꿈을 꾸었을 것이다. 최고위 서리인 정조주사를 '너 같은 무리'라고 얕잡아 본 이영의 태도는 당시 호장층이 지녔던 자신들의 가풍家風에 대한 자존감을 보여준다. 이는 단순히 자존감에 그치는 것이 아니라 실제 사회 현실이기도 하였다. 고려인들의 혼인 사례에 대한 연구를 통해 호장층이 품관층과 별다른 제약 없이 통혼通婚을 하였음이 밝혀졌다. 또 향리 가문 출신의 급제자가 이후 조정에서 특별히 무시를 당했던 흔적도 찾아보기 어렵다. 눈높이가 품관층에 맞추어져 자랐을 이영이 서리에게 모욕을 당하고 분노했던 점은 이런 맥락에서 이해할 수 있다.

잠시 서리직 승계를 통해 관직에 쉽게 진출하려 했던 이영은 다시 학업에 정진하였다. 마침내 그는 숙종대에 을과로 급제하였다. 과거제의 핵심은 '양대업兩大業'이라 불렸던 제술업과 명경업, 특히 제술업이었다. 고려 초기에는 제술업의 최고 급제 등급이 갑과였으나, 이후 갑과는 실제로 수여되지 않고 을과가 최고 등급이 되었다. 을과는 보통 3~5명 정도를 선발하였다. 즉 이영은 고려 과거의 최고봉인 제술업에 최고의 등급으로 합격을 하였던 것이다. 『고려사』 선거지에는 과거 별로 대개 수석의 이름이 적혀 있다. 여기에 이영의 이름이 보이지 않는 것으로 보아 아마 수석은 아니었겠으나, 충분히 높은 성적이다.

이후 이영은 직사관, 지경산부知京山府, 예부시랑 우간의대부, 지어사대사 보문각학사 등의 요직을 역임한 것으로 『고려사』에 기록되어 있다. 안타깝게도 그는 인종대 초반에 정쟁에 휘말려 유배되었다가 목숨을 잃었다.

과거에 급제한 호장층 출신은 이제 한 지역의 최상층 지위를 누리며 역할을 수행하는 데에서 벗어나, 중앙 조정의 관리라는 새로운 영역으로 올라갈 수 있었다. 그들은 관직 생활 초기에 대개 하급 지방관[外官]으로서 타 지역에 파견되어 현지의 향리들과 업무 협조를 해야 했다. 이 때 자신도 한 지역의 호장층 출신이라는 점이 업무 진행에 해가 되지는 않았을 것이다. 이후 개경으로 돌아와 조정 내의 관직[京官]을 맡게 되면, 이제는 고려 전역을 대상으로 하는 행정을 접하게 된다. 외관과 경관을 몇 번 반복하다 보면 참상관參上官에 오르게 되고, 이제는 단순한 행정이 아니라 국정, 즉 정치에 참여하는 지위가 된다. 그 중 성공적인 몇몇은 재추宰樞의 지위에 올라 국정을 총괄하는 막중한 역할을 수행하기도 하였다. 이런 과정이 원활하게 운영된다면 중앙 조정과 지방 사회를 긴밀하게 연계시키는 효과를 낳을 수 있었을 것이다. 이렇듯 과거제는 중앙 조정과 지방 사회의 호장층을 잇는 중요한 매개로 기능하였다.

## 군인의 아들 이탄지, 법률을 공부한 의관이 되다

그런데, 앞의 경우처럼 집안이 고려 사회에서 상층에 속했던 사람이 아니라면, 조정의 관리가 되는 꿈은 접어야 했을까?

꿈을 성취할 가능성은 현실적 여건상 상당히 낮아졌다. 하지만 불가능했던 것은 아니다. 바로 '잡업雜業'이라고 통칭되었던 다양한 분야의 시험들이 있었기 때문이다. 잡업에는 명법업明法業 · 명산업明算業 · 명서업明書業 · 의업醫業 · 주금업呪噤業 · 복업卜業 · 지리업地理業 · 하론업何論業 · 정요업政要業 · 삼례업三禮業 · 삼전업三傳業이라는 종류가 있었다. 제술업이 경전과 역사 · 문학에 대한 폭넓은 식견을 요구했다면, 잡업은 주로 특정 분야의 전문 지식을 시험보았다.

'잡'이라는 어휘는 우리로 하여금 선입견을 가지게 한다. 물론 잡업이 양대업

보다 낮은 대우를 받았던 것은 사실이다. 하지만 당시인들에게는 관직 획득을 위한 유용한 통로였다. 특히 명법업의 경우 이런 경향이 상당히 심하여, 인종 18년(1140)에는 양반兩班의 자제와 공사貢士들마저 제술업이나 명경업이 아니라 급제가 상대적으로 쉬운 명법업에 몰리는 것이 문제라는 논의가 조정에서 일어나기도 하였다. 잡업에 급제를 하여도 일반 관직으로 승진할 수 있었기 때문이다.

이러한 예로 찾아볼 수 있는 인물로 이탄지李坦之가 있다. 그는 의종 6년(1152)에 사망했으므로, 이영보다 약간 아래 연배였던 것으로 보인다. 이탄지는 『고려사』에는 실려 있지 않다. 하지만 그의 묘지명이 남아 있어 여러 흥미로운 이야기를 전해준다.

> 어려서는 재상 소하蕭何의 법률을 익히고, 자라서는 자못 의약에 밝았다. 마침 중국의 유명한 의관이 상인의 배를 따라 동쪽 땅으로 왔다. 주상께서 제서를 내리시기를, 명가名家의 자제들을 뽑아 가서 그 의술을 배우도록 하였다. 공도 거기에 뽑혀서 그 오묘함을 깊이 얻었다.

이는 그의 묘지명에 실린 내용이다. 이탄지는 어릴 때 법률과 의술을 배웠다. 그가 선종 3년(1086)에 태어났으니, 대략 선종대 후반~숙종대의 일이다. 앞에서 언급한 명법업의 인기는 이보다 조금 후대의 일이긴 하지만, 이탄지가 법률을 공부한 원인과 깊은 상관관계가 있다고 보아도 무리는 없을 것이다.

당시 고려는 송과 통교를 재개하고 활발하게 교류하고 있었다. 이탄지의 묘지명은 '송의 유명한 의관'이 상인을 따라와 고려에서 의술을 가르쳤던 모습을 보여줌으로써, 당시 교류상의 일단을 선명히 보여준다. 그리고 이 만남은 이후 이탄지의 인생에 큰 영향을 미치게 된다. 묘지명의 아래 부분을 보자.

> 나이 35세가 되어 급제하였다. 예종조에 적신賊臣 조광趙匡 등이 군사를 서경[西域]에서 일으켜 횡행하였다. 이에 장수들에게 명하여 출정하였으니,

> 공이 약원藥員으로 수행하여 적진을 공격하여 함락시켰으나 끝내 공功을 말하지 않았다.

이탄지의 나이가 35세가 되던 해, 그는 과거에 급제하였다. 예종 15년(1120)의 일이었다. 『고려사』 선거지에 따르면 이 해 5월에 시험이 있었고, 38명의 최종 급제자가 선발되었다. 안타깝게도 고려 시대 과거 합격자의 명단은 매우 소략하게 전해지고 있어, 이탄지가 제술업 · 명경업 · 잡업 중 어디에 합격했는지를 정확하게 알려주는 자료는 없다. 기존의 연구에서 제술업 혹은 무과武科의 급제자로 추정한 경우가 있으나, 이탄지는 잡업 중 의업醫業에 급제하였던 것으로 비정하는 것이 자연스럽다. 위의 사료에서 그가 묘청의 난 당시 진압군으로 참전했을 때 '약원藥員'으로 종군했다고 적고 있기 때문이다. 어릴 때 의술을 배운 이력과 전문적인 지식이 필요한 약원으로 투입된 사실을 종합해 볼 때, 의업에 급제했다고 추정하는 것이 가장 합리적이다.

약원의 지위나 역할에 대한 명확한 설명은 찾기 어려우나, 태의감太醫監의 직제를 보면 품관은 판사判事 이하로 감監 · 소감少監 · 승丞 · 박사博士 · 의정醫正 · 조교助教 · 주금박사呪噤博士가 있었다. 그 아래에 의침사醫針史 · 주약注藥 · 약동藥童 · 주금사呪噤師 · 주금공呪噤工이 배치되었다. 이탄지는 품관직 중 하나에 해당되었을 것이다.

약원은 어느 정도의 대우를 받는 존재였을까? 『고려사』 병지의 인종 23년(1145) 기록에 약원은 5인의 호위병을 거느리도록 하였다는 기록이 보인다. 군사軍使가 거느린 15명이 가장 많으며 원수元帥와 부원수副元帥도 10인에 불과했다. 그러니 약원이 5명을 거느린 것은 적은 수는 아니라고 볼 수 있다. 군의관의 역할이 막중했을 것임을 감안하면 이러한 대우를 납득할 수 있다. 이탄지의 종군은 인종 13년(1135)의 일이었으므로 10년의 시차가 있으나, 큰 차이는 없었을 것이다.

진압군은 승리를 거두고 돌아왔다. 그러나 이탄지는 별다른 포상을 받지는 못한 듯하다. 묘지명은 종군 이후의 삶에 대해 “낮은 관직에서 부침하면서도 하늘을 받들고 천명을 아름답게 여겨서 원망하거나 허물하지 않았으며, 언제나 조용하게 살았다.”라고 적고 있다. 그랬던 이탄지의 삶은 그의 나이 64세였던 의종 3년(1149)에 다시 한 번 바뀌게 된다.

> 황통 9년(1149) 기사년[屠維大荒落]에 조정의 지냠로 대주岱州로 부임하였다. 합당하게 보좌했으나, 얼마 되지 않아 질병으로 인해 탄핵되었다.

이탄지는 고령의 나이로 지방으로 발령을 받았다. 여기에서 ‘대주로 부임’의 의미는 명확하지 않다. 그는 지방에 의사醫師로 파견되었을 수도 있고, 수령으로 부임했을 수도 있다. 어느 쪽이든 외관의 직책을 맡았던 것은 분명하다.

지금까지의 내용을 통해 이탄지의 삶을 복원해 보자면, 그는 어릴 때 법률을 공부했고, 다시 의술을 익혀 잡업의 하나인 의업에 급제하여 약원 등 의술을 다루는 관직에 있다가 외관으로 파견되었던 것으로 판단된다. 그렇다면 이탄지의 사회적 배경은 어떠했을까. ‘명가名家’라고 표현한 것은 고인에 대한 미사여구였다고 생각된다. 대개 묘지명에는 주인공의 가계에 대한 설명이 있는데, 이탄지의 경우에는 별다른 언급이 없다. 가계에 그리 내세울 만한 것이 없었다고 볼 수 있다. 묘지명의 아래 부분을 보자.

> 무자년[著雍困敦歲](1108)에 마침 북쪽 오랑캐[北狄]가 국경을 침략해 오니, 군의 아버지 연후가 비장裨將으로 전쟁터에 나갔다.

이탄지의 부친 이연후가 예종대 여진 정벌 당시 하급 장교인 비장으로 참전하였던 사실을 알 수 있다. 하급 군관의 아들이었던 이탄지가 처음 법률을 공부한 것은 아마도 명법업 응시를 생각했기 때문이었을 것이다. 앞서 살펴본 이 무렵의 명법업 응시 열풍을 보면 이해가 된다. 그런데 송에서 온 의관에게 배울 기회가 생기자 의술을 깊이 공부했고, 결국 의업에 응시하여 급제했다고 볼 수 있다.

이렇게 하여 하급 군관가 출신의 젊은이가 과거에 급제하여 중앙 조정 소속의 의관이 되었고, 군의관으로 참전하거나 외관으로 파견되며 살았던 모습을 볼 수 있다. 이탄지 역시 과거 급제를 통하여 삶의 영역을 옮겼던 인물 중의 하나였던 것이다.

## 혈통의 제약을 뚫지 못한 강사후의 형설지공

이영과 이탄지는 중앙 조정의 품관이 되었다. 품관은 고려 관리 체계의 핵심이라 할 수 있다. 1품부터 9품까지의 품관은 고려 전역에 대한 정치와 행정을 총괄하는 중앙 조정의 관리였다. 재추를 정점으로 참관參官과 그 아래의 참외관參外官으로 나뉘었다. 그 차이는 국왕을 알현하는 조회朝會에 참석할 수 있는지의 여부였다. 과거 급제는 품관으로 가는 입장권이었다.

그런데 품관만으로 조정을 운영할 수는 없다. 여러 관청에서 각종 실무를 전담하는 많은 인력이 필요하기 때문이다. 이들을 보통 서리라 부른다. 앞서 이영이 선택하려 했던 것이 바로 이 서리의 길이었다. 서리 중에서도 하위의 직군에 속한 사람들을 고려 시대에는 '잡류雜類'라고 불렀다. 비록 최하급이었으나 이들도 국가로부터 직무 수행에 대해 공적 대가를 지급받는 관리층의 일원이었다.

누구나 한 번쯤은 지금보다 더 나은 삶을 꿈꾼다. 관리층의 최하위에 있었던 잡류들도 늘 접하는 상위 서리와 품관들을 보며 그랬을 것이다. 하지만 신분이 나뉘었던 고려 시대에 이는 이루기 어려운 꿈이었다.

그런데, 간절히 소망하지만 얻기 힘든 것이 생겼을 때, 사람들은 무언가 방법을 찾아내곤 한다. 『고려사』 이자연 열전에 나오는 강서康序와 강사후康師厚 부자가 그러하였다.

> 참지정사 김현 등 5인이 상주하기를,
>
> "강사후의 증조 상귀는 직이 비록 당인堂引이었으나 유림랑儒林郎을 겸하였고, 아버지 강서는 10번 응거한 후 탈마脫麻하고 입사入仕하였습니다. 강사후의 10년 형설지공을 생각하지 않을 수 없습니다. 역시 탈마를 허락하시기를 엎드려 바라옵니다."라고 하였다.

이 사건은 문종 12년(1058) 5월에 일어났다. 국왕 문종과 당시 식목도감사式目都監使였던 이자연李子淵, 참지정사 김현 등 조정의 고위 관료들이 모여 논쟁을 벌였다. 사안은 제술업에 응시한 강사후라는 인물에 대한 조치였다. 당당히 급제했더라면 모르겠지만, 안타깝게도 강사후는 열 번이나 낙방을 한 신세였다. 고려 조정은 이런 응시자들에게 '은사恩賜'라는 시혜를 베풀어 특별히 급제한 것으로 인정해주곤 하였다. 10번이나 기회가 있었지만 낙방한 것을 무능이라 낙인찍기보다, 그 노력을 격려하는 의미였다. 강사후의 아버지인 강서는 이미 그 방법으로 과거의 관문을 통과하였다. 재능 혹은 공부할 여력의 부족을 끈기로 메워 성공한 것이다. 그리고 그 아들인 강사후도 아버지의 예를 따라 과거에 열 번이나 응시하였다. 비록 번번이 낙방하였지만. 마침내 20여 년의 인고 끝에 드디어 강사후도 관문을 넘을 순간이 왔던 것이다.

하지만 강사후는 벽에 부딪치고 말았다. 당시 법제를 관장하는 식목도감의 책임자였던 이자연이 반대를 하고 나섰던 것이다.

> "제술업 강사후는 10번 응거하여 합격하지 못했으니, 갑오년(1054)의 은사 조서[赦詔]의 예에 의하면 마땅히 탈마해야 합니다. 그러나 강사후는 유

> 림랑 당인 상귀의 증손인데, 당인은 곧 구사관驅吏官입니다. 엎드려 보건대, 무자년(1048)의 제서制書에서 '전리電吏 · 소유所由 · 주선注膳 · 막사幕士 · 구사 · 문복門僕의 자손으로 제술 · 명경 · 율 · 서 · 산 · 의 · 복 · 지리학의 업業을 공부하여 급제하였거나, 혹은 전쟁터에서 큰 공을 이룬 사람들은 조정의 반열에 오르도록 허용한다.'고 하셨습니다. 또 병신년(1056)의 제서를 보면, '위 항목 사람의 자손으로서 은혜를 입어 입사한 사람은 조부와 부친의 사로仕路에 의거하여 헤아려 제수한다.'라고 하셨습니다. 지금 강사후는 탈마하는 것이 합당하지 않습니다."

위의 자료에는 당인, 구사관, 전리 등 익숙하지 않은 칭호들이 여럿 등장한다. 이들이 바로 잡류였다. 강사후의 증조부가 맡았던 당인은 관리나 왕족을 호종하는 서리 직렬 중 비교적 상위의 직책이었던 것으로 파악되고 있다. 당인에 대한 기록은 많지 않으나 목종대 전시과의 18과, 문종대 전시과의 16과에 들어있는 것을 확인할 수 있다. 잡류는 비록 관리의 말단에 속하기는 했으나, 현실에서는 다른 관리들과 차별을 받았다. 조정은 정종 11년(1045)에 잡류의 자손이 과거에 응시하는 것을 금지하는 조치를 내리기도 하였다.

그러나 강서와 강사후의 예에서 알 수 있듯이, 실제로는 잡류의 자손이 과거에 응시하고 있었다. 강서와 강사후의 응시 횟수만 합쳐도 20회이며, 이는 적어도 40년 이상에 걸쳐 있었다. 이는 위에서 언급한 1045년을 전후로 한 기간이었다. 1045년의 금지 조치는 적어도 지속적으로는 작동하지 못하고 있었던 것이다.

자, 그렇다면 이제 본격적으로 위의 논쟁에 대해 살펴보자. 이자연도 갑오년의 조서에 따라 10회 응시자에 대한 은사가 규정에 맞는다는 점은 인정하였다. 하지만 그는 강사후가 '당인 강상귀'의 증손이라는 점을 지적하였다. 신분 문제를 다룬 많은 연구들에서 이 자료에 주목하여, 잡류가 차별을 받았다는 점을 지적하였다.

그런데 자료를 좀 더 면밀히 살펴보면, 이때 관건이 된 것은 단순히 강사후가 당인의 후손이라는 점이 아니었다. 관건은 강사후의 사례를 어떤 규정에 의거하여 처리할 수 있는가 하는 점이었다.

무자년의 제서는 잡류의 자손이 어느 분야에서라도 과거에 급제하거나 전쟁터에서 큰 공을 세운다면 조정의 반열에 오르는 것을 허락한다고 하였다. 이는 곧 품관이 되는 길을 열어준 것이다. 이 무렵 동번의 여진족과 충돌이 발생하면서 전공자에 대한 포상이 여러 차례 있었다. 전공戰功에 대한 언급은 이러한 상황이 반영된 것이라고 볼 수 있다. 주목되는 것은 과거 급제에 대한 부분이다. 한때 과거 응시 자체를 금지했던 잡류층에 대해, 이제는 급제한다면 품관이 되는 것도 허용을 하였다. 전공은 나라에 공을 세웠으니 보답을 받는 것이지만, 과거 급제는 오로지 본인의 성취임에도 불구하고 큰 상을 받게 되었다. 노력하여 이룬 성취에 대한 포상이었던 것이다.

그런데 엄밀히 따지자면 강사후는 무자년 제서의 수혜 대상이 아니었다. 강사후는 '급제'한 것이 아니라 '낙방'하였다. 다만 그 횟수가 10회가 되어 특별히 '은사'를 내려 급제한 것으로 대우를 해주려 한 것이다. 따라서 그의 경우는 명문화된 수혜의 조건에 해당되지도 않았고, 제서의 취지와도 맞지 않았다. 이자연이 포착한 문제점은 바로 이것이었다고 보아야 한다.

그렇다면 이자연은 왜 병신년의 제서를 또 거론하였을까? 이는 잡류의 자손 중에 '은혜를 입어 입사한 자'에 대한 규정이었다. 이 경우에는 아버지와 할아버지의 사로에 의거하여 헤아려 제수하도록 하였다. 즉 잡류의 직을 제수하도록 한 것이다. '은사'도 '몽은입사'의 한 경우이니, 어찌 보면 이 제서의 수혜 대상이 될 수 있어 보인다. 하지만 여기에도 문제가 있다. 강사후를 입사시킨다면 잡류의 직에 배치해야 하는데, 비록 은사더라도 급제자를 그렇게 할 수는 없었기 때문이다.

즉 강사후의 경우는 당시 유효했던 어떤 규정에도 부합되지 못하는 특수한 사례였다. 이자연이 강사후의 탈마에 반대한 것은 이러한 딜레마를 파악했기 때문으로 보아야 한다. 문종이 이자연의 논지를 수용한 것도 이런 맥락에서 이해가 가능하다.

그렇다면 김현 등이 제시한 논리는 무엇일까? 세 가지였다. 증조부가 비록 잡류였지만 9품의 관계인 유림랑을 받았다는 점, 아버지도 은사를 받았다는 점, '형설지공'을 갸륵하게 여기자는 점. 이 중 규정과 관계되어 유효할 가능성이 있는 것은 첫 번째뿐이다. 아버지가 은사를 받은 것은 규정을 엄밀하게 적용하지 못한 오류였고, 형설지공을 인정해줄 것인지는 주관적인 문제이기 때문이다. 당인이었던 강상귀가 9품의 관계를 받은 것은 모종의 공이나 은혜 덕분이었겠지만, 안타깝게도 그것으로 잡류층을 벗어날 수 있었던 것은 아니었던 모양이다. 은사를 통해 탈마한 강서도 신분 자체를 올릴 수는 없었다. 결국 강사후는 잡류의 후손으로 분류되었다. 이에 따라 김현 등의 논리는 받아들여지지 않았고, 문종은 이자연의 견해를 따라 강사후의 탈마를 허용하지 않았다.

강사후는 탈마 불허 소식을 듣고 아마 하늘이 무너지는 심정이었을 것이다. 아버지가 은사를 받았기에 이번에는 당연히 자신도 받게 되리라 믿었을 테니. 관례적으로 묵인되던 일이 엄격한 규정 적용으로 자신에게는 불허될 때, 누구라도 '억울하다'는 심정이 들 것이다. 하지만 잠시 강사후의 안타까운 삶은 뒤로 하고, 위의 논쟁에서 드러난 당시의 관직 체계 운영을 살펴보자.

잡류층은 품관층과 원칙적으로 층위가 나뉘어 있었다. 두 층위 사이에는 넘기 어려운 단층이 존재했다. 이를 뛰어넘으려면 과거 급제나 군공 수립이라는 높은 관문을 넘어야 했다. 군공 수립의 험난함이야 말할 필요도 없고, 넉넉하지 않았을 잡류직 집안의 자제가 충분히 공부하여 과거에 급제하기도 어려웠을 것이다. 현재 확인되는 고려 시대의 과거 정규 급제자나 관리 중에 잡류 출신으로 나타나는 사람은 보이지 않는다. 그러니 저 조항은 유명무실한 것이었다고 평가되곤 하였다.

그러나 두 가지를 생각해 볼 필요가 있다. 우선 고려 시대 과거 급제자 전원의 명단과 신상정보가 전해지지 않고 있다는 자료적인 한계이다. 당장 선거지에는 기록되어 있지 않지만, 강서의 예에서 잡류 출신으로 은사급제를 받은 인물의 예를 확인할 수 있다.

또한, 만인이 평등하고 직업 선택의 자유가 있는 현재가 아니라, 강사후의 시대로 돌아가 생각해 보자. 왕실부터 노비까지 '세습'이 세상을 운영하는 당연한 기본 원리인 시대였다. 그 속에서 두 줄기의 흐름이 보인다. 하나는 강서와 강사후의 예가 보여주는 잡류들의 신분 상승 노력이다. 문종대 무렵의 기록에서는 특히 이와 관련된 사례가 많이 등장한다. 규정에 의해 차별받고 있던 신분의 사람들이 노력과 공功으로 그 선을 뛰어넘고 있었다. 사료에 이름을 많이 남기지는 못했으나, 그들의 흔적은 이렇게 남아 있다.

또 하나는 제도 운영 변화상의 흐름이다. 앞서 문종 초반에 잡류에 대한 과거 응시 금지 조치를 해제하였음을 살펴보았다. 그 외에도 문종대에는 악공의 여러 아들 중에 하나가 업을 이으면 나머지는 잡류를 거쳐 정6품의 무산계까지 받는 것을 허용하는 조치, 잡류의 혈통이라도 부계 직계가 아니라면 남반이나 문반으로 입사할 수 있게 한 조치 등이 내려졌다. 조정의 정책 방향이 거듭된 논의를 거치며 점차 더 넓은 범위의 사람들에게 기회를 열어주는 쪽으로 나아가고 있었던 것이다. 인종 3년(1125) 정월에 잡류의 자손이 제술업이나 명경업에 급제하면 5품까지 승진할 수 있게 규정을 정한 것은 이러한 흐름의 연장선이라 볼 수 있다. 5품은 음서를 내려줄 수 있는 지위이고, 이는 곧 그의 신분적 제약을 마침내 끊을 수 있는 기회가 되었을 것이다.

강사후의 형설지공은 규정을 엄밀하게 따져 적용한 이자연에 의해 무너지고 말았다. 대표적 문벌인 이자연이 잡류 후손의 탈마를 막은 이 사건은 당시가 문벌 위주의 사회였음을 논할 때 거론되기도 한다. 하지만 이자연이 부당하게 인사에 개입한 상황은 아니었다. 단지 식목도감사로서의 직무를 충실하게 수행한 것이다. 다른 경우에는 신분적 제약을 푸는 쪽으로 결정을 내렸던 문종이 이 사례에는 탈마를 불허한 것은 이자연의 논리가 규정에 부합하였기 때문이었다고 보인다. 강사후의 형설지공은 결국 안타깝게도 신분의 벽을 무너뜨리지 못하였다.

## '좁은' 길과 좁은 '길', 두 개의 초점

지금까지 고려 중기에 살았던 세 사람의 삶을 살펴보았다. 출신 배경은 모두 달랐지만, 이들은 조정의 관리가 되기 위해 노력했다는 점을 공유하고 있었다. 이들이 꿈을 이루기 위해 선택한 방법은 과거 시험 응시였다. 이영은 화려하게 성공하였고, 이탄지는 나름의 성공을 거두었으며, 강사후는 성공의 문턱에서 주저앉았다. 신분의 나뉨이 있었던 당시 상황은 분명 큰 꿈을 품었던 많은 이들을 좌절하게 하였을 것이다. 그러나 다양한 형태로 시행되었던 과거제는 이들에게 고려의 중앙 조정에 오르는 공식적이고 제도적인 길을 좁게나마 열어주었다.

고려 중기의 역사상에서는 문벌이 확립되는 모습이 주목받는다. 명문 가문의 후예들이 과거에도 급제하여 출세하는 모습이 흔하게 나타난다. 하지만 과거제는 그러한 사람들의 전유물은 아니었다. 다양한 층위의 사람들이 여러 가지 방식으로 과거제를 활용하여 자신의 삶을 좀 더 낫게 만들기 위해 노력하고 있었다. 모두가 성공하지는 못했지만, 성공한 사람들은 등장하고 있었다.

무엇에 초점을 두고 볼 것인가. '좁은' 길은 한계이지만, 좁은 '길'은 실존하는 가능성이다. 이백이 '하늘에 오르는 것보다 어렵다'라고 묘사했던 촉蜀으로 가는 잔도棧道가 그렇듯이.

## 참고문헌

강은경, 2002 『고려시대 호장층 연구』, 혜안.

김광수, 1969 「고려시대의 서리직」 『한국사연구』 4.

김난옥, 2000 『고려시대 천사·천역 양인 연구』, 신서원.

노명호, 2006 「고려시대 향리집단 속의 호장 이유」 『한국사 시민강좌』 39.

박용운, 2012 『고려사 선거지 역주』, 경인문화사.

박종기, 2002 『지배와 자율의 공간 고려의 지방사회』, 푸른역사.

채웅석, 2000 『고려시대의 국가와 지방사회』, 서울대 출판부.

허흥식, 2005 『고려의 과거제도』, 일조각.

홍승기, 1973 「고려시대의 잡류」 『역사학보』 57.

# 고려 문 · 무반 확립의 이면, 문무 겸비의 형태와 기풍

- 문무 대립의 역사상과 해동공자 최충의 문무 겸비 기풍
- 고려초 문무 겸비의 논리와 구성 형태
- 문 · 무반 확립 이후 문무 겸비 형태와 기풍
- 무신정변 이후 문무 겸비 기풍과 지향
- 조선의 문무 겸비 기풍과 유장儒將

추명엽

## 문무 대립의 역사상과 해동공자 최충의 문무 겸비 기풍

『고려사』가 저술된 조선 초에 고려 전기와 후기를 가르는 분기점이 되는 사건으로 무신정변이 거론되었다. 그런 가운데 고려 전기에 형성된 제도적인 틀이 무신정변을 분기점으로 동요하면서 형해화되어 갔다는 역사인식이 형성되었고, 이는 이후 고려시기의 변화와 관련된 역사상 형성에 크게 영향을 끼쳤다고 할 수 있다.

이후 고려 전기 정치제도를 이해하는 틀은 문 · 무반 분리와 대립이었다. 문 · 무반 사이의 신분 · 가문상의 차이가 양자 간의 모든 차별의 궁극적인 요인이 되었다는 변태섭의 연구가(이하 참고문헌 참조) 있은 이후, 문신이 군대 지휘했던 것을 문치주의 소산으로 파악한 민병하의 연구도 고려 전기를 문무 대립의 틀로 보았다. 비교적 최근에는 문무 대립으로 고려 정치사 전체를 이해하려는 김당택의 연구도 있었다.

한편 극히 최근에는 고려말 문무병용론의 의미를 다룬 윤훈표의 연구가 있어

그 의미를 잘 다루었지만 역시 문무 대립의 구도를 그대로 수용하고 있고, 고려 전기의 무반과 군반의 관계를 다룬 김종수의 연구에서도 문무 분리의 과정을 잘 정리하였지만 그 이면인 겸비의 측면은 고려하지 못하고 있다.

실제로 고려 전기에 '해동공자'라는 별칭을 얻었던 최충은 '어릴 때부터 배우기를 좋아하고 글을 잘 지어 목종 시기에 과거 갑과甲科 제일로 발탁되었으며, 『고려사절요』에서는 이러한 그의 모습을 '네 조정에서 벼슬을 역임하면서 자질이 문 · 무를 겸비하여 나가서는 장수요, 들어와서는 재상이었다.'고 기록하였다. 해동의 공자라는 별칭을 얻을 정도로 유학 교육에서 모범을 보여 그를 배우고 따른 이들을 문헌공도라고 하였음은 매우 잘 알려진 사실이다. 그들은 9경經과 3사史를 배웠다고 하는데 그런 최충의 자질이 문 · 무를 겸비하여 나가서는 장수요, 들어와서는 재상이었다는 점은 잘 알려지지 않은 사실들이다.

최충은 정종 때에 상서좌복야 참지정사 판서북로병마사를 제수 받고는 변경으로 가서 성과 해자를 만들어 영토를 확립하라는 명령을 받았다. 그래서 그는 서북면의 영원진과 평로진에 각각 759간과 582간 규모의 성을 쌓았고, 여러 보루 14개를 설치하고 돌아왔다. 이때가 정종 7년(1041)이었는데 정종 초에는 대연림의 흥료국으로 인해 거란과 긴장 관계에 있어 정종 3년(1037)에는 거란 수군이 압록강을 침범하였다는 보고가 있을 정도였다. 정종 4년(1038)에 외교 관계가 정상화되었지만 다시 정종 5년(1039)에 거란측이 압록강 동쪽 성보를 증축하는 문제로 대립이 있었다. 고려측에서 중지를 요청했지만 결국 거란측이 거부하였다. 이와 같이 고려와 거란의 긴장 관계가 높았을 때에 최충은 국경 지역의 성을 쌓는 일을 담당하였다. 이는 단순한 축성이 아니라 군사적인 업무이기도 하였던 것이다.

또한 같은 시기에 군사적인 측면에서 최충의 식견이 높았음을 보여주는 사건이 『고려사』의 양대춘 열전에 실려 있다. 정종 6년(1040)에 양대춘이 안북대도호부 부사가 되었는데 최충은 이를 두고서 '양대춘은 세운 뜻이 높고 빼어나며 지략이 많아서 군사軍事의 일에 익숙합니다. 만약 국경에 변란이 있다면 이 사람이 아니고서는 보낼 만한 사람이 없으니, 마땅히 외직에 보임하지 말아야 합니다.'라고 의견을 왕에게 올렸지만 국왕은 들어주지 않았다고 한다. 양대춘이 군사 관련 업무에 익숙하다는 것을 알기 위해서는 최충도 군사적인 식견이 당연히 높아야 할 것이다.

한편 양대춘은 안북대도호부에 나가기 직전에 대부소경이었다. 그는 안북대도호부 부사 이후에는 직문하성 위위경에 이르렀다고 한다. 한마디로 양대춘은 문반의 행로를 걸었던 사람이다. 그러나 그는 군사적인 측면에 익숙하다는 평을 얻을 정도로 문무 겸비의 인물이었던 것이다. 그의 아버지 양규는 거란과의 전쟁에서 활약하다 전사한 인물인데 역시 문무 겸비의 인물이었다. 양규는 형부낭중을 거쳐 도순검사로서 흥화진을 굳게 지켰고 나중에 물러가는 거란군을 상대로 여러 차례 승리를 거두다 전사하였다. 아버지인 양규에 비해 아들인 양대춘은 큰 활약을 보이지는 못했다. 그래서 최충의 언급이 없었으면 후대에 거의 주목을 받지 못했을 사람이지만 그런 측면에서 고려 역사 속에서 거론되지 못한 문무 겸비의 인물이 매우 많았음을 방증하는 사례라고도 할 수 있다.

따라서 본고에서는 실상 이상으로 설정된 고려 전기의 문무 대립 구도를 보완하고 기존에 거의 주목되지 못한 문무 겸비의 실태와 그 기풍을 살펴보고자 한다. 이를 통해 고려의 역사상을 보다 풍부하고 다차원적으로 이해할 수 있게 될 것으로 여겨진다.

## 고려초 문무 겸비의 논리와 구성 형태

고려초 문무의 국가적 사회적 분업은 이미 이루어진 상태였다. 건국 직후부터 '문무관文武官' '문무백관文武百官' 등의 용어가 널리 사용되고 있었다. 이러한 용례는 『고려사』의 태조대 기록에서도 찾을 수 있다. 태조 원년(918) 10월 31일 상주 아자개의 귀부를 환영하는 의례 기록에서 '문무관'이 도열하였고, 태조 19년(936) 9월 태조 왕건은 위봉루에서 후삼국 통일의 위업과 관련해 '문무백관'으로부터 하례를 받았다. 또한 국초에 장군 등 무직은 군사 관련 업무에만 종사하였으며 최응, 최언위 등 상층 문신 상당수는 문서 행정에만 참여하였다. 특히 최응은 궁예 때부터 한림랑으로서 제고制誥를 기초하였고 최언위에게는 '문한文翰의 임무'를 맡겼다.

사회적인 차원에서의 문무 분업과는 대조적으로 개별적인 인물 차원에서는 문무 겸비의 사례가 넓게 출현하고 있어 이에 대한 주목이 필요하다. 『고려사』 열전의 기록들을 통해 살펴보자면, 먼저 최지몽은 문신으로서 배우기를 좋아하여 '경사經史'를 널리 섭렵하였다고 평가 받는 인물인데 태조 왕건을 따라 늘 '정벌'에 참여하였다고 한다. 천문과 복술에 정통했던 점도 영향을 끼쳤을 것으로 여겨지지만, 문신으로서 전란에 참여하였던 대표적인 사례라고 할 수 있다.

또한 태평도 '서사書史'를 널리 섭렵하였다고 평가 받는 인물로서 염주의 우두머리였던 유긍순의 '기실記室'로 있다가 궁예에 의해 병졸로 강등되었었는데 왕건에 의해 중용되어 순군낭중이 되었다. 문신 역량을 갖고 호족을 보좌하였던 전형적인 사례라고 할 수 있는데 순군낭중과 같은 군정 관련 업무를 맡았던 사례로 참고된다. 전란이 상시적이었던 국초의 상황에서 전란과 유리된 문신은 극소수였을 것이다.

한편 국초 대표적인 무신이자 개국공신이었던 홍유, 배현경, 복지겸, 신숭겸 4인은 왕건을 찾아가서 궁예를 중국의 '걸주'에 비교하면서 폐위를 논했다. 그러면서 왕건이 은과 주나라의 고사를 행해야한다고 하였는데 그 논리의 개진이 전형적인 유학자와 동일하다고 할 수 있다. 이 자료를 후대 유학자의 유교적 윤

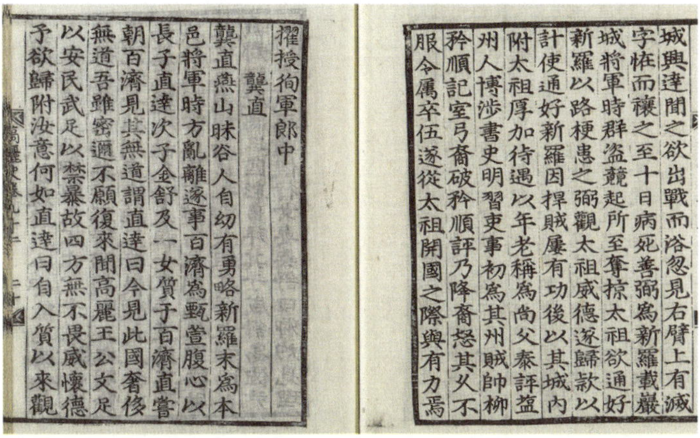
城興達聞之欲出戰而浴忽見右臂上有滅
字惟而禳之至十日病死善弼爲新羅載巖
城將軍時群盜競起所至奪掠太祖欲通好
新羅以路梗患之弼觀太祖威德遂歸款以
計使通好新羅因捍賊屢有功後以其城內
附太祖厚加待遇以年老稱爲尙父泰評盆
州人博涉書史明習吏事初爲其州賊帥柳
矜順記室弓裔破矜順評乃降裔怒其父不
服令屬卒伍遂從太祖開國之際與有力焉

擢授徇軍郎中
龔直
龔直燕山昧谷人自幼有勇略新羅末爲本
邑將軍時方亂離遂事百濟爲甄萱腹心以
長子直達次子金舒及一女質于百濟直嘗
朝百濟見其無道謂直達曰今見此國奢侈
無道吾雖密邇不願復來聞高麗王公文足
以安民武足以禁暴故四方無不畏威懷德
予欲歸附汝意何如直達曰自入質以來觀

**(서울대학교 규장각한국학연구원 소장, 규 3579)**

『고려사』 공직 열전에서 태조 왕건에 대한 인물평으로서 '안민安民'으로서의 문文과, '금폭禁暴'으로서의 무武를 제시하고 있다. 양자는 신라 말 각 지역 호족의 시대적 과제이기도 하였다.

색으로도 볼 수 있지만 나말여초에 자주 쓰였던 용어인 '요좌遼左' 등이 함께 쓰인 것으로 보아 자료는 원본에 가깝다고 여겨진다.

또한 국초 대표적인 무신이었던 유금필이 신라 경주 구원의 임무를 성공적으로 마치고 돌아와 사례하면서 '위기를 보면 목숨을 바친다[見危授命]'라는 『논어』 「헌문편」의 문구를 사용하고 있어 무신의 문인적 소양 겸비를 방증하고 있다.

국초 후삼국의 분열과 전란 상황 속에서 문신의 전란 참여는 시대적인 요청이었지만, 무신의 문신적 소양과 논리가 표출되고 있는 것은 당시 무신의 문신적 소양이 깊어서라기보다는 당시 사회의 일반적인 논리가 개인에게 내면화되어 표출된 것으로 보아야 할 것이다. 그런 문무의 논리를 잘 보여주는 것이 『고려사』 공직 열전에 실린 다음과 같은 공직의 언급이다.

"고려 왕공(태조 왕건)은 문文은 족히 백성을 안정시킬 만하고 무武는 족

> 히 난폭함을 금할 만하다. 그런 까닭에 사방에서 그의 위엄을 두려워하지 않는 자가 없으며 그의 덕을 따르지 않는 자가 없다."

공직은 연산매곡 사람으로서 신라말 '본읍장군'이 되었다가 백제를 섬겨 견훤의 심복이 되었던 인물이다. 그런 그가 아들에게 한 말이 위의 언급이다. 왕건에 대한 귀부 여부를 가르는, 생사존망의 판단 기준으로서 왕건에 대한 인물평을 문과 무 양 측면으로 나누어 파악한 것이 먼저 주목된다. 문과 무 양 측면으로 나누어 파악하는 것이 당시 사회에 일반적이었고 또 필요한 것이었다고도 볼 수 있는데, 공직의 아들이 이 기준에 동의하였고 아버지인 공직과 함께 목숨을 감수하였다는 점에서, 더 나아가 연산매곡 지역의 위험까지 감수하였다는 점에서 공직 개인만의 신념은 아니었을 것으로 여겨진다.

겉으로는 왕건에 대한 인물평으로 표현되었지만 문의 측면에서 '안민安民'과 무의 측면에서 '금폭禁暴'은 시대적인 과제이자 요청이었다. 공직 자신도 신라말 이래의 전란 상황 속에서 연산매곡 지역민의 안위와 치안 질서 유지를 최우선으로 생각하던 호족 출신으로서 군주는 '안민'으로서의 문과 '금폭'으로서의 무를 겸비해야 한다고 생각했고 이는 자신의 과제이기도 하였다.

호족은 당시 그들에 대한 '성주', '장군'이란 명칭이 잘 보여주듯이 지역민을 안정시킬 수 있는 정치 · 행정적 역량으로서의 문과 군사적 역량으로서의 무를 겸비하고 있어야 했다. 실제로 양자를 겸비해야 장기적 생존이 가능했다. 그런 조건은 호족의 기풍이 되었고 호족의 후예인 호장층 등 향리에 체질화되었을 것으로 여겨진다. 다음 장에서 집중적으로 살펴 볼 예정이지만 대표적으로 도필리 출신이었던 서필의 아들 서희가 문신으로서 군사를 지휘하여 강동 6주 지역의 여진족을 축출하고 성을 쌓은 것을 예로 들 수 있다.

서희는 근기 지역 호족의 후예이지만 동시에 당시에는 재상인 평장사로서 군사를 지휘하였는데 호족의 후예이면서 재상이 된 인물들이 대체로 문무 양자를 겸비한 경우가 많았다는 점에서 호족의 기풍이 재상으로 이어졌다고도 볼 수 있다. 과거 신라에서는 재상이 장군직을 겸직하는 경우가 많았다. 고려에서도 재상의 덕목으로서 점차 군사적 역량이 강하게 요구되었고 고려 후기에는 군사적 일이 발생하면 재상을 차출하여 일임하는 것이 다반사였다. 재상의 덕목으로 '출장입상出將入相'은 그 연장선상에 있는 것이었다.

한편 군주도 마찬가지였다. 국초에 견훤은 양자를 겸비하지 못했다고 평가받았고 왕건은 그 반대편에 있었던 것이다. 더 정확히 말하면 '안민'으로서의 문과 '금폭'으로서의 무를 겸비했는가의 문제였다.

양자가 태조 왕건의 덕목으로만 존재했던 것은 아니었다. '안민'은 고려 왕조의 안정과 유지를 위한 기본적인 정치 논리였고, 이는 위민爲民 정치로 표현되는 것이었다. 또한 '금폭'의 논리도 역시 동일하다. 『고려사』 병지 서문 첫 머리의 '군사란 난폭함을 제어하고 난리를 정리하기 위한 것이다[兵者, 所以禦暴誅亂]'와 같이 무란 '금폭'을 위한 것으로 동일하게 언급되고 있다. 요컨대 '안민'이 문의 목적이라면 '금폭'은 무의 목적이라고 할 수 있다.

양자의 중요성이 모든 시기에 동일했던 것은 아니었다. 국초에는 무의 중요성이 우위에 있었다. 양자가 기계적으로 대체될 성질의 것은 아니지만 먼저 치안이 확보되어야 백성들의 생활이 가능할 수 있다는 점에서 국초에는 군사적 역량이 우선할 수밖에 없었다.

그러나 후삼국 통일 이후 점차 정치질서가 안정되면서 광종대에 와서는 중앙집권화를 위해 문인적 가치를 우선적으로 고양시켜 갔다. 특히 후주인 쌍기를 등용한 이후 과거제를 실시하고 문사를 중용하면서 그런 기풍이 확산되어 갔다. 동시에 정치적으로는 '구신숙장舊臣宿將'이 대부분 제거되었다고 하는데 재상급 대신들과 장군이 대상이 되었다고 할 수 있다. 문무의 대립이 표면화된 것으로서 이는 전란시 비대화된 군사력을 제어해야 하는 군주의 정치적 과제가 해결되는 방식이었다. 문무 대립은 이후 성종대 문반과 무반의 제도적 확립을 거쳐 안정되게 된다.

## 문 · 무반 확립 이후 문무 겸비 형태와 기풍

성종대 문 · 무반 확립 이후 문신과 무신의 제도적인 분리가 명확해졌음에도 불구하고 많은 문신들의 군사적 활약이 보이고 있어 주목되는 바이다. 먼저 앞서 언급한 서희를 비롯해 강감찬, 문정, 윤관, 오연총, 김부식 등을 들 수 있다. 모두 재상급 인물들로서 고려 전기의 중요 전쟁 및 전란을 지휘한 인물들이기도 하다.

강감찬은 성종 때 갑과 제1로 과거 급제한 인물인데 아버지 궁진은 금주인으로서 태조 왕건을 섬겨 삼한벽상공신이 된 사람이다. 따라서 강감찬은 서희와 마찬가지로 대표적인 근기 호족의 후예라고 할 수 있는데 어려서부터 공부하기를 좋아하고 신통한 지략이 많았다고 한다. 이를 통해 보건대 문무를 겸비한 기풍을 가졌을 것으로 추측된다. 그는 현종 9년(1018) 거란과의 3차 전쟁에 앞서 서경유수 내사시랑동내사문하평장사에 임명되었고 소손녕의 10만 대군 침입시 서북면 행영도통사로 있었는데 왕은 또 그를 상원수 대장군으로 임명하였다. 요컨대 그는 재상인 평장사이자 대장군으로서 활동한 것이다.

문정은 장연현 사람으로서 문종초에 급제한 뒤 문종 31년(1077)에 참지정사에 임명되었다. 이후 문종 34년(1080)에 동번東蕃 여진이 반란을 일으키자 그는 판행영병마사로서 보병과 기병 3만 명을 거느리고 군사 작전을 성공적으로 지휘하였다. 윤관과 오연총도 역시 동번 여진 정벌에 참여한 인물이다. 윤관은 파평현 사람으로서 고조 윤신달은 태조 왕건을 보좌하여 삼한공신의 칭호를 받은 바 있다. 오연총은 해주인으로서 집안이 대대로 한미하였다고 한다.

윤관은 문종 때 과거에 급제하여 숙종 8년(1103)에 지추밀원사에 임명된 후 숙종 9년(1104)에 여진과의 전투를 지휘하였다. 오연총은 과거에 급제하고 숙종 10년(1105)에 동지추밀원사에 임명된 후 예종 원년(1106)에 윤관과 함께 신기군과 신보군 등 별무반 군사를 사열하였고 이후 여진 정벌에 적극 참여하였다.

서희, 강감찬, 문정, 윤관, 오연총 등 모든 인물들은 근기 지역 출신으로서 삼한공신 등 호족 또는 향리 계열의 후예라는 공통점을 가지고 있다. 모두 근왕적 성격의 문무 겸비 기풍을 가지고 있었고 오연총은 실제로 '문무지재文武之才'로 평가받은 바 있다. 이런 점이 12세기 초까지의 주요 특징이라고 할 수 있는데 이에 비해 김부식은 다른 특징을 가지고 있다.

김부식도 과거 급제한 인물로서 '문무지재文武之才'로 평가받은 사람이지만 묘청의 난을 진압한 공으로 평가된 것이라서 그 성격이 다르다고 할 수 있다. 출신 지역도 다르고 문벌 세력의 정치적 입장을 대변하고 있음도 다르다고 할 수 있다. 그 밖에 강조는 목종 때 중추사로서 서북면도순검사에 있으면서 이부시랑 이현운 등과 함께 갑졸 5천을 거느리고 변란을 일으키고 이후 행영도통사로서 거란 성종의 침입에 대응하여 군사를 총지휘하였다. 강조의 출신과 행적은 명확하지 않아 잘 알 수 없다.

고려 전기 재추급 인물들의 군사적 활동은 많이 알려져 있지만 중하급 문신들의 군사적 활동은 더 광범위하다. 대표적인 사례만 들면 강민첨은 진주 사람으로서 목종 때 과거에 급제하였고 현종 때 동여진이 침입해 왔을 때 각 주군의 군사를 독려해 격퇴하였으며 거란의 3차 침입 때에는 내사사인으로서 부원수가 되어 거란군을 격퇴하였다. 그 공으로 응양군 상장군에 임명되었는데 과거 급제한 문신으로서 상장군이 된 문무 겸비의 전형적인 인물이라고 할 수 있다. 그러나 관직 이력으로서는 특수한 사례라고 할 수 있다.

또한 피위종은 현종 때 병부낭중으로서 변경 지역에서 순행 중 거란 장군을 보고는 공을 노리고 출격하여 죽이고 돌아왔다가 오히려 함부로 군사를 움직인 죄로 유형죄를 받았던 인물이다. 강민첨이나 피위종과 같이 중하급 문신으로서 변경이나 군현에서 군사 활동에 적극적이었던 인물은 매우 많이 나타나고 있다. 피위종과 같은 경우는 변공을 노리고 무리하게 움직인 사례라고도 할 수 있다. 특히 양계 지역에는 문신으로서 병마사와 그 이하의 여러 직책을 갖고서 군사적인 활동에 참여할 기회가 많았다.

지방 향리와 관련된 대표적인 인물로서 최루백을 들 수 있다. 최루백은 수원 향리였던 최상저의 아들이었는데 아버지가 호랑이에게 죽자 직접 도끼를 들고 호랑이를 잡았다고 알려진 인물이다. 그는 아버지 무덤 옆에 여막을 짓고 무덤을 지켰고 의종 때 과거에 급제하여 기거사인이 되었다가 무신정변 이후에는 상장군에 임명되었던 인물이다. 시묘 활동을 한 인물이자 과거에 급제한 인물이지만 호랑이를 잡을 정도로 무적 능력을 갖고 있고 나중에 상장군이 되었다는 점에서 향리 후예의 문무 겸비 기풍을 전형적으로 잘 보여주고 있다.

또한 이영의 경우에는 아버지 이중선이 안성군 호장으로서 경군에 선발되었는데 이영은 어려서 스승을 따라 배우다가 아버지가 죽은 뒤에 영업전을 승계하기 위해 서리가 되려고 하였다. 그러나 그는 정조주사에게 문서를 제출했다가 충돌 후 과거 급제하여 직사관에 임명되었다. 호장층은 문무를 넘나들면서 직책을 계승하거나 겸비하는 기풍이 형성되어 있음을 잘 보여주고 있다.

실제로 제도적으로 주현 1품군 별장은 부호장 이상을 대상으로, 교위는 병창정, 호정, 식록정을 대상으로, 대정은 부병창정, 부호정, 제단정을 대상으로 활쏘기를 통해 뽑아 향리가 겸하게 하였다. 별장은 정7품 무반직이고 교위는 정9품 무반직이고 대정은 품외직이었다. 즉 향리의 후예는 무반직으로 갈 수 있는 통로가 넓었다고 할 수 있다. 동시에 이서직을 통해 문반직으로 나아갈 수도 있고 과거 급제를 통해 고위 문신직으로 나아갈 수도 있었다.

그런 제도적 배경을 바탕으로 11세기에는 거란과의 대립 상황 속에서 문신들에게도 군사 훈련 또는 활쏘기를 장려하는 기사들이 다수 출현하고 있어 문무 겸비의 기풍이 사회 전반적으로 확산되어 있음을 잘 알 수 있다. 그것이 가능한 이유는 그 저변으로 광범위한 호장 등 향리층과 이서층이 있었기 때문이다.

한편 무반직을 가진 상층 무신측에서는 문관 겸직 요구가 일찍부터 있었다. 현종 5년(1014) 11월 27일 김훈 등이 무관 상참 이상의 문관 겸직을 요구하여 수용되었고 같은 해 12월 원우, 지채문 등이 무직을 겸직하였다. 계기가 된 것은 같은 해 11월 25일 상장군 김훈, 최질 등이 경군 영업전 문제로 반란을 일으킨 사건인데, 김훈 등이 문관 겸직을 요구한 이유는 『고려사』 황보유의 열전의 '상장군 최질은 또한 변경에서의 공으로 누차 무직에 배수되었으나 문관직은 얻을 수 없어 항상 불만스러워했다'는 기록을 보건대 김훈, 최질 등이 상장군으로서 더 이상의 진급이 어려웠기 때문일 것이다.

그러나 그렇게만 해석하기에는 애매한 것이 실제로 현종 원년(1010)에 무신인 안소광이 검교상서우복야(정2품)로서 출현하고 있어 김훈 등이 문관 겸직을 요구하기 이전에 이미 상위 무신의 문관 겸직이 이루어지고 있었다. 예외가 인정되는 상황이라면 김훈 등도 예외로서의 진급을 고려했을 것인데 그렇게 하지 않았다는 점에서 김훈 등의 개인적인 요구로만 보기는 어렵고 무반층의 일반적인 요구일 가능성을 생각해 볼 수 있다. 그런 일반적인 요구가 나타난 이유는 명확히 알기는 어렵지만 대체로 당시 성종대를 거치면서 문사가 정책적 사회적으로 존중받았기 때문일 것이다.

이후 무반 장군직의 최상층에서는 문관직 겸직이 상당수 나타나고 있고 무신측에서 문신적 역량에 대한 자긍심을 드러내는 자료가 나타나고 있어 무신측에서도 문무 겸비의 기풍이 있었음을 짐작케 한다. 왕국모의 경우 숙종의 즉위 이후 공을 기리는 교서에서 '문무 모두 자질 있다'고 기록된 것을 볼 때 실제 그랬는가와 무관하게 문무 겸비가 사회적으로 칭송 받는 것이었음을 알 수 있다.

당시 그러한 교서의 내용을 기롱했다는 것으로 보아 왕국모의 문신적 역량은 부족한 편이었음을 짐작할 수 있다. 오히려 주목해야 할 점은 왕국모의 역량이 부족함을 잘 알고 있었을 국왕측이 굳이 문무 겸비의 기풍으로 왕국모를 칭송했다는 것이다. 그 이유는 앞서 거론했던 최충의 사례와 같이 문무 겸비의 기풍이 '출장입상出將入相', 곧 나가서는 장수요, 들어와서는 재상이 필수적으로 갖추어야할 자질이었기 때문이다. 그것은 『고려사』 예종 11년(1116)의 아래 기록을 통해서도 잘 알 수 있다.

> "문무文武 양 학문은 국가 교화敎化의 근본이다. 일찍이 지시를 내려 양 학문을 세우고 여러 학생을 길러 장래 장수와 재상을 거기서 선발하려고 준비하였는데 해당기관에서 각각의 의견을 고집하여 일정한 논의가 없으니 마땅히 이에 대한 대책을 상주하고 빨리 실행해야 할 것이다."

위 자료는 예종이 서경에 가서 국가 혁신의 방책으로 여러 가지를 제시하는 가운데 나온 것 중의 하나이다. 여기서 '문무'를 함께 국가 교화의 근본으로서 제시하면서 문무 양학에 대한 교육을 통해 장래 장수와 재상을 선발하겠다는 점에 주목할 필요가 있다. 정부가 생각하는 최고 인재는 문무 겸비의 기풍을 가진 '출장입상'의 존재였던 것이다. 문무 겸비의 기풍은 재상급 지배층에게 요구되는 자질이었다. 그런 배경 속에서 윤관과 같은 문신이 여진 정벌을 지휘하고 김부식이 서경의 반란 때 군사를 지휘하였던 것이다.

특히 12세기 초는 여진족 금의 발흥이라는 격변 속에서 무학의 필요성이 급증하였다. 그래서 국왕측이 문무 양학을 강조한다는 것은 실제로는 무학의 중요성을 강조한 것이었다. 고려에서는 성종 이래 정책적으로 문학, 곧 유교 경전의 이해와 문장이 중요시되는 분위기였다. 그 결과 문종 대에 12공도와 같은 사학이 번성할 수 있었던 것이다. 그런데 문무 양학이 함께 강조되는 분위기를 배경으로 해서 무학재가 설치되었고 그에 따라 뜻하지 않은 현상이 나타나게 되었다.

무학재의 생도는 '과거에 급제하기가 매우 쉬워서 여러 생도들이 다투어 무학에 속하였다. (중략) 무학이 점차 번성하여 장차 문학하는 사람들과 각을 세워 불화하게 되면 매우 편치 못할 것이다'라는 것이었다. 오히려 무학으로 몰리는 현상이 나타났고 그에 따라 문학하는 문신들이 불편하게 생각하는 경향이 나타났던 것이다. 그에 따라 결국 인종 11년(1133)에 무학재는 폐지되었다.

뒤를 이어 의종 대에 들어와서는 '문신이 크게 성행하였다'고 하면서 문인들이 무인들과 교유하지 않으려는 사실을 전하고 있다. 유자량은 예외적으로 무인과 교유하여 나중에 무신정변 때 화를 입지 않게 되는데 그런 점에서 무신정변은 이 시기 문무 대립이 표면화된 것으로 보아야 할 것이다. 의종 24년(1170)에 국왕은 자신이 직접 쓴 신년 하례 표문에서 '문학을 수련하고 무력을 그치게 하여 실로 만세의 무궁한 휴식을 누리게 되었다'고 자평하였다. 바로 이 해에 무신정변이 일어났는데 정치적인 의도는 없었던 것으로 여겨지지만 국왕이 앞장서서 문학을 제창하면서 문학을 중심으로 한 사회적 기풍을 만들었던 것은 분명하다. 특정 제도와 정책이 사회적 기풍을 만들었고 다시 사회적 기풍이 특정 제도와 정책에 강력한 영향을 끼쳤던 것이다.

## 무신정변 이후 문무 겸비 기풍과 지향

무신정변 이전에는 외관은 문신만이 임명되었다. 특히 과거 합격자는 대부분 지방의 속관으로 배치되었는데 이는 국초 이래 문신 관료를 통한 지방 세력 통제의 흐름 속에서 제도화되었던 것이다. 그러나 무신정변 이후 '문신과 무신을 교대로 수령으로 임명하는 사례를 시작하여 매번 무신을 외관으로 임명하였다.' 고 한다. 무신정변 직후부터 문신과 무신이 교차 발령되었던 것이다.

게다가 무신정변 직후 무산관武散官으로 산원동정부터 검교장군까지 모여 문반의 권무관직까지 빼앗으려 하자 중방과 조정 모두 두려워서 아무도 말을 하지 못할 때 대장군 홍중방이 그런 논의를 중지시켰다고 한다. 정변 이후 문반직과 무반직의 균형이 깨지고 관직이 무신으로 쏠리는 위험까지 나타났던 것이다.

또한, 명종 7년(1177)에 대장군 홍중방은 양계 지역의 주진州鎭 판관判官에는 무신을 임명하지 말라고 주장하여 관철시켰다. 판관은 군현의 2인자로서 수령을 대신해서 지방행정을 총괄하는 위치에 있었는데 양계 지역은 국경 방어의 특성상 무신의 비중이 매우 높은 지역이었다. 그런데 판관까지 무신 일색일 경우 대민 행정업무에 문제가 발생할 가능성이 높았다. 결국 홍중방에 대한 일부 무신의 반발이 있었지만 그의 주장은 관철되었고, 그의 주장에 대해서는 '당시 여론이 그를 더욱 중히 여겼다'고 하여 여론의 지지를 받았다. 요컨대 정변 이후에도 상대적인 측면에서 문무 균형의 움직임이 있었던 것이다.

그런 흐름은 최씨 무신정권에서 더욱 확대되어 중앙 정계에도 이규보 등 문신을 일정하게 육성하는 형태로 이어졌다. 그러나 마지막 무신정권인 임연 · 임유무 정권이 무너진 후, 충렬왕 초에 승선 박항을 중심으로 외관직은 문신만이 임명되는 제도로의 복구가 추진되었다. 그러자 무신들의 반발이 심하였다고 한다. 충렬왕은 무신들이 '군대의 일은 우리 무리에게 맡기고, 안찰사나 수령처럼 민民을 다스리는 임무에는 단지 동반東班만을 쓸 뿐이다. 우리 무리는 서운하지 않을 수 없다.'라고 한 말을 전하면서 다시 무신정권 시기와 같이 문신과 무신을 교차해서 임명하려고 했는데, 충렬왕의 총애를 받던 승선 이습이 다음과 같이 말하여 초점을 변경시킨 일이 그의 열전에 기록되어 있다.

"무인 중에는 이재吏才가 있으면서 민의 일을 아는 자는 드뭅니다. 만약 재주가 문무를 겸하고 있으면서 너그러움과 용맹함을 모두 갖춘 사람이 있으면 마땅히 문신인지 무신인지를 제한하지 말고 임명하십시오."

이습은 무신들 중에 행정사무의 재주가 있으면서 대민 업무를 아는 자가 드물다는 사실을 들면서 문신과 무신의 교차 임명을 통한 문무 균형을 추구하기보다는 문신과 무신의 제한 없이 문무 겸비의 재주와 기풍을 가진 사람을 외관으로 임명하자고 주장하였다. 특히 문무 겸비에 따른 기풍으로 '너그러움과 용맹함을 모두 갖춘 사람'으로 구체적으로 제시한 점이 특징적이다. 충렬왕은 이습의 주장을 받아들여 문무 겸비를 기준으로 외관을 임명하였다.

그런 기준은 우왕 원년(1375)에 '재상 및 6조, 대성臺省으로 하여금 재주가 문무를 겸비하여 수령이 될 만한 자를 각자 천거하라고 명하였다.'는 자료를 통해서 고려 말까지 이어졌음이 확인된다. 문무 겸비는 수령의 자질로서 이상적인 기준 역할을 수행하였고 그것은 조선 시기까지 이어졌다.

무신정변 이후 중앙 관직에서는 문신과 무신 관직의 겸직이 활발히 이루어졌다. 문신 출신으로서 무신직인 상장군이 된 최초의 인물이 문극겸이라고 한다면, 무신 출신으로서 문신 관직을 겸임한 사람은 최세보, 최련, 김부 등이었다. 최세보는 가계가 본래 한미해서 글을 몰랐다고까지 하는 인물이었다. 그럼에도 나중에는 의종 실록 편찬에 참여했던 인물이다.

그런 가운데 무신들 상당수가 문무 겸비를 긍정하는 기록을 남기고 있어 주목된다. 대표적으로 백임지의 경우, 실제로는 문신의 역량을 가졌는지 상당히 의문이 되는 인물이었음에도 불구하고 묘지명에서 '관직은 문무를 겸하고 가는 곳마다 명성이 있도다'라고 하여 문무 겸비를 긍정하고 있다. 앞서 왕국모의 사례와 같이 그 실제 능력과 무관하게 당시 사회에서는 문무 겸비를 칭송하는 기풍이 있었음을 잘 보여주고 있다.

그런데 실제로 문무 겸비의 실력과 자질을 갖춘 인물들도 상당수 출현하고 있다. 먼저 조충은 시중이었던 조영인의 아들로서 음서 출신이었지만 희종 때 한림학사로서 많은 서적이 그의 손에서 나왔을 뿐만 아니라 고종 초에는 강동성에서 거란 군사를 토벌하는 등 군사적인 역량을 겸비하였다. 그래서 고종 3년(1216)에 조충은 '추밀부사 한림학사승지 상장군'으로 승진하여 문신직과 무신직을 겸직하였다. 고종은 조충의 재주가 문무를 겸하였다고 하여 제수하였다고 한다. 한편 김인경도 조충의 거란 토벌 시 함께 참여하여 활약한 인물이었는데, 그는 명종 때에 과거에 급제한 인물이었다. 그는 '문신과 무신으로서 행정사무의 재능을 모두 갖추었다'고 하였다. 또한 김득배는 과거에 합격한 이후 문신직을 역임하다가 공민왕 6년(1357)에 '서북면홍두왜적방어도지휘사'가 되었고 이어 '서북면도순문사 겸 서경윤 상만호'가 되어 무신직을 겸하였다. 그는 홍건적 격퇴에 큰 공을 세웠던 인물이었다.

요컨대 충렬왕 이후 무신 중에서 수령이 될 수 있었던 사람은 문무 겸비의 자질과 기풍을 가지고 대민 업무가 가능한 자로 제도화되면서 무신의 이상적인 기준은 문무 겸비의 자질과 기풍을 가진 존재가 되었을 것이다. 동시에 고려 말 홍건적과 왜구의 침입 등 전란이 다발적으로 일어나면서 문신측에서도 조충, 김인경, 김득배 등과 같이 무인의 역량을 함께 갖출 필요가 생겼다. 그러한 문무 겸비의 자질과 기풍은 바로 재추급으로 승진할 수 있는 바탕이 되었기 때문이다. 그런 배경 속에서 고려 말까지 문신과 무신 양측에서 지속적으로 문무 겸비를 지향하는 풍토가 형성되었을 가능성이 높다고 여겨진다.

## 조선의 문무 겸비 기풍과 유장儒將

조선에서는 국초부터 문무를 겸비하고서 수령이 될 만한 사람을 천거하라고 여러 차례 명령하였다.『태조실록』의 태조 5년(1396) 2월 25일조에 나오는 다음 자료가 바로 그것이다.

> 도평의사사에 분부하였다. "근래에 들으니 수령들의 대다수가 제대로 하지 못한다 하니, 각사各司에 분부하여 가선嘉善 이하 6품 이상 중에서, 문무를 겸재兼才한 수령이 될 만한 자를 천거하게 하라. 잘못 천거하면 죄가 천거한 자까지 미치리라."

이러한 내용은『태종실록』의 태종 원년(1401) 6월 29일 기사에서도 찾아볼 수 있다.

> 여러 신하들에게 명하여 각각 아는 사람을 천거케 하여 탁용擢用에 대비하였다. 임금이 말하였다. "명命을 받은 처음에 마땅히 사람 쓰는 것을 급히 하여야 되겠다. 문무 겸비한 재주와 백성에 임臨하는 직책을 감당할 만한 자를 양부兩府 · 대간臺諫 · 육조六曹 · 삼군부三軍府 · 삼사三司 및 각사各司의 6품 이상이 모두 천거하라."

조선 국초에 수령 임명은 매우 중요시되었다. 개혁 정치의 일환으로서 백성을 가까이 하는 수령의 질과 권위를 높이기 위해 수령의 품급을 참상관 이상으로 올렸다. 또한 국초 수령은 일반 행정뿐만 아니라 지방 군사권까지 장악하고 있었기 때문에 문무를 겸비한 사람을 수령으로 임명해야 했다. 그래서 위 자료에서 보이는 것처럼 태조와 태종 양 시기에 걸쳐 문무를 겸비하여 수령이 될 수 있는 사람을 천거하도록 명령하고 있었던 것이다. 특히 국초에는 명, 여진, 왜구 등의 위협으로 인해 국경과 연해 지역에서 군사적인 역량과 함께 백성을 안정시킬 수 있는 문무 겸비의 인재가 필요하였다.

조선 초기에는 문치의 이상이 제시되면서도 태조부터 세종대까지 대표적인 군사 훈련 제도였던 강무講武가 활발하게 시행되었고 과거 제도에서도 문무 양과를 동일하게 대우하는 등 문무 겸비의 사회적 기풍이 형성되어 있었다. 그런 기풍 속에서 '유장儒將'이란 명칭이 활용되었고 유장에 해당하는 일군의 무리가 형성되었다.

세종 32년(1450)에 집현전 부교리였던 양성지는 상소문에서 고려의 강감찬, 김부식, 조충, 김득배와 같은 사람을 '유장'이라고 지칭하면서 고려에서는 '유장을 많이 활용하였다'(『세종실록』 127권, 세종 32년(1450) 1월 15일)고 서술하였다. 양성지는 고려에서 문무 겸비의 기풍을 가졌던 사람들을 유장이라고 칭하고 있는데 다분히 조선의 관점에서 고려의 인물들을 바라보면서 붙인 호칭이라고 할 수 있다. 그러나 조선 초에 그런 인물들이 다수 등장하였기 때문에 유장이란 용어가 활용되었던 것이기도 하다. 그런 측면은 『성종실록』의 성종 23년(1492) 4월 1일 자료를 통해 확인할 수 있다.

> 경연에 나아갔다. 강講하기를 마치자, 우승지 권경희가 아뢰기를, "지금 문신을 가려 선전관宣傳官을 겸차兼差해서 다른 날의 장수로 삼으려고 하시나, 권장하지 않으면 어찌 성취할 수 있겠습니까? 청컨대 매달 활쏘기를 시험하여 여러 차례 수석을 차지한 자는 1고考에 준하게 하고, 그들로 하여금 행진行陣하는데 따르게 하여 군려軍旅의 일을 익히게 하소서."하므로, 임금이 좌우에 물으니, 영사領事 윤필상이 대답하기를, "권경희의 아뢴 바가 매우 옳습니다. 세종조의 명장 김하金何 · 하경복河敬復과 같은 무리도 모두 쌓아서 기르는 가운데 나왔습니다. 그러나 어찌 반드시 승문원과 교서관의 예와 같이 정식程式을 세우겠습니까? 근일의 문신은 모두 오진五鎭의 판관判官을 꺼리며, 궁시弓矢를 일삼지 않으니, 유장儒將이 어디로부터 나오겠습니까?"

위 자료를 통해 세종조의 명장 김하, 하경복과 같은 무리가 유장이었음을 알 수 있다. 또한 유장을 기르는 방식은 문신에게 활쏘기를 권장하여 그 실력을 보고 선전관으로 겸차하여 나중에 장수로 활용하는 형태였음도 잘 알 수 있다. 그런데 성종대에 와서는 문신들이 국경 지역의 판관을 꺼리고 활쏘기를 꺼리는 분위기라서 유장이 나올 수 없는 환경임을 짐작케 한다. 그렇게 문신이 활쏘기를 꺼리는 분위기가 형성된 배경은『성종실록』성종 12년(1481) 6월 9일 기사에 실린 군자감첨정 이안의 상소문을 통해 잘 알 수 있다.

> "문신으로서 활쏘기를 아울러 잘하는 자에게는 동료가 꾸짖기를, '유자儒者가 무를 겸하면 청요한 관직을 얻지 못하고 죽어서 변경의 해골이 된다.' 하고는, 말하기를, '무자武者는 부모와 처자를 버리고 가서 다른 고장에서 죽더라도 누가 알아주겠는가? 나는 감히 할 수 없다.' 하고 마음속으로 천하게 여겨 무자를 만나면 초개처럼 봅니다."

위 자료에서 유자가 무를 겸하면 청요한 관직을 얻지 못하고 변경에 묻힌다는 것은 당시 제도를 반영하는 것이었다. 문무를 겸비하면 우선적으로 변경 지역의 수령으로 배정되면서 중앙 정치와 거리가 멀어지게 되어 다시 들어오지 못할 가능성이 높았기 때문이다. 그런 사회 기풍 속에서 문신이 군사적 능력과 거리를 두는 것은 합리적인 선택의 결과였을 것이다. 그리고 그런 문무 겸비 기풍의 쇠퇴는 위 자료의 '무신 천시'로 인식되는 사회적 분위기를 배경으로 하는 것이었다. 그것은 오랜 평화 속에서 성종대 이후로 강무가 거의 실시되지 않고 문과 급제자가 중시되는 등 문치주의가 강화되는 변화 속에서 나타난 현상이었다.

16세기 이후 문무 겸비의 자질을 갖춘 사람을 구하기 어렵다는 언급이 지속되었고 군사적인 역량의 전반적인 쇠퇴도 계속 언급되는 상황 속에서 결국 임진왜란을 맞이하여 어려움을 겪었다. 그러나 임진왜란 전후로도 유장 기풍은 면면히 이어지고 있었다. 『서애집』에 따르면 임진왜란 직전에 선조는 비변사에 명을 내려 장수가 될 만한 인재를 천거하라고 하였고 유성룡은 권율과 이순신을 천거하였다.

권율과 이순신 모두 중 하급 관료로서 크게 명망이 없던 존재였지만 천거 이후 품계를 뛰어 넘어 관직에 배치되었고 그것이 조선에 결정적인 영향을 미쳤던 것이다. 양자 모두 유장의 천거 및 활용 방식에 준하여 이루어졌음이 흥미롭다. 권율은 문과 급제자로서 '옛날 유장의 기풍이 있었다.'고 하고 이순신은 비록 무과 급제자였지만 20세까지의 문과 준비 과정을 통해 자연스럽게 문무를 겸비하였고 전쟁 중에 백성을 안정시키고 군사적 역량을 발휘함에서 문무 겸비의 면모를 잘 보여주고 있다.

### 참고문헌

김당택, 2000「고려 양반사회와 한국의 시대구분」『역사학보』166.

김종수, 2014「고려 전기의 무반과 군반」『한국사연구』164.

민병하, 1993「문무겸전책과 국가발전」『군사』27.

변태섭, 1971『고려정치제도사연구』, 일조각.

윤훈표, 2014「고려말 문무병용론의 새로운 제기와 그 의미」『한국사상사학』48.

이민웅, 2010「충무공 이순신에 대한 몇 가지 인식문제 고찰」『역사와 경계』77.

이현수, 2002「조선초기 강무講武 시행사례와 군사적 기능」『군사』45.

임민혁, 2004「임진왜란 전후 국방의식 변화와 국방전략」『군사사연구총서』4.

# 고려 말 권력구조의 한 측면–우왕의 즉위와 폐위를 둘러싼 상황들–

- 몽골과의 관계, 그 이후: 고려 말의 정치 · 권력구조
- 모니노牟尼奴, 강녕대군 왕우王禑가 되다
- 비첩婢妾의 아들, 왕위를 계승하다
- 우왕, 사대事大에의 불성실을 이유로 선위禪位하다
- 왕우王禑에서 신우辛禑로, 천자天子께서 말씀하신 '충忠'과 '역逆'

이명미

## 몽골과의 관계, 그 이후: 고려 말의 정치 · 권력구조

13세기 후반, 고려사회는 몽골제국의 등장이라는 세계사적 사건을 맞았고, 약 100여 년간 이어졌던 몽골과의 관계는 고려사회에 다방면에서 영향을 미쳤다. 이러한 몽골의 영향은 특히 정치적인 측면에서 직접적으로, 그리고 폭넓게 드러난다. 몽골황제권의 존재와 작용으로 국왕권을 둘러싼 정치적 환경이 변화하면서, 황제권과 그 아래 국왕과 신료의 관계, 즉 고려의 권력구조를 변화시킨 것이다. 이러한 변화는 몽골과의 관계가 청산되면서 상당부분 제자리를 찾기도 했지만, 또 한편으로 잔존하여 이후 시기 고려의 정치 · 외교적 환경에도 영향을 미쳤다.

14세기 말, 고려는 명明을 새로운 사대의 대상으로 삼았고, 정치세력들은 고려사회의 문제들을 어떻게 개혁할 것인가를 두고 입장을 달리 하며 분기했다. 갈등과 대립, 그리고 변화의 시기였다. 그런데, 이 시기의 정치세력들은 상호간의 '차이'를 통해 '변화'를 추구하기도 했으나, 이전시기로부터 '연속'되는 인식

을 바탕으로 한 정치적 · 외교적 환경을 '공유'하고 있기도 했다. 고려 말 정치세력들이 공유하고 있었던 정치적 환경이라는 것은 외교적 환경과도 직결되어 있었으며, 이러한 외교적 · 정치적 환경은 선행하는 몽골과의 관계에서 형성된 환경과 관련된다.

아래에서는 고려 말, 원 · 명 교체와 조선 건국으로 이어지는 격렬한 정치적 · 외교적 갈등과 변화의 과정에서 비록 '주도적인' 역할을 하지는 못했지만 그 중심에 있었던 우왕禑王의 즉위와 폐위 등의 과정을 통해서, 이 시기 고려국왕권을 지탱하고 있었던 관념 및 질서의 일단을, 그리고 그에 앞선 몽골과의 관계를 통해 변화한 국왕 위상이 몽골과의 관계가 청산된 이후 고려사회 및 정치 · 권력구조에 남긴 여파의 일단을 살펴보고자 한다.

## 모니노牟尼奴, 강녕대군 왕우王禑가 되다

공민왕 20년(1371), 공민왕은 신돈辛旽의 시비侍婢 반야般若와의 사이에서 태어난 모니노를 궁인宮人 한씨韓氏의 소생으로 삼아 궁으로 들였다. 그리고 2년 후, 그에게 우禑라는 이름을 내리고 강녕부원대군江寧府院大君으로 책봉한 후 백문보를 사부로 삼아 교육을 시작했다. 그를 후사로 세우기 위한 일련의 과정이었다.

이후 왕우가 왕위를 계승할 때와 마찬가지로, 이때에도 명덕태후明德太后 홍씨洪氏는 왕우를 교육시키는 데에, 정확히 말하면 그를 공민왕의 후사로 세우고자 하는 데에 반대했다. 표면적으로 드러나는 이유는 그가 '어리다'는 것이었지만, 사실상의 반대 이유는 그의 모계가 천하다는 점이었을 것이다. 부모 가운데 한쪽이 천인이면 그 소생도 천인이 되는 고려의 신분의식은 왕실 후손에도 적용되었다. 왕의 후손 가운데에서도 궁인, 즉 비첩婢妾의 소생자는 머리를 깎고 승려가 되어 궁에서 나가야 했으며 왕위를 계승할 수도, 작위를 받을 수도 없었다. 이러한 왕의 얼자孼子를 '소군小君'이라 했는데, 모니노-왕우 역시 이에 해당되었다.

공민왕 역시 얼자라는 모니노의 출신이 왕위계승권자로서의 그의 자격에 장애가 된다는 점을 의식하고 있었던 것으로 보인다. 조작인지 실재인지 확인할 길은 없으나, 공민왕 5년(1356)과 22년(1373) 두 차례에 걸쳐 충혜왕의 얼자인 석기釋器를 왕으로 추대하려는 모의가 발각되었다. 두 번째 사건 이후 석기를 처형하고 내린 교서에서, 공민왕은 그가 "단양대군집 시비 소생"이라는 점을 들었다. 그가 왕위에 오를 수 없는 신분임에도 왕위에 오를 것을 기도했음을 전제하며 그 처형을 정당화한 발언이었다. 모니노가 궁에 들어온 이후에도 공민왕이 계속 후사에 집착했던 것 역시 모니노의 출신에 대한 공민왕의 인식이 어떠한 것이었는지를 보여준다.

이렇게 볼 때, 모니노에 대한 공민왕의 처사는 고려 전래의 의식과 관례에 비추어 '돌출적'이다. 왕실의 후사를 세우는 것은 중요한 일이지만, 고려 전래의 관념에 비추어 왕위를 계승할 자격이 없는 모니노를 모후인 명덕태후의 반대를 무릅쓰고 굳이 후사로 삼고자 했던, 그리고 자제위子弟衛 문제에서 보이는 바와 같이 무리한 방법으로 후사를 얻고자 했던 공민왕의 행적은 집착으로 보이기까지 한다.

이러한 공민왕의 후사에 대한 집착에는 여러 가지가 배경으로 작용했을 것이다. 그 가운데 주목되는 것이 공민왕 11년(1362)에 발생했던 기황후 세력의 공민왕 폐위시도이다. 이는 앞서 공민왕 5년(1356) 개혁 과정에서 기철奇轍 등 그 일가가 주살된 것에 원한을 품고 있었던 기황후 세력이 주도한 것이다. 결과적으로는 충선왕의 얼자인 덕흥군德興君 타스테무르塔思帖木兒가 고려국왕에 옹립되었지만, 애초에 기황후 세력이 공민왕을 폐위시키고 고려국왕에 세우려 했던 것은 심왕瀋王 톡토부카篤朶不花였다. 그는 충숙왕대와 충혜왕대에 걸쳐 고려국왕위에 마음을 두어 고려의 정국을 분열시켰던 심왕 왕고王暠의 손자이다. 기황후 측에서 그를 고려국왕으로 삼고자 했던 데에는 우선 톡토부카가 공민왕의 조카로 고려왕실 내 서열상 왕위계승에 가장 유력했다는 점이 고려되었을 것이다. 뿐만 아니라 그는 일찍이 기황후의 아들인 황태자 아유르시리다라가 단본당端本堂에 있을 때 그의 숙위, 즉 케식으로 활동하여 몽골황실과도 가까운 관계를 유지하고 있었다. 그러나 당시 톡토부카는 "숙부가 아들이 없으니 세상을 떠난 후에 나라가 어디로 가겠는가? 지금은 숙부가 건강하신데 내가 어찌 숙부의 자리를 빼앗겠는가?"라고 하며 기황후 측의 제안을 받아들이지 않았고, 결국 덕흥군이 공민왕의 대안으로 선택되었다.

톡토부카가 한 말은 기황후 측의 제안을 거절하기 위한 것이었다. 이에 공민왕은 폐위시도가 무위로 돌아간 후 톡토부카에게 선물을 보내고 그가 보낸 사신을 후하게 예우하기도 했다. 그런데, 이 말은 공민왕에게 자신이 처해 있던 외교적·정치적 현실을 일깨워주었던 것으로 보인다. 톡토부카는 공민왕의 아들이 없다면, 왕실 질서 상으로도 몽골황실과의 관계에서도 왕위계승에 가장 유력한 위치에 있는 인물이었다. 그리고 그의 말대로 공민왕 사후에 톡토부카가 고려국왕위를 계승하게 된다면, 이는 단지 공민왕의 아들이 아닌 다른 종실에 의해 고려국왕위가 계승되는 문제를 넘어 몽골 황제권 및 기황후 세력과 긴밀한 관계를 갖고 있으며 몽골의 제왕위諸王位를 갖고 있기도 했던 인물이 고려국왕위를 계승하는 것이었고, 이는 곧 공민왕 5년(1356) 개혁을 통해 공민왕이 극복하고자 했던, 그리고 극복되었다고 믿고 있었던 몽골복속기 권력구조로의 복귀를 의미하는 것이었다.

공민왕 5년(1356), 공민왕은 기씨 주살을 시작으로 하는 일련의 개혁을 단행했다. 통상 '반원개혁'이라고 불리우는 개혁이다. 이 개혁을 통해서 공민왕이 해결하고자 했던 문제는 다방면에 걸치지만, 정치적인 측면에서 그가 극복하고자 한 것은, 몽골황제권을 정점으로 하여 그와의 관계-책봉을 통해 형성되는 1:1의 관계뿐 아니라 통혼이나 케식 등을 통해 형성되는 1:다多의 관계를 포괄하는 관계를 통해 권력이 부여됨으로 해서 고려 내 권력의 중추가 이원화하게 되는 권력구조의 문제였다. 기황후를 배태해낸 기씨일가의 존재는, 더욱이 그들의 몽골 내 권력과 권위에 힘입어 즉위한 공민왕의 즉위 초반 상황에서, 몽골과의 관계 및 그에 기반한 권력구조 아래에서 상대화한 고려국왕 위상의 적나라한 단면을 드러내고 있었다.

기씨일가 주살을 비롯해 공민왕이 단행한 일련의 '도발'적 조처들은 몽골의 내외적 상황 속에서 사실상 묵인되었다. 이러한 가운데, 공민왕은 몽골과의 관계 재편을 위한 몇 가지 사안을 요구했는데, 이 가운데에는 당시 몽골에 있었던 고려 종실 덕흥군을 고려로 송환해달라는 요청이 포함되어 있었다. 이는 '현재' 문제를 발생시키고 있던 국왕 이외의 권력주체, 대표적으로 기철 세력을 자의적으로 처벌하는 것을 넘어서, 그러한 가능성을 갖고 있는 인물의 신병까지 스스로 장악하겠다는 의지를 표현한 것이었다. 몽골과의 관계에서 고려국왕은 자신의 후계, 혹은 왕위 경쟁 과정에서 갈등했던 다른 권력주체의 신병을 스스로 장악할 수 없었다. 이러한 점은 이 시기 고려국왕권을 상대화시킨 또 하나의 구조적 문제였다. 이러한 공민왕의 요구에 대해, 몽골은 이미 발생한 기철 세력 숙청에 대해서는 현실적인 상황 속에서 사건처리의 선후관계가 잘못되었음만을 지적하고 넘어갔으나, 덕흥군의 신병은 고려에 넘기지 않았다.

즉, 공민왕 5년(1356) 개혁을 계기로 한 고려-몽골 관계 및 그에 기반한 권력구조는 큰 폭의 변화와 함께 온전히 청산되지 못하고 유지되는 측면 또한 동시에 갖고 있었던 것인데, 이 시점에서는 공민왕 5년(1356) 개혁 이후로도 잔존하고 있었던 몽골복속기 권력구조의 여파보다는 그 변화의 측면이 공민왕 및 고려의 신료들에게 더 큰 의미를 가졌던 듯하다. 그러나 공민왕 11년(1362)에 발생한 기황후 세력의 폐위시도를 통해 공민왕은 고려-몽골 관계와 그에 내재한 몽골복속기 권력구조의 여파를 보다 적극적으로 의식하게 된 것으로 보인다. 언제든 상황이 허락하면 공민왕 5년(1356) 이전과 같이 실질적으로 국왕위 문제를 결정할 '책봉국' 몽골과의 관계가 갖는 문제에 더해 심왕의 존재의미에 대해서도 재인식하게 된 것이다.

물론 이미 한 차례 덕흥군의 공격을 막아낸 바 있었기에 몽골이 다시 심왕을 고려국왕으로 삼고자 하더라도 그것이 실현될 가능성은 거의 없었다. 이에 이러한 시도가 공민왕에게 별 부담이 되지 않았을 것으로 생각할 수도 있다. 국왕이 신료들을 장악하고 있고, 국왕권의 대내적 기반이 안정적인 경우라면 그러하다. 그러나 기황후 세력의 공민왕 폐위사건은 공민왕 국왕권의 대내적 기반이 여전히 불안정한 상태임을 재확인시켜 주었다. 혹은 이 사건을 계기로 이러한 상황은 더 심화되었다. 이러한 상태에서 몽골이 심왕을, 혹은 다른 누군가를 고려국왕위에 세우고자 한다면, 그리고 그 해결과정이 다시 군사적인 대결을 동반해야 하는 것이라면, 이는 그 성사여부를 떠나 그러한 시도 자체가 공민왕에게는 부담이 될 수 있는 것이었다.

관련하여, 공민왕 시해 전후의 상황이 주목된다. 공민왕 23년(1374), 몽골에서 심왕을 고려국왕으로 세웠다는 소식이 들려왔고, 그로부터 며칠 뒤 공민왕이 시해되었다. 그리고 얼마 후인 우왕 원년(1375), 몽골은 공민왕이 아들이 없이 죽었다 하여 심왕 톡토부카를 고려국왕에 책봉해 보냈다. 진위 여부를 파악하기는 어려우나, 우왕대 초반의 정쟁 과정에서 논의되었던 바에 따르면, 이때 몽골에서 심왕을 고려국왕으로 세우는 과정에는 고려 재상 및 신료들의 요청이 선행했다고 한다. 이 사건은 얼마 후 심왕이 사망함으로써 유야무야되었다. 그러나 이 사건은 공민왕대 후반 기황후 세력의 폐위시도 이후 공민왕이 스스로 인식했던 자신의 정치적 · 외교적 상황을 이해하는 데에 시사점을 제공한다. '책봉국' 몽골은 언제든 그 '책봉권'을 실질적으로 행사할 여지를 갖고 있었고, 공민왕의 후사가 없는 상황에서 가장 강력한 계승후보였던 심왕은 기황후 세력과 연계되어 있는 동시에 몽골의 제왕위를 갖고 있었으며, 고려의 신료들은 여전히 공민왕을 중심으로 결집해 있지 않았다. 요컨대, 공민왕 5년(1356) 개혁 이후에도 유지되고 있던 고려-몽골 관계는 1362년 기황후 세력의 공민왕 폐위시도 과정을 통해 그것이 갖는 현실적인 가능성들이 부각되었고, 이는 공민왕 국왕권의 내부적인 상황 및 몽골복속기 권력구조에 대한 기억과 맞물리면서 이후 후사 문제와 같은 공민왕의 다소 '무리한' 행보에 영향을 미쳤던 것으로 생각된다.

그런데 얼자인 모니노를 후사로 세우고자 했던 공민왕의 '돌출적' 처사에 위와 같은 외교적 · 정치적 상황이 직접적으로 작용했던 것은 사실이지만, 여기에는 그러한 처사가 더 이상 '돌출적'인 것이기만 할 수 없게 했던 고려사회 전반의 인식 변화 역시 바탕이 되어 있었다.

## 비첩婢妾의 아들, 왕위를 계승하다

공민왕 23년(1374)에 공민왕이 시해당한 후, 왕우는 왕위를 계승했다. 이 과정에서 조모 명덕태후 등은 그의 왕위 계승을 반대하며 다른 종실 가운데에서 왕을 세우고자 했다. 반대의 이유는 역시 그 모계가 천하다는 점이었을 것이다. 이러한 반대에도 불구하고 우왕이 즉위할 수 있었던 데에는 여러 정치적 상황들이 개재했는데, 주목되는 것은 이것이 비첩의 소생자는 왕위를 계승할 수 없다는 고려 전래의 관념을 넘어선 사례라는 점, 그러한 인식이 정치적 명분으로서 고려사회에서 갖고 있던 권위가 약화했음을 보여주는 사례라는 점이다. 이러한 변화에는 몽골복속기의 경험이 한 배경으로 작용했다.

몽골과의 관계에서는 황제권이 고려 내에서도 실질적인 최고권으로 존재하는 가운데, 그와의 관계를 통해 권력이 부여되는 권력구조가 성립되었다. 이러한 몽골복속기 권력구조 속에서 고려국왕들은 황제로부터 '책봉'을 받아 국왕이 되기 위해서, 그리고 그 국왕위를 유지하고 국왕권을 행사하기 위해서 몽골황제 · 황실과의 관계들에 기대어야 했고, 동시에 몽골황제 · 황실과 유사한 관계를 형성한 다른 권력주체들과도 경쟁을 해야 했다. 이처럼 고려왕권을 구성하고 지탱하는 권력과 권위로서 몽골황실과의 통혼이나 황제 · 황실과의 개인적 관계 등이 큰 비중을 차지하게 되는 변화 속에서, 혈연적 정통성 등 고려왕실 전래의 관념은 그 비중이 축소될 수밖에 없었다. 이러한 양상은 고려국왕의 후계를 정하고 그 정치적 환경을 조성하는 방식에도 변화를 가져왔다. 기존에 이러한 역할을 했던 고려의 태자/세자제도가 허설화하는 가운데, 몽골의 케식怯薛/kešig제도가 그 기능을 일정부분 대체하게 된 것이다.

케식은 숙위宿衛의 몽골식 표현인데, 칭기스칸의 대표적 '친신親臣(nöker)' 가문을 비롯해 새롭게 복속한 정치단위 수장의 자제나 친족들을 포함한 몽골황실의 친위대로, 몽골제국의 핵심 지배층을 구성하는 집단이었다. 케식에 다른 정치단위 수장의 자제들을 소환하여 참여하게 한 것은 몽골의 입장에서 다른 정치단위의 복속을 담보하기 위한 수단인 동시에, 이들을 몽골 지배층으로 교육하기 위한 수단이기도 했다. 또한 대상자들의 입장에서는 케식에 참여하는 동안 몽골 정치세력들과의 교유를 통해 그 정치적 기반을 확장할 수 있었다.

이러한 점은 고려의 경우에도 마찬가지였다. 몽골은 관계 형성 초기부터 고려 종실을 투르칵禿魯花/turɣaɣ, 즉 질자質子로 보낼 것을 요구했고, 투르칵으로 몽골로 간 고려 종실들은 숙위, 즉 케식에 들어갔다. 몽골에서의 케식생활은 일면 차기 국왕위 계승을 위한 '통과의례'로서의 성격을 가졌는데, 이것은 몽골의 케식제도 자체가 갖는 의미에서 비롯된 것이기도 하고, 몽골 황제 · 황실, 혹은 몽골 정치세력들과의 관계가 왕위 계승에서 중요한 의미를 갖게 된 데에서 비롯된 것이기도 했다.

고려 종실의 케식 참여와 그의 차기 왕위 계승권자로서의 위상 간 관계, 혹은 그의 존재가 현 고려국왕에 대해 갖는 정치적 의미에는 몽골과의 관계 초반과 후반 사이에 얼마간의 변화가 확인된다. 초기 단계에서 몽골에 투르칵으로 간 고려 종실은 왕실 직계에 한정되지 않았다. 몽골과의 강화가 이루어지기 전인 1241년(고종 28)에 투르칵으로 갔던 영녕공永寧公 왕준王綧, 충렬왕대의 대방공帶方公 왕징王澂 및 그의 아들 중원공中原公 왕온王昷 등이 그러한 사례이다. 초기 단계에서는 몽골 측에서 특정인을 지목하여 케식으로 소환하지는 않았던 것에 비해, 충선왕대 이후에는 몽골에서 세자 혹은 왕자 이외의 특정 인물을 지목해 케식으로 불러들이고 있음이 주목된다. 예컨대 충선왕대에는 세자 왕감王鑑 외에 뒤에 충숙왕이 되는 둘째 아들 왕도王燾를 함께 케식으로 불러들였으며, 충혜왕이 복위한 후에는 뒤에 공민왕이 되는 그의 동생 왕기王祺를 케식으로 불러들였다. 성사되지는 않았지만, 공민왕 즉위 후 충혜왕의 얼자 석기를 소환한 것 역시 그를 케식으로 들이기 위한 것이었을 가능성이 있다.

몽골에서 '세자'가 아닌 고려 종실들을 케식로 불러들인 것이 그를 차기 국왕위 계승권자로 둠으로써 만약의 경우에 대비하려 했던 것인지의 여부는 분명하지 않다. 그러나 고려의 신료들은 이렇게 몽골에 케식으로 가게 된 종실을 사실상 차기 왕위 계승권자로 인식하고 있었던 것으로 보인다. 고려 신료들은 충혜왕 복위 후 케식으로 소환되었던 그의 동생 왕기를 '대원자大元子'라 칭했다. '원자'란 원래 왕의 맏아들을 가리키는 것으로, 원자가 곧 왕위계승권자는 아니지만, 일반적으로 원자는 태자/세자로 책봉되어 왕위를 계승했다. 그런데 이때 고려의 신료들이 충혜왕의 '동생'인 왕기를 굳이 '대원자'라 칭했던 것은 그가 몽골에서 케식에 들어가게 되면서 차기 국왕위 계승권자로서의 위상을 갖게 되었다고 고려신료들이 인식했던 데에 기인한 것으로 생각되는 것이다.

이처럼 고려국왕위에 대한 황제권의 영향력이 그를 밑받침하는 관념과 제도들을 통해 상당히 구조적으로 작동하는 가운데, 기존에 고려국왕권을 구성하던 논리들은 그 규정력이 약화되었다. 얼자를 왕위에서 배제한다는 논리 역시 마찬가지였던 것으로 보인다. 위에서 등장한 덕흥군 타스테무르나 석기는 모두 비첩 소생의 얼자이다. 그러나 타스테무르는 기황후 세력의 지원을 받아 고려국왕에 책봉되어 왔으며, 석기에 대해서는 두 차례나 그를 내세운 반역이 시도되었다. 결과적으로 이들은 왕위에 오르지 못했으며, 그 과정에서 이들의 출신이 언급되기도 했다. 그러나 타스테무르가 국왕위에 오르지 못한 것은 군사적 충돌에서 패배한 결과였지 그가 얼자이기 때문은 아니었다. 석기 또한 그가 얼자임에도 그를 내세운 반역이라는 것이 시도될 수 있었고, 혹은 시도되었다고 이야기하는 것이 이상하지 않은 상황이었다.

이 시기에도 얼자라는 신분은 여전히 왕위를 계승하는 데에 장애가 될 수 있는 요소였다. 그러나 이것은 더 이상 왕위의 계승을 원천적으로 불가능하게 하는 요소는 아니었다. 얼자의 왕위계승을 부정하는 고려 전래의 인식은 또다른 명분과 권위, 정치적 상황 앞에서 저울질될 수 있을 정도로 그 무게가 가벼워진 것이다. 몽골과의 관계 속에서는 몽골황제권의 후원이라는 권위와 권력 앞에서, 모니노가 왕우가 되는 시점에서는 공민왕이 처했던 정치적 · 외교적 상황의 절실함 앞에서, 왕우가 우왕이 되는 시점에서는 선왕의 지명이라는 또다른 명분과 정치적 상황 앞에서 저울추는 끊임없이 움직였다.

## 우왕, 사대事大에의 불성실을 이유로 선위禪位하다

우왕 14년(1388) 위화도 회군 이후, 회군세력은 우왕을 퇴위하게 하고 그 아들인 창왕을 즉위시켰다. 이 과정은 사실상 회군세력이 군사력을 배경으로 우왕을 폐위시킨 것이었지만, 고려 전기 무신집권자들이 국왕을 폐위시킨 후 그가 세운 태자도 폐하고 다른 종실을 왕으로 세웠던 것과는 차이를 보이는 양상이다. 사료에서는 이성계 등은 '우왕이 왕씨가 아니기 때문에' 종실 가운데에서 세우려 했으나, 회군세력의 일원이었던 조민수가 이인임의 정치적 은혜를 생각해 그의 외종형제 이림의 외손인 왕창王昌을 세우고자 했고, 여기에 당대의 유종儒宗이었던 이색이 "전왕前王의 아들을 세워야 한다"라는 명분을 제공한 결과로 이 과정을 서술하고 있다. 세력과 명분을 통한 설명이다.

이러한 사료의 설명은 두 가지 면에서 잘못되었거나 불충분하다. 우선, 위화도 회군 당시에 이미 우왕의 정통성이 부정되었다면 아무리 조민수의 세력이 강성하고 이색의 학문적 권위가 높았다 하더라도 창왕의 왕위계승은 불가했을 것이다. 다음으로, 왕창은 어찌되었든 요동 정벌이라는, 사대事大의 예를 지키지 않은 '잘못'으로 '폐위'된 왕의 '어린' 아들이었다. 우왕의 정통성이 부정되지 않았다 하더라도 이성계 세력이 다른 종실을 세우려는 의지가 강했다면 명분은 있었다. 또한 이 시점에서 조민수의 세력이 이성계 세력을 압도했다고 보기는 어렵다. 우왕과 창왕이 왕씨가 아니라는 논리가 만들어진 이후, 이성계 세력의 창왕에 대한 입장은 그를 부정하는 것으로 정리될 수밖에 없었겠지만, 당시의 시점에서 이성계 세력이 창왕 옹립을 받아들인 것은 세력이나 명분에서 밀린 결과라기보다는 그들 역시 그렇게 해야 한다고 판단했기 때문이었다. 우왕의 퇴위가 '폐위'가 아닌 '선위'임을 내외內外에 분명히 할 필요가 있었던 것이다.

이전 시기에도 권신이 국왕을 폐위했을 경우 대외적으로는 선위의 형식을 취했다. 1170년 무신정변을 일으킨 정중부 등이 의종을 폐위시키고 명종을 왕으로 세운 후, 그리고 1197년 최충헌이 명종을 폐위시키고 신종을 즉위시켰을 때, 이어 1211년 희종을 폐위시키고 강종을 즉위시켰을 때, 고려에서는 당시 책봉국이었던 금金에 전왕의 선위 표문과 즉위한 왕의 표문을 함께 보냈다. 형식적이든 어떻든 고려국왕이 중국황제의 책봉을 받았던 외교질서 속에서 국왕의 폐위가 대외적으로 '선위'의 형식을 취한 것은 당연한 것이었다. 우왕의 퇴위가 이와 다른 점은 내부적으로도 '선위'의 형식을 취했다는 점이다.

우왕 14년(1388) 당시 회군세력이 우왕을 내외적으로 공히 '선위'하도록 한 것은 우선 명배을 의식한 측면이 있었을 것이다. 명과의 관계와 직접적으로 관련된 요동 정벌에 뒤이은 회군과 그를 구실로 한 왕의 퇴위였기 때문에, 이는 명으로서도 회군세력의 '반역'을 의심할 수 있는 상황이었다. 실제 명에서는 이 왕위 교체가 고려 신료들, 그 가운데에서도 이성계의 획책임을 파악하고 있었다. 고려의 신료들은 앞서 공민왕이 시해되었을 때 명 측에서 문제를 제기하며 우왕에 대한 책봉을 지연시킴으로 해서 발생했던 외교적, 경제적 부담을 경험한 바 있었다. 이에 회군 세력을 포함한 고려의 신료들은 그러한 부담이 다시 발생할 가능성을 사전에 차단하기 위해 창왕을 세움으로써 우왕의 '선위'를 분명히 하고자 했을 수 있다.

그런데 안팎이 다른 '선위'가 외교적으로 문제가 될 수도 있다는 점은 무신집권기에도 근본적으로 다른 상황은 아니었다. 실제 문제가 발생하지는 않았지만 금 측에서는 두 차례에 걸쳐 고려의 왕위 교체에 의구심을 갖고 사신을 파견하기도 했다. 다만, 그럼에도 불구하고 그러한 사실이 이후 고려의 왕위 교체 과정에서 중요하게 고려되어 그에 대한 대책이 마련되고 있지는 않았다는 점이 유의된다. 그렇다고 할 때, 우왕 선위의 문제는 왕위 교체를 둘러싼 외교적 분쟁이 진지하고 적극적으로 고려되었던 이 시점의 정치적 환경 속에서 이해할 필요가 있다. 이는 명과 관련된 문제인 동시에 회군 세력의 고려 내 권력기반과 관련된 문제였다.

명에 보낸 우왕의 선위 표문과 고려 내에 반포된 공민왕비 정비定妃의 교서는 우왕 퇴위의 사유로 요동 정벌이라는 매우 구체적인 사안에 대한 '반성'을 제시하고 있다. 왕명을 어긴 회군을 단행하고 이후에도 우왕과 대립했던 회군세력에게 면죄부가 필요했기 때문이었다. 이성계 등이 회군을 단행할 수 있었던 것은 그 군사적 기반이 어느 정도 확고했기 때문이었고, 그러한 군사적 기반은 회군 이후 최영을 숙청하면서 더욱 확대되었을 것이다. 그러나 이들이 그러한 군사적 기반을 바탕으로 한 권력 장악으로 자신들의 행위를 정당화시키는 것 이상으로 그 행위 자체에 대한 면죄부를 필요로 했다는 점이 주목된다. 그리고 그러한 회군세력의 권력에 기반이 되는 명분의 주요한 부분을 사대라는 가치, 즉 황제권이 구성하게 되었다는 점 또한 주목되는 지점이다. 고려전기 무신집권자들은 권력을 장악한 후 스스로에게 부족했던 권위를 왕실과의 관계를 통해 보완하고자 하기는 했지만, 그들 권력의 어떤 부분도 외부, 구체적으로는 금과의 관계에 기대어 있지 않았다. 이에 전통시대의 책봉-조공 관계 아래에서 금의 책봉 여부는 중요한 요소이기는 했으나, 그로 인한 문제는 주로 외교적인 차원에서 다루어지는 것으로, 무신집권자들 권력의 기저를, 혹은 중요한 부분을 구성하고 있는 문제는 아니었다. 이에 이 시기 국왕 폐위 과정에서 금이라는 황제국의 존재는 단지 외교적인 문제로서 고려되었을 뿐, 적극적으로 의식되지는 않았다.

이에 비해 우왕 14년(1388) 시점에서 회군세력의 권력은 황제국인 명에 대한 사대의 예를 주요한 명분이자 근거로 하고 있었기 때문에 명을 의식하지 않을 수 없었다. 또한 공민왕 시해 이후 우왕 책봉 과정에서 보이듯, 이 시점에서의 명은 앞서의 금과는 달리, 책봉국과 피책봉국 사이의 마땅한 예를 따르지 않은 고려에 대해, 향후 간여하지 않을 것이니 고려에서 알아서 처리하라고 이야기할지언정 형편상 '무례無禮'를 묵인하고 책봉을 해 줌으로써 황제의 권위를 빌려주지는 않았다. 이에 우왕의 '선위'를 둘러싸고 발생할 수 있는 명 측의 의심이나 그로 인한 '외교적' 분쟁은 단지 외교적인 문제에 그치는 것이 아니라 회군세력이 확보한 명분, 그를 필요로 하는 그들의 권력기반과 직결되는 문제였다. 따라서 이들이 우왕을 실제로 '선위'하게 한 것은 고려 내에서 국왕과의 대립으로 역신逆臣이 되는 상황을 면하고 그들의 '역행逆行'에 정당성을 부여하는 명분을 마련하기 위한 불가피한 선택이었던 동시에 그 선위가 그러한 명분의 근원인 명-황제로부터 의심의 여지없이 인정받음으로써 그들의 권력 기반-명분을 확고히 하기 위한 선택이었다고 할 수 있겠다.

## 왕우王禑에서 신우辛禑로, 천자天子께서 말씀하신 '충忠'과 '역逆'

회군세력의 노력에도 불구하고, 회군의 명분인 우왕의 선위, 곧 창왕의 즉위는 명으로부터 인정받지 못했다. 이에 회군세력은 또다른 명분이자 권위로서 고려왕실의 권위를 가져왔다. 우왕과 창왕이 왕씨가 아니라는 이른바 '우창비왕설禑昌非王說'이 그것이다. 회군세력이 명-황제권이라는 외부의 권위에 거의 전적으로 기반했던 스스로의 명분을 내적인 권위를 통해 확보하기를 시도한 것이다. 그런데, 이러한 논리의 전환 과정에서 지금으로서도 당시로서도 그 진위 여부를 확인하기 어려운, 사실상 조선 건국 세력에 의해 조작되었을 가능성이 큰 '우창비왕설'의 '진실성'을 담보해줄 수 있는 권위로서 이들이 명 황제의 권위를 빌어 왔다는 점이 주목된다.

우창비왕설은 공민왕대 후반과 우왕대 사료 곳곳에서 언급되고 있기는 하지

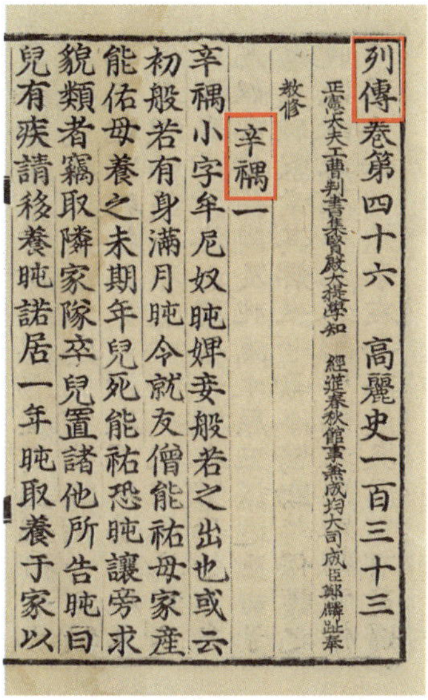
列傳卷第四十六 高麗史一百三十三
正憲大夫工曹判書集賢殿大提學知經筵春秋館事兼成均大司成臣鄭麟趾奉
教修
辛禑一
辛禑小字牟尼奴旽婢妾般若之出也或云
初般若有身滿月旽令就友僧能祐母家産
能佑母養之未期年兒死能祐恐旽讓旁求
貌類者竊取隣家隊卒兒置諸他所告旽曰
兒有疾請移養旽諾居一年旽取養于家以

**사진 1.『고려사』 권 133, 신우 열전의 첫 면 (소장처: 서울대학교 규장각(규 3579)/ 사진제공: 서울대학교 규장각)**

조선 건국세력에 의해 왕씨로서의 정통성이 부정된 우왕은『고려사』의「세가世家」에 실리지 못하고「열전列傳」, 그 가운데에서도 반역조에 '신우辛禑'라는 이름으로 실리게 되었다.

만, 이들은 대개 '전언'을 옮긴 것으로 후대에 삽입되었을 가능성이 크다. 우왕이 폐위될 시점에도 그가 왕씨가 아니라는 논의는 공식적으로 제기되어 있지 않았다. 우창비왕설이 공식적으로 언급된 것은 창왕 원년(1389) 9월에 전해진 명의 예부자문禮部咨文을 통해서였다. 창왕의 친조를 재차 요청하기 위해 명에 파견되었던 권근 일행이 돌아오면서 가져온 예부자문에는 이후 고려 말 정쟁 과정에서 엄청난 권위를 갖고 활용되는 내용이 담겨 있었다.『고려사절요』 창왕 원년 9월조에 실린 해당 자문의 내용은 아래와 같다.

"고려 국내에 사변이 많고 배신陪臣이 된 자 가운데 충신과 역적이 뒤섞여 있어 하는 일이 모두 좋은 계책이 아니다. 군주의 자리는 왕씨王氏가 시해되어 후사가 끊긴 이후로 비록 왕씨를 거짓으로 칭하고 있으나 다른 성을 왕으로 삼고 있으니, 또한 삼한三韓이 대대로 지켜온 좋은 계책이 아니다. (중략) 지금 고려의 배신들은 은밀한 모의에 거짓말까지 더하고 있기에 여태까지 안녕하지 못한 것이다. (중략) 예부에서는 문서를 보내어 어린아이는 경사에 올 필요가 없다고 하라. 과연 어질고 지혜로운 배신이 자리에 있어 군신의 분의를 위에서 정하고 백성을 안녕하게 할 계책을 나라에서 만든다면 비록 수십 년 동안 조회하지 않더라도 또한 무엇을 걱정하겠으며, 매년 와서 조회하더라도 또한 무엇을 꺼려하겠는가."

이 예부자문은 고려에서 창왕의 친조를 요청한 것에 대한 답변으로, 요지는 친조하지 말라는 것이다. 다른 부분에서 명 태조가 한 말에 따르면, 그 이유는 신하들이 마음대로 아비 우왕을 폐하고 아들 창왕을 세운 것이 '역행逆行'이기 때문이었다. "군주의 자리는 왕씨가 시해되어 후사가 끊긴 이후로 비록 왕씨를 거짓으로 칭하고 있으나 다른 성을 왕으로 삼고 있으니, 또한 삼한이 대대로 지켜온 좋은 계책이 아니다"라고 한 것은, 이 부분만 놓고 본다면 '그러니 왕씨를 다시 세워야 한다'는 결론에 이를 수도 있지만, 전체적인 맥락에서 보자면 이는 딱히 왕씨를 다시 세우라는 결론을 향해 가는 전제는 아니다. 즉, 황제는 신료들이 마음대로 왕을 갈아치운 '반역' 행위를 힐책한 것이지 우왕이나 창왕이 '이성'이므로 그를 폐하라는 이야기를 한 바는 없다. 한편 이 자문 자체가 창왕의 친조 요청을 거절하는 것인 만큼, 여기에서 이야기하는 '역적'은 물론 공민왕을 시해한 '역신'도 포함되겠지만, 직접적으로는 우왕을 '마음대로' 폐위시킨 당시의 고려 신료들을 지칭하는 것이라고 할 수 있다. 그리고 당시 명 황제는 우왕-창왕의 왕위 교체를 선위가 아닌 이성계의 획책이라고 파악하고 있었다.

그런데 이러한 자문의 내용은 이후 일부만이 인용되거나 혹은 '해석'되어 이성계 세력이 우왕과 창왕을 폐하고 반대 세력을 제거해가는 과정에서 적극적으로 활용되었다. 이 자문이 처음 정치적으로 활용된 것은 창왕을 폐위시키고 공양왕을 옹립하는 과정에서였다. 이때 이성계 등은 "우禑와 창昌은 본래 왕씨가 아니므로 종묘제사를 받들 수 없다. 또 천자天子의 명이 있었으니, 마땅히 가짜를 폐하고 진짜를 세워야 할 것이다"라 하며 종실 중에서 왕을 세울 것을 의논하였다. 명 황제는 '폐가입진廢假立眞'하라는 명령을 내린 바 없다. 이후 정비定妃가 공양왕에게 내린 교서에도 이 예부자문의 내용은 전체 맥락을 배제한 채 일부만 인용되어 있으며, 공양왕이 우왕과 창왕을 죽인 것을 효사관孝思觀에 고하는 축문에도 이 자문의 내용과 함께 이성계 등이 정비의 교教를 받들고 천자의 명을 선포하여 우왕 부자를 폐하였다고 되어 있다.

이러한 논리는 이후 이성계 세력이 반대 세력을 제거하는 과정에서도 활용되었다. 짧지 않은 내용이지만, 『고려사절요』 공양왕 원년 3월조에 실린 대간의 상소를 인용해 보도록 하겠다.

> "엎드려서 선유하신 성지聖旨를 보건대, '고려국 안에 배신이 된 자 가운데 충신과 역적이 뒤섞여 있어, 비록 왕씨라고 사칭하였으나 이성異姓을 왕으로 삼고 있으니, 또한 삼한이 대대로 지켜온 좋은 계책이 아니다.'라고 하셨습니다. (중략) 오늘날 시중 이성계는 평소 충의를 품고 거짓 조정에 절치부심하였음에도 감히 움직이지 못하였는데, 신우의 광망함이 날로 심해져 마침내 요동을 공격하는 거사가 생기고 최영이 이를 주도하자, 이성계가 힘써 그것을 저지하다가 부득이하게 행군하여 압록강까지 이른 뒤 의義를 들어 회군해서 우를 물리치고 최영을 내쫓고는 종친을 세울 것을 의논했습니다. (중략) 신들은 이것이 천자께서 말씀하신 충忠이라고 생각합니다. 이인임은 정권을 전단하고 총애를 굳건히 하고자 우를 세워 임금으로 삼았습니다. 그 후 조민수 · 이색이 함께 그 아들 창을 세웠으며, 변안열 · 이림 · 이귀생 · 정지 · 우인렬 · 왕안덕 · 우홍수 · 원상 등은 나아가 이성계를 해치고 우리 왕씨를 끊고자 하였습니다. (중략) 신들은 이것이 천자께서 말씀하신 대역大逆이라고 생각합니다. (중략) 바라건대 이림 · 이귀생 · 정지 · 우인렬 · 왕안덕 · 우홍수 · 원상 · 이을진 · 이경도 등의 죄를 분명하게 바로잡아 주신다면, 충신과 역적이 분별될 것이고 조정이 맑고 밝아져 난신적자가 경계할 바를 알게 될 것입니다."

상소문의 내용을 간단히 정리해보면, 이들은 상소문의 첫머리에 명 황제 성지聖旨의 한 부분을 제시하고, 이어 황제가 이야기한 충신忠臣과 역신逆臣을 자신들의 논리에 따라 해석하여 규정하고, 그에 근거해 '역신'들을 죄줄 것을 국왕에게 촉구하고 있는 것이다. 애초 명 태조가 그의 성지에서 우왕을 마음대로 폐위시킨 '역신'으로 규정했던 이성계가 여기에서는 오히려 '천자께서 말씀하신 충'을 실현한 충신으로 해석되고 있다.

이렇게 성지에 대한 해석이 이루어지고 그것이 고려 내 정쟁에 활용되는 것은 고려 전기에는 보이지 않던 양상이다. '성지'로 표현되는 명 황제의 권위가 고려 내정 문제에서 중요한 기능을 하는 것은 몽골복속기, 고려 내정 문제에서 실질적인 최고권으로 존재하고 기능했던 몽골황제권에 대한 경험 위에 가능했던 것이라고 할 수 있다. 그러나 고려 내정 문제에 대해 황제권이 갖는 권위가 적극적으로 의식되고 활용되면서도, 그것이 특정 세력의 입장에서 '해석'되고 있다는 점은 몽골복속기의 상황과도 차이를 보이는 것이다. 이는 몽골 황제권과 명 황제권이 고려의 내정 문제에 대해 영향력을 행사하는 방식의 차이에서 비롯된 것이자, 그러한 차이를 보여주는 양상인 것으로 생각된다. 황제의 성지가 회군의 정당성에, 우 · 창 폐위 및 처형, 나아가 회군 세력과 대립했던 정치세력들을 숙청하는 과정에서 매우 중요한 명분으로서 해석되고 활용되었던 양상은 고려 말에 이르러 황제권이 하나의 정치적 명분이자 권위로서 고려 정치담론의 한 부분을 구성하게 되었음을 보여준다.

## 참고문헌

김순자, 2007『한국중세한중관계사』, 혜안.

민현구, 2004『고려정치사론』, 고려대학교출판부.

이명미, 2015「고려 말 정치·권력구조의 한 측면 -위화도 회군 이후 창왕대 정국에서의 황제권 작용 양상을 중심으로-」『동국사학』58.

______, 2016『13~14세기 고려·몽골 관계 연구: 정동행성승상 부마 고려국왕, 그 복합적 위상에 대한 탐구』, 혜안.

이정란, 2014 「高麗 王家의 龍孫意識과 왕권의 변동」『한국사학보』 55.

이종서, 2015 「고려 후기 얼자(孼子)의 지위 향상과 그 역사적 배경」『역사와 현실』 97.

Myungmi LEE, 2016 "Changes in the Logic and System behind the Succession of the Koryŏ Throne under Mongol Subjugation" *The Review of Korean Studies* vol.19-2.

# 13세기 한반도의 전사단-중국적 군제를 덮친 동북아시아로부터의 영향들-



Remco Breuker

## 전사단과 한반도

1170년, 오랜 기간 쌓여 온 차별에 폭발한 장군들이 고위 문신관료들 다수를 처단한 후 조정을 장악한 사건이 발생하였다. 이 사건으로 인해 고려(918-1392)에는 이른바 '무신집권기(또는 무인정권기, 1170-1269)'가 시작되었다. 한반도를 풍미해 온 문신文臣들의 통치가 100여 년간 중단된 시기이자, 밖으로는 동북아시아 국가들과의 교류나 긴장이 늘어갔던 시기이다. 아울러 당시 한반도에 동북아시아적(또는 만주적) 영향이 도래하였음을 알려 주는 흥미로운 존재로서의 '전사단戰士團(Warband)' 출현이 관찰되는 시기이기도 하다.

12세기 후반, 이러한 '전사단'적 존재들이 한반도에 처음으로 출현한 것이 일차적으로는 무신 정변이 발발했기에 가능하였던 일임은 사실이다. 그러나 한편으로 동북아시아형 전사단의 전통을 가꾸어 온 여진족이 발흥하고, 그 결과 고려와 여진 간의 경쟁과 갈등이 늘고 있었던 점도 그와 무관치 않다. 이후 고려군은 칭기스칸과 몽골군의 침공 앞에 미증유의 국난에 직면하게 되지만(13세기 전반), 당시의 대몽항쟁은 역설적으로 고려가 그간 축적해 온 전사단의 전통을 유감없이 발휘한 계기이기도 하였다(별초군). 고려와 북방종족들 간의 교류나 갈등이 흔히 '문명화된 지역 및 그렇지 못한 지역의 교류', '중국문화권 및 북방문화권의 갈등'으로 흔히 설명되곤 하지만, 복합적 성격의 (만주지역) 문화전통이 성취한, 일종의 사회문화적 현상으로서의 전사단 전통은 그러한 구도에 근본적 의문을 제기케 하는 것인 바 본고에서는 그에 주목하였다.

흥미롭게도 고려의 무사들 사이에는 동북아시아의 '전사' 개념이 널리 유행하였으며, 그 유행은 의복, 갑옷, 무기 등이 개인적 차원에서 소비되는 차원을 넘어, 당시 한반도의 중국적 제도가 변동할 여지 또한 제공하였다. 본고에서는 그 점에 착안하여 전사단 전통이 13세기 고려에서 가장 중요하고도 보편적 군사 운영 및 군조직 편성 원리로 정착하였으며, 그 결과 이전과는 매우 다른 추세가 전개되었음을 살필 것이다.

## 전사단의 정의

전사단이란 무엇인가? 제국의 건설 과정에서 지도자를 추종하였던 충성스러운 유목 전사 집단을 가리키는 개념이다. '전사단'이 성공적으로 조직되고 동원되기 위해서는 무엇보다도 내적 단합이 가장 중요하다. 내부 단합이 유지될 때에나 전사단 자체가 성공할 수 있으며, 성공적 정벌 또는 제국의 건설 이후에는 더욱 그러하였다.

그런 점에서 전사단은 정치사, 경제사, 사회사 연구에서 중요하게 다루어야 할 소재에 해당한다. 이 전사단들이 단순 조직활동의 범위를 넘어, 국가적 차원의 내부 단합을 이루는 데 수행하였던 역할에 대한 검토가 필요하다. 그들이 점하게 된 정치사회적 위상, 그리고 그들을 추동한 보상의 문제에 대한 검토도 요망됨은 물론이다. 그럼에도 불구하고 한국중세사연구에서는 거의 주목받지 못한 존재가 바로 전사단이다.

주지하는 바와 같이 고려의 북쪽 경계는 전투 및 군사활동이 빈번했던 지역이다. 그로 인해 유능한 군사지휘관들이 출현하곤 했는데, 반대로 유목적, 준유목적 전통을 가진 현지의 무사들이 그들의 무예전통을 오롯이 지닌 채 북변 고려군에 편성되기도 하였다. 아울러 무신집권기에 접어들면서는 한반도로 소개되고 있던 이러한 문화적 전통이 '제도화'되는 양상마저 관찰되기 시작한다. 무신란 발발 이래 1190년대 중반까지 계속된 혼란기에 최씨정권을 창출하고 여러 제도적 변화들을 도입한 최충헌의 경우가 대표적인 사례이다.

최충헌은 북변을 수비하는 과정에서 무서운 전사, 탁월한 지도자라는 명성을 얻었다. 그의 부상과정에 대한 사료의 묘사는 헐리우드 서부영화를 연상시킨다. 그는 군사적 경쟁자들은 물론 권위 있는 불교사찰의 사병들도 차례로 제거하였고, 심지어 사병을 이끌고는 동생과 최후의 일전을 치르기도 했다. 고려의 최고지도자가 된 그의 위상은 그의 아들, 손자, 증손 등에게 계승되었다.

그는 고려 국정의 중요 사안들을 관장할 또 하나의 행정구조를 창출하고 기존권력을 능가하는 권위까지 창출함으로써 장기집권의 토대를 마련하였다. 물론 이규보 같은 이들의 생애나 관력을 보면, 무신이 집권한 상황에서도 문신 및 학자들에게 운신의 폭이 없지 않았음을 알 수 있다. 그러나 최충헌이 구축한 이중적 행정구조는 결국 군의 통치 및 권위 유지에 대단히 유용하였다. 일본의 막부체제와도 대단히 유사하게, 실권을 쥔 최씨가문과 왕좌를 유지하였던 고려 왕실, 그리고 고려의 전통 백관제도가 공존하는 불안정한 상황에서는 더욱 그러하였다.

궁극적으로 당시 군이 모든 중요한 결정을 내릴 수 있었던 주 원동력의 핵심에 있었던 것이 바로 최씨정권의 사병집단이다. 이 사병들이 동북아시아(유라시아) 전사단 전통의 고려적 변용으로 간주된 적은 지금껏 없었지만, 이제는 시각의 전환을 도모해 볼 때이다.

## 전사단 여파의 충격: 중국적 군제의 변화

고려의 전사단은 유라시아 전사단들이 관습적으로 드러내었던 특징들 중 두 가지를 전형적으로 보여 준다. 우선 유목지역과 정주지역의 변경지대 전사단들이 특히 강력하였음을 보여 주며, 전사단이라는 것이 이른바 '전환의 도구', '전환의 매체' 노릇을 할 수 있는 존재였음을 선명하게 보여준다.

중세 한반도의 군제운영이 중국적 군조직 편성 원리에 기반해 있었던 탓에, 전사단의 전통은 중세 한반도의 북변지역에서 자주 출현하였을 뿐 (적어도 초기에는) 고려군제의 골간을 바꿔 놓지 못했다. 다만 북변지역을 수비하던 군인들의 삶과 현실에는 일찍부터 큰 영향을 미쳤으니, 변경지대에서 고려를 위해 봉사하던 군인 중 상당수는 현지 거주민들이자 대체로 여진인들이었기 때문이다. 여진인들이 전투에서 활용했을 가장 중요한 조직 개념이 바로 전사단이었음을 감안하면, 변경지대의 고려인들 또한 그것을 상시적으로 접하였을 가능성이 크다고 할 수 있다. 그 결과 전사단 전통이 북변 지대에서의 군 편성 및 사회구조의 보편적 원리 중 하나로 정착해 갔을 것이라 여겨진다.

사실 북변의 경우 중국식 군제편성의 원리나 외형이 유지되기 어려웠다. 전시가 아닌 평상시의 경우, 변경지대 대부분을 고려군에 편성된 '현지인'들이 방위하고 있었기 때문이다. 정밀한 변경방어체제가 부재한 상황에서 일상적 방위 업무는 현지에서 조달된 군인들에게 맡겨졌다. 이들은 '기마를 동원하고 전사단을 꾸리는' 등 그들에게 익숙한 방식으로 싸울 수밖에 없었다.

군사작전의 효율성 제고를 위해, 전사단은 전략적 단합을 넘어 지도자를 중심으로 강고하게 뭉쳤다. 최충헌이 구축한 이원적 행정구조 역시 지도자로서 자신의 유능함을 기반으로 둔 동시에 사병들과의 관계가 강고하게 견지되어야 성립할 수 있는 것이었다. 전사단의 구성원은 지도자와 긴밀히 통하면서 노획물도 나누었다. 형제보다도 관계가 긴밀하였던 이들은 집단 밖에서는 사소한 법규범 따위는 양해받았다. 그리고 지도자와는 (대부분의 경우) 생사고락을 같이 하였다.

## 고려의 별초군

전기 고려인들이 북방의 이러한 전통을 모르지는 않았을 것이다. 이른바 〈훈요십조〉의 제4조에도 거란이나 당으로부터 부적절할 정도의 영향을 받아들이는 것에 대한 경고가 담겨 있기 때문이다. 심지어 목종과 예종대에는 거란 요로부터 동전 등의 경제 관련 제도를 수입하려고도 하였다. 요의 세 차례 침공이 1020년대 마침내 종식되고 이후 1125년 요나라가 멸망할 때까지 고려는 1백년간 평화와 고요, 그리고 문화창달의 시기를 맞게 된다. 이 시기 고려와 요나라가 서로 유익한 교류를 지속했던바, 요로부터의 문화전파도 상당하였을 것으로 생각된다.

그런데 요가 쇠퇴해 가는 와중에 금이 발흥하였고, 1135년 발발한 묘청난의 토대도 형성되었다. 묘청의 부상은 강력한 외부의 위협 없이는 애초 불가능했을 일로 보이는데, 여진족이 북변지역에서 금나라를 막 건설했던 호재로 인해 가능해진 일이라 생각된다. 김부식이 비록 평양을 진압하는 데 성공하였지만, 이후 40년도 채 지나지 않아 무신란이 발발하였고, 첫 10년 동안에는 군벌들과 사찰사병들이 서로 격돌하여 내전에 준하는 상황이 전개되었다. 12세기말 집권한 최충헌은, 국외로는 무적의 기마병을 주축으로 한 금나라의 부상에, 그리고 국내에서는 장기간 난무하는 폭력에 직면하였다.

그런 그의 집권을 전후하여 전사단적 요소들이 하나둘 고려에 출현하기 시작한다. 무엇보다도 '별초군'의 존재가 대표적인 사례이다. 최충헌 본인이 무인가문의 후손이자 별초의 장으로 명성을 날린 바 있다. 고려의 별초군은 소규모 이동 단위로서 지방에서 각기 운영되는 전투단위였다. 여진의 기습조들과도 많이 닮아 있었음을 감안할 때, 그 전통의 영향을 조금 받은 것이 아닌가 한다.

13세기 초에는 그러한 속성들이 더 많이 유입되기 시작한다. 1229년 『고려사절요』에는 흥미로운 기사가 발견되는데, 도방 및 야별초가 "안장, 복식, 활과 화살을 과시하는 등 달단韃靼의 관습과 유행을 경쟁적으로 모방하였다"는 것이다. 더 놀라운 것은 기사의 끝 부분이다. '수도 개경의 귀족가문 자제들이 달단 안장 및 복식을 경쟁적으로 구매하는 와중에 파산을 하여 이혼까지 당한다'는 언급이 그것이다.

'달단'은 영미권에서 흔히 '타타르'로 알고 있는 부족명을 한자로 기록한 용어이며, 만주 및 몽골 등 주로 북방 종족들을 가리키는 데 쓰이곤 한 표현이다. 그런 달단의 풍속이 왜 고려의 귀족자제들 사이에 이토록 유행하였던 것일까? 1170년 이래 진행 중이던 무인들의 부상에서 그 단서를 찾아야 할 것이다. 지금까지는 거란 요와 여진 금을 언급하며 그 한화漢化의 정도에만 흥미를 가졌고, 고려와 만주 문명 사이의 관계에 대해서는 별다른 관심을 안 두었으나, 중국의 영향에 주목하는 한편으로 다른 문명권의 영향에도 주목할 필요가 있겠으며, 그것을 의심하거나 폄하하는 대신 있는 그대로 이해해 보려는 노력이 필요하다. 고려 무인들이 어떻게 집권하였고 그 권력을 어떻게 유지하였으며, 종국에 어떻게 배신당하였는지까지도 살필 경우, 이 시기 고려의 전사단 개념이 유라시아 전통으로부터 일정한 영향을 받았음이 분명히 드러나는 상황에서는 더욱 그렇다.

## 경대승의 사례

『고려사』에 따르면, 개인적으로 교분을 나누던 전사들을 '도방'이라는(이 명칭의 연원은 미상이다) 이름으로 조직화한 최초의 무인집정은 경대승이었다. 1179년 그는 '그를 위해 죽을 각오를 한 수백 명의 무인을 모아 만약에 대비'하였다. 그리고 몽골, 여진 및 유라시아의 다른 (준)유목 종족들에서도 흔히 보이듯이, 진정 이들과 모든 것을 나누고자 하였다. 그는 그들에게 '긴 베개와 큰 담요를 주고 주간에든 야간에든 교대해 가며 그를 지키게 하였고, 그의 진심을 전하기 위해 담요를 부하들과 함께 덮으며 같이 잠들곤' 하였다.

주군과의 그러한 근접성은 부하 무사들에게 (때로는 초법적인) 특혜도 보장하였다. 전사단 내의 규범이 바깥 사회의 그것과는 다를 때도 있었던 것으로, 『고려사』의 1180년 기록은 도방 구성원의 범법 사실을 다음과 같이 기술한다. "그들은 체포되더라도 언제나 경대승에 의해 바로 방면되었는데, 이를 믿고 그들은 사람들을 공공연히 거리낌 없이 착취하였다. 도방의 구성원이 명망가의 자제를 죽인 후 체포되었지만, 경대승이 온 힘을 기울여 그를 처벌로부터 구해내었다." 살인 피의자가 공권력에 체포돼 고려의 사법체계에 따라 처벌받아야 할 상황이었지만, 그의 도방 동료들이 경대승으로 하여금 개입하게 함으로써 정당한 처벌을 막은 셈이다.

그런 점에서 이 일화는 13세기 고려의 전사단이 기존의 고려적 제도환경에 '부가'된 존재였음 또한 보여주는 바가 있다. (그러나 그를 묘사한 일화들의 뉘앙스로 인해, 이러한 정황들이 '외래제도적 요소의 영향을 받은 결과'로 간주되기보다는 '사회문란의 정황'으로만 인식되어 온 측면이 없지 않다: 번역자) 기존

체계와 충돌하는 한이 있더라도 자신의 주위를 신뢰하는 전사들로 채운 (후 그들을 비호해 온) 경대승의 사례는 이의민에게서 반복되었다. '전사들로 하여금 그의 집을 물샐틈없이 호위케 하였고… 집 앞에 큰 장벽을 세워 밤낮으로 방비하였으며, … 곧이어 개경의 여러 다른 집에서도 이 사례를 따라하였다'는 기록에서 그를 엿볼 수 있다.

경대승은 1180년 사망하였는데, 그의 사후 도방에 일어난 일 또한 고려 전사단 현상의 유라시아적 특징을 잘 보여 준다. 그들의 충성은 궁극적으로는 '체제'가 아닌 '사람'을 대상으로 한 것이었고, 혈연에 의한 후계자가 남지 않은 이상 다른 이에게는 이식되기 어려운 것이었다. 그래서 주군이 사라진 전사단(또는 도방)은 새로 등장한 권력자에게는 대단히 위험한 것이었다. "경대승이 죽자, 도방 구성원이 모두 돈을 모아 장례를 준비하였다. 장례를 치른 그들은 흩어지기 전 마지막으로 모여 술을 마셨는데, 김자격이라는 자가 이를 빌미로 새 권력자를 찾아가 그들을 음해하였다. '우리가 얘기를 나누는 지금도 경대승의 도방 무리들이 모여 있으며, 그들의 반란 준동은 시간문제입니다.'" 도방의 명단에 있던 자들은 모두 체포되었고, 도망치거나 숨은 자들은 그 부모와 처자식 또는 온 가족이 체포되는 통에 결국 자수하거나 자살할 수밖에 없었다. 결과적으로 60여 무인들이 체포되어 극심한 고문을 받았다. 너무 극심한 고문을 당했던 지라, 먼 섬으로 유배당한 이들이 가는 도중에 대부분 사망하였으며 4, 5명만 유배지에 도달했을 정도였다.

한참 뒤의 일이긴 하나, 13세기 중반 김인준이 조직한 전사단의 구성원도 유사한 운명을 맞았다. 그는 최씨가문의 마지막 집정이었던 최의의 뒤를 이어 집권한 자다. 김인준 본인이 암살당한 후 그의 아들이 '도방의 6번 및 여타 병력을 동원해 스스로를 지켰지만', 그를 위협으로 여긴 그의 경쟁자들이 '이들을 제거하지 않으면 반란을 일으킬 것'이라 호소하자, 결국 모두 제거된다.

## 전사단의 변질

충성스러운 전사들로 구성된 도방은, 지도자(주군)를 따라 기존의 체계 위에 새로운 행정체계를 추가하는 작업에 충실하게 복무하였다. 그리고 그 결과 고려의 군제에도 신속하게 착근着根했다. 『고려사』의 1200년 기록에는 최충헌이 '문신과 무신들 중 정직定職이 없거나, 일반 군사들 중 우람하고 힘센 이들을' 소집하는 과정을 묘사하고 있다. '최충헌은 그들을 여섯 개의 번으로 나누고 교대로 그의 집에 거주하게 하였으며, 행차 시 도방이라 불린 이들과 언제나 동행하여 그 모습이 마치 전쟁터에 나가는 듯하였다.'

최충헌의 집권을 계기로 도방 역시 일정정도 '제도화'된 것으로 보인다. 최충헌 및 그 후계자들을 긴밀하게 호위한 무인들 역시 도방 구성원이 아니면 별초 출신이었다(최충헌 스스로 용감무쌍한 별초의 우두머리로 유명세를 탄 바 있다). 최충헌은 이들에게 많은 선물과 훈련을 내려주었는데, 필요한 일이기도 했거니와 주군과 부하들 간에 고락을 함께함으로써 끊어지지 않는 유대의 끈을 만들어야 했기 때문이다. 그는 부하들에게 고급스럽고 비싼 안장과 마구를 제공하고, 복장, 검, 갑옷 및 무기도 주었다. 사냥 훈련을 시키고는 산과 들판으로 끝없이 돌아다니게도 하였다. 『동사강목』의 1210년 기사에는 최충헌이 '중양절(9월 9일) 손님들에게 잔치를 벌일 당시 도방의 가장 힘센 이들을 불러 맨손싸움을 하게 하고는, 포상으로 승자들을 승격시켜 주었다'는 사실이 전하고 있다.

이러한 사실들은 도방 구성원과 그들의 주군 간 유대가 얼마나 강한 것이었는지를 잘 보여 주며, 관련 제도 또한 지도자와 심복 간 관계의 형성과 강화에 초점을 맞추고 있었음을 알려 준다. 무인들이 전사단(도방)의 구성원이 되고 싶었던 것도 당연하다. 도방에 동참함으로써 실권자와 가까운 관계를 맺고, 사회적 · 법적으로 특권적 지위에 이르며, 노획품도 나누어 갖는 등 경제적 혜택을 보장받을 수 있었기 때문이다.

몽골의 경우 이른바 케식keshig의 역사가 있다. 칭기스칸의 케식은 1만 명의 전사로 구성되었는데, 이들은 칭기스칸을 밤낮으로 수행하였다. 고려의 전사단은 그 정도 규모까지는 갖추지 못하였으나, 도방과 별초의 구성원 대부분이 지도자와 개인적 관계를 갖지 못할 정도로 그 규모가 확장되었을 가능성은 충분하다. 그런데 이러한 '대규모화' 현상은 사실 또 다른 위험으로 이어질 여지를 내포한다. 지도자와 전사단 구성원 사이의 감정적 유대가 약해지면서, 전사단의 충성심이 다른 곳으로 향할 가능성이 커지기 때문이다. 이집트의 맘룩들이 대표적인 사례이다.

여러 다양한 별초부대와 도방이 최씨 집정 수호의 최전선 노릇을 하였던 고려의 경우도 마찬가지이다. 1257년 최항이 사망하고 최의가 집권하자, '야별초, 신의군, 그리고 서방西坊의 3번 및 도방 36번이 그를 밤낮으로 호위'하였다는 사실에서 그 규모가 상당히 커졌음을 엿볼 수 있다. 제도화된 전사단이 중앙정계에서 수행하는 역할이 커졌음을 보여주는 한편으로, 도방과 별초 모두 더 이상 개인 호위무사 또는 지도자의 권위를 뒷받침하는 보조적 역할에 머물지 않고, 무인집정의 권력 발휘에 필수불가결한 존재로 거듭나 있었음을 보여 주는 대목이다. 세를 과시하기 위한 수단으로, 또는 격구장을 돌아다니며 무예를 과시하던 것에서 진화하여 그들 스스로가 권력, 권위가 되어 버린 것으로, 가히 '지도자를 보호하는 전사단'에서 '지도자를 만들거나 바꿔 버릴 수도 있는 조직'으로 변질된 것이라 하겠다.

최씨정권의 마지막 집권자 최의와, 마지막 무인집권자였던 임연의 경우가 그를 상징적으로 보여 준다. 임연의 경우 1269년 삼별초, 도방과 함께 원종을 폐위하고 새 인사(안경공 왕창)을 옹립하기까지 하였다. 그와 그의 사병들의 위세 앞에 '재상과 추밀들도 그를 거역하지 못할' 정도였으며, 그와 그의 가족은 어디를 가더라도 전사단의 호위를 받았다. 또 최의의 경우 1258년 자신의 전사단 구성원 중 하나에게 암살되었는데, 이 전사가 자신만의 무리를 거느리고 있었음이 흥미롭게 다가온다. 〈고려사〉는 '무리의 다른 이들도 공적에 따라 달리 포상' 받았고, 최의를 제거한 이들이 '좌우별초, 신의군, 궁궐도방과 함께 국왕을 예방하고 절한 후 만세를 외쳤'으며, 이후 최의의 재산이 이들에게 분할되었음을 전하고 있다.

전환은 완료되었다. 일찍이 권력과 권위를 호위하던 존재였던 전사단 자체가 제도가 되고, 모든 권력과 권위가 전사단에게로 돌아갔다. 다만 고려의 경우 반전이 있었다. 고려왕이 몽골과 제휴하는 와중에 무신집권자들도 새로운 여건에 적응하고자 하였지만, 결국 삼별초를 비롯한 전사단적 존재들이 고려-몽골연합군에 맞서다가 모두 파괴되었다.

## 전사단의 의의

이렇듯 중요한 의미를 가지는 고려의 전사단은, 본고에서 시도한 것보다는 더 깊이 논의될 필요가 있다. 그러나 이러한 시도를 통해서나마, 최씨의 권력을 보호한 사병들이 단순한 사병이 아니었음만큼은 밝혔다고 생각한다. 북방 종족들의 복식이 고려 사회 안에 크게 유행하는 상황에서, 만주 및 북변지역 전사단의 존재에서 영감을 받아 형성된 듯한 사병들이 최씨가문의 지도자들을 호위하였다. 고려와 북방의 관계(및 문화 교류)가 중국의 강력한 문물제도에 상응하는 영향을 고려에도 미친 셈이라 하겠다. 고려가 거란 요나라로부터 종교건축, 천문학 및 불교 등의 분야에서 영향을 받았다면, 군사적 측면에서는 요의 군사력 및 강력한 여진군을 오랜 기간 목도하며 그 전사단적 전통도 수용한 격이라 하겠다.

고려 중기 사회와 체제가 워낙 불안정하였기에 전사단 제도는 고려 내에 정착할 수 있었다. 그리고 최씨정권이나 다른 무신집권자들이 오랫동안 권력을 유지하는 데 일등공신 노릇을 하였다. 최충헌은 이들을 동원하여 이원적인 행정구조를 구축함으로써, 고려 체제에 대한 충성을 자신이라는 일개인에 대한 충성으로 옮기는 부정적 유산을 남겼다. 그러나 그 과정에서 전사단이라는 변경의 관습이 왕조의 운명을 결정지을 정도의 강력한 세력으로 거듭났다는 사실 자체는 분명 주목되어야 할 것이다. 여진, 거란, 몽골은 물론, 러시아, 투르크, 아랍의 사례들과도 비교 · 검토되어야 할 것이다.

고려인들 사이에 퍼져 있던 동북아시아(유라시아) 전사 전통의 자취는 의복, 갑옷 및 무기 등의 개인적 측면이나 전법, 전술 등의 기술적 차원을 넘어서는 것이다. 1170년 무신란이라는 역사적 사건을 배경으로 도입된 전사단 제도는, 중국적 군사운영원리에 기반을 두었던 고려에 전략적, 조직적 변동을 가져왔고, 결과적으로 13세기 한국의 군 조직 원리에 있어 가장 중요하고도 보편적인 요소가 되었다. 이 시기가 이전, 이후 시기와 근본적으로 달랐던 점 중 하나가 바로 여기에 있다.

### 참고문헌

『고려사』.

『고려사절요』.

『고려묘지명집성』.

김당택, 1998『고려의 무인정권』, 국학자료원.

김아네스, 2010「고려 무신정권에 관한 총체적 연구」『한국중세사연구』29.

박재우, 2014「고려 최씨정권의 政房 운영과 성격」『한국중세사연구』40.

이정신, 1991 「고려 무신정권기 농민, 천민항쟁연구」, 고려대학교 민족문화연구소.

Thomas T. Allsen, 1986 "Guard and Government in the Reign of The Grand Qan Möngke, 1251-59", *Harvard Journal of Asiatic Studies* 46.

Michal Biran, 2004 "The Mongol Transformation: From the Steppe to Eurasian Empire", *Medieval Encounters* 10.

Christopher I. Beckwith, 2009 *Empires of the Silk Road: A History of Central Eurasia from the Bronze Age to the Present*, Princeton: Princeton University Press.

Remco E. Breuker, 2012 "And Now, Your Highness, We'll Discuss the Location of Your Hidden Rebel Base: Guerrillas, Rebels and Mongols in Medieval Korea." *Journal of Asian History* 46, no. 1.

Peter B. Golden, 2001 "Some Notes on the Comitatus in Medieval Eurasia with Special Reference to the Khazars", *Russian History/Histoire Russe* 28.

Edward J. Shultz, 2001 *Generals and Scholars: Military Rule in Medieval Korea*, Honolulu: University of Hawai'i Press.

(번역: 이강한, 한국학중앙연구원)

# 주제 3.

# 지역사회 운영과 주도계층

# 고려의 지방제도 운영과 지방사회: 진주 정방의 난의 분석

▸ 고려 지방제도의 구성
▸ 향리의 활동
▸ 외관의 활동
▸ 안찰사와 별명사신
▸ 재지세력과 지방사회

윤경진

## 고려 지방제도의 구성

고려에서는 신라나 조선과 달리 기초 행정 단위인 군현 중에 외관을 설치하지 않은 곳이 많았다. 이에 대해서는 나말여초 호족의 세력 관계를 반영한 것으로 보거나 제도의 미숙성으로 설명하는 경우가 많았다. 이에 대해 근래에는 '운영체계'의 측면에서 고려 지방제도의 특성과 의미를 해명하고 있다.

이러한 시각에서 고려 지방제도의 운영체계는 5도 지역의 일반 군현을 대상으로 할 때 크게 네 단계로 구성된다. 핵심적인 것은 외관 파견에 상관없이 군현의 운영을 향리鄕吏 내지 읍사邑司가 담당하고 있었다는 것이다. 군현제의 일반 원리에서 행정 단위의 운영은 중앙에서 파견한 외관이 담당하였다. 따라서 외관이 파견되지 않은 속현屬縣의 존재는 비정상적인 것으로 비추어졌다. 그러나 고려에서 군현의 운영은 향리들이 담당하였고, 그 대표인 호장戶長은 국가의 공식적인 관직체계에 속해 있었다. 이 때문에 고려 향리의 공식 칭호는 관청의 책임자를 뜻하는 '장리長吏'였다.

이에 대해 외관은 특정 군현에 파견되는 형식을 취하더라도 실제 업무는 관할 속현을 포괄하는 것이었다. 읍사와 외관이 상하 행정체계를 구성하며, 이는 동일 군현 안에서도 성립하였다. 외관은 향리의 읍사와 구분되는 외관청外官廳 내지 공아公衙를 따로 두었고, 여기에는 실무를 담당하는 이속으로서 기관記官을 비롯한 아전衙前이 있었다.

이러한 운영체계는 외형적으로 외관이 파견된 군현-통상 주현主縣으로 부르고 있다-그렇지 않은 다수의 군현, 곧 속현을 관할하는 형태로 나타난다는 점에서 '주현-속현체계'로 부를 수 있으나 그 안에 담긴 운영체계는 외관[외관청]-향리[읍사]의 체계를 통해 운영되었던 것이다. 이것이 조선 지방제도로 이행하면서 읍사가 외관청에 흡수되어 외관 중심의 운영체계로 정리되었다.

한편 주현-속현체계를 기반으로 더 확대된 범위로 설정되는 광역 운영체계로 계수관界首官과 도道가 있었다. 계수관은 경京, 목牧, 도호都護 등 대읍에 설정되며, 다수의 주현-속현 단위를 통할하였다. 다만 계수관과 일반 외관 사이에 직접적인 상하 행정체계가 있었던 것은 아니다. 계수관은 해당 권역에서 광역의 군사 운영 및 사법체계의 상급심, 도량형 관리 등의 기능을 담당하였고, 영역의 대표로서 국왕에 대한 각종 의례를 수행하였다.

이에 대해 도는 민생 탐방과 외관 감찰을 위한 체계로 마련되었다. 6개월의 임기를 가진 안찰사按察使의 순행 구역이 상설화되면서 고려 중기 이후 5도의 형태를 갖추었다. 안찰사는 관내를 순찰하면서 군사와 사법 등의 부문에서 업무를 수행하였다. 고려 말에 이르러 외관 중심의 운영체계가 정착하면서 도는 이를 통할하는 중간 행정기구로 자리를 잡아 조선의 8도로 이행하였다. 안찰사 외에도 지방사회에 처리할 현안이 있으면 수시로 사신을 보냈는데, 이들을 통틀어 별명사신別命使臣, 또는 별함別銜이라 한다.

이러한 운영체계에 대해 그동안 각 부문별로 자세한 검토가 이루어지면서 구

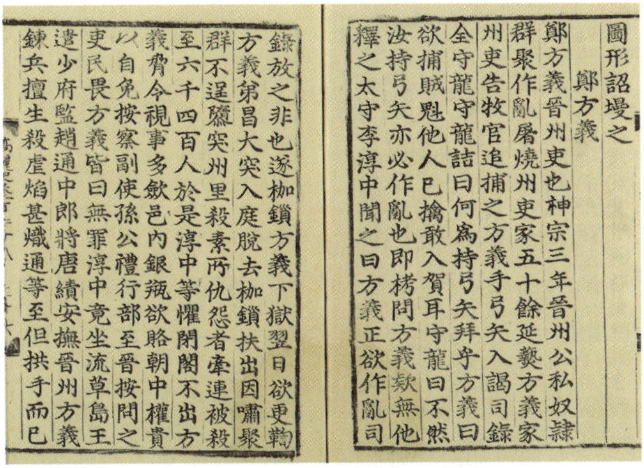

圖形詔墁之

鄭方義

鄭方義晉州吏也神宗三年晉州公私奴隸群聚作亂屠燒州吏家五十餘延爇方義家州吏告牧官追捕之方義手弓矢入謁司錄全守龍守龍詰曰何爲持弓矢拜乎方義曰欲捕賊魁他人已擒敢入賀耳守龍曰不然汝持弓矢亦必作亂也即栲問方義款無他釋之太守李淳中聞之曰方義正欲作亂司錄放之非也遂枷鎖方義下獄翌日欲更鞫方義弟昌大突入庭脫去枷鎖扶出因嘯聚群不逞黨突州里殺素所仇怨者牽連被殺至六千四百人於是淳中等懼閉閤不出方義脅令視事多歛邑內銀瓶欲賂朝中權貴以自免按察副使孫公禮行部至晉按問之吏民畏方義皆曰無罪淳中竟坐流草島王遣少府監趙通中郎將唐績安撫晉州方義鍊兵擅生殺虐焰甚熾通等至但拱手而已

**사진 1. 고려사 정방의 열전(규 3579)(규장각한국학연구원 소장)**

체적인 이해가 가능해졌다. 하지만 실제 운영은 이러한 체계들이 복합적으로 작용하고 있었다는 점에서 이를 입체적으로 설명하는 작업 또한 필요하다. 이에 여러 운영체계가 함께 구현된 특정한 상황을 찾아 분석하는 것은 전체적인 양상을 이해하는 데 효과적인 방안이 된다. 이러한 관점에서 신종 3년(1200)에 진주에서 발생한 정방의鄭方義의 난을 주목할 수 있다.

이 난은 처음에 진주의 향리를 대상으로 한 공사노예公私奴隷의 난동에서 출발했으나 처리 과정에서 향리와 외관의 갈등으로 비화되었다. 그리고 수습 과정에서 안찰사와 별명사신의 활동이 나타나고, 최종 단계에는 지역 내 세력 간의 충돌도 검출된다. 이 점에서 당시 지방제도 운영과 지방사회의 상황을 종합적으로 조명할 수 있는 소재가 된다. 여기에 같은 시기 전주에서도 비슷한 상황이 발생하였기 때문에 이를 연계하면 좀 더 구체적인 이해가 가능할 것이다.

## 향리의 활동

『고려사』의 정방의 열전에 의하면, 정방의의 난은 진주의 공사노예가 무리를 모아 주리州吏의 집을 불태운 것에서 야기되었다.

> 정방의는 진주의 향리이다. 신종 3년(1200)에 진주의 공사노예가 무리를 모아 난동을 부려 주리의 집 50여 채를 불태우니 정방의의 집까지 불이 옮겨 붙었다.

공사노예가 왜 주리의 집을 불태웠는지 직접적인 동기는 나와 있지 않지만, 평상시에 누적된 주리와 노예의 갈등이 폭발한 것으로 볼 수 있다. 이 갈등은 주리의 역할과 노예의 관련성에서 추출된다.

비슷한 상황이 명종 12년(1182) 전주에서 발생한 죽동竹同의 난에서도 발견된다. 다음은『고려사』세가의 기사이다.

> 처음에 전주의 사록司錄 진대유陳大有는 자못 강직함을 자부하여 형벌 사용이 아주 가혹하니 백성이 고초로 여겼다. 나라에서 정용精勇, 보승保勝의 군대를 보내 관선官船을 건조하는데, 진대유가 상호장上戶長 이택민李澤民 등과 함께 노역 감독을 아주 가혹하게 하였다. 기두旗頭 죽동 등 6명이 난동을 일으켜 관노官奴와 부랑배들을 불러 모아 진대유를 산속의 절로 쫓아내고 이택민 등 10여 집을 불태우니 향리가 모두 도망갔다. 이에 판관判官 고효승高孝升을 협박하여 주리를 교체하니 고효승은 인신印信을 내어줄 뿐이었다.

이 사건은 몇 가지 점에서 진주의 사례와 유사하다. 우선 군인들이 일으킨 난이지만 관노가 참여하고 있다. 난의 발생 원인을 고려해 보면 관노 역시 평상시 가혹한 노역에 시달렸을 가능성이 높다. 다음에 상호장 이택민을 포함한 여러 집을 불태웠고 주리들이 도망한 것은 이들이 공격 대상이 되었음을 의미한다.

이를 통해 앞서 관노와 주리 사이에 갈등이 존재하였음을 추정할 수 있다.

향리의 직제를 보면 호장을 중심으로 문서 행정을 담당하는 호정戶正과 창고 및 재정을 담당하는 창정倉正, 그리고 군사와 역역을 담당하는 병정兵正이 근간을 이루고 있었다. 병정의 존재는 향리의 기능에서 군사 및 역역이 중요한 비중을 차지하고 있었음을 보여준다.

정규군인 정용과 보승이 선박 건조에 동원되는 것에서 드러나듯이 지방군 운영은 평상시 역역 운영과 직결되어 있었다. 여기에는 지방 관청의 필요에 의한 각종 노역도 포함되는데, 관노는 지방 단위 노역에서 일차적인 대상이 되었다. 이들은 행정 책임자인 향리의 관할 아래 사역되었을 것인데, 이 과정에서 형성된 갈등이 진주의 공사노예가 난을 일으키고 전주의 관노가 난에 참여하는 원인이 되었던 것이다.

관노의 편제 및 사역과 관련하여 고종 19년(1232)에 발생한 충주 노군奴軍의 난이 참고된다.

> 처음에 충주의 부사副使 우종주于宗柱는 서류를 처리할 때마다 판관 유홍익庾洪翼과 틈이 있었다. 몽골 군대가 온다는 소식을 듣고 성을 지킬 방법을 논의하는데, 우종주는 양반별초兩班別抄를 이끌고 유홍익은 노군잡류별초奴軍雜類別抄를 이끌었지만 서로 시기하였다. 몽골 군대가 이르자 우종주, 유홍익과 양반 등은 모두 성을 버리고 도망갔고, 노군과 잡류만이 힘을 합쳐 격퇴하였다. 몽골 군대가 물러간 뒤 우종주 등이 고을에 돌아와 관사官私의 은기銀器를 점검하는데, 노군은 몽골 군대가 노략질해갔다고 말했으나 호장 광립光立 등은 몰래 노군의 우두머리를 죽이려고 하였다.

위 『고려사』 기사에서 난을 일으킨 '노군'은 같은 사건을 전하는 다른 기록에는 '관노'로 나오고 있어 관노를 편성한 군대임을 알 수 있다. 관노도 군역 편성에 포함되어 있었던 것이다.

이 상황은 충주의 자체 방어 과정에서 나타난 것이다. 부사와 판관이 각각 인솔한 양반별초와 노군잡류별초는 정규군이 아니라 충주 지역의 인적 자원을 가지고 편성된 것이다. 따라서 여기에는 평상시의 지역 내 군사 내지 역역 운영체계가 반영되어 있었을 것이다.

난이 발생하는 직접적인 계기는 호장이 노군의 우두머리를 죽이려 한 것이다. 이는 호장 등 향리가 기물의 상실에 대해 책임이 있었음을 짐작케 한다. 창정의 직함에서 유추되듯이 향리들은 관물의 관리와 운용에 일차적인 책임이 있었다.

이와 함께 향리가 관노 내지 노군에 대한 관리 책임이 있었음도 추정할 수 있다. 향리는 지방군 차출의 실무를 맡았거니와 군현의 역역 운영에서 실질적인 관리와 지휘 업무를 맡았던 것이다. 이를 매개로 자신들에게 책임이 돌아올 상황을 노군에게 전가하려 한 것이다.

이처럼 고려에서는 지방군 운영에서 관노들도 편성 대상이 되었고 향리들이 이를 관리하였다. 관노는 평상시에 노역에 동원되었고 전쟁에는 부대를 구성하여 전투에도 참여하였다. 이들은 열악한 처지와 사역으로 인해 무신집권기 지방 민란의 주체로 자주 등장하였고, 이 경우 대개 향리들이 공격 대상이 되었다. 진주에서 공사노예가 난을 일으키고 주리의 집을 불태운 것은 이러한 맥락에서 이해할 수 있다.

## 외관의 활동

향리와 관노의 갈등에서 촉발된 진주의 난동 사건은 이를 수습하는 과정에서 외관과 향리의 갈등으로 전화되었다. 이러한 상황은『고려사』정방의 열전에 잘 나타난다.

> 주리가 목관에게 고하여 쫓아가 잡았는데, 정방의가 손에 활과 화살을 들고 들어가 사록司錄 전수룡全守龍을 만났다. 전수룡이 꾸짖기를, "어찌 활과 화살을 들고 절을 하는가"라고 하니 정방의가 말하기를, "적의 우두머리를 잡으려는 것인데, 다른 사람이 이미 잡았으므로 들어와 축하드리는 것입니다"라고 하였다. 전수룡이 말하기를, "아니다. 네가 활과 화살을 가지고 있는 것 또한 분명히 난동을 피우려는 것이다"라고 하고는 바로 고문하였으나 정방의에게 별다른 혐의가 없으므로 풀어주었다. 태수太守 이순중李淳中이 이를 듣고 말하기를, "정방의가 난동을 피우려는 것이 분명한데, 사록이 풀어준 것은 잘못이다"라고 하고는 정방의에게 형틀을 채워 감옥에 가두었다. 다음 날 다시 심문하려는데 정방의의 동생 창대昌大가 마당에 돌진해 들어와 형틀을 벗기고 부축해 나갔다. 이어 무뢰배들을 모아 마을을 휩쓸고 다니면서 평소에 원한이 있던 사람들을 죽이니 이에 연루되어 피살된 사람이 6,400인이나 되었다. 이에 이순중이 두려워하여 문을 닫고 나오지 않았으나 정방의가 협박하여 정무를 보게 하고, 읍내의 은병銀甁을 많이 모아 조정의 권귀權貴에게 뇌물로 주어 책임을 스스로 면하였다.

위에서 주리가 목관에게 알리고 난동을 피운 무리를 잡았다는 데서 향리와 외관 사이의 보고체계가 있었음을 알 수 있다. 아울러 향리가 관할 군사력을 동원하여 제압하는 데 참여한 것도 볼 수 있다.

고려의 지방행정에서 외관과 읍사는 행정적으로 상하체계를 구성하고 있었으며, 이것은 같은 군현 안에서도 마찬가지였다. 신종 원년(1198)에 작성된 「장성감무관첩長城監務官貼」을 보면, 중앙 정부의 지시에 따라 관내 백암사白巖寺의 주지직 계승에 대해 장성군사長城郡司의 호장이 장성감무관長城監務官에게 문서를 통해 보고하는 과정을 확인할 수 있다. 진주의 경우에도 목관과 읍사 사이에는 행정체계가 성립해 있었다. 정방의가 사록을 만나는 것도 구두 보고의 형식이기는 하지만, 이면에는 이러한 행정체계가 작동하고 있었다.

한편 정방의가 활과 화살을 들고 있던 것은 주모자를 잡기 위한 것으로 설명되고 있다. 이것은 향리가 군사 활동에 직접 참여한 것을 보여준다. 전술한 바와 같이 향리는 해당 지역의 군사 및 역역 편제에서 지휘체계에 포함되어 있었는데, 난동의 진압에도 무기를 들고 직접 참여한 것이다.

무기를 들고 들어온 정방의에 대해 사록 전수룡은 그가 난을 일으키려는 의도라고 의심하고 그를 잡아 가두었다가 혐의가 없다고 보고 풀어주었다. 하지만 태수 이순중이 다시 그를 투옥하였다. 이것은 외관이 가지고 있는 사법 기능의 일단을 보여주는데, 그 과정에 나타난 사록과 태수의 관계가 주목된다.

조선의 지방제도는 모든 군현에 외관을 파견하였기 때문에 대부분 수령 단독으로 운영되었고, 계수관급의 대읍에만 판관이 추가 설치되었다. 반면 고려의 지방제도는 외관이 설치되지 않은 군현이 많았고, 외관은 다수의 속현을 관할하도록 되어 있었다. 이 때문에 고려의 외관은 단독이 아니라 다수의 원료員僚로 구성되었다.

목관의 경우 외관 원료는 사使와 부사副使, 판관判官, 장서기掌書記를 겸하는 사록司錄, 법조法曹, 의사醫師와 문사文師로 구성되었다. 이 중 사와 부사는 대개 둘 중 하나만 설치되었다. 판관은 사 또는 부사와 함께 행정을 협의하였다. 전술한 충주목 사례를 보면 부사와 판관 사이에 업무 처리를 둘러싼 갈등이 드러난다. 판관은 단순히 사 내지 부사의 명령을 받는 하위직이 아니었던 것이다.

다음에 인용할 『고려사』의 유석庾碩 열전 기사는 이러한 관계를 잘 보여준다.

> 뒤에 안동도호부사安東都護副使가 되었다. 당시에 순문사巡問使 송국첨宋國瞻이 유석에게 문서를 보내 산성을 수리하도록 하고 또한 판관 신저申著에게 문서를 보내 함께 의논하도록 하였다. 신저는 평소에 탐욕스러워 유석이 함께 일하는 것을 수치로 여겼는데, 지시받은 일을 모두 신저에게 맡기고 날마다 선비들과 시를 읊을 뿐이었다.

위의 기사를 보면 순문사가 안동의 부사와 판관에게 각각 문서를 보내는 것을 볼 수 있다. 판관은 업무의 독립성을 가지고 있었던 것으로, 이것은 고려 외관제의 중요한 특성의 하나이다. 판관이 설치되지 않은 현령관縣令官에서는 현령과 현위縣尉가 업무를 나누고 있었다.

이에 대해 사록은 판관처럼 업무의 독립성을 가지고 있지 않았다. 사록은 계수관급에 설치되었으며, 사·부사나 판관의 행정 업무를 지원하는 데 초점이 있었다. 이러한 사록의 활동과 관련하여 전주목의 사록겸장서기司錄兼掌書記로 재임한 이규보李奎報의 사례가 주목된다.

그는 계수관 전주 관할의 46개 고을의 군대를 이끌고 변산邊山에서 재목을 채취하였고, 관내 군현을 순찰하는 일도 하였다. 그가 재목 채취에 나선 것은 전주사록 진대유가 정용·보승의 관선 제조를 감독한 것과 같은 의미를 가진다.

관내 순찰은 봄에 권농을 위하여 다니는 행춘行春[春行]과 재정 감독을 위하여 다니는 감창監倉이 핵심을 이루었다. 이러한 관내 순찰은 기본적으로 사와 판관이 분담하는 것이었지만, 업무가 많은 계수관급에서는 사록이 대행하기도 하였다. 관내 순찰을 통하여 억울한 옥사를 살피는 일도 계수관 범위에서 이루어졌다.

이처럼 사록은 주로 계수관에서 사나 판관을 지원 또는 대행하는 역할을 담당하였다. 이것은 진주의 사록 전수룡도 마찬가지였을 것이다. 특히 정방의가 먼저 사록에게 보고하는 것은 계수관인 진주에서 사록이 주리를 직접 대면하는 위치에 있었음을 짐작케 한다.

하지만 사록은 사와 판관의 지휘를 받았기 때문에 향리 인선에는 개입하지 못하였다. 향리 중 호장은 외관의 추천을 받아 상서성尙書省에서 사령장을 발급하였지만, 부호장 이하는 외관이 직접 임용하였다. 전주에서 발생한 죽동의 난을 보면 판관이 향리 교체를 위해 인신을 내어주는 현상이 보인다.

사록 전수룡이 정방의를 풀어주었으나 태수 이순중이 다시 잡아들인 것을 보면, 그가 상관으로서 사록의 처분을 번복할 수 있었음을 알 수 있다. 고려에서 태수는 공식 직함이 아니라 지방 장관을 이르는 경우가 많았는데, 정방의가 이순중에게 강제로 업무를 보게 한 점이나 이순중이 책임을 지고 파직되는 것에서 그가 진주의 사(부사)였음을 짐작할 수 있다.

이처럼 정방의 난에서는 주리와 사록, 태수로 이어지는 명령-보고체계를 엿볼 수 있다. 계수관급에 설치되는 사록은 상급의 사나 판관과 예하 향리를 연결하는 위치에 있었으며, 상관의 업무를 대행하기도 하였다.

## 안찰사와 별명사신

진주 정방의의 난을 수습하는 과정에는 먼저 안찰사가 등장한다.

> 안찰부사按察副使 손공례孫公禮가 관내를 순찰하다가 진주에 이르러 사건을 조사하였는데, 향리와 백성이 정방의를 두려워하여 모두 그에게 죄가 없다고 하므로 이순중이 결국 책임을 지고 초도草島로 유배되었다.

안찰부사 손공례는 관내를 순찰하는 과정에서 진주에 와서 사건을 조사하였고, 이순중에게 책임을 물어 유배에 처하였다. 그가 이순중을 처벌한 것은 외관의 직무를 감찰하는 안찰사의 통상적인 업무와 관련된다. 다만 그 구체적인 내용에 대해서는 유의해서 이해할 필요가 있다.

안찰사는 대개 5품 정도의 관원이 임용되었기 때문에 계수관의 장관직보다 직급이 낮았다. 임기는 6개월로서 관내를 순찰하므로 통상적인 감찰 이상의 기능을 기대하기 어려웠다. 이 때문에 안찰사를 도의 장관으로 인정하지 않고 고려 말 도관찰출척사都觀察黜陟使의 파견을 통해 비로소 도가 중간 기구로 수립되었다고 보는 것이 일반적이다.

민란이 집중적으로 발생하던 무신정권 초기 안찰사는 순행 도중 관내에서 발생한 소요 사건에 대한 조사와 처리를 담당하게 되었는데, 진주와 비슷한 상황을 전주에서 찾을 수 있다. 다음은『고려사』명종 12년(1182) 3월의 기사이다.

> 안찰사 박유보朴惟甫가 고을에 들어오니 적이 군대를 성대하게 벌여놓고 진대유의 불법한 상황을 호소하였다. 안찰사가 부득이 진대유를 체포하여 서울로 압송하였다. 그리고 적을 화복禍福으로 달랬으나 따르지 않으므로 도내道內의 군대를 모두 징발하여 토벌하니 적이 문을 닫고 굳게 지켰다.

여기에서 안찰사의 기능과 관련하여 두 가지 중요한 내용이 발견된다. 하나는 죽동 등의 호소를 받아들여 사록 진대유를 체포 압송한 것이고, 다른 하나는 도내 군대를 징발하여 토벌에 나선 것이다. 일견 안찰사가 사법과 군사에서 막강한 권한을 행사한 것처럼 보인다.

그러나 이것은 사건의 전개를 정리한 결과이며, 중앙에 대한 보고와 처분이라는 과정이 생략되어 있다. 안찰사는 순행 중 도내 상황을 파악하여 보고할 책임이 있다. 그리고 이에 대해 처분이 내려오면 이를 수행하거나 실행 담당자에게 전하게 된다. 안찰사가 외관에 대한 즉결 처분을 행하였다거나 자신의 판단으로 군대를 징발 지휘한다고 볼 수는 없다.

사법 업무는 외관의 기본적인 기능이었다. 하지만 현실에서는 억울한 옥사[冤獄]나 옥사 처리의 지연[滯獄] 같은 문제가 발생할 수밖에 없기 때문에 재심再審을 행하고 외관의 직무를 감독하는 체계가 따로 마련되었다. 관내를 수시로 다니면서 원옥이나 체옥을 처결하는 것은 본래 계수관이 담당하였는데, 인종대 이후 안찰사가 전국적인 체계로 확립되면서 점차 그가 상급심 기능을 담당하게 되었다. 상주 외관인 계수관보다 순찰직인 안찰사가 사법 감독의 기능에 보다 부합하였기 때문이다. 특히 이 문제가 외관과 연결된 경우 안찰사의 역할이 보다 중요하였다.

다만 순행 중에 이루어지는 것이기 때문에 그 기능은 사건을 '조사'하여 정부에 '보고'하는 데 초점이 있었다. 그리고 이에 수반된 외관 처벌은 정부의 지시에 따라 이루어졌다. 이러한 정부의 판단에는 안찰사의 보고 내용이 중요하였을 것임은 물론이다.

이러한 구도는 진주의 사례에 그대로 적용된다. 안찰사 손공례는 이순중의 정방의 투옥과 정방의의 탈출이라는 사건을 조사하였다. 이것은 내용적으로 정방의의 원옥을 처결하는 의미도 가진다. 전주에서 난을 일으킨 무리가 안찰사에게 진대유의 잘못을 호소한 것도 마찬가지이다.

손공례는 사건에 대해 관련자들과 주민들에게 탐문한 뒤 정부에 보고하였고, 정부의 처분에 따라 이순중이 유배에 처해졌다. 이 경우 손공례는 계속 관내를 순찰해야 하므로 이순중의 유배는 정부에서 파견하거나 지시를 받은 관원이 담당하였을 것이다.

이번에는 안찰사의 군사적 기능에 대해 살펴보자. 안찰사가 군대의 동원에 관여했지만 실제 군사 작전에 직접 참여한 것은 아니었다. 각종 형태의 군대 동원은 대개 계수관을 단위로 이루어졌다. 다음의 『고려사』 고종 4년(1217) 1월의 기사는 계수관 단위의 지방군 운영을 잘 보여주는 사례이다.

> 전라초군별감全羅抄軍別監 홍부洪溥가 급히 보고하기를, "전주의 군마軍馬가 작년 11월 26일에 서둘러 출발하였는데, 떠난 지 5일 만에 고을로 돌아와 난을 일으켜 장리를 죽이고 쫓아낸 뒤 머무르고 있습니다. 이로 인해 나계군羅界軍도 역시 출발하지 못하였습니다."라고 하였다.

이 기사는 전주에서 차출된 군대가 고을로 돌아와 난동을 부린 사건을 전하고 있다. 이들은 장리를 죽이거나 축출하였는데, 이는 진주에서 공사노예가 난을 일으켜 주리의 집을 불태운 것과 같은 내용이다. 기록에는 난동을 일으킨 이유가 나와 있지 않으나 이 역시 징발 과정에서 향리들과 갈등이 있었기 때문이 아닌가 한다.

한편 초군별감은 지방에서 군대를 징발하기 위해 파견된 관원이다. 그의 활동에 따라 차출된 군대는 전주와 나주 두 계수관을 단위로 편성되었다. 전주의 군마와 나계군은 각각에 해당한다. 앞서 전주에서 난을 일으킨 정용 · 보승은 바로 계수관 전주 관내에서 차출된 군대로 파악된다. 이는 이규보가 변산에서 재목을 채취할 때 이끈 46개 고을의 군대와 맥을 같이 하며, 앞의 기사에 보이는 전주의 군마에 상응한다.

정부에서 초군별감이 파견되지 않고 지방 자체에서 군대를 차출하도록 하는 경우 안찰사가 그 임무를 맡았다. 특히 군대 차출이 계수관 단위를 넘어 도 단위로 이루어질 때 안찰사의 역할이 필요하였다. 물론 이 경우도 일단 계수관 단위로 징발이 이루어진 뒤 도 단위로 확장되었을 것이다. 죽동의 난을 보면 이들이 거듭 회유를 따르지 않자 "안찰사가 보낸 군대"가 이들을 공격하는 것으로 설명되고 있는 것에서 안찰사의 군사적 기능을 확인할 수 있다.

안찰사가 사건을 조사하고 이순중을 유배에 처하였지만, 그것만으로 상황이 수습되지는 않았다. 정부는 무력으로 토벌하는 대신에 사신을 보내 안무하는 방식을 택하였다.

> 왕이 소부감少府監 조통趙通과 중랑장中郎將 당적唐績을 보내 진주를 안무하게 하니, 정방의가 군대를 길러 생살을 마음대로 하고 잔혹한 행위가 심하므로 조통 등이 이르러 단지 팔짱만 끼고 있었다.

정부는 소부감 조통과 중랑장 당적을 보내 진주의 민심을 수습하고자 하였다. 고려에서는 정례적으로 운영되는 안찰사 외에 민생 탐방과 관리 감찰, 안무, 군사 등 다양한 목적을 위해 사신을 파견하였다. 이들은 특정 시기에 특정 업무를 위해 파견되었다. 전국을 대상으로 하는 경우도 있지만, 특정 지역에 국한된 경우도 있었다. 이들을 흔히 별명사신, 혹은 별함이라 한다.

진주에 파견된 두 사람의 직급인 소부감은 정4품, 중랑장은 정5품으로 안찰사와 비슷하다. 흥미로운 것은 사신이 문신과 무신으로 구성되어 있다는 점이다. 이것은 민심 수습이 행정과 군사 양면에서 이루어져야 했기 때문이다.

『고려사』 명종 12년 4월의 전주 사례에서도 동일한 구도가 확인된다.

> 일이 보고되자 4월 무신에 합문지후閤門祗侯 배공숙裴公淑과 낭장郎將 유영劉永 등을 보내 죽동 등이 반역한 사유를 묻게 하였다. 배공숙 등이 성에 들어가 유시하니 일품군一品軍 대정隊正〈역사에서 그 이름을 잃어버렸다〉과 적의 괴수를 제거하기로 모의하여 계획이 거의 이루어질 즈음에 참소를 입어 교체되니 낭중郎中 임용비任龍臂와 낭장 김신영金臣穎으로 대신하게 하였다. 안찰사가 보낸 군대가 성을 공격했으나 함락하지 못한 것이 거의 40여 일이었는데, 일품군 대정이 승도와 함께 죽동 등 10여 인을 죽이니 적이 평정되었다.

전주에는 난의 수습을 위한 별명사신이 두 차례 파견되었는데, 처음에는 합문지후와 낭장을, 다음에는 낭중과 낭장을 보냈다. 모두 문신과 무신을 함께 보낸 것이다.

위 기록에는 안찰사가 보낸 군대가 성을 공격하는 내용이 보인다. 안찰사가 보낸 군대는 곧 정부의 명을 받은 안찰사가 전라도 지역에서 징발한 군대를 가리킨다. 선행 기록에서 안찰사가 도내의 군대를 모두 징발하였다는 내용과 조응한다.

안찰사는 순찰을 해야 하므로 이 군대를 직접 지휘할 수는 없다. 징발된 지역의 외관이 지휘할 수도 있겠지만, 원칙적으로 정부에서 보낸 지휘관이 담당하였다고 생각된다. 여기서 사신 중 무신인 낭장 김신영이 군대의 지휘를 담당하였을 것이다.

별명사신 중 문신은 행정 업무와 회유를 담당하였다면, 무신은 유사시의 군사 지휘에 그 본령이 있었던 것이다. 고려의 군사 운용에서 통수권과 작전권은 대개 문신이 담당하였고, 무신은 실제 전투를 지휘하였다. 따라서 별명사신에서도 문신이 통수권을 가지고 있었지만, 실제 동원된 군대를 이끌고 전투에 나서는 것은 무신의 몫이었다.

이에 비추어 진주의 경우에도 중랑장 당적이 군대를 지휘하여 반란 세력을 제압해야 하는 상황이었으나 이에 대한 기록이 나타나지 않는다. 그 배경으로 정방의가 군대를 길렀다는 내용이 주목된다. 이것은 진주 지역의 군사를 정방의가 장악했음을 의미한다.

계수관 진주의 관할의 주현을 보면 합주와 도서인 남해현과 거제현이 있다. 이 중 도서에서 군대를 차출하는 것은 한계가 있었고, 후술하듯이 합주에도 민란 세력이 있었다. 진주의 군사력을 정방의가 이미 장악하고 있었으므로 다른 계수관인 상주와 경주의 군대를 동원해야 하는데 이것도 여의치 않았다. 전주와 나주는 거리가 멀지 않지만, 상주나 경주에서 진주로 군대를 보내는 데에는 시간과 거리의 부담이 컸기 때문이다. 사신 조통이 팔만 끼고 방치하였다는 것은 군사 운용이 무력화된 상황을 시사한다. 후술하듯이 정방의의 난이 정부의 토벌이 아니라 진주 지역 내 세력에 의해 진압되는 것도 이러한 사정에 기인한다.

이처럼 안찰사는 관내를 순행하며 관할 지역에서 발생한 민란에 대한 조사와 보고를 담당하였고, 정부의 지시에 따라 외관을 처벌하거나 반란 세력을 진압하기 위한 군대를 징발하여 파견하였다. 다만 안찰사는 순찰관이었기 때문에 지속적인 업무 수행에 한계가 있었다. 이에 정부는 특정 지역의 상황 파악과 수습을 위해 따로 별명사신을 파견하였는데, 문신과 무신이 함께 가는 경우가 많았다. 이 중 무신은 유사시에 안찰사가 차출한 군대를 인계받아 무력 진압에 나서기도 하였다.

## 재지세력과 지방사회

정방의의 난이 특별히 주목되는 이유 중의 하나는 난이 정부의 토벌이나 회유가 아니라 지역 내 세력에 의해 진압되었다는 점이다. 이는 진주 재지세력의 구성과 관계의 일단을 반영하고 있다.

> 그때 합주의 도적 광명光明과 계발計勃 역시 전횡을 부려 한 지역의 큰 해가 되고 있었는데, 진주에서 정방의와 틈이 있던 사람 20여 인이 합주의 도적 무리로서 노올부곡奴兀部曲에 사는 사람에게 투항하여 병사를 청해 정방의를 공격하고자 하니 적이 이를 따랐다. 정방의가 나가 격퇴하고 승기를 타고 노올부곡에 이르러 그 무리를 모두 죽였다. 이듬해 진주 사람들이 정방의를 토벌하여 죽이니 창대는 100여 인을 이끌고 성에 올랐다. 주인州人이 공격하니 창대는 도망하고 그 무리도 흩어져 진주가 평정되었다.

정방의에 대한 공격은 두 차례 있었다. 먼저 정방의와 틈이 있던 무리가 노올부곡의 세력을 끌어들였고, 이듬해 주인이 정방의를 공격하여 제거하였다. 이들이 각각 누구인지는 알 수 없다. 하지만 정방의를 제거하고자 하였다는 점에서 양자는 상통한다. 이것은 진주에 여러 세력이 있었고 일부 세력은 정방의와 대립적인 위치에 있었다는 것을 보여준다.

이와 관련하여 향리의 최고위직인 호장의 구성 형태가 주목된다. 호장은 지역 규모에 따라 4-8인의 정원이 있었다. 그중 대표인 상호장이 인신을 맡아 행정 업무를 이끌었지만, 그가 일반 호장과 차별적인 지위를 가진 것은 아니었다.

**사진 2. 대정 이십년 명 청동경자(진953)(진주박물관 소장)**

호장은 해당 지역에서 위세를 가진 특정한 가문에서 배출하였다. 호장 선임에는 가풍家風이 고려되었고, 유력 가문이 통혼권을 이루면서 호장직을 세습하는 경향을 띠고 있었다.

이것은 향리의 전신인 나말여초 재지관반在地官班이 지역 내 여러 세력의 연합적인 형태로 구성되었던 것에서 비롯되었다. 재지관반은 지역에 따라 아간阿干, 대등大等, 사간沙干 등의 직위를 보유하고 있었고, 그 아래에 중앙 관제를 본뜬 직임을 두어 군현을 운영하였다. 고려 정부는 지역에 따라 편차가 있었던 재지관반을 성종 2년(983) 개편을 통해 일원적인 향리제로 만들었으며, 이들로 하여금 지방 행정을 담당하게 하였다.

이 과정은 기존 재지관반을 전면적으로 해체하지 않고 이들에 의해 형성된 질서를 수용하는 방향에서 진행되었다. 자연 군현의 행정은 지역 내 여러 세력의 협의를 통해 운영되었다. 이는 중앙 정부가 문벌을 배경으로 한 재추宰樞의 협의를 통해 운영되었던 것과 유사한 양상이다.

진주의 경우 강姜, 하河, 정鄭 등 세 성씨가 대표적인 향리 가문을 구성하고 있었다. 진주시 명석면에서 출토된 청동경자靑銅磬子의 명문에는 이와 관련된 내용이 보인다. 이 청동경자는 대정大定 20년, 곧 명종 10년(1180)에 제작된 것으로서 정방의 난과 시차가 크지 않다. 여기에 조문기관詔文記官 정기주鄭奇柱와 하원도河元度, 기관 강민일姜敏佾이 보인다. 기관은 외관청에 배속되어 수령의 행정 시무를 보좌하는 이속을 가리킨다. 조문기관은 그 대표로서 후일 이방吏房으로 연결된다. 이들은 읍사를 구성하는 향리들과 기능적으로 구분되지만, 이 역시 재지세력에서 충원되었기 때문에 그 구성원은 향리와 동일한 기반을 가진다. 이러한 기관층이 정, 하, 강의 세 성씨로 이루어진 것이다.

이 중 강씨와 하씨는 고려 초기부터 중앙 관인을 배출하였다. 현종 때 활동한 강민첨姜民瞻과 하공진河拱辰이 대표적이다. 이에 대해 정씨는 중앙보다는 재지 사회에서 위세가 컸던 것으로 보인다. 청동경자 명문에는 위의 세 사람 외에 정씨 성을 가진 인물이 여럿 등장하고 있어 이러한 이해를 뒷받침한다.

이러한 상황에서 정방의의 난은 동생 정창대의 행보에서 드러나듯이 재지 사회에서 정방의 일족의 전횡으로 나아가게 되었다. 그만큼 기존 세력으로서 하씨와 강씨 일족의 반발과 갈등이 예상된다. 기관이나 호장의 구성에서 여러 성씨가 나누던 것을 사실상 정방의의 일족이 독점하는 상황은 지역 내 갈등을 촉발하기에 충분한 것이었다.

그렇다면 정방의와 대립하며 노올부곡의 세력을 끌어들인 무리나 뒤에 정방의를 제거하는 주인도 바로 이들이 아닐까 한다. 이들은 100여 명의 세력을 가진 정창대를 무력으로 공격하고 있어 실제 지방에서 다수의 무력을 동원할 수 있는 위치에 있었음을 보여주는데, 이는 기존의 호장층을 제외하고는 생각하기 어렵다.

비슷한 시기 경주에서 지역 내 갈등의 또 다른 사례를 찾을 수 있다.

> 경주의 이의민李義旼 족인族人이 방면되어 돌아온 후 주리와 틈이 벌어져 서로 싸우며 죽였는데, 이의민의 족인이 이기지 못하였다. 그때 안찰사 전원균田元均이 고을에 들어왔으나 제압하지 못하였다. 이에 방수房守, 별장別將, 통인通引이 모두 피살되니 전원균이 두려워 다른 고을로 피하여 가버렸다.

위의『고려사』기사는 신종 3년(1200) 8월에 경주의 이의민 족인들과 주리 사이에 벌어진 충돌을 전하고 있다. 당시 안찰사가 경주에 들어왔으나 제압하지 못하였고 휘하가 피살되자 인근으로 피하였다.

이의민 일족과 주리의 갈등은 곧 지역 내 세력 갈등이라 할 수 있다. 같은 해 12월 기사에는 경주 내부의 분쟁에 대해 더 구체적인 내용이 보인다.

> 경주부유수慶州副留守 방응교房應喬를 면직시키고 낭중 위돈겸魏敦謙으로 대신하였다. 처음에 최충헌崔忠獻이 이의민의 일족을 죽일 때 경주의 별장 최무崔茂가 주관州官의 명을 받아 이의민의 일족인 사경思敬 등 여러 명을 잡아 처벌하였다. 이에 사경의 일족 백유伯瑜와 직재直才 등이 원망하여 응교에게 최무가 난동을 일으키려 한다고 호소하니 응교가 이를 믿고 그를 가두었다. 백유와 직재가 밤에 감옥에 들어와 최무를 죽였는데, 응교는 함부로 죽인 죄는 묻지 않고 도리어 최무의 일족인 용웅用雄과 대의大義 등을 잡아 죽이려 하니 고을 사람들이 분노하고 원망하였다. 얼마 후 용웅과 대의가 백유와 직재를 죽였고 용웅도 역시 피살되었다. 이에 이르러 대의 등이 고을의 무뢰배를 모아 폭력을 자행하니 응교도 제어하지 못하였다. 조정에서 소식을 듣고 이 명을 내린 것이다.

위의 기사는 경주에서 이의민의 일족과 이를 처벌하던 별장 최무의 일족 사이에 벌어진 분쟁을 전하고 있다. 12월에 있었던 경주부유수의 교체에 대해 그 배경을 설명한 것임을 볼 때, 이 갈등은 8월에 있었던 분쟁과 동일한 것일 가능성이 높다.

이의민의 일족을 잡아들이던 별장 최무는 주관의 명을 받은 점과 성씨, 그리고 일족의 활동을 볼 때 경주 향리층의 일원으로 판단된다. 이씨 역시 경주 향리층의 일원이었지만, 신분적으로 하자가 있는 이의민과 그 일족이 당초 향리층이었다고 보기는 어렵다. 하지만 이의민 집권 후 이들은 사실상 경주의 재지 권력을 장악하였을 것이고, 여기서 기존 향리들과 갈등이 깊어졌을 것이다. 이것이 이의민 일족을 잡던 최무의 활동을 계기로 폭발한 것이다.

이렇게 보면 8월 기사에 이의민 일족과 싸움을 벌인 주리와 방응교의 처분에 원망을 한 고을 사람들은 모두 최씨를 중심으로 한 경주의 향리 일족으로 판단할 수 있다. 이것은 진주에서 정방의의 권력 장악을 통해 형성된 지역 내 갈등과 주인에 의해 정방의가 제거되는 양상과 유사성을 보인다.

이러한 갈등은 한편으로 무신집권기를 거치면서 향리층의 연합적 성격이 붕괴하는 단초로 해석할 수 있다. 고려 후기에 감무監務를 비롯한 외관의 파견이 급증하면서 지방행정의 중심이 읍사에서 외관청으로 이동하였다. 따라서 읍사의 행정 기능이 축소되고 읍사 운영에 필요한 향리들의 수요도 줄어들 수밖에 없었다. 읍사를 구성하던 중하급 직임이 소멸하는 것은 그 표현이다.

이에 대신하여 외관청에 배속된 기관의 비중이 커지게 되었다. 이들은 외관을 중심으로 편성되기 때문에 호장을 중심으로 한 읍사에 비해 규모가 크지 않았다. 결과적으로 향리층이 담당할 읍사나 외관청의 직임이 줄어들면서 기존의 향리 가문 사이에 경쟁과 갈등이 발생할 소지가 커졌다. 지역 내 갈등을 담은 진주 정방의나 경주 최무의 사례는 이후 진행될 이러한 변화의 단초를 보여주는 것으로 평가할 수 있다.

## 참고문헌


구산우, 2002「고려시기 계수관의 지방행정 기능과 위상」『역사와현실』43.

金晧東, 1987「高麗 武臣政權時代 地方統治의 一斷面」『嶠南史學』3.

박종진, 2003「고려시기 안찰사의 기능과 위상」『東方學志』122.

邊太燮, 1968「高麗按察使考」『歷史學報』40.

______, 1968「高麗前期의 外官制」『韓國史研究』2.

尹京鎭, 1997「高麗前期 鄕吏制의 구조와 戶長의 직제」『韓國文化』20.

______, 1999「고려전기 戶長의 기능과 外官의 성격: 지방행정체계상의 상관성을 중심으로」『國史館論叢』89.

______, 2000「古文書 자료를 통해 본 高麗의 地方行政體系」『韓國文化』25.

______, 2001「『慶州戶長先生案』舊案(慶州司首戶長行案)의 분석: 1281년-1445년 부분을 중심으로」『新羅文化』19.

______, 2001「高麗 郡縣制의 운영원리와 主縣-屬縣 領屬關係의 성격」『한국중세사연구』10.

______, 2002「高麗初期 在地官班의 정치적 위상과 지방사회 운영」『韓國史研究』116.

______, 2004「고려전기 界首官의 운영체계와 기능」『東方學志』126.

______, 2014「고려시대 按察使의 기능에 대한 재검토: 군사 및 사 기능을 중심으로」『한국문화』65.

# 고려 특수행정구역 사람들의 문화 · 경제적 면모-향리층을 중심으로-



서성호

## 다시 특수행정구역 사람들을 보다

고려시대에 고향이 특수행정구역인 사람들은 군현이 고향인 사람들에 비해 처지가 좋지 못했던 것으로 여겨지고 있다. 그들은 배우자의 고향에 따라 소생 자녀의 양육처에 제한을 받았고, 공부를 해서 관료가 되고 싶어도 국학 입학과 과거 응시 자체를 할 수 없었다. 어쩌다 공을 세워 벼슬을 얻을 수는 있었으나, 그때에도 승진할 수 있는 품계에 한계가 있었다. 뿐만 아니라 그들은 사회적으로 존경받는 승려가 되고 싶어도 나라에서 허락하지 않았다. 여기에다 소所의 주민들이 과도한 공물 수취로 생활이 어려웠듯이, 향 · 부곡 등 다른 특수행정구역 주민들도 전반적인 살림살이가 군현 주민들보다 열악했을 것으로 이해되고 있다.

그런데 그것이 사실이라 하더라도, 특수행정구역의 사람들 역시 주어진 현실에서 생계를 위한 활동을 하고, 가정을 이뤄 자녀를 양육하였음은 말할 것도 없다. 그 중에 경제적 여력이 있는 계층에서는 불교의 각종 행사에 시주로까지 참여하면서 사회적 위신과 문화적 소양, 그리고 이를 뒷받침하는 재력 등을 과시하였고, 현세의 삶을 마감한 후에는 무덤을 조성하고 일반 주민이 지니기 어려운 물건들을 그 속에 남기는 등 그들대로의 삶의 모습과 죽음의 문화를 보여 주었다. 이 글은 바로 그런 특수행정구역 사람들의 문화적 · 경제적인 면모의 일단을 확인해 보려는 것이다.

## 불사佛事에 시주하는 특수행정구역 사람들

### 절집 공사에 시주하다

신라 통일기에 이어 고려시대에도 불교는 종교로서 널리 믿었다. 태조 대부터 왕실에서 불교를 높이 받들면서 불교는 계층을 막론하고 그 세력이 커져 갔다. 왕과 관료 등 지배계급이 집중해 있는 개경은 말할 것도 없고, 지방에서도 지방색을 지닌 철불이나 대형 석불이 곳곳에 조성되고, 호족의 후예인 호장 등 향리들이 불탑을 건립하거나 범종 · 반자飯子 · 향로 등의 불구를 조성하는 불사에 많이 참여하였다.

향리들이 지역의 불사에 적극 참여한 것은, 비록 사례는 적지만 특수행정구역에서도 마찬가지였다. 고려시대 당시 유치향有恥鄕의 영역으로 비정되는 장흥군 유치면 대리 상방촌에서 건물지가 발굴 · 조사된 바 있는데, 이곳 A-3 유적에서 출토된 암키와편에는 '월일주호장표月日主戶長表'가, 마루기와편에는 '주호장主戶長'이라는 명문이 각각 새겨져 있었다. '월일주호장표'에서 '주主'는

'호장戶長' 앞에 단음절어로 있으므로, 고용규가 이를 상호장(수호장)처럼 대표 호장이라는 의미의 '주호장'이란 직함으로 읽은 견해는 적절하다고 하겠다. 주호장 '표'아무개의 표씨는 유치향 유일의 토성으로서 당연히 주호장의 성씨가 된다.

문제는 '주호장' 표 아무개가 마루기와와 암키와에 새겨진 이유이다. 이 유적들의 위치가 유치향의 중심부에 해당한다고 추정되고 있으므로 이곳에 유치향의 자복사가 있었을 가능성이 있고, 그 점에서 공무의 일환으로 그 불사를 주관하였을 주호장 표 아무개가 기와에 그 이름을 남겼을 가능성도 있다. 그러나 이곳 사찰이 자복사였든 아니든, 표 아무개가 해당 건축 불사의 주관자였을 뿐 아니라 최소한 기와 제작과 직결된 시주로서 역할을 수행하였기에 기와 명문에 남겨졌을 것이다. 불사에서 연화緣化부터 시작하여 진행되는 불사의 전 과정을 주관하는 '동량棟梁'과 같은 직함이 없이 불사의 (연)월일에 이어 '주호장'이란 향리직임과 이름만 새겨져 있다는 점에서 더욱 그러하다.

이처럼 고려 특수행정구역의 향리층이 건축 불사에 적극 나서고 시주로서도 활동하였음은 다음의 오근부곡吳根部曲 사례가 보다 잘 보여 준다. 고려시대 당시 오근부곡 소재지로 비정되고 있는 청원군 오창읍 창리의 사지寺址에 대한 발굴 · 조사에서는 명문의 전체 또는 일부가 새겨진 기와편들이 모두 70점이나 출토되었다. 이 중 기와 가마에서 출토된 7점을 제외하면 63점이 건물지에서 출토되었는데, 1호 건물지의 A건물지에서 28점, B건물지에서 22점, C건물지에서 5점, D건물지에서 3점, 그리고 2호 건물지에서 5점이 그것이다. 즉 1호 건물지의 4개 건물지와 2호 건물지 등 모두 5개 유적에서 동일한 명문의 기와편들이 출토된 것이다.

이들 기와편에 온전하게 혹은 그 일부가 잔존한 명문[棟兩公孟長]에서 '동량棟兩'은 보통 불사 주관자를 뜻하는 동량棟梁일 것이다. 문제는 이어지는 '공맹장公孟長'인데, 이는 '동량棟兩∨공맹장公孟長'이라기보다 '동량공棟兩公∨맹장孟長'으로 읽힐 가능성이 훨씬 높다. 즉 '동량'에다 존대 의미의 의존명사 '공公'이 더해진 '동량공'에 '맹장'이 합쳐진 것으로 보인다. 여기서 '맹장'은 당연히 '동량'직을 맡은 사람의 신원일 것이지만, 오근부곡 및 인근 군현들의 토성에 맹씨는 보이지 않으므로 '맹장'이 인명人名일 가능성은 매우 희박하다.

아마도 '맹장'은 '맏(이)', '첫', '우두머리'를 뜻하는 '맹'과 특수행정구역 장리의 칭호인 '장'이 합쳐진 칭호일 것이다. 이는 마치 군현 지역의 수호장 또는 상호장이나, 앞서 본 유치향의 주호장처럼 지역 내 호장들을 대표하는 직함일 터이다. 발굴보고서에 따르면 오근부곡 출토 기와들이 12세기 후반에서 13세기 전반에 걸치는 평기와의 특성을 보이는 것으로 지적되고 있어서 현종 13년(1022)부터 부곡의 장리를 '장'이라고만 부르도록 한 것과도 시기적으로 부합한다. 즉 오창읍 창리 사지의 여러 건물지에서 63점이나 출토된 기와에 새겨진 '동량공맹장'은 '동량공∨맹장', 즉 '동량의 직임을 맡으신 (분은) 대표 (오근)부곡장'으로 읽힌다.

그런데 오근부곡의 대표 부곡장이 단지 불사 주관자라는 이유만으로 이렇게 많은 기와에 그 존재를 남겼을지는 의문이 크다.『신증동국여지승람』 청주목 역원조에 따르면 오근부곡의 옛터에 훗날 오근원吳根院이 설치되었다. 자복사가 있던 곳이 원院으로 된 예가 많다고 밝혀져 있으므로 창리 사지가 곧 오근부곡 자복사의 유적일 가능성이 있고, 그 점에서 오근부곡장이 공무의 일환으로 자복사 건축불사의 '동량'의 임을 수행한 것으로 볼 수도 있다. 그러나 무려 5개 건물지 유적에서 출토된 모두 63점의 기와편에 오근부곡장의 존재가 기록된 것은 그가 단지 불사를 주관하는 책임자여서라기보다 불사 비용의 많은 부분을 사재로 부담하였기 때문이 아닌가 한다.

이미 밝혀져 있듯이, '동량'이라는 말 자체도 고려시대에는 비단 불사 주관자만이 아니라 가장 많은 재물을 희사한 사람을 뜻하는 말로도 사용되었으므로, '동량'으로 지목되어 있다고 해서 그를 불사 주관자로만 단정할 이유는 없을 것이다. 게다가 단지 불사 주관자에 그쳤다면, '동량'이라고만 하지 않고 존대 의미의 의존명사 '공'을 붙인 것도 이례적이다. 현존하는 불사 관련 자료에서 불사 주관자를 굳이 '공'을 붙여 '동량공'이라고 높여 말한 예는 찾아지지 않는 것이다. 이는 역시 공무의 일환으로 불사를 주관한 데 그치지 않고, 그 누구보다도 사재를 많이 희사한 시주였던 데서 비롯된 특별한 예우의 표현으로 이해된다. 즉 '동량의 직임을 맡으신 (분은) 대표 (오근)부곡장'이라 한 것은, 대표 오근부곡장이 사찰 건축 불사의 주관자인 동시에, 이 불사를 위해 사적으로 재물을 가장 많이 부담한 시주였던 데서 비롯한 표현일 것이다.

특수행정구역 출신으로서 품관이 되어 개경으로 진출한 사람도 고향의 건축 불사에 주도적으로 참여하였다. 앞서 본 유치향 비정지 장흥군 유치면 대리 상방촌의 건물지 발굴조사에서는, 여러 명문을 새긴 기와편들이 출토되었다.

A-1 유적 동편 건물지 출토 기와 중에는 '원당주산원동정표원재경와장막지 愿堂主散員同正表元載京瓦匠莫志'라고 새겨진 명문 기와가 있다. 이를 통해 원당주愿堂主, 즉 원당愿堂의 주인은 산원동정 표원재라는 품관이라는 것과, 경와장京瓦匠 즉 개경에서 활동하는 막지莫志라는 장인이 건축에 필요한 기와를 구웠다는 사실을 알 수 있다. 여기서 말하는 원당이 이 명문와편이 출토된 A-1의 동편 건물지만인지, A-1의 다른 건물인지, 그 모두를 포함한 것인지 등은 알 수 없으나, 이 일대에 산원동정 표원재의 원당이 있었던 것은 분명하다.

한편 A-1 유적의 중앙건물지로부터는 '산원동정散員同正'이라는 명문이 새겨진 기와가 출토되었고, A-2 유적 건물지 출토 기와 중에는 '임진년원당주산원동정표ㅁㅁ壬辰年愿堂主散員同正表ㅁㅁ'라고 새긴 것도 있는데, 모두 동일 인물인 표원재를 말한 것으로 추정되고 있다. 즉 표원재가 산원동정으로 있던 임진년의 불사에서 기와에 새긴 것들로 간주할 수 있다. 또 임진년 불사의 명문 기와[壬辰年愿堂主散員同正表ㅁㅁ]가 출토된 A-2 유적 건물지에서는 '庚戌二月日造主事審別將同正表ㅁㅁ', '(庚)戌二月日造主事審(別將同正表ㅁㅁ)', '(庚戌二)月日造主事審別將同正(表ㅁㅁ)', '(庚戌二月日造主事)審別將同正表ㅁㅁ' 등의 명문이 있는 기와들도 출토되었다. 임진년 이후의 18년 사이에 별장동정으로 승진하여 고향 유치향의 '사심事審'으로 있던 표원재가 이제 경술년 불사에서도 '조주造主'로서 건축 불사에 참여하였음을 보여 준다. 이 기와 명문들에서 고려 사심관 제도가 특수행정구역에 대해서도 운영되었음이 확인되거니와, 표원재가 '조주'로서 참여한 불사 내용이 건물의 신축인지, 기와 제작 불사만인지는 불확실하지만, 그가 불사의 비용을 부담한 발원주 내지 시주였다는 것은 분명하다.

이상에서 살핀 것처럼, 유치향 출신의 관인 표원재는 산원동정으로 있던 임진년 현재 고향 유치향에 있는 사찰의 전부 혹은 일부를 원당으로 갖고 있었음을 알 수 있다. 아울러 그는 원당주로서 원당의 창건이나 증개축을 위한 기와를 조달하기 위해 개경에서 활동하는 우수 장인까지 초치하는 열성을 보여 주었다. 또 그 이후 경술년까지 18년 사이의 기간에는 별장동정으로 승진하여 고향 유치향의 사심관으로 있었는데, 경술년에 이르러 행해진 불사에서 '조주'로 등장하고 있는 것이다.

고려시대의 원당에 대한 한기문의 연구에 따르면, 원당이란 특정 인물이 창건이나 중수 · 시납 등을 통해 원당주가 되어 어떤 사원에 대한 독점적 발원이나 운영을 행사하는 사찰이며, 원당주는 해당 사찰에 대해 인사 · 재정 · 의식儀式 면에서 막대한 영향력을 행사하였기에 대부분 왕실이나 유력한 관인들이 될 수밖에 없었다고 한다. 또 왕실 인원을 제외한 개인에 의한 사원 창건은 나라에서 이를 원칙적으로 금하였기 때문에, 관원이 원당주인 경우는 대부분 폐사지 또는 거의 폐사된 사찰을 중수함으로써 성립되었다고 한다. 그러나 그런 경우라 하더라도 비용은 대부분 원당주 개인이 부담하였으므로, 웬만한 경제력을 가지고는 원당주가 되기가 어려웠다. 원당주가 된 고려시대 관인들이 대부분 고위 관인층이었던 점은 이러한 점에서 극히 자연스러운 일이었다고 한다.

그런데 상방촌 유적 사례에서는, 표원재라는 하급 관인이 원당주로 나타나 매우 이례적이다. 재경 관인의 원당이 일반적으로 개경 일원에 있던 것과 달리 출신 본관 지역에 설치된 점도 그러하지만, 고위 품관도 아닌 정8품, 그것도 동정직 관인이 원당주이기 때문이다. 주지하듯이 고려시대에 동정직은 실직 보유자와 달리 최소 규모의 전시과 토지만 지급될 뿐이고 녹봉은 지급받지 못하였다. 그런 동정직 하급 관인인 표원재가 막대한 경제력을 필요로 하는 원당주일 수 있는 바탕은 무엇일까? 그것은 역시 선대로부터 내려 온 가산을 제외하면 생각하기 어려울 것이다. 그 가산의 원천인 표원재 선대의 내역에 대해 알 수는 없지만, 표씨가 유치향의 유일한 토성으로 유치향 호장의 성씨이므로, 표원재가 지닌 재력의 원천도 결국 유치향 지역의 향리, 보다 올라가서는 나말여초 호족이나 그 호족을 수반으로 하는 관반官班 최고위 참여자로서 보유해 온 재지 기반에서 찾아야 할 것이 아닌가 한다.

### 불구佛具와 불경 간행을 위해 시주하다

특수행정구역 사람이 참여한 불사로는 앞서 본 발굴 사례와 같은 건축 불사 외에도 다양한 불구佛具를 제작하여 절에 바치는 불사들이 있었다. 이들 불사에 대해서는 구산우의 연구에서 정리된 바 있는데, 여기서는 불사 주체로서의 향리에 초점을 두고 살펴보겠다.

해남 대흥사 성보박물관 소장 〈탑산사 동종〉에는 계사년 10월에 어산향語山鄕의 자복사資福寺를 위해 '호장 임중산 등戶長任仲山ホ'이 발원하여 무게 80근의 쇠종을 만들었다는 내용의 명문[癸巳十月日(語山鄕)」(資福)塔山寺火香僧上玄智」長ㅁ於非戶長任仲山ホ同愿」金鐘入重捌十斤印]이 새겨져 있다. 이 명문은 최연식의 판독을 따랐다. ( ) 안은 지워진 부분인데 '탑산'은 '자복'을 지우고 그 자리에 새긴 것이다. 80근이 범종치고는 무거운 것이 아니지만, 주조 재료의 조달과 장인匠人의 식사 및 공임 등 전체 주조 공사의 비용은 만만찮은 규모였을 것이다. 이런 일에 어산향의 호장 임중산이 승려들과 함께 발원한 사람들을 대표하여 명기된 것이다. 이 불사가 자복사를 위한 것인 만큼 호장 임중산으로서는 공무의 일환이었을 수 있다. 그러나 지역을 대표하는 사원을 위한 불사에서 최고위 향리가 단지 주관자라는 이유로 발원자를 대표하여 새겨졌다고는 생각하기 어렵다. 호장 임중산은 불사 비용의 상당한 부분을 부담하였다고 생각된다.

국립부여박물관 소장 〈'무술'명 동종〉에는 무술년 정월 5일에 예주睿主인 전 부호장副戶長 공필公必과 동량棟梁인 승려 도인 원명元明과, 대장大匠 신구信仇 십주ㅁㅁ가 무게 50근의 종을 만들었다는 내용의 명문[戊戌正月初五日」○主前副戶」長公必棟梁」道人元明大匠信」仇十周ㅁㅁ入重五十」斤印造成也 三寶」戊戌正月初五日沙於鄕前副」]이 새겨져 있다. 명문 말미에 다시 새겨진 구절[戊戌正月初五日沙於鄕前副]에 대해 황수영은 처음에 이 위치에 새기려다 만 것으로 판단하였는데, 그 밖의 개연성 높은 상황은 상정하기 어렵다. 따라서 이 명문을 통해 전 부호장 공필이 이 주종불사의 '○主'이고, 그는 곧 사어향沙於鄕의 부호장이라고 보는 것이 합리적이다. '○主'를 '睿主' 또는 '齋主'로 판독하기도 하는데, 재주齋主는 문자 그대로 재齋의 주인, 즉 발원주[시주]이다. 그러나 예주이든 재주이든, 기본적으로 불사에서 '○主'라고 표현된 주체는 발원주 내지 시주를 제외하고 다른 것을 생각할 수 없고, 따라서 사어향 전직 부호장 공필은 승려 원명이 주관한 주종 불사에서 그 비용을 감당한 시주 내지 발원주였다고 보는 것이 타당하다. 물론 이 종이 13세기에 제작된 것이라는 데에 이견이 없다는 점에서, 사어향의 '호장'이라는 칭호는 의문일 수 있다. 그러나 특수행정구역의 우두머리 향리를 군현에서와 같은 '호장'이 아닌 '장'으로만 고쳐 부르게 한 현종 13년(1022)의 조치가, 국가의 공적인 행정 과정과는 별도로 향촌사회에서 진행되는 모든 재지 불사에서까지 철저히 일률적으로 준수되지는 않았을 개연성은 충분히 있다고 본다. 즉 사어향에는 부호장이란 호칭이 비공식적으로 사용되었고, 사어향의 전 부호장 공필은 국가로부터 아무런 경제적 급부를 받지 못하는 전직 향리의 신분이면서도 무게 50근의 종 주조 비용을 책임졌던 것이다.

특수행정구역 향리층, 그것도 전직 향리가 불사 발원주로 활약한 사례는 향 지역에만 있었던 것은 아니다. 불교미술박물관 소장 <'태화 2년'명 반자>에는 태화泰和 2년, 즉 신종 5년(1202)에 단구역丹丘驛의 전직 역장驛長 부장不長이 국왕의 만수무강과 백성들의 편안함을 비는 반자 주조 불사에서 '동량'으로 활약했다는 내용의 글[聖壽久長萬民安泰之願以棟梁丹丘前長不長」泰和貳年壬戌三月日記 寺主重大師文ㅁ大」匠ㅁㅁ鑄成半子壹坐入重捌斤貳兩印」]이 새겨져 있다. 불사에서 '동량'이란 일반적으로 불사의 주관자를 뜻하지만, 명문의 중심 구절[聖壽久長萬民安泰之願以棟梁丹丘前長不長」泰和貳年壬戌三月日記]에서 임금의 만수무강과 만백성의 편안함을 비는 발원자가 곧 '동량 단구(역) 전장 부장'임을 확인할 수 있다. 이어지는 명문[寺主重大師文ㅁ大」匠ㅁㅁ鑄成半子壹坐入重捌斤貳兩印]에서 주지승 문ㅁ가 중대사라는 승계僧階 외에 불사상의 직책 없이 장인 ㅁㅁ와 함께 기재되어 있을 뿐이다. 즉 불사의 발원주로서 핵심 역할을 한 인물은 주지도 그 누구도 아닌, 바로 '동량'을 맡은 전 단구역장 부장으로서, 앞에 본 사어향 전 부호장처럼 전직 향리 신분으로서 불사의 과정을 책임진 동량인 동시에 발원을 주도한 발원주=시주였던 것이다.

이 점은 동량과 발원주=시주가 따로인 경우 이를 명확히 밝히고 있다는 점에서도 분명해진다. 일본 고려미술관高麗美術館 소장 <'정우 13년'명 동종>에 새겨진 글[貞右十三年乙酉正月日造」大良坪觀音寺鍾入」廿二斤(匠)七甫」東梁前長宋子」寺主大德得休」ㅁ主祗候同正ㅁ追善]에서 이 범종 불사의 주관자[東梁]가 대량평부곡의 전직 부곡장[前長]인 송자와 관음사 주지 득휴이고 시주는 지후동정祗候同正 ㅁ추선이라고 명기하고 있다. 이 'ㅁ主' 역시 불사 비용을 댄 '시주施主'나, '재주齋主' 등 발원주의 의미를 담은 용어 말고는 따로 다른 것을 상정하기 어려운 까닭이다.

부처를 향한 특수행정구역 향리들의 믿음이 사재 희사로 나타난 것은 불경 간행에서도 볼 수 있다. 서울대학교 규장각한국학연구원 소장『대불정여래밀인수증료의제보살만행수능엄경大佛頂如來密因修證了義諸菩薩萬行首楞嚴經』(가람 古貴 294.336-Su720, 이하,『능엄경』)의 말미 간기에는 고종 22년(1235) 7월 임금의 수명장수와 전쟁의 종식, 진양후 최우의 소재초복消災招福, 문무의 조화, 풍년과 민생의 안락, 법계의 산 것과 죽은 것이 함께 진여의 이치를 깨치기 등을 극원 · 요비같은 승려들과 함께 발원하면서 사재를 모두 털어『능엄경』을 조판하였다는 것과[盡捨家儲彫板], 그 비용을 위해 재물을 부담한 '재주財主'가 녹명향鹿鳴鄕의 전 향장鄕長[鹿鳴鄕前長]인 이승광李勝光이라는 사실을 밝혀 놓았다.

모두 10권 1책, 263장에 이르는 이 목판본『능엄경』을 만드는 데에는 300장 가까운 판목의 장만과 이것들을 목판으로 가공하는 공정,『능엄경』을 필사하고 이를 목판에 새기는 작업, 새긴 목판에 먹을 칠해 종이를 붙여 인출하고, 그 인출된 260여 장의 낱장을 붙이고 여기에 표지를 붙이는 제본 작업에 이르기까지, 각 단계의 공임과 목재 · 먹 · 종이 등 재료비 등 결코 만만찮은 규모의 비용이 소요되었을 것이다. 따라서 사재를 털어 그 비용을 댄 사람이 바로 전직 녹명향장 이승광이었다는 것은 특수행정구역 향리의 문화적 성향 내지 독서인, 지식인으로서의 면모를 주목하게 하는 매우 특별한 사실이라 하겠다.

## 물건으로 보는 특수행정구역 사람들

### 전직 향리를 위해 만든 고급 벼루

앞서 살폈듯이 특수행정구역의 유력자들은 창건 · 증개축하는 건축 불사나, 불구 제작, 불경 간행 등 여러 불사에서 자신의 사재를 들여 비용을 충당하는 시주로 활약하였다. 불사에 따라 비용의 규모는 다양하였겠으나, 그 어느 것도 특수행정구역의 일반 주민들로서는 감당하기 어려운 비용이었을 것이다. 굳이 추정하자면 적어도 촌장村長이나 촌정村正, 촌전村典 등 촌락 수장급 이상의 계층에서나 생각을 내어 볼 수 있는 일일 것이며, 앞서 본 특수행정구역에서의 불사들에서 보았듯이 실제로는 대부분 향리층의 사례들이었고, 매우 드물게 품관으로서 고향에서의 불사에 시주로 나선 예가 있었다.

잘 알듯이 고려의 군현 향리들은 상층 향리 자손을 중심으로 과거 응시, 혹은 선군選軍이나 군공軍功을 통해 문무 품관으로 진출하기도 하였다. 또 그중에는 간혹 여러 대에 걸쳐 고위 품관을 배출하여 이른바 문벌 가문을 이루기도 했다. 특히 문신들은 과거의 중심 과목이 유교 경전과 시문, 시무책時務策 등이어서, 단순 도필刀筆 차원을 넘어 유교와 문학, 역사에 대한 식견과 재능이 만만찮았다고 봐야 하고, 이러한 교양과 불교 숭상의 분위기 속에서 불교 철학이나 경전에 대한 지식 또한 갖추고 있었을 것이다.

고려시대 향촌사회의 지식인 내지 독서인의 대종은 바로 이런 향리였고, 이 점은 특수행정구역 향리들도 근본적으로 다르지 않았을 것이다. 물론 특수행정구역인은 국학 입학과 과거 응시가 봉쇄되었기에 유학이나 시문, 역사의 지식을 향한 학구적 동기 부여가 훨씬 덜하였을 것이다. 그러나 앞서 여러 불구 제작 불사에서 보듯이 특수행정구역 향리들은 자신의 재산을 시주할 만큼 신앙심이 깊었고, 전 녹명향장 이승광처럼 사재를 털어 불경 간행 비용까지 부담하면서 당대의 문화 · 지식계에 적극 동참하려 한 인물도 있었다.

특수행정구역 향리의 지식인, 독서인으로서의 면모를 짐작케 하는 문한적文翰的 증좌는 거의 없다. 공식 자료를 남길 만큼 관료로서 크게 성장한 사례 자체가 드문 데다, 사적으로도 개인의 역량을 보여 주는 자료가 확인되지 않기 때문이다. 대신 한 사찰이 특수행정구역 향리에게 증여할 목적으로 제작한 고급 문방구가 현전하고 있어 도움이 된다. 삼성미술관 리움 소장 보물 제 1382호 〈청자상감 '신축'명 국화모란무늬 벼루〉(이하 '신축'명 벼루)가 그것이다.

이 벼루는 양 측면에 흑상감 · 백상감으로 모란잎 · 모란꽃을, 연지쪽 바깥 면인 마구리면에 흑상감 · 백상감으로 국화잎 · 국화꽃을 베풀어 놓았고, 연면硯面 주변과 연지硯池 부분에 국화 문양을, 가장자리 전 윗부분에 음각으로 뇌문을 새겨 놓았다. 또 바닥면 중앙에 세로 백상감으로 명문[辛丑五月十日造 爲大口前戸正徐敢(取?, 敦?)夫]을 새기고, 그 옆 가장자리 쪽에 역시 세로로 명문[淸沙硯壹隻黃何寺]을 음각하였다. 비용이 드는 상감 기법 문양을 벼루의 심미성에 결정적 영향을 주는 곳에, 그리고 비용이 거의 들지 않는 음각 기법 문양을 눈에 잘 띄지 않는 곳에 각각 베푼 것은 의장意匠상 당연한 일이다. 마찬가지로, 바닥 명문 역시 가운데 크게 백상감된 부분이 가장자리 쪽에 음각한 부분보다 위계상 상위에 있다고 보아야 한다. 즉 '신축년 5월 10일에 대구 전 호정 서감부를 위해 만들었다'라고 백상감한 부분이, 가장자리 쪽 '맑은 청자벼루 1개. 황하사'라고 음각한 부분보다 중요하고 또한 중심이 되는 것이다. 여기서 '대구'는 옛 탐진현(현 강진군) 소속 자기소인 대구소大口所에 다름 아니다.

일반적으로 물품의 명문에서 제작 연월일과 주문자, 피증여자의 신원, 제작 연유 등이 가장 중요한 위치에 새겨진다. 앞서 보았듯이 '신축'명 벼루도 이를 충실히 반영하고 있다. 문제는 음각된 '황하사'와 벼루와의 관계인데, 앞서 언급한 명문의 위계상 황하사는 공급자 또는 증여자 자격으로 기록되었다고 보아야 한다. 황하사와 대구소 전직 호정 서감부의 관계나 증여의 동기에 대해서는 현재 알 길이 없다. 그러나 중요한 것은 당시 지식문화의 한 축을 이루던 불교 사원에서 오늘날 보물로 지정될 만큼의 명품 청자벼루를, 특수행정구역 중 하나인 소의 향리, 그것도 호장도 아닌 호정에게, 더구나 현직이 아닌 전직자에게 증여하였다는 사실일 것이다. 그것도 이미 만들어진 벼루가 아니라, 제작 단계에서부터 제작 연월일과 피증여자, 즉 최종 수요자의 신원, 그리고 증여품 내역과 증여 주체 등을 새기게 한 고급의 주문 제작품이었다. 그 점에서 〈'신축'명 벼루〉는 단순한 명품 벼루에 그치지 않고, 대구소라는 특수행정구역의 전직 호정도, 명품 벼루를 증여받는 일이 어색하거나 이상한 일이 아닌 문화인이자, 지식인, 독서인에 속할 수 있었음을 짐작하게 하는 물건이 아닌가 한다.

### 어떤 사람들이 무덤 속에 물건을 남겼나

〈'신축'명 벼루〉와 같은 전세품傳世品도 그러하지만, 생활 유적이나 분묘 유적에서 발굴된 출토 유물들은 그 출토 위치가 확실하다는 점에서 당대의 생활상을 증거하는 자료로서 중시된다. 특히 고려시대 분묘 유적은 여러 기의 분묘가 한 지역에서 함께 발굴 · 조사된 예들이 있어서, 일반 생활 유적에서 출토되는 단편적인 유물들에 비해 여러 가지로 자료적인 가치가 크다. 토광묘나 석곽묘의 형태로 전국에 걸쳐 다수 분포하고 실제 발굴 · 조사되고 있는 분묘 부장품들은 청자와 청동으로 만든 여러 생활 도구들이 대체로 비슷한 조합으로 출토된다. 물론 이런 일반적인 조합의 부장품 외에 금 · 은 제품이나 고급 청자, 또는 다수의 중국 동전, 유리 · 옥 제품, 인장, 교구鉸具 등 상대적으로 값비싸거나 우월적인 신분을 보여 주는 유물들이 출토되는 사례들이 있다.

이렇게 고려시대의 분묘는 그 부장품의 질과 양이 균일하였던 것은 아니지만, 어느 정도의 부장품을 매납한 경우들은 가난한 평민이나 노비들과는 무관한 것이었다고 해도 과언이 아니다. 『고려사』의 세가나 형법지 기사에 의하면 노비나 입에 풀칠하기 바쁜 백성들은 무덤 만들 여력이 없어 노천에 방치되어 썩거나 동물의 먹이가 되는 일이 비일비재하였다. 고려 분묘 부장품에 대한 연구들이 부장품이 출토되는 피장자는 대체로 여유 있는 평민층 이상이라고 말하고 있는 이유이기도 하다.

그렇다면 향리층을 제외한 평민 중에서 부장품을 둘 만큼 여유가 있었을 계층이 어떤 사람들인가가 문제이겠는데, 역시 그 중심은 『고려도경高麗圖經』의 저자가 말한 '민장民長'층일 것이다. 『고려도경』 민장조에 따르면, '민장'은 '민民 가운데 부족富足한 자를 골라서 시킨' 사람으로서, 촌락[聚落]의 큰일[大事]은 관부官府가 처리하고, 소소한 일은 이들 민장이 맡아서 하니, 세민細民, 즉 (촌락의)일반 주민들이 그를 존경하며 섬긴다'고 하였다. 이러한 민장은 당연히 촌락의 수장급으로서 촌장 · 촌정 · 촌전 등이 이에 해당된다고 간주되고 있다.

이러한 민장의 겉모습은 『고려도경』 민장조에 묘사되어 있다. '문라文羅로 건巾을 하고 검은 명주[皂紬]로 겉옷을 하고, 흑각黑角으로 만든 허리띠를 두르고, 검은 가죽의 신발[句履]을 신'었다는 것이다. 문라로 만든 두건과 검은 명주로 만든 겉옷, 수입품인 물소뿔[黑角]을 재료로 한 허리띠, 그리고 가죽신 등은 모두 값비싼 것들로 일반 백성들이 가지기 어려웠다. 문라로 만든 두건의 경우, 『고려도경』 주인舟人조에서 '고려의 두건은 오직 문라를 중히 여겨 두건 하나의 값이 쌀 한 섬[石] 값이 되어 세민細民은 이를 장만할 만한 돈이 없다'라고 하였으니, 일반 촌락민들이 문라 두건만 갖추기도 엄두가 나지 않을 정도였다. 그러니 일반 촌락민들과 다른 민장층의 재력을 짐작할 수가 있다. 촌락사회에서 석곽묘 또는 토광묘를 조성하고 거기에 부장품까지 넣을 정도의 계층은 역시 촌락의 수장급인 이들 민장층이었다고 여겨진다. 이러한 민장 중에는 울산 소속

부곡의 박구朴球의 선대처럼 상업을 통해 부를 축적한 이들도 있겠지만, 대부분은 농업을 기반으로 부를 축적한 사람들이라 할 것이다.

고려시대 분묘에 부장품을 넣을 수 있던 계층은 이런 민장층이 중심이었을 것이다. 다만 한 지역의 고려 분묘들 중에는 부장품의 질이나 양 면에서 여타 분묘들에 비해 상대적으로 우월한 것들이 있는데, 이러한 경우는 대개 촌락 수장을 넘어 향리들이 그 주인공이었다고 보면 무리가 없을 것이다. 주지하듯이 향리는 나말여초 호족이나 그 호족을 수반으로 하여 운영되던 관반체제 참여자들의 후예로서, 촌락 수장급인 민장들이 '민民'의 영역에 속해 있었다면, 이들은 '관官'의 영역에 속한 사람들이었다. 앞서 본 『고려도경』 기사에서 촌락[聚落]의 소소한 일은 민장들이 맡아보고, 큰일은 '관부官府'가 처리한다고 하였을 때, 그 관부란 곧 이들 향리들이 집무하는 읍사를 지칭할 것이다.

호족을 정점으로 한 관반체제 구성원의 후예인 향리는 사회적 권위뿐 아니라 경제력 면에서도 촌락 수장인 민장층보다 우월하였을 것이다. 그리고 이 점은 비단 군현 지역만이 아니라 특수행정구역의 경우에도 기본적으로 다르지 않았겠다. 군현 지역과 마찬가지로 특수행정구역 역시 나말여초 시기에 호족을 정점으로 관반체제를 운영하던 일종의 자위공동체였기 때문이다. 이제 이러한 인식을 바탕으로, 고려시대 특수행정구역의 영역으로 비정되는 곳의 고려 분묘들 중 그 부장품이 상대적으로 우월하다고 판단되는 사례를 살펴보기로 한다.

### 무덤에서 나온 물건들

전남 장흥군 유치면 신월리는 앞서 본 장흥군 유치면 대리 상방촌과 함께 고려시대 유치향의 영역으로 비정되고 있는데, 중심 연대가 12~13세기로 판단된 고려시대 토광묘 14기가 발굴 · 조사된 바 있다. 이 중 유물이 출토된 토광묘가 10기인데 그중 상당수에서 고급 청자와 청동도장, 동전, 청동정병, 옥 등 경제력이나 신분을 짐작케 하는 유물들이 출토되었다. 이곳 1호 토광묘의 경우, 병과 유병, 대접, 접시, 잔 등의 청자와 청동수저와 함께 청동도장이 출토되었다. 이 도장은 동물 형상의 손잡이와 기하학 문양으로 된 인면印面 등 전형적인 고려시대 도장으로서, 당시 도장의 사용 계층을 감안할 때, 유치향 향사의 호장급 인물이었다고 생각된다. 주지하듯이 고려시대 군현의 호장들은 자신의 인장을 읍사와 수령 간의 행정 사무에 사용하였으니, 유치향에서도 그에 상응하는 최고위 향리, 즉 앞서 살핀 상방촌 기와 명문의 '주호장 표' 아무개와 같은 호장급 향리였을 가능성이 높은 것이다. 앞서 본 유치향 건축 불사에서 동정직 품관이자 사심관으로서 고향 유치향의 건축 불사에 시주로 활약한 표원재도 유치향의 최고위 향리 집안 출신이었을 것이다.

1호와 달리 도장이 발견되지는 않았지만, 5호 토광묘도 주목된다. 이곳에서 청동정병, 청동수저 등과 함께 태안 대섬 출토 청자과형주자보다 문양과 장식적인 기교 면에서 우월한 것으로 평가되는 청자음각국화모란문과형주자를 비롯하여 청자대접과 청자잔, 청자잔탁 등 인근 강진에서 번조된 양질의 청자로 판단되는 청자들이 출토되었기 때문이다. 5호 토광묘의 주인공도 유치향의 일

**사진 1. 청동 도장(목포대학교 박물관 제공)**

인면 가로 2.3cm, 인면 세로 3.3cm, 두께 0.3cm. 장흥군 유치면 신월리 쇠몰 1호 토광묘 출토.

반 민장층이기보다는 향리층일 가능성이 매우 높다. 이에 비해 청동수저와 청동동곳, 청자병, 청자완 등과 함께 해동통보 1점, 옥 2점이 나온 7호 토광묘와, 청동수저와 동곳, 청자 등 평균적 조합의 부장품이 출토되는 여타 토광묘들의 주인공은 중 · 하급 향리로부터 민장층 즉 촌락 수장층까지 확대될 수 있을 것이다.

향뿐만 아니라 부곡 지역에서도 다수의 고려 분묘가 발굴된 바 있다. 충주박물관은 단월부곡의 소재지로 비정되는 현 충주시 단월동에서 11기의 석곽묘와 6기의 토광묘, 1기의 회곽묘를 발굴하고 1992년에 그 보고서를 냈다. 보고서에 따르면 이곳에서는 널리 부장되는 청동동곳이 아닌 은제동곳이 출토된 8호 석곽묘라든가, 상대적으로 양질의 청자잔과 분묘 부장품으로는 흔치 않은 청자잔탁이 중국 동전 9점과 함께 출토된 7호 석곽묘, 청자참외모양주전자와 청자양각모란문대접, 납석제구슬 2점, 중국 동전 2점 등이 부장된 9호 석곽묘와 같이 부장품이 우월한 무덤들이 있다. 이것들은 여타 석곽묘나 토광묘들과 비교할

**사진 2. 청자 음각 국화모란문 과형 주자와 공반 출토 청자들(목포대학교 박물관 제공)**

높이 17.6cm, 입지름 4.0cm, 바닥지름 8.4cm.
장흥군 유치면 신월리. 쇠몰 5호 토광묘 출토. 모두 양질의 청자로 인근 강진에서 번조된 것으로 추정되고 있다.

CJM01391

**사진 3. 청자 참외모양 주전자(국립청주박물관 제공)**

높이 16.5cm, 입지름 5.5cm, 바닥지름 7.8cm, 몸통지름 14.9cm. 충주시 단월동 9호 석곽묘 출토

때, 향리층의 분묘일 가능성이 매우 높다. 역시 단월동에서 2차 발굴 후 1996년에 그 보고서가 나온 고려 분묘들 중에서 석곽묘들 가운데 가장 정성스럽게 축조된 4호 석곽묘처럼 유구 자체가 뚜렷한 차별성을 띠는 무덤들도 그 축조 과정의 어려움과 비용을 감안할 때 피장자가 향리층일 가능성이 높다. 태토가 정선되고 시유 상태 또한 고른 청자들과 8점의 중국 동전이 함께 출토된 점도 참고할 수 있다.

한편, 앞에서 원주목 소속 단구역丹丘驛의 전직 역장이 '태화 2년'명 반자의 발원주=시주로 활약하였음을 보았는데, 이런 역 지역에서도 다수의 고려 분묘들이 발굴된 바 있다. 고려 당시 죽주 좌찬역佐贊驛 지역으로 추정되는 현 용인시 원삼면 좌항리 산 30-1의 고려분묘군이 그것이다. 이곳에서는 모두 13기의 석곽묘와 3기의 토광묘가 발굴되었는데, 석곽묘나 토광묘나 묘제에 따른 부장품의 차별성은 특별히 찾아지지 않는다. 대신 전체 13기의 석곽묘 중에 교란 또는 유실 · 파괴, 혹은 도굴 등으로 부장품이 없거나 특별히 빈약한 경우를 제외하고, 부장품의 비교가 유의미한 3호, 7호, 8,호, 9호 석곽묘 중에서 8호가 특별히 주목된다.

3호, 7호, 9호 석곽묘가 토기병들과 보통 수준의 청자, 백자, 동곳, 숟가락 등 청동제 생활용품, 철제가위 등 일반적인 조합과 품질의 부장품이 출토되었고 이 중 7호는 토기 제품은 없고, 청동제 동곳 대신 은제동곳이 출토되었다. 이와 달리, 8호 석곽묘의 백자는 여타 석곽묘들과 같은 용인 서리요 번조품으로 보이지만, 기형과 유약의 발색에서 상대적으로 단아한 중상품들이다. 또 토기병의 대체품으로 부장된 것으로 보이는 녹청자매병과 녹청자반구병은 비교적 고급 녹청자를 번조했던 인천 경서동 요지의 것으로 판단될 만큼 기형과 발색에서 뛰어난 상품들이다. 게다가 청자접시들은 맑고 투명한 청자유가 고르게 시유되어 비취색의 색조를 띤 수작으로 강진 청자요지 번조품이라고 판단되고 있다. 즉 8호 석곽묘는 가까운 용인 서리의 백자 중에서도 상대적으로 좋은 품질의 것을 구비하고, 녹청자와 청자는 질적 수준을 위해 지금의 인천 경서동과 전라도 강진의 생산품을 부장한 점에서 토기나 가까운 용인 서리의 조질청자를 부장한 다른 석곽묘들과 뚜렷한 차별성을 갖는다. 이 점에서 8호 석곽묘 피장자의 신분 역시 민장층을 넘어 향리층이었을 가능성이 매우 높다고 하겠다.

8호 석곽묘의 주인공이 향리층일 것이라는 점은 고려 분묘 부장품으로서 흔치 않는 과대銙帶가 부장된 점에서도 뒷받침된다. 8호 석곽묘에서 출토된 청동과대편靑銅銙帶片은 허리띠 버클의 외곽부로 보이는데, 이런 과대는 관복의 구성 요소 중 하나일 것이다. 『고려사』 여복지 관복조에 따르면 고려시대 당시 향리의 공복은 '장리공복長吏公服'이라 하여, 국가 지배기구의 공식 인원이 착용하는 '관복官服'의 하나로서 제도에 의해 그 복식 형태가 규정되어 있었다. 이에 따르면 사옥부정 이상의 모든 향리는 직급별로 공복의 색은 달리하지만, 공히 가죽신과 홀을 착용하도록 되어 있었다. 이는 향리의 공복이 '관복'의 구성 요소를 지니고 있었음을 잘 보여 준다. 8호 석곽묘 출토 과대편은 바로 그러한 '관복'

의 하나로서의 '장리공복'의 일부였을 것이다. 나아가 8호 석곽묘가 좌항리에서 조사된 분묘 유구 중 최대형이라는 사실은 이 분묘의 주인공이 향리 중 최고위인 호장이었을 가능성을 배제하기 어렵게 한다.

## 그들도 능력껏 삶과 죽음의 문화를 누렸다

특수행정구역 향리들은 건축 및 불구 제작과 불경 간행 등 각종의 불사에서 자신의 재산을 시주할 만큼 깊은 신앙심과 경제력을 지니고 있었다. 그리고 이러한 문화적 성향과 활동 양상에서 현직과 전직, 고위 향리와 여타 향리의 직급상의 차이가 뚜렷이 존재하지는 않는다. 현직과 달리 별다른 국가적 급부의 대상이 되지 않는 전직 향리들의 활약은 그 점에서 시사하는 바가 작지 않다. 품관으로서 고향의 불사에 '원당주愿堂主', '조주造主' 등으로 나선 사례도 있는데, 지역 유일 토성의 출신이라는 점에서 선대가 호장층으로 추정되었고, 이에 따라 원당을 세울 수 있을 정도의 재력과 호장층의 재지 기반의 상관관계를 유추해 보았다.

이러한 특수행정구역 향리들은 군현의 향리들처럼 향촌사회의 지식인, 독서인이라 할 만하였다. 최고급의 벼루가 생산 단계부터 소所의 전직 호정戸正을 위해 번조되었다는 사실, 그리고 그 벼루의 증여자가 당대 지식문화의 중심이던 사원이었다는 사실 등은, 전직 향장이 불경 간행 비용을 온전히 부담한 사례와 더불어 특수행정구역 향리의 향촌 지식인, 독서인, 문화인으로서의 면모를 생각하게 만든다.

이들의 문화적 성향과 활동의 바탕이 된 경제력은 죽음의 문화에도 나타난다. 특수행정구역의 영역에서 발굴·조사된 고려 분묘군에서는, 파괴·유실·결실되거나 현저한 도굴이 이루어진 것들을 제외한 분묘들 중에서 부장품의 질

또는 양의 측면에서 우월한 구성을 보이는 분묘들이 확인된다. 이들 분묘의 주인공은 대체로 향리층일 것이다. 이 중에는 호장 등 고위 향리와 여타 향리 간 '가풍家風'의 차이가 사회적으로 인정되는 것에 상응할 만한 차이가 간혹 미세하게나마 보이지만, 보다 의미 있는 논의가 이루어지려면 이를 또렷한 현상으로 확정할 수 있을 만큼의 사례 축적이 필요하겠다.

특수행정구역의 사람들에 대해 단지 군현 지역 사람들보다 전반적인 처지가 열악했다는 정도로 이해해도 된다면 이 글이 굳이 필요하지 않았을 수 있다. 그러나 고려시대 특수행정구역이란 행정 단위를 고려 지배체제가 설정해 놓은 특수 집단 정도로 뭉뚱그리는 것을 뛰어넘으려면, 그 구성원의 개별적이고 실체적인 역사상을 구축하기 위한 노력이 필요하다. 이 글은 그러한 목표를 향한 작은 노력이 될 수 있지 않을까 한다.

## 참고문헌

서명원, 2012「高麗時期 淸州牧 圈域의 郡縣 治所와 部曲制領域 比定」『靑藍史學』20.

李鍾玟, 2007「高麗 墳墓 出土 陶磁 硏究 -소비방식의 관점에서-」『湖西史學』46.

明知大學校博物館, 1994『龍仁 佐恒里 高麗墳墓群 發掘調査報告書』.

목포대학교박물관, 2008『장흥댐 발굴유적과 유물』(특별전 도록).

목포대학교박물관·한국수자원공사, 2007『장흥신월리 유적-탐진다목적댐 수몰지역 문화유적Ⅶ』.

________, 2008『장흥 상방촌A유적Ⅱ -건물지- 탐진다목적댐 수몰지역 문화유적Ⅸ』.

충주박물관, 1992『충주 단월동 고려묘 발굴조사보고서』.

中原文化財硏究院·忠北開發公社, 2013『梧倉 第2産業團地 造成事業敷地 內 淸原 主城里·倉里 遺蹟』.

충주박물관, 1996『충주 단월동 고려고분군』.

# 고려시대 월경지의 발생과 지속

- ▸ 월경지의 개념과 기원
- ▸ 조선시대의 월경지
- ▸ 고려시대 지방 행정제도의 변동과 월경지
- ▸ 고려시대 국가 필요 지역에 설정된 월경지
- ▸ 고려 후기 전란으로 인하여 발생한 월경지
- ▸ 월경지 이해의 심화를 위한 전망

정요근

## 월경지의 개념과 기원

월경지越境地는 군현郡縣 등과 같은 지방 행정 단위의 소속 영역 중 이웃한 행정 단위의 영역을 넘어 들어가 위치한 지역을 의미한다. 월경지는 월입지越入地, 비입지飛入地, 비월지飛越地, 비지飛地 등의 이름으로도 불렸다. 광무 10년(1906년) 9월 28일 칙령 제49호(이하 칙령 49호로 표기)는 월경지에 대한 개념을 정리한 대표적인 자료로 알려져 있다.

칙령 49호에서는 "비입지飛入地는 갑군토甲郡土가 월재을군越在乙郡흔 자者를 위謂흠이니 잉속토재군仍屬土在郡흐며, 두입지斗入地는 병군토丙郡土가 침입정군侵入丁郡흔 자者를 위謂흠이니 이속부근군移屬附近郡흠이라"고 서술되어 있다. 비입지, 즉 월경지는 '갑'군의 땅 중 '을'군의 땅을 넘어 들어가 위치한 지역을 일컫는다는 것이다. 반면 두입지는 '병'군의 땅 중 '정'군의 땅으로 침범하여 들어간 지역을 의미한다. 고을 간의 경계가 마치 개의 이빨이 위 아래로 서로 얽혀 있는 것과 같다고 하여 붙여진 견아상입지犬牙相入地가 바로 두입지이다.

대한제국 정부는 칙령 49호의 발표를 통하여 월경지와 견아상입지의 불규칙한 경계를 정리하고, 해당 영역을 부근의 군郡에 이속시키는 지방 행정구역 경계의 정비를 시행하였다. 그리하여 한반도에서 수백 년간, 길게는 1천년 가량 존속했던 월경지는 대부분 사라지게 되었다. 1906년 이후에도 남아 있었던 작은 규모의 월경지는 1914년 일제의 지방 행정구역 개편으로 소멸하였다. 그러나 현재도 월경지가 존재한다. 지방 행정구역의 조정, 지역 주민들의 이해관계 등에 따라 월경지가 불가피하게 발생하여 유지되고 있는 것이다.

한국사 속에서 확인 가능한 월경지 중 가장 이른 시기의 것은 통일신라 때로 거슬러 올라간다. 신라 명주溟州 소속의 유린군(현 경북 영덕군 영해면 일대)은 해아현(현 경북 포항시 북구 청하면 일대)을 거느리고 있었다. 유린군과 해아현 사이에는 별개의 지역인 야성군(현 영덕군의 신라시기 지명)이 끼어 들어가 있었던 까닭에, 해아현은 유린군의 월경지였을 가능성이 높다. 또한『삼국사기』지리지에는 신라 무주武州 소속의 무안군(현 전남 무안군 무안읍 일대) 관할 하에 진도현珍島縣(현 전남 진도군 고군면 일대)이 편제된 것으로 나와 있다. 진도현은 이웃에 위치한 뇌산군과 아무런 관련 없이 바다 건너 위치한 무안군의 관할하에 있는 것으로 기록되어 있으므로, 진도현은 무안군의 월경지였다고 볼 수 있다.

전자와 관련하여 당시 야성군의 중심지가 현 영덕군의 중심지 지역(현 영덕군 영덕읍 일대)이 아니라 그 서쪽의 현 영덕군 지품면에 위치하였다는 견해(지도 1 참조)를 따르면, 해아현은 유린군의 월경지가 아닐 수도 있다. 후자의 경우는『삼국사기』지리지가 진도군과 뇌산현을 진도현과 뇌산군으로 잘못 기록하

**지도 1. 통일신라 유린과 해아 일대**

※ 본 글의 수록 지도는 모두 정요근 · 김현종 공동 제작.

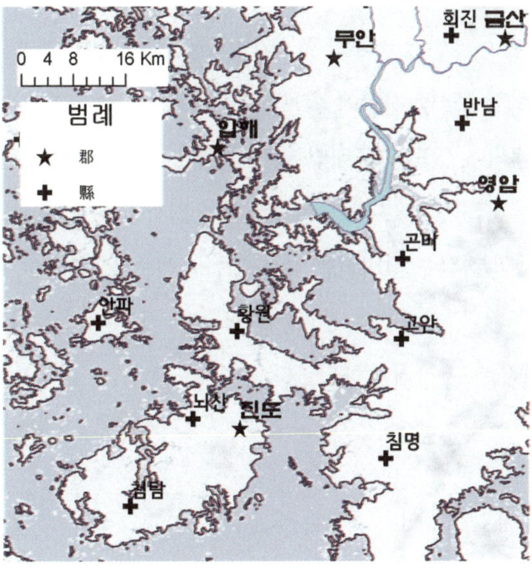


**지도 2. 통일신라 무안과 진도 일대**

여 진도를 무안의 소속으로 착각하였다고 보는 견해(지도 2 참조)가 설득력을 얻고 있다. 따라서 신라시대 해아와 진도를 유린과 무안의 월경지라고 확실히 주장하기에는 여전히 미진한 부분이 있다.

한편 조선시대 이전에는 월경지의 개념이 없었을 것이라고 보는 견해도 있다. 영역 간 경계 관념이 명확하지 않았던 까닭에, 경계선으로 구획된 영역보다는 거주 인구를 중심으로 고을의 영역이 설정되었을 것이라는 추론에 근거한 주장이다. 하지만 일찍이 신라 촌락문서에서도 촌락의 둘레를 단위 거리로 표시하였던 사실을 고려하면, 통일신라시대에 이미 촌락 영역의 경계 범위를 정확히 인지하고 있었음을 알 수 있다. 고려시대에도 산과 고개, 하천 등 자연지리적 지표의 위치를 언급할 때 소속 고을을 명확히 지칭하고 있어서, 경계선에 따른 고을 영역의 구분이 존재하였음을 보여주고 있다. 따라서 고려시대나 그 이전에도 이웃 고을의 소속 범위 안으로 넘어 들어간 영역에 대하여 월경지 혹은 월경지 인식이 있었음은 분명하다.

후삼국시기에 이르면 월경지의 존재가 명확히 확인된다. 고려 태조 왕건王建이 태봉泰封의 장수였던 시절에 확보한 현 전라도 나주 · 영암 지역이 태봉의 본 영역과 분리되어 있던 대표적인 월경지였다. 나주 · 영암 지역은 정복 전쟁을 통해서 얻어낸 월경지였다. 또한 후백제와 가까이 있으면서도 고려에 굳건히 지지를 보냈던 경산부京山府(현 경북 성주군 성주읍 일대) 역시 고려의 월경지로 파악할 수 있다. 경산부의 경우는 전쟁 없이 해당 지역 유력자의 자발적인 복속으로 월경지가 된 사례에 해당한다.

## 조선시대의 월경지

조선시대에는 전국 각지에 월경지가 폭넓게 분포하였다. 조선 초기에 편찬된

『세종실록』 지리지는 월경지의 전국적 분포 상황을 정리한, 현존하는 가장 오래된 자료이다. 『세종실록』 지리지의 내용을 통하여, 조선 초기 세종 연간(1418~1450년)에 분포했던 월경지의 위치를 개략적이나마 이해할 수 있다. 같은 시기에 편찬된 『경상도지리지』도 당시 경상도 지역의 월경지를 정리하였다. 하지만 이후에 발간된 지리지, 읍지 자료들은 월경지 항목을 별도로 설정하지 않아, 월경지의 전국적 분포 상황을 파악하는 데에는 상대적으로 유용성이 떨어진다.

김정호金正浩의 『동여도東輿圖』나 『대동여지도大東輿地圖』 등 조선 후기에 제작된 지도 자료에는 월경지가 경계선으로 표시되어 있다. 『동여도』나 『대동여지도』는 문자로 월경지를 기록한 『세종실록』 지리지보다 월경지의 위치와 범위를 시각적으로 분명하게 묘사하고 있다. 하지만 김정호의 지도는 근대적 측량에 기초한 실측 지도가 아닌 까닭에, 각 월경지의 경계나 영역을 정확하게 표현하고 있지는 못하다. 협소한 영역으로 구성된 월경지 중에는 표시되지 못한 곳들도 많이 있다. 따라서 조선 후기의 지도 자료를 가지고 조선시대 월경지의 전국적 분포를 정밀하게 파악하는 데에는 한계가 있다.

앞서의 칙령 49호는 1906년 지방 행정구역 조정 직전의 전국 월경지 분포 상황을 보여주고 있다. 그 이전 조선 후기의 월경지 분포 상황을 지도 자료보다 훨씬 정밀한 수준에서 복원하는 데에 중요한 자료는 『호구총수戶口總數』이다. 『호구총수』는 18세기 후반을 기준으로 전국의 촌락 단위까지 상세한 지명을 수록하고 있는 자료이다. 『호구총수』는 『세종실록』 지리지나 김정호의 지도, 칙령 49호 등과 같이 월경지를 별도로 표시한 문헌은 아니다. 그러나 『호구총수』에 기록된 면面이나 촌 · 리 단위 지명들의 현 위치를 고증하면, 상당히 정밀한 수준에서 조선시대 월경지의 전국적 분포 상황을 복원할 수 있다.

일제 강점기에 발행된 『구한국지방행정구역명칭일람舊韓國地方行政區域名稱一覽』, 『(신구대조)조선전도부군면리동명칭일람(新舊對照)朝鮮全道府郡面里

洞名稱一覽』 등의 지명 자료, 『(근세)한국오만분지일지형도(近世)韓國五萬分之一地形圖』와 같은 실측 지도 등도 조선시대 월경지의 위치와 영역 복원에 유용하게 활용할 수 있다. 최근에는 GIS 기법을 이용하여 『호구총수』 등 문헌 자료에 실려 있는 조선시대의 지명을 현대의 지도 위에 복원하는 방법론이 시도되고 있다. 이를 통하여 전근대시기 한반도에 분포했던 월경지의 실체에 대하여 보다 구체적인 연구 성과들이 발표되고 있다.

이웃 고을의 영역으로 넘어 들어간 본 고을의 월경지를 기준으로 할 때, 조선시대 전국에 분포했던 월경지의 숫자는 100여 곳 이상에 이른다. 동일한 고을 내에서 이웃 면으로 넘어 들어간 면 단위 기준의 월경지까지 포함하면 월경지의 숫자는 훨씬 더 늘어난다. 그런데 각 월경지의 영역 단위를 어떻게 설정하느냐에 따라 월경지의 숫자는 증가할 수도 있고 감소할 수도 있다. 따라서 월경지의 숫자를 정확하게 헤아리는 것은 큰 의미가 없다. 어떤 월경지는 현재의 면 2~3개를 합친 정도의 큰 영역으로 존재하였지만, 상당수의 월경지는 현재의 리 몇 개를 합친 정도의 영역이거나 그보다 더 작은 크기의 월경지였다.

한편 조선시대에는 하천이나 하천의 하구 바로 건너편에 위치한 본 고을의 영역도 월경지로 인식하였다. 이 경우는 고을의 본 영역과 월경지 사이에 이웃 고을의 영역이 중간에 끼어들어가지 않았다. 이 사례의 월경지로는 경상도 성주의 노장곡방蘆長谷坊이나 현풍의 진촌면津村面, 답곡면畓谷面, 왕지면旺旨面 등을 들 수 있다.

타 고을 소속의 영역이 중간에 끼어 있는 본 고을 소속의 해도海島 역시 월경지로 간주되었다. 전라도 나주 소속의 섬들인 자은도, 장산도, 비금도, 그리고 멀리 흑산도 등이 대표적이다. 『대동여지도』와 같은 고지도古地圖에 이 섬들은 월경지로 표시되어 있다. 나주 본 영역과 이 섬들 사이에는 무안이나 영암 등의 영역이 위치해 있었다. 이 섬들이 나주의 월경지가 된 이유는 영산강 수로와 바

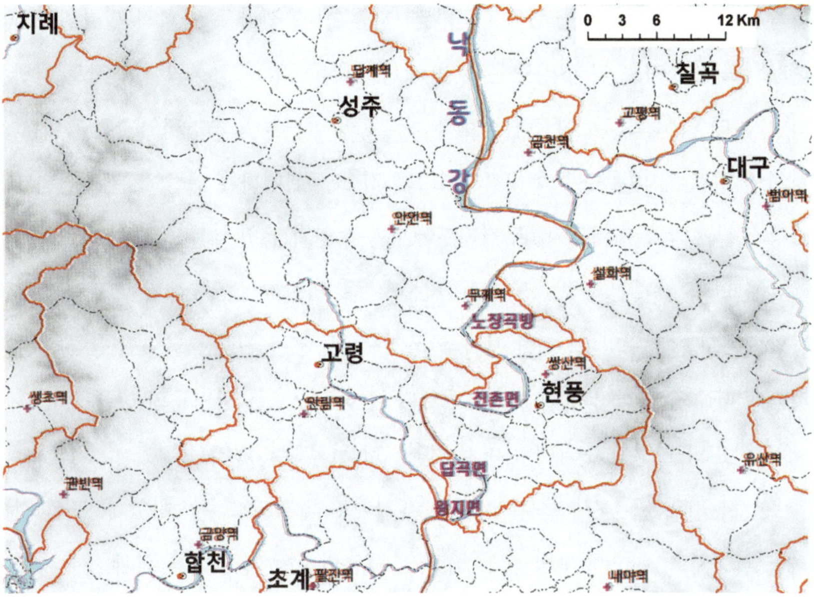


지도 3. 조선시대 경상도 성주, 현풍 일대의 월경지

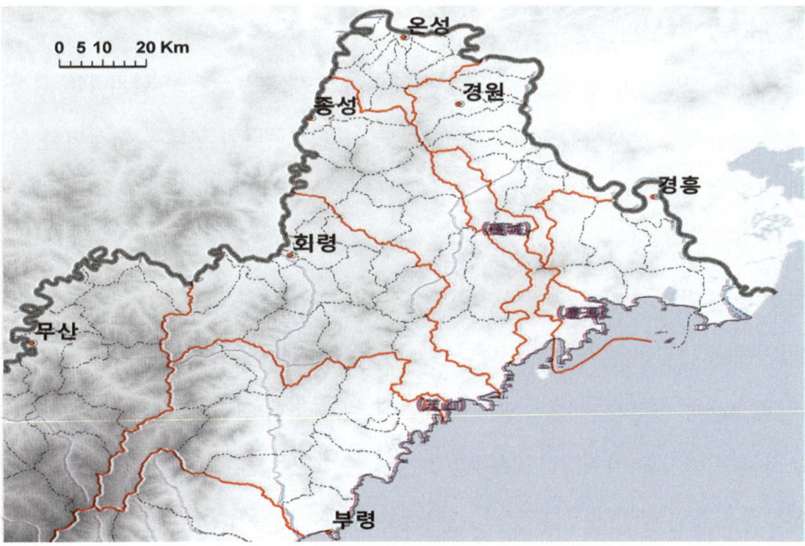


지도 4. 조선시대 함경도 북방 지역의 월경지

다를 거쳐 연결되는 접근성이 편리했기 때문이다. 전라도 지역의 망운반도와 해제반도는 육지로 가까이 있는 무안 대신, 각각 영광과 함평의 월경지로 편성되었다. 이 역시 육로로의 접근성보다 해로로의 접근성이 반영되었던 결과이다.

한편 일정 지역에 다수의 월경지가 집중적으로 위치하는 현상 또한 조선시대 월경지 분포의 주요 특징이다. 경기도에서는 수원과 남양南陽 일대, 충청도에서는 아산만과 삽교천 근방, 전라도에서는 전주, 영산강 하구, 해남반도 등지에, 경상도에서는 경주와 그 주변 지역, 안동과 봉화, 영천榮川 등 낙동강 상류 수계 지역에 다수의 월경지가 집중 분포하였다. 전국적으로는 경기도와 충청도, 전라도, 경상도의 월경지 숫자가 나머지 지역보다 월등히 많았다.

조선 전기의 월경지는 대부분 조선 후기에도 월경지로 존속하였다. 조선 전기의 월경지 중 태안반도의 일부 월경지, 고흥반도의 월경지, 금산錦山에 속했다가 무주茂朱로 이속된 월경지 정도가 조선 후기에는 월경지적 입지에서 벗어났을 뿐, 나머지 대부분의 월경지는 조선 후기까지 별다른 변동 없이 그대로 월경지로 존재하였다.

조선왕조의 개창 이후, 북방 영토를 개척하고 새로운 고을을 설치하는 과정에서 월경지가 발생하기도 하였다. 함경도 최북단에 위치한 내륙 고을인 온성과 경원의 월경지가 대표적이다. 온성과 경원은 조선 초기에 개척된 6진에 포함되는 곳으로, 바다와 면해 있지 않은 지역이었다. 하지만 두 고을에는 각기 동해안과 접해 있는 월경지가 편성되었다. 온성과 경원 두 고을은 조선의 최북단 국경 지대에 위치한 군사 지역이었다. 해산물과 소금 등의 안정적인 확보를 위하여 동해안에 월경지를 갖고 있었던 것으로 여겨진다. 그러한 월경지의 편제는 조선 후기까지도 이어졌다. 1684년(조선 숙종 10) 두만강 상류의 내륙 지역에 신설된 고을인 함경도 무산茂山의 경우에도 동쪽 바닷가에 월경지를 보유하였다.

## 고려시대 지방 행정제도의 변동과 월경지

조선시대뿐만 아니라 고려시대에도 월경지는 전국적으로 광범위하게 분포하였다. 고려시대 월경지 중에는 조선시대에 들어와 월경지적 입지로부터 벗어난 곳들도 있고, 조선시대까지도 여전히 월경지로 존재했던 곳들도 많이 있다. 조선시대 낙동강 상류 수계 지역은 전국에서 월경지가 가장 집중적으로 분포하였던 지역 중 한 곳이다. 이 지역의 월경지들 중에서 고려시기부터 월경지로서 존재하였던 곳이 조선시대에 새로이 월경지가 된 곳보다 훨씬 더 많았다. 현 전남 지역에서도 조선시대 월경지 중 다수는 고려시대부터 이미 월경지로 존재하던 곳이었다. 즉 고려시대에도 조선시대와 마찬가지로 전국 곳곳에 월경지가 위치하고 있었던 것이다.

그러나 고려시대 월경지의 전국적 분포 상황을 정리해놓은 사료는 현존하지 않는다. 따라서 고려시대 전국의 모든 월경지를 고증하여 복원하는 것은 사실상 불가능하다. 대읍에 소속된 속현屬縣 혹은 향鄕, 부곡部曲, 소所 등 특수 지방 행정구역 중에서 월경지였던 곳들을 찾아내거나, 조선시대의 월경지 중에서 고려시대에도 월경지였던 곳들을 추적하여 고증해내는 것이 고려시대의 월경지를 복원하는 최선의 방법이다.

고려시대의 지방 고을은 지방관이 파견되었던 주현主縣과, 주현의 관할 하에 있으면서 전임專任 지방관 없이 주현의 관리 · 감독을 받았던 속현屬縣으로 나눌 수 있다. 그런데 12세기 초반 예종 연간(1105~1122)부터는 주현의 관할 하에 있던 속현이 승격하거나 독립하는 경우가 많아지면서, 주현의 관할 범위 가장자리에 있던 속현이나 향 · 부곡 등이 주현의 월경지로 남는 경우가 발생하였다. 이러한 형태의 월경지 생성은 지방제도의 정비가 마무리되는 조선 초기까지 지속적으로 진행되었다. 조선시대 월경지 중에는 경주나 안동, 전주와 나주, 청주

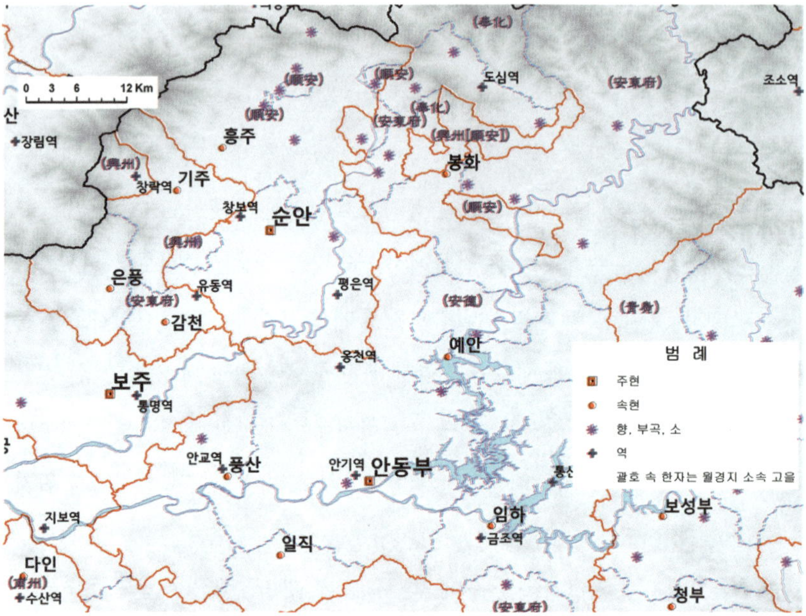


지도 5. 고려시대 낙동강 상류 지역 월경지 복원 (13세기 초반 기준)

지도 6. 청산 주성면 월경지 일대

지도 7. 칠원 구산면 월경지 일대

와 홍주, 수원 등 각 도의 대표적인 대읍에 소속된 곳들이 많은데, 대읍 소속 월경지 중 상당수는 이와 같은 사례에 해당한다.

고려시대에는 속현은 물론, 향 · 부곡 · 소 등 특수 지방 행정구역도 인구와 물산이 풍부하였던 양광도와 전라도, 경상도 지역에 집중 분포하였다. 양광도와 전라도, 경상도의 사례에서는, 조선시대 월경지 중에 고려시대에 속현이나 향 · 부곡 · 소 등이었던 곳의 비율이 50%가 넘는 것으로 조사된 바 있다. 그렇지만 반대로 고려시대에 존재하였던 속현이나 향 · 부곡 · 소 중에서 조선시대에 월경지로 편성되었던 곳의 비율은 기껏해야 15% 미만으로 추산된다. 향 · 부곡 · 소 중에는 현 위치를 정확히 알 수 없는 곳들이 있어 이 비율이 조금 바뀔 수도 있지만, 그래도 큰 차이는 없을 것이다.

한편 속현이었던 곳이 주현으로 승격하는 과정에서 월경지가 발생하는 경우도 있었다. 주현으로의 승격과 함께 읍세邑勢를 확장하면서 주변의 타 고을 소속 영역을 흡수하였는데, 그렇게 편입되는 영역 중에 월경지가 있었던 것이다. 충청도 청산靑山 소속의 주성면酒城面이나 경상도 칠원漆原 소속의 구산면龜山面 등은 그러한 형태의 대표적인 월경지에 해당한다. 주성면은 옛 주성부곡, 구산면은 성법부곡省法部曲에서 승격한 옛 구산현이었다. 이와 같은 유형의 월경지는 중앙정부의 의도에 의하여 생성된 월경지이다.

중앙정부는 지방 통치의 편리함을 위하여 월경지를 줄이려는 노력을 취하기도 하였다. 하지만 청산 주성면이나 칠원 구산면의 사례는 중앙정부의 의지가 강력히 반영되어 형성된 월경지였다. 중앙정부는 월경지의 존재를 줄이려고만 한 것은 아니었다. 소규모 고을의 읍세 보존을 위해 새로운 월경지를 만들기도 하였던 것이다. 이와 같은 유형의 월경지는 속현의 주현 승격이 확산되던 고려 후기 다수 나타났던 현상이지만, 고려 초기 군현제 정비 때나 고려 전 시기 빈번히 시행되었던 지방제도의 개편 때에도 발생하였을 가능성은 충분히 존재한다.

## 고려시대 국가 필요 지역에 설정된 월경지

경상도 순흥順興 창락역昌樂驛은 고려시대 이래 조선시대까지 변함없이 월경지로 존재한 대표적인 사례이다. 창락역은 현재의 경상북도 영주시 풍기읍 창락리에 위치하였으며, 북쪽의 한강 수계 지역에서 죽령을 넘으면 바로 남쪽에 위치한 교통 요지이다. 조선시대에는 죽령 이남 지역에 창락역을 중심으로 창락도라는 역도驛道가 편성되었다. 그런데 창락역은 가까이에 위치한 고을인 풍기 소속이 아니라 풍기를 지나서 위치한 순흥 소속으로 편제되었다. 즉 창락역은 순흥의 월경지였던 것이다.

창락역 일대가 조선시대에만 순흥의 소속 영역으로 편성된 것은 아니었다. 고려시대에도 창락역은 순흥의 전신인 흥주興州의 월경지였다. 풍기의 전신인 기주基州가 설치되어 있었음에도 불구하고, 창락역은 흥주의 월경지로 편성되었던 것이다. 고려 초기부터 창락역은 흥주 소속이었겠지만, 그 이전 신라시대에도 흥주의 전신인 급산군岌山郡 소속이었을 것이다. 창락역과 가장 가까이에 위치한 기주는 신라 말기나 후삼국시기에 신설된 고을이다. 기주를 신설할 당시 창락역 지역을 기주에 소속시키지 않고, 원래대로 급산(흥주)에 소속시키면서 월경지로 만들었을 가능성을 충분히 생각할 수 있다.

국가의 기간 교통 · 통신 조직인 역驛의 기능을 안정적으로 유지하기 위해서는, 기주(풍기)와 같은 소규모 고을보다 상대적으로 규모가 컸던 흥주(순흥)에 창락역을 소속시키는 것이 보다 효율적이었을 것이다. 창락역이 고려시대 내내 흥주의 월경지로 존속했던 이유도 그와 같은 관점에서 이해할 수 있다. 조선시대의 경우이기는 하지만, 목장이 있던 섬인 전라도의 지도智島를 가까운 함평 대신 멀리 떨어져 있는 나주에 소속시킨 것도 목장을 국가에서 좀 더 안정적으로 관리하고 운영하기 위해서였다. 조선시대와 마찬가지로 고려시대에도 국가에서 필요로 하는 시설의 안정적인 관리와 운영을 위하여, 해당 지역을 월경지로 편성하는 방식을 채택하였을 것이다.

창락역의 경우는 조선시대 월경지의 기원이 고려 초기 혹은 그 이전까지도 올라가는 주요한 사례가 된다. 그런데 창락역을 관할하고 있던 순흥은 조선 초기인 세조 3년(1457)에 폐지되고 그 영역은 인접한 풍기와 영천榮川, 봉화 등에 나뉘어 합병되었다. 금성대군錦城大君의 단종 복위 모의에 순흥의 주민들이 참여한 것에 대한 처벌이었다. 이후 창락역 일대는 가장 가까이에 위치한 고을인 풍기의 소속이 되었다. 순흥의 혁파와 함께 월경지적 입지로부터 벗어나게 된 것이다.

순흥은 폐지 226년만인 조선 숙종 9년(1683)에 복구되었고 옛 영역을 회복하였다. 회복된 영역 중에는 창락역도 포함되었다. 창락역은 순흥의 복구와 함께 다시 순흥의 월경지가 되었다. 조선 후기의 지리서인 『여지도서輿地圖書』에는 순흥의 복구 시에 되찾지 못한 영역이 있었다고 기록되어 있지만, 순흥의 월경지인 창락역 일대는 순흥의 영역으로 회복되었다. 창락역 외에 대용산면大龍山面이나 와란면臥丹面 등 옛 순흥의 다른 월경지들도 그대로 순흥 소속으로 복구되었다. 월경지 영역에 대한 본 고을의 집착은 그만큼 강고했던 것이다.

창락역과 마찬가지로 고려시대에 국가적 필요에 의해 정책적으로 월경지로 편성된 경우는 상전소上田所의 사례에서도 확인할 수 있다. 조선시대 청양의 영역을 넘어 들어가 있던 충청도 홍주의 상전면上田面은 1906년까지도 홍주의 월경지로 존속하였다. 『세종실록』 지리지의 기록에 따르면, 원래 청양 소속이던 상전면이 처음으로 홍주의 월경지가 된 시기는 고려 후기 충렬왕 때(1274~1308)였다.

상전면은 상전소가 있던 곳이었다. 고려시대 소는 특산물을 생산하던 일종의 특수 지방 행정구역으로서, 상전소에는 금광이 있었다. 20세기 후반까지도 채굴

지도 8. 조선 후기 순흥 일대의 월경지

지도 9. 홍주 상전면(상전소) 월경지

이 이루어졌던 유명한 광산인 구봉광산의 터가 바로 옛 상전소에 해당한다. 고려 후기 청양 소속이었던 상전소 지역이 홍주로 이속되어 홍주의 월경지가 된 것은 금광의 개발과 관련되었던 것으로 보인다. 청양과 같은 소읍보다 홍주와 같은 대읍에서 상전소를 관할하는 것이 금의 채굴과 금광의 유지에 보다 도움이 되었을 것이기 때문이다. 그렇게 홍주의 월경지가 된 상전소 지역은 조선시대에 들어와서도 그대로 홍주의 월경지로 남게 되었다. 이 역시 월경지에 대한 본 고을의 강고한 집착을 보여주는 사례에 해당한다.

조선 초기인 15세기 초 · 중반에는 중앙정부에서 고을의 통폐합, 소속 영역의 타 고을로의 이속, 고을 사이의 경계 조정 등의 방식을 통하여 적극적으로 월경지의 정리를 추진하였다. 보성 소속의 월경지가 존재하던 전라도 남해안의 고흥반도 지역이 대표적인 사례이다. 고흥반도 내 일부 지역의 경우 고려 후기 이래 보성의 월경지로 존재하였으나, 조선 세종 23년(1441) 고흥에 남양을 통합하여 흥양興陽으로 개칭하고 흥양의 중심지를 고흥반도 내부에 두어, 고흥반도 지역 전체를 흥양의 관할 영역으로 삼았다. 그리하여 고흥반도 내에서는 보성의 월경지가 사라지게 되었다. 하지만 고흥반도와 같이 월경지가 사라지는 사례는 많지 않았고, 정리되지 않은 월경지는 여전히 다수가 남아 있었다. 그나마도 15세기 후반이 되면 월경지 정비에 대한 논의는 적극적으로 제기되지 않았다.

월경지 지역에 대한 본 고을의 집착이 워낙 강고하였기 때문에, 중앙정부에서도 월경지 정리를 해야 하는 특별한 이유가 있는 경우를 제외하면, 지역에서의 반발 등을 의식하여 소속관계에 변화를 주는 것을 주저하였다. 따라서 조선 초기에 존속했던 월경지 중 대부분은 조선 후기에도 그대로 월경지로 남게 되었던 것이다.

## 고려 후기 전란으로 인하여 발생한 월경지

주민의 이주 또한 월경지의 생성과 존속에 중요한 요인으로 작용하였다. 전쟁이나 재난 등의 이유로 주민들이 이주하여 개척한 지역이 해당 주민들이 원래 거주하던 고을의 월경지로 편입되는 경우가 확인된다. 전라도 진도, 충청도 천안, 평안도의 가산嘉山과 운산雲山 등지에서 해당 사례를 찾을 수 있다.

전라도 서남해에 위치한 섬 지역인 진도에는 고려시대에 진도와 가흥, 임회 등 3개 고을이 설치되어 있었다. 고려 초기 이래 진도 일대는 나주의 관할 하에 편성되었는데, 고려 중기 진도현에 현령縣令이 파견되면서 가흥과 임회 2개 현은 진도현의 속현이 되었다. 이후 고려 말기 극성하던 왜구의 침략으로 말미암아, 경상도와 전라도의 도서島嶼 지역에 위치한 고을들은 큰 피해를 입게 되고, 주민들은 대부분 내륙으로 이주하였다. 경상도의 거제도와 남해도는 물론이고 진도 역시 예외는 아니었다.

가흥과 임회 두 속현은 황폐화되어 회복이 불가능하게 되었지만, 진도현의 주민들은 내륙 지방으로 이주하여 고을의 명맥을 유지하였다. 진도현의 주민들이 새롭게 터전을 잡은 곳은 나주 지경의 월량지月良只, 영암 지경의 명산리命山里, 그리고 해남 지경의 삼촌포三寸浦 일대 등이다. 월량지와 명산리는 영산강 하구에 인접한 지역으로 현 전남 영암군 시종면 일대에 위치하였으며, 삼촌포는 바다를 사이에 두고 진도를 마주보고 있는 해남반도 상의 현 전남 해남군 삼산면 지역에 위치하였다.

그러나 내륙으로 이주했던 진도현은 존립 기반이 취약하여 독립 고을로 존속하기가 어려웠다. 조선 초기인 태종 9년(1409) 진도현은 해남현과 통합되어 해진군이 되었다. 왜구의 침략으로 인한 피해로부터 어느 정도 회복되자, 세종 19년(1437)에 진도현은 해남과 분리되어 진도에 관아를 복구하고 진도군이 되

지도 10. 진도의 월경지(조선시대 기준)

었다. 드디어 본래의 거주지였던 진도로 돌아간 것이다.

진도의 주민들이 진도로 돌아간 이후에도 월량지와 명산리, 삼촌포 등지는 여전히 진도 소속의 영역으로 남아 있었다. 이곳들은 고려 말기 이래 수십 년간 진도 주민들이 개척하고 거주한 지역이었던 까닭에, 진도의 월경지로 남게 된

지도 11. 삽교천 수계 천안 월경지

지도 12. 평안도 가산, 운산, 순천 등지의 월경지

것이다. 월량지 등 진도의 월경지 3곳은 1906년까지 진도 소속으로 남아 있었다. 고려 말기 진도 주민들의 피난으로 인하여 생겨났던 내륙의 월경지가 600여 년간 진도의 월경지로 유지되었던 것이다. 반면 진도와 달리 거제도와 남해도 지역의 주민들이 이주했던 내륙 지역은 그들이 섬으로 돌아간 후에 월경지로 남지 않았다. 진도 주민들의 내륙 이주지에 대한 연고나 집착이 보다 강력하게 유지되었던 것이다.

진도 월경지와 같은 사례는 다른 곳에서도 확인된다. 조선시대에 충청도 천안의 월경지로 편성되었던 신종면新宗面과 덕흥면德興面, 돈의면頓義面 등이 대표적이다. 신종면은 현 충남 예산군 신암면, 덕흥면은 현 충남 아산시 선장면, 돈의면은 현 아산시 선장면과 인주면 일대에 위치하였다. 몽골의 침략이 막바지에 이르던 고려 고종 43년(1256)에 천안의 주민들은 병란을 피하여 선장도仙藏島로 이주하고 관아도 함께 옮겼다. 이 선장도가 조선시대의 신종면 · 덕흥면 · 돈의면 일대에 해당한다. 선장도와 천안 본 지역 사이에는 온양과 아산, 신창, 예산 등의 고을이 위치하였다. 이 지역에는 현재 아산시 선장면이라는 지명이 남아 있다.

선장도 지역 중 신종면은 고려시대에 신종부곡, 덕흥면은 덕흥부곡, 돈의면은 돈의향 등으로 불렸다. 이 지역은 삽교천 하구에 위치하였으며, 현재는 비옥한 경작지로 활용되고 있다. 하지만 선장도라는 지명에서도 알 수 있듯이, 이 일대는 원래 삽교천 하구의 도서 지역이었다가, 병란을 피해 이곳으로 이주한 천안 주민들에 의하여 개간된 곳이다. 몽골과의 화친 이후 천안의 관아는 다시 원래의 지역으로 돌아갔으나, 이 지역은 그대로 천안의 월경지로 남았다. 신종면 등의 월경지는 1906년에야 천안의 관할에서 벗어나 주변의 행정 단위로 이속되었다.

몽골의 침략으로 더욱 큰 피해를 입었던 한반도 서북 지역에서도 천안 신종면 등과 동일한 이유로 발생한 월경지들이 확인된다. 조선시대 평안도 가산의 애도艾島, 평안도 운산의 고운산면古雲山面 등이 그에 해당한다.

가산 애도는 현재 북한의 평안북도 정주시 애도동으로, 청천강 하구 외곽 서한만 바다에 위치한 섬이다. 가산 본 영역과의 사이에는 정주定州의 영역이 위치해 있었다. 고려시대 북계北界 가주嘉州의 사람들은 몽골 침입 초기인 고종 18년(1231)에 전쟁을 피하여 해도에 들어가고 가주 관아 역시 해도로 이동하였다가, 전쟁이 끝난 후인 원종 2년(1261)에 육지로 나왔다. 가산은 가주의 후신이며, 애도는 당시 가주의 주민들이 이주하여 개척했던 섬이었다. 전쟁이 끝난 후 주민들이 육지로 나온 후에도 애도는 그대로 가주의 영역으로 남았다. 가주 주민들이 연고권을 강하게 행사했기 때문일 것이다. 이후 조선시대에도 애도는 여전히 가산의 월경지로 편제되었다. 애도는 1914년 일제의 전국적인 지방 행정구역 개편 때에야 비로소 가까이에 있는 정주 소속으로 옮겨지게 되었다.

조선시대 운산은 고려시대 운주雲州의 후신으로 청천강의 지류인 구룡강 상류 지역에 위치하였다. 고려 후기 몽골 침입 때에 운주의 주민들 역시 북계 지역의 다른 고을 주민들과 마찬가지로 전쟁을 피해 섬으로 이주하였고, 관아 또한 함께 이전하였다. 운주의 주민들은 전쟁이 끝나자 고려 원종 2년(1261)에 내륙으로 나와 가산 서촌西村에 거처를 마련하였다. 조선 태종 13년(1413)에 운주를 운산으로 개명하였으며, 다음해에는 옛 운주의 영역에 관아를 복구하고 주민들도 이주하였다.

청천강과 대령강이 합류하여 바다로 흘러들어가는 지점에 위치한 운산 고운산면은 운산 본 영역과 멀리 떨어져 있던 월경지였다. 고려 후기 몽골의 침략이 종식된 후 섬으로 피난했던 운주의 주민들이 거처를 마련한 가산 서촌이 바로 고운산면 지역이다. 조선 태종 14년(1414)에 원래의 운주 지역에 운산의 관아를 재건하고 주민들이 돌아간 이후에도 고운산면은 그대로 운산의 영역으로 남아 있었다. 운산의 월경지가 된 것이다.

운산 본 영역과 고운산면 사이에는 영변과 박천, 가산 등 3개 고을이 위치하였다. 앞서 진도 월경지나 천안 월경지, 가산 애도 등과 비교하면, 본 영역으로부터 멀리 떨어져 있는 월경지에 해당한다. 그럼에도 불구하고 고운산면은 1261년 이후 1414년까지 150년 넘게 운주(운산) 주민들의 근거지로 존속하였던 곳이다. 그것이 바로 고운산면이 1906년까지 운산의 월경지로 남아 있을 수 있었던 주요한 이유였다.

한편 조선시대 평안도 순천順川은 관아가 위치한 본 영역보다 월경지의 영역이 더 넓은 특이한 영역 구성을 갖추고 있었다. 순천은 고려시대에 순주順州라 불렸다. 순주 고읍치古邑治, 밀전역密田驛 등 고려시대 순주와 관련된 지명은 순천 월경지 지역에 위치하였다. 고려시대에는 순천 월경지 지역이 순주 중심부에 해당하였기 때문이다. 순천의 관아 지역 이동과 월경지 형성 과정에 대하여 분명한 기록이 남아 있지 않지만, 조선시대 순천의 관아 지역은 고려 후기 몽골 침입 때 해도로 이동했던 순주 주민들이 육지로 돌아와 정착했던 곳일 가능성이 높다. 즉 운산의 고운산면과 유사한 사례로 보인다.

다만 운산의 경우에는 조선 초기에 새로운 관아 지역을 옛 운주의 영역에 다시 세웠으나, 순천은 임시로 머물렀던 곳에 그대로 관아를 설립하였다. 따라서 고려 후기 해도에서 돌아온 후 임시로 머물렀던 고운산면이 월경지가 되었던 운산과는 달리, 순천에서는 임시로 머물렀던 곳이 관아 지역이 되고 옛 고려시대의 원래 영역이 월경지로 되었던 것이다. 순천의 월경지 역시 조선 후기까지 그대로 유지되다가 1906년에야 정리되었다.

고려 후기 몽골과 왜구의 침략은 주민의 이주와 관아 지역의 이동을 야기하였고, 그 결과 여러 곳에 월경지가 발생하였다. 전쟁의 발생 혹은 종식으로 인하여 새롭게 주민들이 이주한 지역 중에는 주민들이 원 거주지로 돌아간 후에도, 해당 고을과의 강고한 유대 관계가 유지되는 곳들이 있었다. 조선시대에 존재했던 월경지 중에 그러한 기원을 가진 곳들이 적지 않았다. 삽교천 연변의 충청도 천안 월경지, 평안도의 가산, 운산, 순천 등의 월경지, 전라도 진도 월경지 등이 대표적이다. 그 월경지들은 조선시대를 거쳐 20세기 초반에 이르기까지 수백 년 동안 면면히 월경지의 형태로 원래 고을에 소속되었다.

## 월경지 이해의 심화를 위한 전망

현존하는 자료상으로 한국사 속의 월경지는 후삼국시대부터 분명히 확인되며, 그 이전부터 존재하였을 가능성도 높다. 조선시대 월경지의 경우, 지리지류와 고지도류, 그리고 지명 자료 등을 통하여 그 위치와 영역 범위 등에 대하여 비교적 상세하게 파악할 수 있다. 하지만 고려시대 월경지의 대부분은 구체적인 자료의 부족으로 인하여, 조선시대 월경지에 대한 정보에 토대를 두고 복원할 수밖에 없는 상황이다.

월경지의 발생과 지속, 그리고 변화와 폐지에 있어서는 여러 가지 다양한 원인이 개입되었다. 지방 행정구역의 개편이나 조정, 국가적 필요 업무의 수행이나 물품의 생산, 전란이나 재해 등으로 인한 주민들의 이주 등을 대표적인 이유로 꼽을 수 있다. 그 외에도 여러 원인이 있을 수 있다. 일단 형성된 월경지는 비교적 오랫동안 유지되는 경향을 보였다. 중앙정부에서는 가급적 월경지를 정리하려는 노력을 행하기도 하였지만, 특별한 이유가 있는 경우를 제외하면 지역 토착 세력의 반발을 억누르면서까지 강력하게 추진하지는 않았다. 월경지를 보유하고 있는 고을 역시 해당 월경지 영역에 대한 관할권을 유지하려는 의지가 매우 강렬하였다.

현재 확인되고 있는 조선시대의 월경지 중에는 고려시대로부터 기원한 곳이 상당히 많다. 조선 후기까지도 100여 곳 이상 존재하던 전국 각지의 월경지는

1906년 지방 행정구역 경계 조정을 통하여 대부분 소멸하였다. 일부 남아 있던 소규모 영역의 월경지들도 1914년 일제의 지방 행정구역 개편이 진행되면서 완전히 사라졌다. 하지만 이후에 월경지는 다시 생성되었다. 지방 행정구역의 개편과 조정, 지방 자치단체와 주민 이해관계의 반영 등의 이유로, 21세기 현재에도 월경지는 존속하고 있다.

한국사 속에 존재했던 월경지들은 조선 초기와 같은 어느 특정 시기에 한꺼번에 생겨난 것이 아니다. 발생원인 또한 여러 가지로 구분할 수 있다. 월경지의 영역 규모도 천차만별이었으며, 각 월경지는 다양한 입지적 특징을 갖고 있었다. 월경지가 전근대적 지방 제도 운영의 산물로 이해되기도 하지만, 현대에도 월경지가 발생 · 유지되고 있다는 점에서 월경지를 반드시 전근대적인 제도라고만 볼 수는 없다. 물론 월경지가 한국사 속에서만 나타났던 것도 아니다.

현대에도 지방 행정구역 개편과 조정의 과정에서 지역 주민들의 이해관계가 반영될 때 월경지가 생성되고 유지된다. 대구광역시 달성군 다사읍과 하빈면, 그리고 전라북도 완주군 이서면은 현재도 대한민국 내에서 월경지가 존재하고 있음을 보여주는 대표적인 사례이다. 그 외 다른 지역에서도 월경지적 입지를 지닌 곳들을 찾을 수 있다.

한국사 속에 나타났던 월경지의 역사성을 일목요연하게 정리하기는 쉬운 일이 아니다. 월경지가 발생하고 유지되며, 변화하고 소멸하는 이유와 시대적 상황 등을 종합적으로 살펴보아야 한다. 그리고 해당 시기 중앙 정부가 추구하였던 정책 방향이나 지방사회의 동향 등도 폭넓게 검토되어야 한다. 그러한 과정을 거쳐야만 한국사의 흐름 속에서 나타났던 월경지의 역사적 의미를 보다 풍부하고 합리적으로 파악할 수 있을 것이다.

한편 문자 사료에 대한 독해와 분석만으로 월경지를 고증하고 해석하는 연구 방법론은 거의 한계에 다다른 상황이다. 문자로 된 사료의 내용을 현재의 지리적 공간 속에 복원하여 재구성하는 방식에 대하여 좀 더 많은 고민을 해야 한다. 최근에는 GIS 방법론이 역사 연구에 도입되고 있으며, 그 작업 내용을 시각적으로 나타낼 수 있는 컴퓨터 소프트웨어도 연구에 적극적으로 활용되고 있다. 이를 통하여 전근대시기 한국사 속에 존재했던 월경지의 역사적 의미와 성격을 더욱 풍부하고 다양하게 해석하는 연구방법론이 확산될 수 있을 것이다.

## 참고문헌

김동수, 1992「朝鮮初期 郡縣體制의 改編—主縣化 및 屬縣化, 任內의 이속작업 및 越境地의 정비작업을 중심으로—」『擇窩 許善道선생 정년기념 한국사학논총』, 一潮閣

박종기, 2002『지배와 자율의 공간, 고려의 지방사회』, 푸른역사.

박종기, 2012『고려의 부곡인, 〈경계인〉으로 살다』, 푸른역사.

이우성, 1983「李朝時代 密陽古買部曲에 대하여」『震檀學報』56 (‘1991『韓國中世社會研究』, 一潮閣’에 재수록)

정요근, 2013「전남 지역의 고려~조선시대 越境地 분석」『한국문화』63.

정요근, 2014「GIS 기법의 활용을 통한 조선후기 越境地의 복원」『역사학보』224.

정요근, 2015「고려~조선시대 낙동강 상류 지역의 越境地 분석」『한국문화』71.

정요근, 2016「下三道 지역의 사례를 통해 본 고려시대 鄕·部曲의 성격 재검토」『사학연구』124.

정요근, 2017「충청도 월경지 분석에 기초한 고려~조선시대 下三道 월경지의 유형 분류」『역사와 담론』84.

최병운, 1979「高麗·朝鮮時代의 ‘飛入(越境)地’—朝鮮時代 全州府의 ‘飛入地’를 中心으로—」『全羅文化研究』1.

최종석, 2012「조선초기 越境地의 인식과 발생에 관한 재검토」『朝鮮時代史學報』62.

旗田巍, 1972「高麗·李朝時代における郡縣制の一形態—慶尚道 安東府の屬縣·部曲の編成と飛地—」『韓國中世社會史の研究』, 法政大學出版局.

# 고려시대의 '연고지 유배형': 형벌제도 운영의 일면



오희은

## 귀양? 귀향!

"죄인을 멀리 귀양 보내라!" 누구나 한번쯤은 사극 드라마나 소설 등을 통해 '귀양'이라는 말을 들어 본 적 있을 것이다. '귀양'은 죄인을 먼 변방이나 외딴 섬으로 보내어 살게 하는 형벌을 의미하며, 사료에는 '유배流配'와 같은 용어들로 표현되기도 한다. 누구나 흔히 알고 있는 이 '귀양'이라는 말은 조선시대에 쓰였던 속어俗語로, 고려시대의 '귀향歸鄕'에서 유래하였다고 알려져 있다.

그런데 고려시대의 귀향형歸鄕刑은 우리가 알고 있는 '귀양'과 그 형벌 내용에 조금 차이가 있다. 귀향형은 글자 그대로 죄인을 자신의 연고지인 향鄕으로 돌려보내는 형벌이다. 귀향형은 현재의 거주지에서 벗어나 강제로 다른 곳으로 옮겨간다는 점에서 '귀양'과 공통점이 있지만, 그 유배지가 궁벽한 산골 마을도 아니고 외딴 섬도 아닌, 본관本貫 같은 연고 향리鄕里라는 점에서 큰 차이가 있는 것이다.

귀향형과 같이 죄인을 연고지로 돌려보내는 것을 형벌 내용으로 하는 처벌

형태는 일반적인 유배형과 구분하여 '연고지 유배형'이라 부를 수 있다. 이 '연고지 유배형'은 고려시대에 성립하고 당시 사회적 특성과 결합하여 운영되었던 형벌이다. 따라서 이를 통해 고려 형벌제도의 특징적인 일면모를 살펴볼 수 있을 것이다.

## 형벌이 된 귀향

귀향은 지금도 고향으로 돌아가거나 돌아오는 것을 일러 일상적으로 종종 쓰이는 말이다. 정겨운 느낌마저 가지고 있는 귀향이 고려시대에는 형벌로 기능하였다는 것이 언뜻 낯설게 느껴진다. 하지만 어떤 죄상에 대한 형벌로서 실제로 귀향의 처벌이 내려지고 있었던 모습이 『고려사』, 『고려사절요』 등의 자료를 통해 왕왕 확인된다. 현재 고려시대의 법전은 전해지는 것이 없어 구체적으로 확인하긴 어렵지만, 『고려사』 형법지(이하 형법지)에 '귀향죄歸鄕罪'라는 표현이 나오므로 귀향형은 법제화된 형벌로 기능하였을 가능성이 높다.

그렇다면, 귀향은 언제부터 형벌로 쓰였을까? 이와 관련하여 『고려사』에서 확인되는 첫 사례는 목종 10년(1007)에 평장사 한인경韓藺卿이 뇌물사건에 연루되어 본관인 양주楊州로 유배된 일이다. 그리고 현종 7년(1016)에는 재물과 관련한 관리 비리행태에 대하여 귀향형으로 양형量刑된 법조문이 제정된다. 이를 통하여 귀향형은 늦어도 현종 7년 이전에는 제도적으로 성립된 것으로 보인다.

고려 초, 특히 성종대 이후 고려의 여러 제도는 중국 제도를 수용하며 새롭게 마련되기 시작하였다. 형법제도의 정비도 이러한 일련의 과정 속에서 이루어지고 있었다. 즉, 태笞-장杖-도徒-유流-사死로 구성된 오형체계五刑體系와, 판결된 형량을 장형杖刑으로 환산하여 처벌하는 절장법折杖法 등의 당唐 · 송宋 제도를 참고하여, 성종대~현종대 시기에 고려의 전반적인 형법체계의 골격이 만들어졌다. 고려에서 귀향이 형벌로 기능하기 시작했던 것도 바로 이 시기였다. 귀향형은 중국의 법규에는 없는 것이었다. 하지만 고려에서는 비교적 이른 시기부터 법제화된 형벌로서 활용되고 있었으므로, 귀향형은 고려 초 혹은 그 이전의 사회적 배경 속에서 성립된 형벌이었던 것으로 생각된다.

고려의 형벌체계 속에서 귀향형은 무거운 형벌이었을지 가벼운 형벌이었을지 궁금해진다. 사례에 나타나는 귀향형의 적용 양상은 두 가지이다. 첫째, 사면령 혹은 신분상의 특혜 등의 이유로 사형을 1등 감해야 하는 경우에 적용되었다. 『고려사』에는 문종 즉위년(1046)에 배행裴行이라는 사람이 왕의 제서制書를 위조하는 범죄를 저지른 사건이 기록되어 있다. 이 범죄 행위는 본래 법 규정에 의하면 사형에 해당하나, 때마침 사면령이 내려져 배행은 구사일생으로 목숨을 건졌고 대신 감형되어 귀향형에 처해졌다. 『고려사』에 실려 있는 또 하나의 예를 들면, 숙종 6년(1101)에 주부注簿 이경택李景澤의 부인인 김씨金氏가 남편의 계모인 시어머니를 독살하려다가 미수에 그치는 사건이 있었다. 이 또한 극악한 죄상으로 사형에 처해야 하는 경우였지만, 김씨가 선대 왕의 외척이었기 때문에 특별히 사형을 감등하여 본관인 안산현安山縣에 유배하였다. 이러한 사례들을 통해 고려 전기 귀향형이 사형을 1등 감등한 형벌로서의 성격을 가지고 있었음을 알 수 있다.

둘째, 귀향형은 처벌을 강화하기 위하여 주형主刑에 대한 부가형附加刑으로 활용되기도 하였다. 부가형으로 적용되었던 귀향형의 모습은 재물과 관련한 관리의 부정비리 죄상에 대한 형법지의 규정에 나타난다.

> 관리로서 자신이 감독 · 관리해야 할 재물을 스스로 도둑질한 자 및 감독 · 관리할 책임이 있는 범주 내에서 재물을 받고 법을 왜곡하여 적용한 자에게는 도형徒刑 · 장형杖刑을 논하지 말고, 직전職田을 거두고 귀향시킨다.

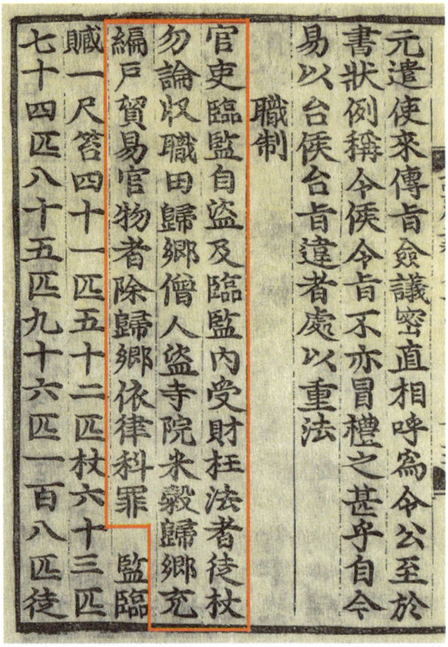
元遣使來傳旨僉議密直相呼爲令公至於
書狀例稱令候令旨不亦冒禮之甚乎自今
易以台候台旨違者處以重法
職制
官吏臨監自盜及臨監內受財枉法者徒杖
勿論收職田歸鄉僧人盜寺院米穀歸鄉充
編戶貿易官物者除歸鄉依律科罪 監臨
贓一尺笞四十一匹五十二匹杖六十三匹
七十四匹八十五匹九十六匹一百八匹徒

**사진 1. 귀향형 관련 조문**
**(출처: 규장각한국학연구원 소장, 奎3579)**
『고려사』 형법지에는 귀향형을 특정한 죄목에 대한 형벌로 규정한 법조문들이 수록되어 있다.

위의 형법지 기사는 기본 형률에 대한 추가 법조문의 성격을 가진다. 기본 형률은 '△△죄는 도형 2년반', '○○죄는 장형 70대'와 같이, 태笞-장杖-도徒-유流-사死로 구성된 오형체계에 따라 규정된다. 인용한 추가 법조문의 의미는 형률 조문에서 훔친 재물의 양에 따라 규정한 도형이니 장형이니 할 것 없이 모두 직전을 몰수하고 귀향형에 처하라는 것이다. 고려 전기에 감독의 책임이 있는 관리가 그 공적 재산을 불법적으로 취하는 죄상을 관리 범죄 가운데서도 특히 배격해야 할 것으로 인식하여, 이에 해당하면 액수의 다소에 상관없이 모두 귀향형을 부가하여 원래의 처벌보다 가중하였던 것을 알 수 있다.

위의 사례를 통해 보면 귀향형은 감형의 수단임과 동시에 가중처벌의 수단으로 고려의 행형체계 속에서 탄력적으로 기능하고 있었음을 확인할 수 있다. 당시 귀향형은 사형보다 1등 가벼운 형태로 운용되거나 죄인을 정해진 것보다 더 무겁게 처벌하기 위하여 부가될 정도로, 고려 전기에 상당히 무거운 형벌로서의 성질을 가지고 있었다고 할 수 있다.

귀향형이 이처럼 무거운 형벌로 활용될 수 있었던 이유는 크게 두 가지 측면에서 생각해 볼 수 있다. 고려의 죄인들은 일반적으로 형장을 맞는 것으로 처벌받았고, 경우에 따라 재물을 내거나 관직을 낮추는 방식으로 판결된 형벌을 대신할 수 있었다. 하지만, 귀향형은 징계처분적 성격이 있어 귀향죄인은 다른 것으로 형벌을 대신할 수 없었을 뿐 아니라 형의 집행기간이 정해져 있지 않아 실질적으로 형기완료의 기약이 없이 추방되는 것이었다. 이러한 형벌적 속성이 첫 번째 요인이다.

또 다른 측면은 처벌 대상의 한정성과 관련하여 생각해 볼 수 있다. 귀향형이 어떤 죄상에 대한 형벌로 부과되는 경우, 형벌 내용 때문에 그 대상이 한정될 수밖에 없었다. 사례로 확인되는 바에 따르면 주로 관인 및 그의 가족, 왕족과 그 인척 등 중앙지배층이 주된 대상이 되었던 것으로 보인다. 이 외에 귀향형을 받았던 경우는 진인鎭人과 같이 고향을 떠나 특정 역役에 종사하는 경우나 속세를 떠나 승적에 올라 있는 승려의 경우가 있다. 향으로 돌려보내는 것이 처벌로 기능하기 위해서는 죄인이 일단 향을 떠나 거주하고 있는 것이 전제되어야 하며 또 현거주지에 사는 것이 특별한 의미를 가지는 존재여야 한다. 정책적으로 거주지 이동이 제한되었고 일반 민들은 특별한 경우가 아니면 대부분 본인의 향리에 거주하였기 때문에 현실적으로 일반민이 귀향형의 대상이 되기 어려웠을 것으로 생각된다.

이처럼 대상이 한정적이었기 때문에 귀향형은 추방이라는 요소 외에 추가적인 행형 효과를 가질 수 있었는데, 그것은 죄인을 원적原籍으로 되돌려 보냄으로써 기존의 특권을 박탈하는 것이었다. 이는 실제적으로 국가에서 인정해주던 토지에 대한 권리 및 승려나 관리 등의 특정 계층으로서 누리던 각종 혜택의 박탈·제한으로 구현되었다. 바로 이 점이 귀향형을 무거운 형벌로 기능하게 하는 두 번째 요인이다. 귀향형을 받은 죄인은 국가에서 인정해주던 토지에 대한 권리를 잃게 되었던 것으로 보인다. 앞의 인용문에서 나타나듯이 귀향죄를 저

지른 관리의 경우, 직전職田을 거두도록 규정하였는데, 이는 완전한 관리 신분의 박탈을 의미하는 제명除名으로 표현되기도 할 정도로 무거운 징계처분이었다. 그리고 진인鎭人의 경우도 직역職役에 대한 경제적 급부로 주어졌던 전정田丁을 다른 사람에게 주도록 규정하였다. 직접적인 자료가 없어 확언하기는 어렵지만 승려의 경우에는 행형 효과가 면역 특권의 제한으로 나타났을 것으로 생각된다.

특히 관리에게 귀향형은 서울에서 추방하여 중앙정계에서 물리적으로 격리시킨다는 의미가 강한 유배형이었다. 『고려사』 숙종 3년(1098) 사면령에서 정한 양이量移 단계 가운데 귀향 이후의 단계는 상경上京 → 조현朝見 → 서용敍用이다. 이 부분은 관리에게만 한정되는 사면 조치로 최종적으로 다시 관직을 받게 되기까지의 과정이다. 귀향죄인이 한 단계 용서되면 서울로 올라오는 것이 허락되고 그 이후에는 조정에 나아가 왕을 뵙고, 최종적으로 관직에 나아갈 자격을 회복해 나가게 된다. 이러한 과정은 역으로 귀향형이 관직의 박탈 및 중앙정계와의 격리의 의미가 강한 유배형이라는 사실을 보여준다.

고려 전기 관제운영 및 경제적 급부는 관직 중심으로 이루어지는 특징이 있었다. 이는 녹봉액祿俸額과 전시과등田柴科等이 관품이 아닌 관직을 기준으로 규정되어 있었다는 점에서 분명히 드러난다. 고려의 지배층에게 관직은 신분적 특권을 유지하기 위해 매우 중요한 것이었고, 재추宰樞를 비롯한 상급 관리가 지속적으로 배출되는지의 여부는 각 가문의 성쇠를 좌우하는 문제였다. 따라서 귀향형을 받은 관리들이 입는 타격은 현직에서 파직됨으로써 겪는 정치적 지위의 실추에 그치는 것이 아니라 동시에 경제적이고 신분적인 측면까지도 파급되는 것이었다.

정리하면, 귀향형은 다른 처벌 방식으로 대체할 수 없고 형기가 정해져 있지 않았다는 속성을 가지고 있을 뿐 아니라, 그 대상이 되었던 죄인이 주로 지배층이거나 진인 · 승려 등의 특수한 부류였기 때문에 특권과 결부되어 있는 현거주지를 떠나 향으로 돌아가는 것이 무거운 형벌로 기능할 수 있었던 것이다.

## 귀향형은 어떻게 운영되었는가

귀향형은 기본적으로 고려 유배형의 일종이다. 따라서 고려시대 유배형의 종류 및 운영을 먼저 살펴볼 필요가 있다. 형법지에 규정되어 있는 유형流刑은 2,000리 · 2,500리 · 3,000리의 세 등급으로 구분되어 거리가 멀수록 형이 무거워진다. 이때 2,000리 · 2,500리 · 3,000리의 거리 등급은 당률의 규정으로, 고려의 지리적 실정을 고려하면 이것을 문자 그대로 시행하는 것은 사실상 불가능했다. 따라서 형법지 규정의 '유3000리流三千里'란, 정확히 3,000리 떨어진 곳으로 죄인을 보낸다는 집행상의 의미보다는, 주로 죄의 정도 즉 형벌체계 속에서의 형벌등급을 나타내 주는 표지의 의미가 강하지 않을까 생각된다.

그런데 고려 전기 유배형의 등급 설정에 지리적인 원근과는 다른 기준이 있었음이 나타난다. 묘청 등이 서경에서 일으킨 반란을 진압한 후, 이듬해인 인종 14년(1136)에 내린 『고려사』의 처벌 내용을 인용하면 다음과 같다.

> 용맹하고 사납게 항거한 자는 서경역적西京逆賊 네 글자를 자자刺字하여 바다 섬[海島]에 유배하고, 그 다음은 서경西京 두 글자를 자자하여 향鄕 · 부곡部曲에 나누어 유배하고 나머지는 여러 주州 · 부府 · 군郡 · 현縣에 나누어 두었다.

이에 의하면, 무거운 죄부터 시작하여 바다 섬 → 향 · 부곡 → 주 · 부 · 군 · 현 같은 지방행정단위의 종류가 유배지의 등급을 나누는 기준으로 나타난다. 고려는 지방 사회를 크게 일반 군현단위와 특수 행정 단위인 부곡제 지역을 계서적階序的으로 편제하여 지배하였는데, 그 사이에는 행정적 차별뿐 아니라 각각을 본관으로 하는 주민들의 법적 지위에도 차별이 있었다. 주 · 부 · 군 · 현이 특수행정단위인 향 · 부곡이나 섬보다 가벼운 유배지로 설정되어 있었던 것은 이러한 고려 전기 사회구조 속에서 이해될 수 있다. 거리가 몇 리 떨어져 있는지가 주된 기준이 되지 않고 행정단위의 성격에 따라 유배지가 결정되고 있는 상황은 고려 전기 형벌제도 운영의 특징적인 면모를 드러내준다.

유배되는 장소의 성격이 중요한 요소로 작용했던 고려 전기 유배형의 운영 방식하에서, 귀향형의 유배지는 가장 가벼운 등급이었다. 본관本貫 등의 향리에는 죄인의 연고지로서 생활 기반이 마련되어 있거나 인적 · 물적 네트워크가 형성되어 있는 경우가 많았으므로, 거리의 원근이나 지방편제등급 등의 요소와 관계없이 가장 가벼운 유배지로 설정될 수 있었을 것으로 생각된다.

귀향형이 유배형 가운데 가장 가벼운 등급으로서 다른 유배형과 어떻게 연계되고 있는지는 앞에서도 부분적으로 언급했던 숙종 3년 사면령의 양이量移 규정에 잘 나타나 있다. 이에 따르면 사형인 참형斬刑과 교형絞刑에 해당하는 자는 섬으로 유배하고, 섬에 유배된 자는 육지로 나오게 하고, 육지에 나와 있는 자는 귀향시키게 되어 있다. 즉 유배지를 크게 향-육지-섬으로 구분하여 점차 가벼운 유배지로 옮겨주고 있는 것이다.

이를 구체적으로 보여주는 대표적인 사례로, 인종대의 이자겸李資謙의 난과 관련되어 유배되었던 박승중朴昇中의 경우를 들 수 있다. 박승중은 처음에 바닷가 벽지인 울진蔚珍으로 유배되었다가 얼마 후 사면령에 의해 유배지가 변경되는데, 옮겨진 유배지가 바로 그의 본관인 무안현務安縣이었다. 육지에서 본향으로 양이되어 '귀향'한 것이다. 이처럼 사면 등의 이유로 형벌이 경감되어 양이되기도 하지만, 반대로 죄가 가중되어 유배지가 옮겨지는 경우도 물론 있었다. 의종 5년(1151)에 정서鄭敍가 참소를 입어 본관인 동래東萊로 쫓겨났다가 의종

**사진 2. 정과정 유적지 전경(출처: 문화재청, http://www.cha.go.kr)**

정서鄭敍는 의종대에 귀향형을 받아 본관인 동래東萊에서 유배 생활을 했던 인물로 그의 호號가 과정瓜亭이다. 유배 기간이 오래되도록 소환되지 않자, 이곳에서 임금을 그리워하는 마음을 담아 정과정곡鄭瓜亭曲을 지어 불렀다고 전해진다.

11년(1157)에 다시 죄가 가중되어 거제현巨濟縣으로 옮겨 유배되었다. 이와 같이 고려시대에는 사면되어 섬에서 본관으로 돌아오기도 하고, 본관에서 죄가 더해져서 섬으로 옮겨지기도 하면서 유배지의 등급이 관례화慣例化된 체계를 이루고 있었던 것을 확인할 수 있다.

한편 귀향형의 유배지로 흔히 본관本貫을 떠올리기 쉽지만, 사실 모든 경우가 그렇지는 않았다. 고려 사회의 향鄕 개념은 귀향형 제도의 운영과 직결되는 핵심 요소라고 할 수 있으므로 이에 대해서 살펴볼 필요가 있다. 고려는 조선과 달리 부계중심의 사회질서로 구성된 사회가 아니었다. 계보에 성별 간 차이가 없는 양측적 친족관행이 고려사회 전반에 걸쳐 다양한 제도에 광범위하게 영향을 미치는 기본적인 사회구성원리였다. 형법제도 역시 여기에서 예외는 아니었다. 이것은 귀향형의 양태에서 잘 드러나는데, 이와 관련하여 죄인이 '본향이 아닌' 연고 향리로 유배되었던 다양한 사례들을 정리해보면 다음과 같다.

첫째, 어머니의 본관인 모향母鄕으로 유배된 사례이다. 우선 숙종 초 선종의 왕자인 왕균王昀 형제가 모향으로 쫓겨났던 일을 생각해볼 수 있다. 선종 후비인 원신궁주元信宮主와 그 아들인 왕균 형제가 이자의李資義의 난에 연루되었는데, 숙종이 즉위 후에 이들을 모두 경원군慶源郡으로 유배를 보냈다. 원신궁주는 이자연李資淵의 손녀로 인주仁州 이씨李氏이므로 경원군이 본향이 된다. 따라서 왕균 형제는 모향인 인주, 즉 경원군으로 유배되었던 것이다. 고려 초 본관이 개경인 왕실출신들이 비부계非父系 친속의 관향, 특히 모향을 본인의 향리로 삼는 것은 제도화 혹은 관례화되어 있었고 이렇게 결정된 향리는 공식화된 연고지로서 정치적으로 중요한 연고지 내지 연고세력이 되었다. 왕균 형제의 귀향 사례는 고려 초 왕실인물에게 중요하게 기능했던 어머니 쪽으로 연결되는 향리鄕里가 숙종대에도 여전히 유배지로 활용되고 있었음을 보여준다.

또 하나의 예를 들어보자. 『고려사』 열전에 의하면 이인민李仁敏은 경산부京山府 사람이다. 그런데 그는 우왕 14년(1388)에 계림부雞林府로 유배되었다. 계림은 그의 외조부인 설문우薛文遇의 본관이었음이 확인되므로 계림은 이인민의 모향이었음을 알 수 있다. 당시 그의 형인 이인임이 이미 본향인 경산부에 안치되었던 상황이었기 때문에 이를 피하여 그는 본향이 아닌 모향으로 추방되었던 것으로 추측된다. 그리고 이색李穡 역시 공양왕대에 어머니의 본관인 함창咸昌으로 수차례 유배된다. 이처럼 그가 계속 같은 곳으로 보내졌던 이유는 그곳이 어머니의 향이었다는 점에서 생각해볼 수 있다.

둘째, 할머니의 본관인 조처향祖妻鄕으로 유배된 사례이다. 공민왕 5년(1356)에 채하중蔡河中은 순천順天으로 유배된다. 그런데 그의 아버지인 채홍철蔡洪哲의 묘지명을 보면, 채홍철의 어머니가 승평군부인昇平郡夫人임을 알 수 있다.

승평군은 충선왕 2년(1310)에 순천부順天府로 바뀌었으므로 채하중이 유배되었던 순천은 그의 할머니의 고향이었던 것이다. 채홍철의 봉군명이 순천군順天君이었고, 채하중의 배소로 순천이 지정되고 있었다는 점을 미루어볼 때, 이미 전대부터 채하중의 연고지 가운데 순천이 가지는 의미가 다른 향보다 컸던 것이 아닐까 생각된다.

셋째, 증조할머니의 본관인 증조처향曾祖妻鄕으로 유배된 사례이다. 윤소종尹紹宗은 공양왕 2년(1390)에 금주錦州로 쫓겨난다. 그런데 윤소종의 조부인 윤택尹澤의 묘지명을 보면 그의 어머니가 진례군부인進禮郡夫人으로 기록되어 있다. 진례군은 신라 때의 지명으로 이후 현으로 강등되었다가 충렬왕대에 금주錦州로 승격되었다. 따라서 금주가 윤택의 모향이므로 윤소종에게는 증조할머니의 향리가 되는 셈이다. 금주는 윤소종의 조부인 윤택尹澤과 아버지인 윤구생尹龜生이 모두 관직에서 물러나 살았던 곳이었고 윤소종 집안의 선영先塋이 있는 곳이었으므로, 이미 윤택 이전부터 경제적 기반을 갖춘 오랜 세거지였던 것으로 보인다. 윤소종에게 본관인 무송茂松보다는 증조처향인 금주가 실질적 의미의 향리였기에 귀향형을 받아 이곳으로 유배되었던 것이다.

위의 사례들에서 보이는 바와 같이, 죄인이 유배되었던 향은 본관을 포함하여 개개인의 친속관계와 관련하여 다양하게 구성될 수 있던 개념이었다. 물론 본관제가 성립하는 고려 초에는 연고지가 다양하지 못하여 향이 곧 본관이 되는 경우가 많았을 것으로 생각되지만 이렇게 단순할 수 있었던 시기는 비교적 짧은 시기에 한정되었을 것이다. 시기가 지나면서 혼인 관계, 상속 문제 등의 개인적인 사정들이 복합적으로 작용하면서 각 개인의 향리는 부계父系와 비부계非父系의 총계적 계보를 통해 다양하게 구성될 수 있었다.

지금까지 사례로 확인되는 귀향형의 유배지는 내향內鄕 · 외향外鄕 · 조처향祖妻鄕 · 증조처향曾祖妻鄕으로, 대체로 사심관事審官 제도에서 인정하는 '향'

의 범주와 일치한다. 사심관 파견에 관한 인종 12년(1134)의 판判에 따르면, 사심관으로 임명된 관리 개인의 향이라고 인정하는 최대 범주는 내향 · 외향 · 처향 · 조처향 · 증조처향의 다섯 향이었다. 이것에서도 당시 향의 범위가 본관뿐 아니라 비부계적인 계보도 포함하여 다양하게 구성되어 있음을 확인할 수 있다.

귀향형의 행형내용이 죄인을 현재 거주지에서 추방하되, 본래의 연고지로 돌려보내는 것이라면 반드시 본인의 본관에만 국한될 필요가 없었을 것이며 당시 사회운영원리에 근거하여 내 · 외의 본관이 모두 귀향형의 장소가 될 수 있었을 것이다. 다만 고려 전기의 형벌관련 자료 가운데 유배지가 명시되어 있는 수가 많지 않은데다가 유배지를 알 수 있는 경우라 하더라도 해당인물의 친속관계를 알 수 없는 경우가 대다수이므로 남아있는 사례를 통해서는 고려전기의 구체적 실상을 풍부하게 재구성해내기 어렵다. 하지만 김구용金九容의 문집인『척약재학음집惕若齋學吟集』에서 김구용이 모향으로 양이된 것을 '상례[例]'라고 표현한 것에서 위와 같은 당시의 상황을 충분히 짐작해 볼 수 있는 것이다.

## '향鄕이 아닌 연고지'로 유배하다

고려 후기로 갈수록 향鄕이나 본관本貫 등으로 표현되는 지역공동체의 의미는 점점 약화되고 해체되어가는 경향을 보이는 반면 동시에 개인의 상황 · 능력에 따라 취득할 수 있는 '향이 아닌' 연고지가 늘어나게 되었다. 향이 공식화된 연고지라면 이런 '향이 아닌' 연고지는 그보다 사적이 성격이 더 강한 공간이었다. 물론 고려 전기에도 관리가 개경 근교 등지에 별장을 조성한 사례가 없는 것은 아니었다. 하지만 중앙관리들의 사적 토지소유는 12세기 이후의 사회 · 경제적 변화를 겪으면서 더욱 보편화된다.

이러한 '향이 아닌' 연고지는 사료에서 주로 별업別業, 별서別墅, 농장農莊 등으로 표현되는 것으로, 본고에서는 편의상 별업으로 통칭할 것이다. 별업은 물려받거나 매득하는 등 다양한 경로로 취득한 주거건물 내지 토지 등이 있던 곳이었다. 대체로 개경과 근거리에 위치하고 있으면서 별장으로서의 기능뿐 아니라 일시적인 거주지 혹은 생활공간으로 이용되었다. 특히 고려 후기에는 별업에서 장례를 거행하거나 그 부근에 묘소를 마련하기도 하는 등, 별업은 지배층의 단순한 휴양공간의 의미를 넘어서는 새로운 연고지가 되고 있었다. 서울과 지방 출신지 사이에 존재하던 일시적 거주지에서, 경우에 따라 본가와 같이 기능하게 되기도 하였던 것이다.

이처럼 별업이 경제 및 생활의 공간으로 중요성이 높아지면서 종래의 향이 각 개인의 연고지로서 가지던 존재감도 상대적으로 약화되었으리라 생각된다. 즉 향의 의미가 출신지 혹은 여러 연고지 중 하나로 축소 · 변화하였던 것이다. 이러한 추이는 형벌제도에도 영향을 주었다. 고려 말이 되면 향의 범주에 포괄되지 않는 연고지로 유배되는 형벌이 등장하게 된 것이다. 귀향의 범주에 포함되지 않는 '연고지 유배형'의 사례를 정리하면 다음과 같다.

첫째, 사료에 배소가 정확히 어떤 종류의 연고지인지는 밝혀놓지 않았지만, 정황상 개경 근교의 연고지였으리라 판단되는 경우이다. 이와 관련해서는 최영崔瑩과 명덕태후明德太后 홍씨洪氏의 사례를 생각해 볼 수 있다. 우선 최영의 경우를 살펴보자. 최영은 우왕 14년(1388)에 이성계에 의해 쫓겨나 고봉현高峯縣으로 유배되었다. 그런데 고봉현은 이전에도 최영이 자주 사냥을 나갔던 곳이다. 또 그 바로 근처인 고양현高陽縣 근방에 부친의 묘가 있었다고 한다. 이러한 점들을 미루어 볼 때 최영이 유배되었던 고봉현은 최영의 사적 연고지였을 가능성이 높아 보인다.

또 충혜왕이 원나라로부터 고려 국왕에 책봉되어 즉위하자, 당시 충숙왕이 정만길鄭萬吉 등의 참소를 믿고 명덕태후 홍씨를 강제로 전리田里인 견주見州

로 돌려보내는 일이 있었다. 정확히 견주가 명덕태후와 어떤 관련성이 있는지 확인할 길은 없으나 전리가 용례상 개경과 대비되어 고향이나, 그 외의 연고지를 의미한다는 점, 그리고 그녀의 신분상 생활기반이 마련되어 있지 않은 곳으로 퇴출되었다고 생각하기 어렵다는 점에서 견주는 궁 밖에 거주공간이 마련되어 있던 지역이었다고 추정된다. 사실 명덕태후 홍씨가 충숙왕에 의해 전리로 쫓겨나게 되었던 것은 형벌이라고 할 수는 없다. 하지만 고려 전기 후비가 모종의 이유로 궁에서 나갈 경우 대개 본인의 향으로 돌아갔던 상황과 달라진 모습을 보여주므로 고려 전 · 후기 개인, 특히 왕실인물의 연고지의 변화를 보여줄 수 있는 사례로 판단된다.

둘째, 별업으로 유배된 사례이다. 고려 말 정치적 갈등이 극에 달하면서 관리들에게 유배는 매우 빈번한 일이 되었다. 그중 처벌의 강도가 가벼운 경우 유배지가 개경 근교의 별업으로 정해지기도 하였다. 대표적으로, 공양왕대에 변안열邊安烈은 김저金佇의 옥사에 연루되어 한양漢陽에 있는 별업에 안치되었고, 이색李穡은 이성계일파에 의해 장단長湍에 소재한 자신의 별업으로 안치되었다. 그런데 장단 별업은 이전에 이색이 스스로 관직에서 물러났을 때, 돌아가 기거하기도 하였던 곳이었다. 즉 별업은 중앙관리들이 언제든지 갈 수 있도록 개경 근처에 마련해 놓은 생활 근거지였고, 경우에 따라서는 유배도 될 수 있는 곳이었던 것이다.

셋째, 자원自願에 따른 유배사례이다. 『고려사』 우현보禹玄寶 열전에서 공양왕은 우현보에게 "지금 유사有司에서 강력하게 경卿의 죄를 청하니 경은 마땅히 편안한 곳으로 가있으시오."라고 하였다. 왕이 그에게 유배지를 선택할 수 있도록 배려해 준 것이다. 또 『고려사』 이색 열전에서 공양왕은 이색에게 '양강兩江 밖'으로 가라고 하여, 유배지의 선택지를 주었다. 그러자 이색이 왕에게 자신에겐 땅과 집이 없으니 어디로 가야할지 모르겠다고 말하는 것으로 보아, 양강兩江 밖이라면 어디든 원하는 곳으로 갈 수 있었던 상황이었다고 생각된다. 다만 이런 자원에 따른 유배지 선택과 첫 번째의 기타 연고지 유배의 경우, 대개 유배지가 별업 등의 사적 연고지로 결정되었을 가능성이 높다.

이상과 같이 편의상 세 가지로 분류해 서술하였지만, 사실 '향이 아닌' 연고지 유배는 결국 별업으로의 유배로 수렴된다고 볼 수 있다. 이러한 별업 유배는 ① 죄인의 생활기반이 어느 정도 마련되어 있는 공간으로 추방한다는 점, ② 거리의 원근과는 무관하게 유배지가 결정된다는 점, ③ 중앙정치무대인 서울에서의 격리가 주된 목적이었다는 점 등에서 귀향형과 그 성격을 공유하므로, '연고지 유배형'으로 분류하여 통칭할 수 있다. 하지만 별업 등은 '향'으로는 포괄되지 않는 연고지이므로 본고에서는 이를 '비향非鄕 연고지'로 지칭한다. '비향非鄕 연고지 유배형'은 고려 전기에는 확인되는 바가 전혀 없으므로 고려 후기에 성립된 것으로 생각된다.

고려후기 '연고지 유배형' 안에서는 '비향 연고지 유배형'이 귀향형보다 가벼운 형벌에 속하였던 것으로 보인다. 이색이 자신의 별업인 장단으로 쫓겨났다가 벌이 가중되어 다시 모향인 함창으로 옮겨져 유배되고 있기 때문이다. 다시 말해 '비향 연고지 유배형'에서 귀향형으로 처벌이 강화된 것이다. 이 사례는 고려 후기에 '비향 연고지'였던 별업이 향보다 개인에게 있어 지리적으로나 심리적으로 더 가까운 공간이었음을 반영한다고 생각된다.

그런데 이처럼 확대된 '연고지 유배형'은 형벌 내용은 동일하지만, 그 형벌의 의미가 변화하고 처벌 강도가 약화되는 운명에 놓이게 된다. 충렬왕대 이래 원元 형법제도의 직접적인 영향을 받게 되면서 고려의 형벌제도는 변화하기 시작한다. 더 이상 척장脊杖과 같은 고려 전기 사용되었던 절장형折杖刑이 등장하지 않고 장杖의 타수가 10, 70, 100의 10단위가 아니라 17, 77, 107과 같이 7단위로 변화하는 등 고려 전기 행형체계와는 전혀 다른 행형방식이 이루어지고 있었다. 특히 장의 단위가 7로 끝나는 것은 원 형벌제도의 대표적인 특징이라고 할 수 있다. 실제로 고려 후기에는 원의 법전이 활발히 유통되고 있었고 우왕 3년(1377)에는 모든 옥사를 『지정조격至正條格』에 따라 판결하라는 명령이 내려지기도 하였던 사실에서 알 수 있듯이 원의 형법제도는 실제적으로 고려의 행형체계의 큰 영향을 미치고 있었다.

이러한 형벌체계의 변화 과정 속에서 '연고지 유배형'은 더 이상 기존 형벌체계에서 그랬던 것처럼 무거운 형벌로 기능하지 않았다. 단지 고위 관리에게 일종의 특혜로서 부과하는 관대한 처벌로 잔존하게 되었던 것으로 보인다. 고려 후기 '연고지 유배' 사례는 주로 왕이 관리를 처벌해야 하는 경우에 법으로 정해진 벌을 면제하거나 감형해주는 차원에서 왕의 판단하에 '연고지 유배형'을 부과하는 양상으로 나타나기 때문이다. 더 이상 본래 규정된 처벌을 강화하기 위한 수단으로 '연고지 유배형'을 부가하는 경우는 보이지 않는다.

고려 후기의 경우, '연고지 유배형'의 대상이 관리에 한정되어 검출되므로, 이 시기에 연고지로 유배되었던 죄인은 주로 관리층이었을 것으로 생각된다. 이와 더불어 12세기 이래로 전시과체제가 붕괴되고 관리들의 주된 경제적 기반이 관직과 별개로 형성되는 경향이 확산되면서, 징벌로서 귀향이라는 행위가 관리에게 주는 타격이 전기에 비해 약화될 수밖에 없었다. 전술했듯이 이 시기 이미 많은 관리들은 농장 등의 사적인 토지를 소유하고 있었다. 그러한 인물들에게 귀향형과 함께 부과되었던 '직전 몰수[收職田]' 처분이 갖는 처벌 효과가 고려 전기와 같았을까? 후기에는 그 처벌 효과가 상당히 약화되었을 것이다. 그 결과 경제적 측면의 행형효과는 거의 사라지고 연고지로 추방되는 내용에 자동적으로 수반되는 현직에서의 자격 박탈로 형벌의 의미가 축소되었을 것으로 생각된다.

관리에게 '연고지 유배형'과 함께 부과했던 징계처분도 다양해졌다. 고려 전기에는 귀향형에 가장 높은 등급의 관리 징계처분인 제명除名이 함께 부과되었던 것에 반해, 후기에는 제명 외에도 파직罷職, 면관免官 등 다양한 징계처분이 함께 부과되는 모습이 나타난다. 제명은 입사 이래 모든 관작을 박탈하고 삭제하여 '폐위서인廢爲庶人'하는 중징계처분이다. 그에 비해 파직이나 면관은 현재의 직사에서 파면하는 상대적으로 가벼운 처분으로서 관리신분 자체가 박탈되는 것은 아니었다. 『고려사절요』에 따르면, 정도전鄭道傳은 본관인 봉화현奉化縣에 유배된 상태였는데, 공양왕 3년(1391)에 나주羅州로 옮겨 유배되면서 그때 비로소 공신녹권功臣錄券과 고신告身이 회수되었다. 정도전은 귀향형을 받아 본관인 봉화에 있었지만 그때까지는 공신녹권과 고신을 가지고 있었던 것이다. 이 사례를 통해, 당시 본관으로 유배되었어도 경우에 따라 녹권이나 고신을 보유할 수 있었음을 알 수 있다. 이처럼 '연고지 유배형'이 제명과 같은 중징계가 아닌 비교적 가벼운 징계처분들과 결합할 수 있었던 것 또한 '연고지 유배형'의 처벌 강도가 약화·변화했던 상황에서 그 이유를 찾을 수 있다고 생각된다.

또 흥미롭게도 고려 전기 귀향형이 담당했던 관리 범죄에 대한 처벌도 충군형充軍刑으로 이루어지고 있는 모습이 확인된다. 충군형은 글자 그대로 군대에 배속시켜 군역을 지게 하는 형벌로, 원 형률의 영향 아래 충선왕대 새로 도입된 것이다. 이것이 중죄에 대한 처벌방식으로 자주 활용되기 시작하면서 기존에 귀향형으로 처벌했던 죄상에도 적용되는 사례가 나타난다. 공민왕 8년(1359)에 지면주사知沔州事 곽중룡郭仲龍이 자기가 맡은 창고에서 쌀 20석을 도둑질하여 관기와 관노에게 주는 일이 발생했다. 앞에서 살펴보았듯이 현종대에 제정된 법규에 따르면 관리가 자신이 관리·감독하는 재물을 훔친 죄에 대해서는 귀향형을 부가해야 하는 것이었다. 하지만 이때 공민왕은 곽중룡을 충군充軍으로 처벌하였다. 충군형이 고려 전기의 귀향형을 대신했던 이유로 당시 왜구의 침략이 성행하여 군역에 대한 수요가 급증했던 상황을 빼놓을 수 없을 것이다. 하지만 이에 더하여 '연고지 유배형'의 성격이 이전보다 관대해졌던 상황도 중요한 요인으로 작용했으리라 생각된다. 더 이상 '연고지 유배형'을 가지고는 죄인에게 원하는 처벌 효과를 주기 어려웠기 때문에 자연히 이를 다른 처벌이 대신하게 되었던 것이다.

이처럼 귀향형에 해당했던 범죄가 충군형으로 처벌되기도 하는 한편, 충군형과 귀향형이 결합되는 모습도 보인다. 우왕 14년(1388)에 전 문하평리門下評理 이인민李仁敏은 계림부雞林府로 유배되어 봉화대의 군졸로 배치되는 충군형에 처해졌는데, 계림은 바로 그의 모향이었다. 이는 충군형과 귀향형이 결합한 형태로, 죄인의 사회적 지위가 참작되어 충군형 안에서 그 편의를 고려하여 장소가 결정되었던 사례로 추측된다. 이는 시대의 변화에 따라 유배형종도 그에 맞춰 새롭게 바뀌어 가던 일면을 보여주는 것이다.

## '연고지 유배형'이 남긴 것

고려 '연고지 유배형'의 전통은 조선 초 사료에서 부처付處 · 안치安置의 형태로 계승되는 모습이 보인다. 조선 초 부처 · 안치는 관습형적인 성격을 가진 독특한 유배형으로, 『대명률大明律』과 같은 당시 중국의 형법서에는 나타나지 않는 형벌명이다. 부처와 안치는 고관이나 왕족 등에게 한정되는 유배형종으로서 고려의 '연고지 유배형'과 그 속성상 유사한 점이 많다. 단적으로 죄인을 연고지로 부처 혹은 안치한 사례를 살펴보면, 본향으로 유배하는 형태, 모향으로 유배하는 형태, 농장 같은 연고지로 유배하는 형태, 그리고 죄인의 희망에 따라 유배하는 형태가 존재한다. 이처럼 조선 초 유배되었던 연고지가 고려 후기 '연고지 유배형'과 동일한 범주라는 점에서 고려 후기 '연고지 유배형'의 속성이 계승되는 양상을 확인할 수 있는 것이다.

조선은 『대명률』에 입각하여 형법질서를 대대적으로 재정비해 나간다. 그럼에도 이처럼 『대명률』에 나타나지 않는 다양한 형태의 유배형들이 존재하고 있었다는 사실은 고려 형벌제도에서 조선 형벌제도로 이어지는 연속성을 보여준다는 측면에서 의미가 있다. 이와 같은 맥락에서, '귀향'으로 대표되는 고려시대 '연고지 유배형'에 대한 기억이 조선시대까지 이어져 '귀양'과 같은 속어에 그 흔적을 남기게 된 것은 아니었을까?

## 참고문헌


김난옥, 2003 「高麗前期의 流配刑」『韓國史研究』 121.

______, 2004 「고려후기의 流配刑」『國史館論叢』 104.

盧明鎬, 1981 「高麗의 五服親과 親族關係 法制」『韓國史研究』 33.

文炯萬, 1964 「麗代 「歸鄕」考」『歷史學報』 23.

朴恩卿, 1992 「高麗時代 歸鄕刑에 대한 재검토」『韓國史研究』 79.

李正浩, 2007 「高麗後期 別墅의 조성과 기능」『韓國史學報』 27.

오희은, 2016 「고려시대 '연고지 유배형'의 성격과 전개」『한국사론』 62.

蔡雄錫, 1983 「高麗時代의 歸鄕刑과 充常戶刑」『韓國史論』 9.

北村秀人, 1976 「高麗時代の歸鄕刑·充常戶刑について」『朝鮮學報』 81.

浜中昇, 1980 「高麗における唐律の継受と歸鄕刑·充常戶刑」『歷史學研究』 483.

# 한중교류를 지탱한 섬들과 섬사람들

- 송 사신이 탔던 배
- 고려-송 통교의 항로와 항해의 담당자
- 시스템으로서의 해상교통
- 연안부 항로의 중요성
- 안정된 항해를 위한 조건들: 랜드마크, 기항지, 항해신앙
- 한중 해상통교를 지탱한 한반도의 맨파워

모리히라 마사히코

## 송 사신이 탔던 배

고려 인종 원년(1123) 음력 6월 12일 아침, 왕도 개경의 남서쪽 교외에 있는 외항, 예성강 하구의 벽란도碧瀾渡에서는 비가 갠 하늘 밑에서 송의 사신단을 태운 배 8척이 입항하고 있었다. 강가에서는 고려인들이 무리를 이루어 그 모습을 구경하고 있었는데, 특히 그들의 눈길을 끈 것은 전장 40미터를 넘는 듯한 신주神舟 2척의 위용이었다. 이 신주는 송 정부가 중화제국의 위신을 외국에 과시하고자 외교용으로 특별히 건조한 배였는데, 거기에는 송의 정사正使 노윤적路允迪과 부사副使 부묵경傅墨卿이 타고 있었다. 그날 오각午刻, 즉 12시경에 송의 사신들은 위병이 죽 늘어서고 수많은 깃발이 나부끼는 가운데, 황제의 조서를 받들면서 상륙했다.

이것을 보면, 선단의 기함旗艦이라 할 만한 이 거함에 정사와 부사가 송을 출발했을 때부터 타고 온 것 같지만, 실은 그렇지 않았다. 뜻밖에도 그들은 선단이

예성강에 도착한 후, 비로소 신주에 갈아탄 것이다. 바꿔 말하면 그들은 항해 시에는 신주보다 작은 객주客舟를 타고 있었던 것이다. 객주는 선단 가운데 신주 이외의 6척에 해당하며, 송이 외교 선단을 편성할 때 중국남부의 절강浙江·복건福建 지방에서 고용한 민간 상선이었다. 그리고 그것을 운영하는 인원으로서 해상海商, 즉 해상무역에 종사하는 상인과 그의 선원들이 고용되었다.

객주는 정크선이라고 불리는 중국의 목조 범선의 한 가지로서 그 전장은 30미터 남짓이었다고 한다. 중국에서는 이러한 타입의 배가 송대 이후 전근대를 통해 해상무역의 주력으로 활약했다. 용골龍骨과 격벽을 갖추고 선저가 V자 모양으로 뾰족해서 외양 항해에 적합한 그 모습은 에도[江戸]시대 일본이나 명청시대 중국의 그림, 또는 중국 복건성 천주泉州에서 발견된 13세기의 남해 무역선, 한국 신안에서 발견된 14세기의 일중무역선 등 실물을 통해, 구체적으로 알 수 있다.

동력기관도 레이더도 인공위성도 없는 목조 범선 시대, 바다 건너편에 있는 보지 못하는 목적지를 향해 배를 저어가는 것은 여간 쉬운 일이 아니었다. 그 일을 실현하기 위해서는 인간이 자신의 몸을 가지고 스스로 다루어야 하는 다양한 기술과 지식, 예를 들면, 조선기술, 배의 운전기술, 침로를 잡는 법, 기후·기상·조류·해류·해안과 해저의 지형 등 자연조건에 대한 지식이 필요로 했다. 그것들은 책이나 학교에서 배울 수 있는 것이 아니라, 오래 시간을 거쳐 현장에서의 경험을 통해 비로소 체득할 수 있게 된다.

일시적인 필요성에 의해 사신이 되는 관료나 깊숙한 궁궐에서 사신 파견을 명하는 임금, 또한 유학을 원하는 승려 등은 이러한 노하우를 스스로 갖출 수 있는 입장이 아니었다. 당시 바다를 건너 외교나 문화교류를 행할 때는, 해상을 비롯한 “바다의 현장을 잘 아는 사람”의 도움이 절대적으로 필요했다. 그리고 그들 뱃사람이 일상적으로 사용해서 조작하는 데 익숙해진 배가 바로 객주였다.

사신의 입장에서 본다면, 안전하고 순조로운 항해를 위해서는 객주가 더 믿음직스러웠을 것이고, 외관이 좋다고 해도 평소 잘 사용하지 않는 신주는 "위태로워서 못 타겠다!"라고 할 수밖에 없었던 셈이다. 그리하여 신주는 사실상 상륙 세리머니용의 장식품으로 이용될 뿐이었던 것이다.

## 고려-송 통교의 항로와 항해의 담당자

고려와 송의 외교는 송이 건국된 직후인 광종 13년(962)부터 시작했다. 당초, 송 측의 창구가 되는 항구는 한반도에 가까운 산동반도山東半島 북안의 등주登州(현재의 봉래蓬萊)였으며, 양국의 사신이 탄 배는 황해를 동서로 왕래했다. 그것이 북방항로이다.

11세기 초, 고려는 거란 제국과의 관계를 우선하여, 일단 송과의 외교를 끊었지만, 약 40년 후인 1070년대에 외교관계를 다시 부활시켰다. 그때 서로 사신을 보내기 위해 송은 강남江南 지방의 명주明州(현재의 영파寧波)를, 고려는 예성강 하구를 각각 창구로 삼아, 한반도 서남 연안부를 지나 동중국해를 비스듬히 횡단하는 항로를 이용하게 했다. 그것이 남방항로이다.

외교관계가 부활된 후 사신을 보내는 항로가 변경된 이유는, 정치적으로는 거란의 영역과 거리를 두고, 거기에 표착하거나 나포될 가능성을 줄이고자 한 것이고, 경제 · 문화적으로는 사신단이 사회가 발전된 강남에 가서 무역을 하거나 문물을 입수하는 데 편리함을 추구한 것이었다. 다만, 송은 일시적으로나마 북방항로를 다시 이용하려고 했던 적이 있었고, 고려 또한 여전히 중국 북부의 산물에 대한 수요가 있었기 때문에, 그것만으로 루트 변경의 모든 이유를 설명하지는 못한다.

여기에서 고려해야 할 것은 기술적인 이유이다. 고려-송 양국의 외교가 수십 년간 도절된 가운데, 송은 거란에 대비하여 등주 등 산동 이북의 항구를 폐쇄했다. 그 결과, 정부 차원에서는 북방항로의 양상을 확실하게 알지 못하게 되었다. 한편 남방항로는 9세기 이래 한중무역의 간선으로 상선이 활발하게 이용해왔다. 외교 도절로 인해 송은 민간 상선에 대해서도 고려에 도항하는 것을 금지했지만, 그럼에도 불구하고 상선들은 계속 양국 사이를 왕래하고 있었다.

송은 외국에 나갈 무역선에 대해 명주 등 지정된 항구에 설치된 시박사市舶司라는 무역관리국에 미리 신고하는 제도를 갖추었다. 그러나 이는 배가 출항한 후의 행동을 통제할 수 있는 제도는 아니었다. 때문에 해상들은 무역이 인정된 나라로 도항하겠다고 허위로 신청함으로써 고려에 갈 수 있었다. 생각해보면, 고려와 송의 외교가 부활된 것 또한, 그 전부터 남방항로에서 활약하고 있던 복건 지방의 상인이 양국 정부를 중개함으로써 실현되었던 것이다.

이러한 상황에서 양국 정부는 북방항로를 일부러 부흥시키는 것보다, 그 동안 남방항로에서 활동해 왔던 상선과 선원들을 차터하는 것이 더 쉽게 더 안전하게 사신을 보내는 방도라고 판단했던 모양이다. 요컨대 국가가 바다를 통해 외교활동을 할 때에는 해상들의 활동에 편승하고 그들의 도움을 받아야만 했던 셈이다.

고려시대는 한국 전근대의 역사에서 바다를 통한 대외교류가 가장 활발했던 시대라고 평가받고 있다. 다만, 최근의 연구에 의하면, 당시 중국과의 해상무역의 주역은 주로 한인漢人 해상이었다고 한다. 같은 시기의 일중무역 또한 상황은 비슷했다. 당시에는 동남아시아에도 한인 해상들이 진출했는데, 그들의 활약을 지탱한 것이 바로 그들이 사용했던 정크선의 우수한 항양성능航洋性能이었다.

당시 중국 문헌에 "고려"나 "일본"의 상선 혹은 상인에 관한 기록이 나타나기 때문에, 이전에는 중국 이외의 각 지역의 해상도 한인 해상 못지않게 국제무역의 현장에서 활약했다고 평가해왔다. 그러나 근년, 그들의 정체가 기본적으로 한인 해상이었다는 사실이 밝혀졌다. 그들은 진출했던 외국의 항구도시에 거점을 형성하고 무역활동을 행했다. 일본에서는 11세기 후반 국제무역항 하카타[博多]에 당방唐房이라고 불리는 차이나 타운이 생겼다. 고려에서는 개경에 상관商館이 설치되고, 장기간 머물면서 아내를 얻은 한인 상인도 있었다. 중국 문헌에서는 그들이 일본이나 고려에서 왔다는 사실에 입각하여 "고려"의 상인, "일본"의 무역선 등으로 기록했던 것이다.

송상宋商, 즉 송대의 한인 해상은 역사문헌에서는 도강都綱, 강수綱首 등으로 기재되었다. 최근 충남 태안의 마도 앞바다에서 대량하게 인양된 이 시대의 중국 도자기에서는 밑바닥에 "이강李綱", "정강鄭綱"처럼 "성씨 + 강綱" 형식으로 기재된 묵서명이 다수 확인되었다. 이것들은 한반도 근해에서 송상의 활동 양상을 잘 보여주는 증거이다. 비슷한 유물은 일본 하카타에서도 대량으로 발견되었다. 또 마도 앞바다에서는 방추형으로 성형된 중국식 닻돌도 하나 발견되었다.

결국, 적어도 외교관계가 부활된 후, 고려-송 사이에서 사신을 배로 보낼 때 양국 정부가 의지한 것은 주로 그들 송상과 그들의 배였다고 생각된다.

## 시스템으로서의 해상교통

그럼, 고려-송 사이의 외교와 무역 양면에서 송상이 중요한 역할을 다했다는 것을 인정한다면, 당시 한중 사이의 해상교통은 송상이 담당했다고만 설명하면 될 것인가?

그렇지 않다.

지금까지 언급해온 해상이란, 기본적으로 상선의 대표자, 혹은 그것을 타는 상업 집단의 대표자를 가리킨다. 하지만, 아무리 우수한 해상이나 선장이라 해도, 한 사람의 힘으로 배를 움직일 수는 없다. 지식 · 기능 · 노동력 등 여러 면에서 지탱하는 다양한 선원들, 그리고 대표자의 수하인 하급 상인들의 도움이 필요하다. 배를 건조하거나 수리하기 위해서는 전문적인 배목수도 있어야 한다. 무역을 위해서는 배를 포함한 많은 자본이 필요하다. 선장이 직접 이것을 담당하는 경우도 있으나, 자본주資本主나 선주船主가 따로 존재하는 경우도 많았다. 항해는 배에 싣는 화물이 있어야 비로소 이루어진다. 상품으로서의 화물을 모아둘 때에도 중매상인이나 수송업자, 생산자의 존재가 필요하고 항구에서 물자를 관리하기 위한 창고시설, 화물을 올렸다 내렸다 하는 항만 노동자, 하드워크를 강요받는 선원들에게 휴식과 오락을 제공하는 시설 또한 필요하다. 어렵게 바다를 건너가도, 상대방 쪽에 배를 댈 만한 항만이 없거나, 권력자가 입항을 거부하거나 하면, 또한 선박에 대해 주민이나 해적들이 폭력을 행하거나 화물을 사주는 상대가 없거나 하면, 항해는 모두 허사가 되어 버린다.

현재 남아있는 해상교통 관련 기록은 먼 과거에 올라갈수록 대표자로서의 상인이나 선장에 대해서밖에 언급하고 있지 않다. 현대인인 우리는 어쩌면 그런 차원으로만 이해하여 해상교통에 대해 모든 것을 설명했다고 착각하기 쉽다. 이것은 "정조가 화성을 건설했다", 또한 "세종이 한글을 만들었다"라는 식으로 말하는 것과 똑같다. 그들 왕은 어디까지나 사업 대표자 또는 명령자에 불과하며, 그 밑에서 실제의 작업에 종사한 학자 · 관료 · 기술자 · 노동자들이 존재했다. 해상교통도 역시 한 사람의 선장이나 1척의 배만 있으면 자동적으로 이루어지는 일이 아니라, 배 내외의 다양한 관계자와의 공동 작업을 통해 비로소 성립된다. 해상교통이란 그러한 사람들의 각종 활동이 복합되어서 성립되는 하나의 시스템으로서 파악되어야 한다.

## 연안부 항로의 중요성

인종 원년(1123)에 고려를 방문했던 송 사신단의 항정航程에 대해, 사신단의 일원이었던 서긍徐兢이 귀국 후에 적은 보고서 『고려도경高麗圖經』에 수록된 항해기록을 통해 확인해 보자(지도 참조). 〈 〉 내의 지명은 필자가 비정해 본 현재의 지명이다.

우선 왕로에 대해서 살펴보자. 사신단은 5월 16일에 명주明州〈영파寧波〉를 떠나, 3일 후에 그 외항인 정해定海〈진해鎭海〉에 도착했다. 5월 24일, 사신단은 정해의 조보산招寶山〈招寶山〉에서 기도한 후 출항하고, 호두산虎頭山〈호준산虎蹲山〉, 칠리산七里山〈칠리서七里嶼〉, 교문蛟門〈황망산黃蟒山〉, 대사산大謝山〈대사산大榭山〉 등 명주 앞바다의 섬들을 지나 노포蘆浦〈대사산 근처의 대륙연안〉에 정박했다.

5월 25일, 주산군도의 주도인 주산도舟山島 동남쪽의 항구인 심가문沈家門〈沈家門〉까지 이동하고, 이튿날 매잠梅岑〈보타산普陀山〉에 도착했다. 일행은 매잠에서 바람을 기다렸다가 5월 28일에 출항하고, 반양초半洋焦〈해려초海驢礁〉, 봉래산蓬萊山〈대구산大衢山〉 등 주산군도의 섬들을 지나, 5월 29일에 백수양白水洋〈장강 하구 근해〉, 황수양黃水洋〈강소江蘇지방 난바다〉, 흑수양黑水洋〈동중국해 원양〉으로 나아갔다.

이튿날, 6월 1일에는 반탁가산半托伽山〈제주도〉을 멀리서 바라보고, 6월 2일에 한국 흑산제도의 맨 남쪽에 위치하는 협계산夾界山〈가거도可居島〉 근해에 이르렀다. 이어서 한반도 서해안을 북상하는 항정에 들어가, 6월 3일에 오서五嶼〈국흘군도局屹群島〉, 배도排島〈삼태도三苔島〉, 백산白山〈홍도紅島〉, 흑산黑山〈대흑산도大黑山島〉, 월서月嶼〈대·소허사도大·小許沙島〉, 난산도闌山島〈부남도扶南島〉, 궤섬跪苫〈재원도在遠島〉, 춘초섬春草苫(일명 외도外島)〈소비

치도小飛雉島〉 등을, 6월 4일에 보살섬菩薩苫〈각이도角耳島?〉을 지난 후 죽도竹島〈안마도鞍馬島〉에 정박했다.

6월 5일에는 고섬섬苦苫苫〈위도蝟島〉까지 이동했고, 이튿날 군산도群山島〈고군산군도古群山群島〉에 도착하고 군산정群山亭에서 고려 관인에게 접대를 받았다. 6월 7일에는 횡서橫嶼〈고군산군도 북부〉까지 이동하고, 6월 8일에는 출항 후 자운산紫雲山〈연도烟島〉, 부용산富用山〈원산도元山島 또는 고만도高巒島〉, 홍주산洪州山〈안면도安眠島〉, 아자섬鵶子苫〈거아도居兒島?〉을 지나 마도馬島〈안흥반도安興半島〉에 도착하고, 안흥정安興亭에서 다시 접대를 받았다.

6월 9일에는 출항 후 구두산九頭山〈울도蔚島〉, 당인도唐人島〈선갑도仙甲島〉, 쌍여초雙女焦〈각흘도角屹島〉, 대청서大青嶼〈문갑도文甲島 또는 묵도墨島〉, 화상도和尙島〈덕적도德積島〉, 우심서牛心嶼〈이작도伊作島〉, 섭공서聶公嶼〈자월도紫月島〉, 소청서小青嶼〈팔미도八尾島 또는 월미도月尾島〉 등을 지나, 자연도紫燕島〈영종도永宗島〉에 정박하고 경원정慶源亭에서 다시 접대를 받았다.

6월 10일에는 출항 후 강화도江華島 동쪽의 염하鹽河에 들어가, 급수문急水門〈손돌목〉을 지나 합굴蛤窟〈강화도 갑곶〉에 정박했다. 6월 11일에는 용골龍骨〈강화도 월곶 부근?〉까지 이동하고, 이튿날, 예성항禮成港에 도착했다.

다음으로, 복로에 대해서 살펴보자. 사신단은 7월 16일에 예성항을 떠나, 그날 합굴에 정박했다. 7월 17일에는 자연도까지 이동하고, 거기에 5일 동안 머물렀다가 7월 22일에 출항하고, 소청서, 화상도, 대청서, 쌍여초, 당인도, 구두산을 지나 마도에 정박했다. 7월 23일에는 출항 후 아자섬, 홍주산을 지나 계속 항해하여, 이튿날에 횡서를 지나 군산도에 정박했다.

일행은 거기에 8월 8일까지 머문 후 출항하고, 고섬섬을 지나 밤에도 계속 항해했다. 8월 9일에는 죽도를 지나 흑산을 바라볼 수 있는 수역까지 나아갔으나, 역풍 때문에 더 이상 나아가지 못하고, 8월 10일에 다시 군산도까지 돌아왔다.

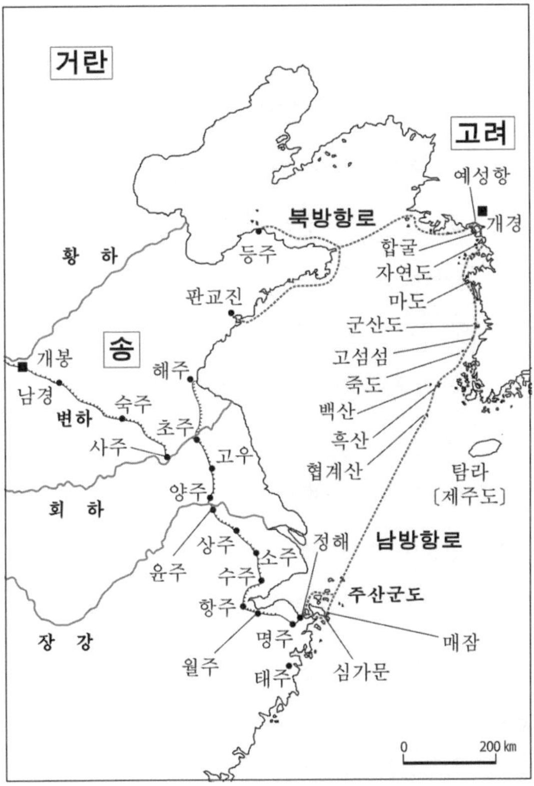


**지도. 고려-송 사이의 항로**

8월 16일, 사신단은 다시 군산도를 떠나, 그날 죽도에 정박했다. 3일 후, 8월 19일에 죽도를 떠나 월서를 지났다. 이어서 8월 20일에는 흑산, 백산, 오서, 협계산을 지나 외양에 나아가, 8월 21일에는 황수양에 이르렀다. 8월 23일에는 중국 수주산秀州山을 바라보고, 8월 24일에는 동·서서산東·西胥山〈주산군도 북부의 구기산枸杞山·승산嵊山〉을, 8월 25일에는 낭항산浪港山〈낭강산열도浪崗山列島〉을 지나, 8월 26일에 주산군도 서부의 항구, 율항栗港〈역항瀝港〉에 정박했다. 이어서 8월 27일, 사신단은 교문, 조보산을 지나, 드디어 정해에 도착했다.

위와 같은 항정을 보면, 그들이 남방항로를 이용했다는 것을 알 수 있는데, 왕로에는 약 1개월, 복로에는 1개월 반 가까이 걸렸다. 이는 당시 남방항로에서 평균적으로 걸리는 소요일수였다고 짐작된다. 단, 외양을 횡단하는 데 있어서는 왕로에서도 복로에서도 겨우 3, 4일밖에 걸리지 않았다.

우리가 역사지도에서 항로를 그리는 경우, 어쩌면 "외양을 어떻게 건넜을까" 라고 하는 점에 대해서만 관심을 가질지 모른다. 물론 이것은 중요한 논점이지만, 위의 사례를 보면 항해의 현장에서는 소요일수의 대부분, 즉 90% 또는 더 많은 시간을 연안부 항해에서 소비한 것을 알 수 있다.

왜 그렇게 되었을까?

앞에서 말한 것처럼 정크선은 용골을 갖추고 선저가 V자 모양으로 뾰족했다. 이러한 선형은 항양성능의 우수성과 관련이 있다. 즉, 중심重心이 낮기 때문에 외양의 너울을 맞아도 배의 자세가 안정되고, 파도를 헤쳐서 진행할 수 있다. 또한 바람으로 배가 옆으로 미끄러지는 것을 막고, 침로를 안정적으로 유지할 수 있다는 장점도 있다.

그러나 한편으로 정크선은 흘수가 깊기 때문에 수심이 얕은 수역에서는 좌초할 위험성이 높아지고, 더구나 좌초했을 때 전복하기 쉽다. 때문에 수심이 깊은 외양에서는 배의 장점을 살려서 단숨에 바다를 건너갈 수 있지만, 수심이 얕은 연안부에서는 조심스레 배를 운전할 필요가 있다.

그런데, 말할 것도 없이 한반도 서해안은 동부 유라시아에서 대표적으로 수심이 얕은 수역이다. 해안선의 굴곡이 심한 리아스식 해안이 발달되고, 수많은 섬들이 밀집하고 천퇴나 암초도 많다. 갯벌이 발달되어서 수심이 얕은 곳이 멀리 난바다까지 이어진다. 인천 부근에서 최대 10미터 가까이에 이르는 세계유수의 큰 조석으로 인해 하루 중에서도 수심이 크게 변동하고, 또한 강한 조류가 발생한다. 이러한 자연조건 속에서는 바람, 조위, 조류 등의 타이밍을 헤아리면서, 조금씩 조심스레 배를 진행해 가야 한다. 인종 원년(1123) 송 사신의 경우, 한반도 연안부에서의 왕로와 복로 모두 거의 같은 루트를 따라갔는데, 복로에서 더 많은 시간이 걸렸다. 이는 복로의 경우 순풍이 잘 불지 않은 관계로 기항지에서 바람을 기다리는 시간이 필요했기 때문이다.

이렇게 수심이 얕은 수역에서 위험을 피하기 위해서는, 항양성능이 상대적으로 떨어지는 한선韓船, 즉 한국의 전통 목조선이 역으로 유리하기도 했다. 19세기 서해에서 발생한 해난사고에 대해 분석한 연구에 의하면, 사고 발생 수는 많았지만, 인명피해나 화물의 손실은 의외로 적었다고 한다. 한선은 선저가 평평하기 때문에 좌초했을 때에도 쉽게 전복되지 않고, 선원들이 안전하게 피난하거나 뒤에 화물을 회수할 수 있는 경우도 있었던 것이다.

송상의 입장에서 본다면, 이러한 연안부 수역을 안전하게 통과하는 것은 외양으로 나아가는 장면처럼 화려하지는 않았지만, 선박 운항 작업 가운데 큰 비중을 차지했던 셈이다.

## 안정된 항해를 위한 조건들: 랜드마크, 기항지, 항해신앙

당시 정크선에서는 이미 "지남부침指南浮針"이라는 나침반을 사용했고, 또한 천체 관측으로 방위를 확인했다. 그러나 이것은 주로 외양을 항해할 때의 일이었다. 항정의 대부분을 차지하는 연안부 항해에서는 랜드마크, 즉 육지의 목표물을 확인하면서 진행하는 지문항법地文航法을 이용했다. 이러한 랜드마크의 중요성은 배의 대체적인 위치를 확인하는 데 그치지 않았다고 생각된다. 수심이 얕고 해안 · 해저 지형과 조류의 영향을 받기 쉬운 연안부에서는, 배의 상세한 위치를 정확하게 파악하여 적절한 항로를 따르는 것이, 좌초와 전복의 위험을 피하는 데 필수 불가결한 것이었다. 특히 한반도 서해안이나 중국의 주산군도처럼 섬이 많고, 지형과 더불어 조류도 복잡한 수역에서는 절실한 문제이다. 섬을 비롯한 랜드마크를 열거하는 형식으로 기재된 『고려도경』의 항해기록은 한마디로 말해 랜드마크 정보집과 다름이 없다.

인종 원년(1123) 송 사신의 항해는 항상 순조로운 것은 아니었지만, 그럼에도 불구하고 한반도 연안부에서 따른 항정은 왕로와 복로 모두 놀라울 만큼 일치했다. 특히 주목되는 것은 흑산제도 수역에서의 항정이다. 거기에서는 주도인 대흑산도의 서쪽으로 돌아서 홍도를 바라보면서 나아가는 루트가 왕로에서도 복로에서도 재현되었다. 이는 당시 고려-송 통교에서 한반도 서해안 항로가 미세한 차원에서 일정한 루트를 가지고 있었음을 보여준다. 그것이 가능했던 것은 바로 랜드마크에 대한 정밀한 지식을 가지고 있었기 때문일 것이다.

조선시대에서 연안부를 왕래하고 있었던 배들은 보통 주변이 잘 보이지 않는 밤에 항해하는 것을 피했다. 이에 반해 서긍 일행은 한반도 연안부를 지나갈 때, 왕로의 경우 안마도에 이르기까지, 복로의 경우 태안 안흥반도에서 고군산군도에 이르는 항정 및 위도를 거쳐 안마도에 이르는 항정에서, 야간 항해를 실시했다. 그것이 가능했던 이유 중의 하나로서, 적어도 왕로에서는 대흑산도 이북의 섬들이 밤에 등불을 밝히고 있었음을 들 수 있다. 그것은 송 사신의 배가 왔음을 개경에 급히 알리기 위한 신호이기도 했지만, 동시에 송 사신의 배를 인도하는 등대 역할을 했다고도 생각된다. 그러나 등불에 의해 파악된 대체적인 위치 정도로는 안전한 야간 항해를 기대하기 어렵다. 현장 수역의 조류나 도서 · 암초의 분포, 해안 · 해저 지형 등에 관한 세밀한 지식이 없으면 안 되었을 것이다. 송 사신의 배를 운항했던 자는 그것을 가지고 있었던 셈이다.

한반도 서해안 수역의 남서단에 위치하는 가거도는, 중국과 고려의 경계가 되는 섬이라 하여 협계산이라고 불렸고, 또한 부근에 있는 대흑산도에 항시적으로 기항지가 운영되었던 만큼, 고려-송 사이를 왕래하는 배가 통상적으로 이용하는 항로상에 위치했다고 생각된다. 그러나 대륙을 출발하여 한반도로 향하는 경우, 넓은 바다 가운데에서 가거도를 찾고, 배를 정확하게 접근시키기에는 섬이 너무 작다.

여기에서 주목되는 것은 서긍이 반탁가산이라는 이름으로 기록하고 가거도에 도착하는 전날에 멀리서 바라봤다고 하는 제주도이다. 약 2,000미터의 높이를 자랑하는 제주도는 이 수역에서 제일 큰 섬이며, 일중 간을 왕래하는 배가 랜드마크로서 이용했다. 이는 한반도에 왕래할 때에도 마찬가지였던 것이 아닌가 싶다. 즉, 중국 강남에서 동중국해를 북상하여 제주도의 남서쪽 170킬로미터 정도까지 다가가면 제주도가 보이기 시작하는데, 그 위치에서 바로 북으로 올라가면 바로 가거도 근해에 이른다. 제주도는 중국으로부터 고려나 일본으로 향하는 배가 목적지에 근접할 때, 침로를 조정하는 데 이용하는 목표물이었다고 생각된다.

서긍이 기록한 랜드마크의 정보 중에는 송 선원이 그들 나름의 인식에 의하여 부른 섬의 이름이 전해지고 있다. 섬의 모습이 살받이를 설치하는 둑[射垜] 같다고 하는 배도排島, 섬들 중에서 맨 바깥에 있다고 하는 외도外島가 그러한 사례이다. 서긍이 언급한 섬 중에는『고려도경』에 명칭 유래가 기록되어 있지 않는 것도 있는데, 그러한 섬의 이름도 결국 송 선원에 의해 불러졌던 것이 서긍에게 전해진 것이다. 섬의 지형적 특징은 서긍 자신이 배에서 관찰함으로써 기술할 수는 있지만, 기항하지 않았던 지점의 식생, 물산, 시설 등에 관한 정보는 틀림없이 선원에게 들은 이야기였을 것이다.

또한, 선원의 지식에는 자신의 체험만으로 얻었다고 생각하기 어려운 것도 포함된다. 보살섬菩薩苫, 고섬섬苦苫苫, 화상도和尚島, 아자섬鵶子苫, 대청서大青嶼, 우심서牛心嶼에 대해서는 명칭 유래로서 고려 쪽의 전승이 기록되었다. 이들 섬 중에는 육지에서 어느 정도 떨어진 난바다에 소재하고, 또한 보통 송인의 배가 기항하여 주민과 직접 만나는 곳이었다고는 생각하기 어려운 것도 있다. 그럼에도 불구하고, 지형이나 경관에 관한 고려인의 인식에 의한 그 명칭 유래가 송 선원에게 전해져 있었던 것이다. 송 선원들이 그러한 정보를 개경 등 육지에서 간접적으로 들었을 뿐이었다면, 실제의 항해 시에 수많은 섬들 중에서 해당하는 섬을 바로 식별하기 어려웠을 것이다. 그리하여 우리는 연안부의 지리에 밝은 한반도의 사람이 한인의 배를 함께 타고, 현장에서 랜드마크를 가리키면서 자신이 가지고 있는 지식을 한인 선원에게 직접 가르쳤다는 것을 짐작할 수 있다. 물산, 식생, 시설, 전설 등 지명 이외의 현지 정보 역시, 적어도 보통 송인의 배가 기항하지 않는 곳에 관해서는, 비슷한 형태로 한인 선원에게 전해졌다고 보는 것이 자연스럽다.

송 사신의 배는 명주에서 예성강까지 쉬지 않고 직행한 것은 아니었다. 한반도 연안부에는 고군산군도, 안흥반도, 영종도가 중간 영접지로 지정되고, 각각 군산정群山亭, 안흥정安興亭, 경원정慶源亭이라는 객관이 설치되었다. 송 사신의 배는 왕로에서도 복로에서도 그들 영접지에 기항했는데, 적어도 왕로에서는 고려정부가 보낸 담당관과 현지 지방관 등이 거기에서 송 사신단을 접대했다.

그밖에도 대양을 건너온 송 사신의 배가 먼저 지나가는 흑산제도의 대흑산도에도 기항지가 설정되어 있었다. 거기에는 지금도 관아, 사찰, 산성, 제사시설, 봉수대 등 유적지가 남아 있어서, 옛 중계항의 모습을 잘 보여준다.

정부가 지정한 기항지 이외에도 바람이나 물때를 기다리거나 긴급 시에 이용하는 임시 기항지가 있었다. 즉, 안마도, 위도, 강화도 등이다. 그러한 기항지는 배가 안전하게 정박할 수 있는 조건을 갖춘 곳으로서, 그 수는 어느 정도 한정되었다고 생각된다. 서긍 일행이 복로에서 이용한 한반도 연안부의 기항지가 왕로에서 이용한 기항지와 모두 일치하는 것도 그 때문일 것이다. 한반도 연안부에서의 항로가 일정했다는 것도 이와 관련이 있다.

그런데, 그 중에서도 위도에서 생긴 일은 흥미롭다. 거기에서는 섬 주민이 송 사신에게 물을 제공하고, 곡식과 물물교환을 했다고 한다. 『고려도경』 권 32, 기명器皿 수옹水瓮의 기사에 의하면, 고려인은 항구에 도착한 송 사신의 배에서 물이 모자람을 예상하여 큰 항아리를 배에 실어 물을 운반하고, 뱃전을 치면서 소리를 지르고 차나 쌀과 교환했다고 한다. 이는 위도에서만 행해진 일이 아니라, 다른 기항지에서도 널리 볼 수 있었던 정경이 아니었을까? 이것은 사신의 배 뿐만 아니라 활발하게 왕래하는 상선을 포함해, 송인의 배가 자주 기항하는 가운데 섬사람들의 경제생활이 그와 연결되었음을 시사한다.

그들 배를 운영하는 송상의 입장에서 보면, 항로상에 피난과 보급을 위한 장소가 여기저기 있다는 것은, 배를 안전하게 운항하는 것을 보장해주는 이점이기도 했다. 이는 중국의 주산군도 수역에서도 마찬가지였다. 왕로에서는 노포와 주산도舟山島의 심가문 및 보타산, 복로에서는 금당산金塘山의 역항에 정박했다. 특히 보타산은 한반도나 일본을 향해, 동중국해 횡단항로에 나아가는 배가 바람을 기다리거나 물을 보급하는 마지막 기항지였다. 일본에서도 큐슈[九州] 북서 연안부의 고토우[五島] 열도, 히라도시마[平戸島], 가베시마[加部島] 등이 하카타를 최종 터미널로 하는 일중 간 항로의 중계지였다. 한일 간에서는 쓰시마[對馬]나 이키노시마[壱岐島] 등이 같은 역할을 수행했다. 배가 출항한 직후의 조주助走와 최종 목적지로의 마지막 진입을 인도하는 유도등 역할을 하는 섬들의 존재는 동아시아 각 지역에서 해상교통을 원활하게 작동시키는 공통적인 장치였던 셈이다.

기술적으로 큰 한계가 있던 전근대의 항해자들에게, 신에게 안전을 기원해서 마음의 평온과 용기를 얻는 것은 절실한 항해 활동의 일부였다. 신앙을 통해 얻을 수 있는 정신적 격려와 위로 역시 "마음의 멘테넌스"라만큼 항해기술의 일부였다.

항해자의 신앙에서는 다양한 신이 기도 대상으로 되는 경우가 많은데, 서긍의 항해 또한 마찬가지였다. 서긍의 여정 중에 보이는 기도 행위와 신비 체험을 열거해 보면 다음과 같이 다양하다.

1) 명주의 총지원摠持院에서의 도장道場
2) 정해定海의 동해용왕東海龍王
3) 정해定海 조보산招寶山에서의 소향燒香
4) 심가문에서의 악독주치지신岳瀆主治之神에 대한 제사
5) 보타산 보타원寶陀院에서의 영감관음靈感觀音에 대한 기도
6) 보타산을 출항할 때 도관道官과 함께 13 종의 호부護符를 던짐
7) 황수양에서의 익사자에 대한 제사
8) 군산도의 오룡묘五龍廟
9) 합굴의 용사龍祠
10) 귀국 시, 황수양에서 조난 위기를 구해준 복주福州 연서신演嶼神

그들 가운데 1), 2), 3)은 송 황제가 별도로 보낸 칙사가 시행하고, 6) 또한 황제가 하사한 호부를 쓴 것이니, 국가적 차원의 제례였다. 5)는 사신이 시행하고 그 회장은 국가로부터 보호를 받은 사찰이었다. 단, 원래는 주산군도 수역에서 활동하는 선박 관계자 사이에서 유행하던 보타산 관음 신앙에 기초한 것이며, 원래 선원 가운데서 태어난 신앙이었다.

한편, 4), 7), 8), 9)는 선원을 중심으로 시행되었다. 4)에서는 깨끗하게 청소한 지면에 먹을 것을 바치고, 나무를 새겨서 만든 작은 배에 불교 경전과 먹을 것을 싣고, 선원의 명단을 바다 속으로 던져서 항해 안전을 기원했다. 7)은 황수양을 지나갈 무렵, 수수와 닭을 바쳐 좌초를 피할 수 있도록 기원했다.

10)은 원래 선원들의 신앙이라고 생각되지만, 그 신의 신기한 힘에 관해서는 서긍도 인정했다. 이 복주 연서신은 당시 중국에서 보급되기 시작한 복건 자방

의 항해신 마조媽祖를 가리키는 것으로 추정되고 있다.

8)과 9)는 흥미롭다. 모두 한반도의 섬에 있었던 용신묘龍神廟인데, 그들은 송의 선원들도 기도 대상으로 삼았다. 이들 고려의 용신은 중국의 동해용왕 신앙이 전파된 것일지도 모르지만, 송의 용왕이 국가 제사의 대상이었던 것에 반해, 고려의 용신은 선원들의 신앙으로 서긍 등 송의 관인은 관여하지 않았다.

『고려도경』에서 언급된 것 이외에도, 다양한 항해신앙이 존재했다. 반탁가산이라고 기록된 제주도는 십육나한十六羅漢에 유래된 위의 별칭이 시사하듯이, 나한의 성지로 간주되어 근해에서 왕래하는 정크선의 신앙 대상이 되었다. 또한 주산군도 중의 대산岱山에는 관음의 화신으로 간주된 사주대사泗洲大師 승가僧伽를 모시는 사주대사당泗洲大師堂이 있었고, 뱃사람들의 신앙 대상이 되었다. 명주에도 조보칠랑招寶七郎이라는 항해신이 있었으며, 일본까지 전파되었다.

한반도 내에서는 대흑산도를 비롯한 연안 · 도서의 제사시설이나 그 유적지에서 철로 된 말이 발견 되었고, 그것은 항해신앙과 관련된 제사 도구로 추정된다. 조선 성종 19년(1488)에 제주도에서 절강 태주台州까지 표류한 최부崔溥의 『표해록漂海錄』에 의하면, 선원들이 한반도 본토에서 제주도로 건너갈 때는, 광주 무등산사無等山祠나 나주 금성산사錦城山祠에서 기도했다. 반대로 제주도에서 본토로 건너올 때는, 도내의 광양廣壤 · 차귀遮歸 · 천외川外 · 초춘楚春 등의 사당에서 안전을 기원했다고 한다. 이것들은 한반도나 제주도의 토착적인 자연신에 대한 기도 행위였다. 고려시대에서도 이미 비슷한 신앙이 존재했을 가능성이 높다.

## 한중 해상통교를 지탱한 한반도의 맨파워

이상에서 본 것처럼 송의 선원들은 한반도 서해안의 해양환경에 관한 상당한 수준의 지식과 기술을 보유함으로써 자연조건의 제약을 극복할 수 있었다. 그것들 중에는 한인 선원들이 직접적이고 반복적인 경험을 통해서, 세대를 넘어 스스로 쌓아온 것도 많았을 것이다. 그러나 앞에서 언급했던 '한인 해상 주도설'에 대한 오해로 인해 야기될 수 있는 '한인 독점설'을 피하기 위해, 여기서 강조하고 싶은 것은 한반도 사람들의 역할이다.

다시 말하면, 한반도 연안부 항해에서 없어서는 안 되는 랜드마크에 관한 지식 중에는 현장 수역에서 고려인이 직접 전수했다고 생각되는 내용이 포함되어 있다. 각 수역을 안전하게 통과하기 위한 세밀한 침로법 등의 다양한 지식이 고려인을 통해 전해졌다고도 생각해 볼 수 있다. 서긍 일행이 그랬다는 것은 아니지만, 그 이전에 한인과 고려인이 함께 항해하는 가운데, 고려인이 물길을 안내할 기회가 반복되고, 이를 통해 한반도 연안부 항해에 관한 지식과 기술이 한인 선원 사이에게도 축적되어간 것으로 추정된다. 혹시 그 시작은 신라인이 동아시아의 바다에서 존재감을 과시하는 가운데 거기에 한인 해상이 참가하고, 후에 한인 해상이 신라 상인을 대신해 갔던 9~10세기까지 거슬러 올라갈지도 모른다.

그리고 직접적인 선박 운전 이외에도, 한반도 연안부에서 고려의 관민이 송선의 항해를 항시적으로, 또는 필요에 따라 지원했으며, 그 중에는 항해신앙이라는 마음의 케어까지 포함되어 있었다. 해상교통을 다양한 관계자들의 협업으로 이루어지는 하나의 복합적인 시스템으로 볼 때, 한반도 연안부에 존재했거나 또는 거기에서 유래했던 다양한 맨파워는 틀림없이 배가 안정적으로 왕래할 수 있게 해주는 요소였다.

그러한 한반도 서해안과 중국과의 관계는 북송이 멸망한 이후에도 해상 무역을 통해 14세기까지 유지되었으며, 한편으로 새로운 양상을 보이기도 했다. 공민왕 17년(1368)에 중국 주산군도의 해상세력, 이른바 난수산적蘭秀山賊이 명에 대해 반란을 일으키다가 실패하자, 그 잔존 세력이 멀리 바다를 건너 제주도에 도망오고, 그 가운데 일부 사람은 후에 전라도 연안에 와서 숨어 살았다. 그러면서 그들은 고려에서 교역활동까지 했는데, 당시 그들이 가지고 있었던 물품 중에는 중국의 물산인 면직물이나 아시아 남방의 물산인 소목蘇木도 포함되어 있어서, 중국과의 경제교류와도 연결되어 있었음을 짐작할 수 있다. 그것은 주산군도와 한반도 서남 연안부 사회가 거리상 느껴지는 인상과 달리, 의외로 가까운 관계였음을 보여준다. 그 유래 역시, 한중 두 지역을 연결하는 해상통교가 연안부의 주민을 일체적인 시스템 속으로 끌어들여 전개되어 왔던 것에서 찾을 수 있다.

## 참고문헌


강봉룡, 2006「한국 서남해 도서·연안지역의 鐵馬信仰」『島嶼文化』27.

국립해양문화재연구소, 2013『태안 마도 출수 중국도자기』, 국립해양문화재연구소.

李鎭漢, 2011『高麗時代 宋商往來 硏究』, 景仁文化社.

吉田光男, 1986「19世紀忠淸道の海難ー漕運船の遭難190事例を通してー」『朝鮮學報』121.

藤田明良, 1997「「蘭秀山の亂」と東アジアの海域世界ー14世紀の舟山群島と高麗·日本ー」『歷史學硏究』698.

山內晉次, 1998「航海守護神としての觀音信仰」大阪大學 文學部 日本史硏究室 편『古代中世の社會と國家』, 淸文堂出版.

森平雅彦, 2013「文獻と現地の照合による高麗-宋航路の復元ー『高麗圖經』海道の硏

究ー」森平雅彦 편『中近世の朝鮮半島と海域交流』, 汲古書院.

________, 2014「高麗·宋間における使船航路の選擇とその背景」『東洋文化研究所紀要』166.

榎本涉, 2007「宋代の「日本商人」の再檢討」『東アジア海域と日中交流ー9~14世紀ー』, 吉川弘文館.

# 주제 4.

# 종교신앙과 사회적 심성

# 제의와 영험



최종석

## 인디언 기우제

인디언 기우제라는 것이 있다. 현재 미국 애리조나 주가 위치한 곳에 거주하여 온 호피족은 애리조나 사막에서 농사를 짓는 부족인데, 호피 인디언들이 가뭄 시에 기우제를 거행하면 반드시 비가 온다고 한다. 농담처럼 들릴지 모르지만, 반드시 비를 부르는 인디언 기우제의 마법은 비가 올 때까지 기우제를 지내는 데에서 기인한다.

현대 과학문명에서 살아가는 우리는 이 행위를 두고 이들의 미련함, 어리석음, 순수함, 포기하지 않는 정신 등으로 의미를 부여하곤 한다. 어디에서도 우리가 가진 상식과 감각을 상대화한 채 문화상대주의의 관점에서 호피 인디언들의 종교 · 제사 인식 등을 파악하여 비가 올 때까지 기우제를 지내는 맥락을 이해하려는 시도는 찾아보기 어렵다.

많은 이들은 지식의 차원에서 문화상대주의를 알고 있다. 즉 '세계 문화의 다양성을 인정하고 각 문화는 그것을 배태한 독특한 환경과 역사적 · 사회적 상황에서 이해해야 한다는 견해' 말이다. 그럼에도 호피 인디언의 기우제를 이해하는 데 있어 문화상대주의를 적용한 접근은 사실상 부재하다시피 하다. 지식의 차원에서 문화상대주의를 알고 있다 할지라도, 특정 문화를 그 사회의 환경과 맥락을 고려하면서 접근하는 시도는 여간 어렵지 않다. 이렇게 보면 문화상대주의가 지식에 머물고 마는 현상은 그리 놀랍다고 할 수 없다.

인류학자에게조차 문화상대주의적 접근은 쉽지 않은 듯하다. 가령 문화인류학자인 로라 보하난은 『햄릿』에 대한 해석이 보편적으로 통용될 수 있다는 믿음에서 아프리카 티브족에게 『햄릿』 이야기를 들려주었는데, 이 과정에서 『햄릿』에 대한 해석은 언제 어디서나 그리고 누구에게나 보편적으로 통용되는 것이 아니며 어떤 사회의 특수한 상황이나 독특한 문화적 배경 또는 고유한 역사적 경험에 따라 다르게 이해될 수 있음을 절감한 바 있다. 단순히 문화상대주의 개념을 아는 것을 넘어서 문화상대주의적 접근을 실현하거나 이 정도까지는 아니어도 문화상대주의적 관점을 의식 · 견지하고자 하는 노력조차 결코 쉽지 않은 것이다.

필자도 인류학에 대해 문외한이다 보니, 호피 인디언들이 비가 내릴 때까지 기우제를 지내는 인식적 맥락을 제대로 알고 있지 못한다. 다만 그 맥락에 접근해야 한다고 할 때, 문화상대주의를 지식으로만 받아들인 채 현대인의 상식에서 손쉽고도 성급하게 다가가기보다는 이와 관련된 호피 인디언들 나름의 감각을 파악하고자 애쓸 것이다.

데이비드 로웬덜이 쓴 『과거는 낯선 나라이다(*The Past is a Foreign Country*)』라는 책의 제목에서 시사받을 수 있듯이, 과거를 접근하는 역사학자는 마치 낯선 나라의 문화를 탐색하는 문화인류학자와도 같다고 할 수 있다. 자국의 역사를 접근하는 역사학자조차 그러할 것이다. 고려시대 (공적)제의의 거행에서 당대인의 심성을 읽어내고자 하는 본 글은 현재를 살아가는 우리의 상식을 한켠에 제쳐두고 낯선 나라의 문화에 접근하듯 최대한도로 당대의 환경과 맥락을 고려하면서 이 문제에 접근해 보도록 할 것이다. 그리고 고려시대 (공적)제의에 담긴 당대인의 인식을 효과적으로 드러내기 위한 방법으로 그것과 이질적이라 할 수 있는 조선시대 제의 인식과의 비교를 적극적으로 시도해 보려 한다.

## 『고려사』 함유일 열전이 말해주는 것

우선적으로 『고려사』 함유일 열전에 기재된 일부 기록을 소개하고자 한다. 이 기록은 고려시대 제의를 둘러싼 인식을 접근하는 데 있어 훌륭한 안내자라 생각된다.

> 의종 때 다시 내시內侍로 들어가서 교로도감橋路都監을 맡게 되었다. 함유일은 일찍부터 지나칠 정도로 무당을 배격하면서, 사람과 귀신이 섞여 있는 곳에는 역병이 많이 생긴다고 믿었다. 도감이 되어서는 개경에 있는 무당집을 모조리 성 밖으로 옮기고 민가에 있던 음사淫祀를 죄다 거두어 불태워 버렸다. 그리고 여러 산에 있던 신사 가운데 영험이 없는 곳도 모두 허물어버렸다. 구룡산九龍山 산신이 가장 영험이 있다는 말을 듣고는 그 신사로 가서 신상神像을 활로 쏘았더니 갑자기 회오리바람이 일어나 두 문짝이 닫히면서 화살을 막아 냈다. 또 용수산龍首山 신사에 가서 영험을 시험해 보고 별로 신통하지 않자 불태워버렸다. 그날 밤 왕의 꿈에 귀신이 나타나 살려달라고 애원하기에 이튿날 해당 관청에 분부해 신사를 다시 만들게 했다.
>
> 후에 감찰어사監察御史로 옮겼다가 황주판관黃州判官으로 나갔다. 관내에 속한 봉주鳳州의 부엉이 바위 밑에 못이 하나 있었는데 사람들은 이곳을 신령한 못이라 불렀다. 함유일이 고을 사람들을 모아 그 못을 오물로 메우자 갑자기 구름이 피어오르며 폭우가 쏟아지고 천둥과 번개가 크게 쳐서 사람들이 모두 놀라 자빠졌다. 잠시 후 하늘이 개이자 못을 메꾸었던 오물이 남김없이 씻겨 나와 먼 언덕 위에 쌓여 있었다. 왕이 그 말을 듣고 근신

> 近臣을 보내 제사 지내게 한 뒤 처음으로 사전祀典에 등재시켰다.
>
> 또 삭방도감창사朔方道監倉使로 있을 때, 등주登州의 성황신城隍神이 여러 번 무당에게 내려 나라의 화복禍福을 신통하게 알아맞히기에 함유일이 신사로 가서 나라 제사를 지냈다. 당시 읍만 하고 큰절을 올리지 않은 것을 꼬투리 삼아 담당 관청에서 임금의 비위를 맞춘답시고 함유일을 탄핵해 파면시켰다.

『고려사』 어디에서도 여기서 소개한 위 구절만큼 중앙 관인이 민간 · 지방에서 거행되는 제의에 개입하는 모습을 찾을 수 없다. 『고려사』 편찬을 담당한 조선초기의 유자 관료들은 함유일의 행적에서 그들이 바람직하다고 믿고 있는 음사 척결의 선구자적 모습을 발견하고 함유일을 열전에 실어 동시대인들에게서 쉽사리 찾아볼 수 없는 무격과 음사를 철저히 배격하는 '미담'을 널리 알리고자 하였을 것이다. 조선 초기에 음사는 분한分限에 넘치는[越分] 제사이자 국가 제사 예규인 사전祀典에 등재되지 않은 신을 섬기는 제사로 인식되었고, 당시 유자 관료들은 이러한 인식을 갖고 음사라고 간주되는 것들을 척결하고 사전을 '올바르게' 정비하는 데 온힘을 쏟고 있었다. 『고려사』 편찬자들은 바로 이러한 움직임의 일환에서 전대의 인물인 함유일을 부각시켰을 것이다.

그런데 『고려사』 편찬자들의 기대와 달리 함유일조차 음사와 사전의 인식 면에서 시대의 벽을 뛰어넘지 못하였다. 동시대인들과 비교해서 상대적으로 음사에 엄격했어도 말이다. 『고려사』 편찬자들의 의도와 달리 함유일 열전은 오히려 음사, 제사, 사전 등에 관한 고려시대의 감각을 현재의 우리들에게 전해주고 있다.

위 인용문 가운데 "함유일은 일찍부터 지나칠 정도로 무당을 배격하면서, 사람과 귀신이 섞여 있는 곳에는 역병이 많이 생긴다고 믿었다. 도감이 되어서는 개경에 있는 무당집을 모조리 성 밖으로 옮기고 민가에 있던 음사를 죄다 거두어 불태워 버렸다"라고 한 구절을, 조선시대에서와 같이 유교 이외의 것을 이단이라고 한 맥락에서 무격을 배격하고 음사를 척결하고자 한 것으로 보아서는 곤란하다. 왜냐하면 무당을 지나치게 배격하는 그의 행위의 이면에는 흥미롭게도 사람과 귀신이 섞여 있으면 사람에게 해롭다는 인식이 자리하고 있었기 때문이다. 무당을 격심하게 배격한 조선시대에서 이러한 종류의 인식을 찾아보기 어려움은 물론이다. 사람과 신이 섞여 있는 것을 막기 위해 인구 밀도가 높은 도성에서 그렇지 않은 도성 밖으로 무당집을 이주시켰을 것이고, 사람과 신이 함께 거주하고 있다고 할 수 있는 민가 내의 음사를 불태워 버렸을 것이다.

행위의 이면에서 작용하는, 현재의 예상과 사뭇 다른 인식에서 볼 때, 음사라는 용어를 구사하였다고 해도 그 기표가 조선시대와 상이한 기의를 지니고 있었을 것이라는 사실은 그다지 놀랍지 않다. 조선초기에는 음사가 분한에 넘치는 제사이자 국가와 민인에게 공덕이 있는 신이 아니어서 사전에는 오르지 못한 신을 섬기는 제사, 즉 국가와 민인에게 공덕을 베풀지 못한 신을 대상으로 한 제사로 인식되었다. 가령 천자天子만이 제사할 수 있는 천신인 호천상제昊天上帝에게 분수에 맞지 않게 제후왕이 제사하는 것도 음사가 되었으며 사전에 등재되지 못한 모종의 산천(신)에게 제사하는 것도 음사가 되었다. 이와 달리 고려시대에서는 음사가 '무풍巫風의 성행과 맞물려 무격을 지나치게 믿는 행위(제사)' 정도로 인식되었다. 이러하였기에 음사 배격은 무격을 내쫓아 무풍의 성행을 잠재우는 식으로 이루어졌다.

"여러 산에 있던 신사 가운데 영험이 없는 곳도 모두 허물어버렸다"라고 한 구절 또한 조선시대에 음사인 산신사山神祠를 척결하는 행위와 동일한 맥락에서 보아서는 곤란하다. 신(사)의 영험 여부를 중시하지 않고 심지어 영험성을 부정하기도 한 조선시대에서와 달리 여기에서는 흥미롭게도 영험이 없는 신사를 허물어버리고 있다. 거꾸로 보자면 이 언설은 영험이 있는 신사를 부정할 수 없었던 사실을 말해주는 셈이어서, 당시 (산)신사를 바라보는 데 있어 영험이 중시되었음을 강력히 시사하고 있다.

신의 영험성을 중시하는 인식적 환경에서는 어떤 식으로든 신(사)이 영험을 보유하고 있는지 여부를 확인하는 경험 내지 과정이 필요하였을 것이다. 어떠한 신사이건 그곳에 모셔진 신이 영험을 지니고 있다고 주장하였을 것인데 무턱대고 이를 믿을 수는 없는 노릇이기 때문이다. 그런데 그 확인은 선험적인 방식이 아니라 경험적인 방식으로 이루어졌다. 지역사회 차원에서 명성이 있는 신사의 경우, 해당 지역사회가 신사의 영험을 구체적으로 확인한 계기가 존재하였을 것이다. 앞의 인용문에서 가장 영험이 있다고 하는 구룡산 산신이나 신령한 못이라 불리는 부엉이 바위 밑 못은 해당 지역사회에서 신령함이 구체적으로 경험·확인되었을 것이다.

구룡산 산신 이하의 에피소드는 중앙 관인으로서 함유일이 지역사회에서 영험하다고 하는 신(사)을 대상으로 하여 영험을 시험해 보는 행적에 관한 것이다. 구룡산 신사에 가서 신상을 활로 쏜 행위는 구룡산 산신의 영험을 시험해 보고자 한 데서였다. 구룡산 산신은 화살을 막아 내는 영험을 선보이며 중앙 관인에게도 영험을 입증해 보였다. 중앙 관인이 행하는 시험에 통과함으로써 명성은 지역사회를 넘어서 중앙에까지 미칠 수 있게 되었을 것이다. 그는 용수산 신사에 가서도 구룡산 산신에게 한 것과 유사한 영험 테스트를 시행하였고, 별다른 영험을 확인하지 못하자 해당 신사를 불태워버렸다. "여러 산에 있던 신사 가운데 영험이 없는 곳도 모두 허물어버렸다"고 한 일도, 용수산 신사의 사례와 마찬가지로 영험을 시험해 본 후 신통치 않은 결과를 토대로 하여 결행되었을 것이다. 용수산 신사가 훼철된 여타 신사들과 구별되는 점은 극적으로 되살아난 사실이다. "그날 밤 왕의 꿈에 귀신이 나타나 살려달라고 애원"하는 뒤늦은 영험을 선보임으로써 용수산 신사는 복구될 수 있었다.

봉주의 부엉이 바위 밑 못의 영험을 시험한 사례는 사전 등재와 관련하여 매우 주목할 만한 기록이다. 함유일은 황주판관이라는 지방관의 자격으로 관내 부엉이 바위 밑 못(신)을 대상으로 하여 그곳을 오물로 메우는 테스트를 시행하였다. 그가 고을 사람들을 모아놓고 해당 시험을 한 것은 영험 부재를 확인한 후 해당 신사를 훼철하더라도 고을사람들이 딴 소리를 하지 못하게 하고자 한 심산에서였을 것이다. 그런데 부엉이 바위 밑 못(신)은 대단히 인상적인 영험을 선보이며 시험을 너무나도 훌륭하게 통과하였다. 그래서인지 국왕은 그 소식을 전해 듣고는 근신을 보내 자신을 대신하여 제사 지내게 한 뒤 부엉이 바위 밑 못(신)을 사전에 등재시켰다. 구룡산 산신도 중앙관인의 테스트를 통과했으나 사전에는 등재되지 못한 사실을 고려한다면, 중앙정부 차원에서 영험을 확인했다고 해서 무조건적으로 해당 신(사)을 사전에 등재하는 것이 아니라 영험을 보유한 신(사)들 가운데 돋보이는 시험 성적을 거둔 것들에 한해 사전에 등재하였을 것이다. 등주의 성황신이 여러 번 무당에게 내려 나라의 화복을 신통하게 알아

**사진 1. 강릉 단오제에서의 무당굿**

맞히기에 삭방도감창사가 해당 신사로 가서 국제國祭를 거행한 대목에서도, 여타 신(사)과 비교해서 영험이 도드라지는 것이 사전에 등재되어 국제의 대상이 되었음을 엿볼 수 있다. 고려시대에는 사실상 군현마다 성황사가 설치되어 있었는데, 이들 가운데 극히 일부의 성황신들만이 사전에 등재되고 있었다. 이들 성황신은 등주 성황신과 같이 당대에 대단히 신령한 존재로 인식되고 있었을 것이다.

위의 함유일 열전 기록은 음사 척결의 선구자적 모습을 부각시키려 하다 보니 그가 국가 관원으로서 지방에 내려가 지역사회 내에서 영험하다고 믿어 온 신들을 대상으로 하여 그 영험 여부를 테스트하는 사례들 위주로 작성되었는데, 영험의 인정이 반드시 국가(관원) 차원에서 의도적이고 인위적인 영험 테스트의 과정을 통해서 이루어진 것은 아니었다. 등주 성황신의 사례에서 유추해 볼 수 있듯이, 우발적 계기를 통해 국가 차원에서 영험이 확인되기도 하였다. 가령 현종 2년(1011) 2월 고려를 침략해 온 거란 병사들이 장단長湍 지역에 이르렀을 때에 바람과 눈보라가 거세게 일어나 감악신사紺岳神祠에 마치 깃발 · 군사 · 말이 주둔하고 있는 것처럼 보여 거란 병사들은 두려워하며 앞으로 나아가지 못한 일이 있었는데, 담당 관청은 이에 보답하는 차원에서 감악신에게 제사를 지냈다. 감악신은 거란군 침입이라는 우발적 사태를 맞아 신통력을 발휘하여 고려를 도왔고 이 '기적'이 국가 차원에서 확인된 것이다. 국가 차원에서 감악신을 대상으로 한 제사는 단발로 그치지 않았으니, 감악신이 사전에 등재되었을 것인 데서 그 점은 뒷받침된다.

## 제사, 신의 영험에의 의지

『고려사』 함유일 열전에서 엿볼 수 있듯이, 고려시대에 신은 영험을 지니고 있는 존재로 인식되었고, 그리하여 그 존재 가치는 영험의 여부와 정도에 의해 좌지우지되었을 것이다. 영험이 없는 채 존재한 신(사)은 철폐되어야 하는 운명에 처하곤 하였고 이와 대조적으로 상대적으로 도드라진 영험을 지닌 존재는 사전에 등재되기도 하였다. 영험의 여부와 정도는 경험적으로 판별되었다. 이러한 이유에서 영험에 대한 테스트가 행해졌다. 물론 작정하고 하는 식의 테스트가 아니라 우발적인 기회를 통해 국가 차원에서 영험이 확인되는 경우도 있었다.

이처럼 영험성이 강조되면서 신은 선험적이고 추상적 면모보다는 경험적이

사진 2. 밀양 지역 성황신상

고 인격신적 측면을 강하게 지닐 수밖에 없었다. 신사에 시각적인 효과가 뚜렷한 신상神像이 일반적으로 구비된다거나 신의 가족이 설정되곤 한 것도 이러한 맥락에서였다.

이는 조선시대와 여러모로 이질적이었다. 조선시대에 신은 국가와 민인에게 공덕을 베푼 존재로서 의미가 있었다. 재삼 언급하듯이, 국가와 민인에게 공덕이 있는 신을 사전에 등재하였고 사전을 정비하면서 영험으로 인해 사전에 등재되어 온 것들을 '축출'하였다. 또한 신은 추상적 존재여서 인격신적인 요소가 희박 내지 부재하였다. 이리하여 전래의 신상은 철거되었으며 신의 가족은 부정되었고 신에게 부여한 각종 봉작封爵도 삭제되었다.

신은 영험을 지니고 있는 인격신적 존재였기에, 신에 대한 제사는 그의 영험에 의지하여 원하는 바를 얻고자 하는 행위가 되었다. 『동국이상국집東國李相國集』에 실린 이규보가 작성한 아래의 제문을 통해 제사에 대한 당대인의 감각을 보다 구체적으로 들여다볼 수 있다.

> 무능한 내가 이 고을의 원이 되었으나, 본래가 서생書生이라 정사에 익숙하지 못해 그 늦추거나 당김에 있어 백성들과 어긋나기가 일쑤입니다. 한 지방의 가뭄이 곧 나의 탓이기 때문에 무릇 죄책이 있다면 차라리 나에게 따질 일이지 백성들이 무엇을 알겠습니까. 혹독한 가뭄을 만나 내가 들에 가서 저 벼 싹을 살펴본즉 10에 8~9는 대개 다 말랐고, 흙덩이에 넘어진 것은 마치 침針이 꺾어진 듯했으니, 당장 아침에나 저녁에 비가 오지 않으면 바로 금년은 추수가 없을 지경입니다. 내가 부끄럽고도 한탄스러워 땀이 물 흐르듯 하는가 하면, 팔짱을 낀 채 우두커니 서서 달갑게 천벌을 기다릴 각오였습니다.
>
> 그러나 이 고을을 주장하는 자는 신神이요, 백성을 먹이는 자는 원이라, 고을이 가뭄을 만난 것이 비록 원의 부끄러움이긴 하지만, 백성이 만약 굶

> 주린다면 신에게도 제사를 지낼 수 없을 것입니다. 더구나 원으로서 고을에 거주하는 건 3년뿐이지만, 신은 이 고을 것을 먹는 것이 앞으로 끝이 없으리니, 이 백성들이 다 죽으면 신은 다시 누구를 믿을 것이며, 백성을 걱정하는 마음이 원에 비해 누가 더할 것입니까. 만약 운우雲雨의 권리가 신의 마음대로 하는 것이 아니라면 이 원의 하소연을 대신 하늘에 전할 수 있으리니, 그럴 경우 하늘이 어찌 모른 체하여 불쌍히 여기지 않겠습니까. 바라건대, 대왕大王은 기운을 타고 허공에 달려가서 상제 궁궐에 호소하여 우레와 번개 채찍을 재촉해 사흘의 흐뭇한 비를 내려서 우리 곡식들을 적시어 가을의 수확이 있게 해 주십시오. 그렇게 한다면, 원으로서 신에게도 당연히 그 보답이 있을 테니 식언食言하지 않을 것을 약속하는 바입니다.

위 기록에서의 성황신은 분명 인격신이다. 계양읍桂陽邑의 지방관은 해당 고을의 성황신을 대상으로 대화를 하고 협상을 시도하고 있었다. "백성이 만약 굶주린다면 신에게도 제사를 지낼 수 없을 것입니다. 더구나 원으로서 고을에 거주하는 건 3년뿐이지만, 신은 이 고을 것을 먹는 것이 앞으로 끝이 없으리니, 이 백성들이 다 죽으면 신은 다시 누구를 믿을 것이며, 백성을 걱정하는 마음이 원에 비해 누가 더할 것입니까"라고 한 데서 보듯, 지방관 이규보는 성황신을 협박하기도 하면서 설득을 시도하고 있어 인상적이다. 또한 성황신이 그가 거주하는 곳의 인간들에게 (경제적으로) 의존한다는 관념 또한 신의 인간적인 면모를 분명히 말해 주고 있다.

위 기록에서 성황신의 능력(영험)은 극심한 가뭄 시에 비를 내려줄 수 있는 것이고, 혹시 이를 발휘할 능력이 없다면 운우雲雨의 권리를 가진 상제上帝를 설득하여 비를 내려주게 하는 역량이라 할 수 있다. 지방관 이규보는 성황신이 영험을 발휘하여 비를 내려준다면 일종의 성공보수라 할 수 있는 보답을 맹세하면서 성황신의 영험 발휘를 유도하고 있었다. 즉 보사報祀를 협상 카드로 하여 영험을 선보이기를 촉구한 것이다. 심하게 말하면, 보상에 눈이 멀어 자신의 능력을 발휘할 수도 있는 존재로 신을 보고 있던 셈이다.

이처럼 고려시대에 제사는 영험을 보유한 신에 의지하여 원하는 바를 얻고자 하는 행위였고, 이 과정에서 인격신적인 존재를 대상으로 대화, 협상, 위협 등이 이루어지기도 하였다. 일반적으로 해당 신에게서 영험을 이끌어내는 것은 제사자의 정성 · 능력과 무관하지 않았다. 무격이 주로 이 역할을 하는 것도 이러한 이유에서였다. 무격은 반인반신의 존재로 신계와 인간계를 매개할 수 있었기에, 엄밀히 말하자면 그러하다고 믿어지고 있었기에, 누구보다 효과적으로 인간의 바람과 정성을 신에게 전달할 수 있었고 능력 발휘의 전제조건이랄 수 있는 신의 의사를 인간에게 전달할 수 있었다. 인간의 바람에 신이 응답하면 그에 대한 감사 표시로 보사가 행해졌다. 이것은 일종의 성공보수인 셈이었다. 성공 보수를 조건으로 하여 최선을 이끌어내듯이, 보사를 조건으로 하여 영험 발휘를 유도하고자 한 것이다.

이와 달리 조선시대에서는 제사, 정확히는 공적 제사를 지내야 하는 대상이 국가와 민인에게 공덕을 베푼 존재였고, 제사는 신으로부터 영험 내지 복을 얻고자 하는 의도에서가 아니라 국가와 민인에게 공덕을 베풀어 온 행위에 대한 보답과 감사의 차원에서 마땅히 행해야 하는 행위였다. 해결해야 할 문제가 있어서가 아니라 그 동안 베풀어 준 은혜에 보답하는 차원에서 치제致祭가 이루어지는 것이었다. 치제자 입장에서 볼 때에, 고려시대의 제의는 신으로부터 무언가를 얻고자 하는 행위였던 반면에 조선시대의 제의는 신에게 무언가를 주고자 하는 행위였다고 할 수 있다. 조선시대에 있어 제사는 예禮, 즉 윤리 · 도덕의 행위였던 것이다. 이러하다 보니 무격은 설 자리를 잃게 되었고, 치제자에 있어 해당 치제를 거행할 수 있는 자격 · 명분을 보유하였는지 여부가 중요할 수밖에 없었다.

여기서 다루는 고려시대 공적 제사는 두 종류로 나뉠 수 있는데 하나는 정기적인 제사이고 다른 하나는 비정례적인 제사이다. 제천례(원구제)를 예로 들어 설명해 보자면, 정례적인 것으로는 정월에 거행되는 기곡 차원의 제천례와 4월에 거행되는 기우 목적의 제천례가 있다. 이들 정기적인 제천례 외에도 비상 시, 대개는 한발 시에 기우 목적으로 거행되곤 한 비정기적인 원구제가 있다. 기우 목적의 원구제라 할지라도, 정례적인 원구제는 매년 정해진 날짜에 거행되는 제사로 비를 제때에 내려줄 것을 바라는 차원에서 이루어지는 것이라고 한다면, 비정기적인 제사는 극심한 가뭄의 상황에서 시급히 비를 내려줄 것을 간구하는 차원에서 거행된 것이었다.

손쉽게 예상할 수 있듯이, 비정례적 제사에서 치제 대상 신의 영험이 보다 중시되었다. 비정례적 제사는 재해 상황에 닥쳐서 해당 문제를 해결하고자 하는 간절한 마음에서 치러지는 것이었기에, 제사 주체는 재해가 소멸되는 긍정적 결과를 강하게 기대할 수밖에 없었다. 이에 무엇보다 해당 문제를 해결해 줄 수 있는 능력(영험)을 지닌 신에게 의지하여 기대하는 바를 얻어야 했을 것이다.

조선시대에도 극심한 재해 시에 비정례적인 제사가 거행되었다. 정기적인 제사의 경우 공덕을 지닌 존재에 대한 당위 차원에서의 보답 행위라고 볼 수 있지만, 한발 등과 같은 재난 시에의 비정기적인 제사는 '재난'이라는 문제를 해결하고자 하는 차원에서 거행되었고 그러하기에 정례적인 치제와는 다소 상이한 태도에서 치러질 수밖에 없었을 것이다. 가령 한재 시에 승려들을 동원하여 기우제를 벌이곤 한다든지, 사전에 등재되지 못한 영험처 · 영험한 신을 대상으로 하여 비정기적인 기우제를 거행하곤 한다든지 하는 식으로, 표면상으로는 고려시대와 다를 바 없이 영험에 기대는 모습이 나타나기도 하였다. 하지만 재난 시 영험을 지닌 신에 대한 치제조차 고려시대와 상이한 인식적 환경에서 이루어졌다. 가령 극심한 가뭄 시 사전에 등재되지 못한 영험처 · 영험한 신을 대상으로 한 기우제는 고려시대와 달리 해당 신의 영험에 의지하여 한재를 극복하고자 한 데서 이루어진 것이 아니었다. 당시에 재해를 해소하기 위한 궁극적인 해법은 위정자가 성심을 다해 '몹시 두려워하며 수양하고 반성하여[恐懼修省]' 천심天心이 절로 이에 응하게 하는 것이라고 하는 식이었다. 이로 인해 기우제와 같은 기양의례祈禳儀禮는 말단으로 간주되기도, 재난을 없앨 수 있는 해법이라는 확신이 부재하기도 하였다. 그럼에도 기우제와 같은 기양의례는 경시되지 않았으니, 이는 심각한 재난으로 인해 민인들이 고통 받는 처지를 걱정하는 마음에서 무슨 일이라도 하고자 한 데서였다. 재난에 처해 고려시대에서와 다를 바 없이 영험에 기대곤 한 모습은, 영험에 의지하여 재난을 극복하고자 하는 심산에서가 아니라 재난으로 인해 민인들이 고통 받는 상황에서 『시경』의 '어느 신에게나 다 제사를 지내야 한다[靡神不擧]'는 식의 위민의 차원에서 이루어졌을 것이다.

## 제의의 결과를 바라는 방식

고려시대 제사는 영험을 보유한 신에 의지하여 원하는 바를 얻고자 하는 행위였고, 특히 재난 상황에서 행해지는 비정기적인 제사에서는 치제 대상 신의 영험 발휘가 보다 기대되었다. 그렇다고 해서 고려시대 사람들이 제사를 거행할 때마다 그 효험을 보리라 기대하였다고 생각한다면 이는 오산이다. 아래의 『고려사절요』 정종靖宗 2년(1036) 5월의 기록은 당시 사람들이 제사로 인한 효과를 기대하는 방식의 일단을 보여준다.

> 유사有司가 아뢰기를, "봄부터 비가 적게 왔습니다. 청컨대 고전古典에 의거하여 억울한 옥사를 살펴 다스리시고 궁핍한 자들을 진휼하시며 길가

> 의 시신을 묻어주시기 바랍니다. 우선은 악진해독岳鎭海瀆과 여러 산천 가운데 구름을 일으켜 비를 내리게 할 수 있는 곳을 대상으로 하여 북교北郊에서 기도하고 다음으로는 종묘宗廟에 기도하십시오. 매 7일마다 한 번 기도를 하시되 비가 내리지 않으면 다시 처음과 같이 악진해독에게 비를 빌어야 합니다. 가뭄이 심해지면, 기우제를 올리고 시장을 옮긴 뒤 일산과 부채를 그만 쓰고 도살을 금지하며, 관청의 말에게 곡식을 먹이지 마십시오." 라고 하였다. 왕이 이를 따랐다. 정전正殿을 피하고 상선常膳을 줄였다.

악진해독과 여러 산천 가운데 구름을 일으켜 비를 내려 줄 수 있는 곳들 및 종묘가 도우禱雨의 대상이 되고 있었다. 흥미로운 사실은 이들이 하나의 조組를 이루고 있었고 조 내의 신들을 대상으로 한 순차적인 기도 행위가 있었으며 그렇게 해도 비가 내리지 않으면 조 내의 처음으로 돌아와 다시금 순차적으로 기도를 한 점이다. 제사를 거행할 때마다 효험을 볼 것이라고 기대했다면 결코 이러한 식으로 비를 빌지는 않았을 것이다. 당시인들은 악진해독과 여러 산천 중에서도 강우降雨를 '전공'으로 하는 곳 및 종묘를 기우처로 선택하였으면서도 이번 가뭄에서는 이들 가운데 어느 것이 영험을 발휘할지 몰랐으며 어느 날짜에 제의의 효험이 나타날지도 알고 있지 못하였을 것이다. 현재를 살아가는 우리들과 달리 고려 사람들은 기우 행위가 '득우得雨'와 무관하다고 생각하지 않았으면서도 비를 빌 때마다 비가 올 것이라고 기대하지 않았고 해당 사안을 해결해 줄 수 있는 능력을 가진 신은 복수로 존재하였으며 이들 가운데 어느 신이 그리고 어느 시점에 문제를 해결해 줄지는 결과가 나와 봐야 안다고 생각한 듯 싶다.

심지어 기우 행위는 위의 신들에게로 한정되지 않았다. 이들 신을 대상으로 하여 순차적으로 비를 비는 한편에서는, 같은 달 26일에 문덕전文德殿에서 도량道場을 열어 비를 내려달라고 빌었는데, 이날부터 5일 동안이나 기도가 이어졌다. 그래도 결실이 없어서인지 다음 달 8일에 문덕전에서 다시금 도량을 열고 비를 빌었다. 결국 비는 6월 18일에 왕이 친히 초제醮祭를 지내고 나서야 내렸다.

결과적으로 보자면, 도교 제사인 초제를 지내고 나서야 기대하는 바를 얻었지만, 그렇다고 해서 초제만이 유효한 것이어서 다음 번 가뭄에서도 초제만 지내면 된다고는 결코 생각하지 않았다. 실제로 4년 뒤에 가뭄이 들었을 때 우선 임해원臨海院에서 비를 빌었고, 며칠 뒤 북악北岳에서 비를 빌었으며, 그로부터 6일 뒤 회경전會慶殿에서 초제를 지내며 비를 빌었다. 공교롭게 이번에도 초제 다음 날 큰 비가 내려 해갈되었다. 현대인의 눈에는 일종의 기만행위로도 비춰질 수 있지만, 당시인들은 신이 영험을 발휘하여 재난을 해결해 줄 수 있다고 믿는 속에서도, 결과가 나와 봐야 어떤 신이 인간들의 바람에 응답했는지를 알게 되고, 그러하기 때문에 해당 재난을 해결해 줄 수 있는 신들에게 두루 치제해야 했을 것이다.

한편 위 인용문의 '악진해독과 여러 산천 가운데 구름을 일으켜 비를 내리게 할 수 있는 곳을 대상으로 하여 기도한다'라고 한 구문은 흥미로운 사실을 말해준다. 곧 악진해독과 여러 산천 중에서도 강우에 특화된 존재가 있었을 것이라는 사실이 그것이다. 실제로 당시의 신은 '전지전능'하다기보다는 한정된 능력을 지닌 존재였다. 고려시대 사람들에게 신이란 한 분야 혹은 몇몇 부문에서 영험을 발휘할 수 있는 존재였고, 그러하다 보니 그들은 닥친 문제에 따라 이를 해결해 줄 수 있는 신에게 가서 영험 발휘를 간구하였을 것이다. 참고적으로 현재를 살아가는 일본인들은 보통 전지전능한 유일신에 의지하지 않고, 신에게 의지해야 할 사안이 생겼을 때 그 방면의 문제를 해결해 줄 수 있는 신사를 찾아가 비는 게 유효한 방식이라고 생각한다. 고려시대 사람들의 인식 또한 이와 유사하지 않았을까?

고려시대에 신의 능력은 분야(전공)에서만 한정되는 것이 아니라 공간 면에서 구속되기도 하였다. 아래의 『고려사』 세가 문종 11년(1057) 5월 무인일의 기록은 그 일단을 보여준다.

> 예부에서 아뢰기를, "초여름부터 비가 제때에 오지 않았고, 또 광주廣州에서 보고하기를, '전야田野가 건조하여 거의 흉년을 면하지 못할 것입니다'라고 합니다. 송악, 동신당東神堂과 여러 신묘神廟와 산천, 박연朴淵 등 5개소에 7일에 한 번씩 기도하고, 또 광주 등 주군으로 하여금 각각 기우제를 지내도록 요청합니다"라고 하니, 제서制書를 내려 그렇게 하라고 하였다.

여기서 보면 기우제는 송악, 동신당, 여러 신묘, 산천, 박연을 대상으로 거행되는 것과 광주 등에서 치르는 것으로 대별된다. 광주 등의 주군에서 거행되는 기우제에서의 대상 신은 적시되지 않았지만 해당 지역 내에서 비를 내려줄 수 있는 능력을 보유한 신이었을 것이다. 전국적으로 가문 상황에서 송악 등의 신을 대상으로 하여 비를 빌면서도, 가뭄 정도가 보다 심한 지역에서는 별도로 해당 지역 내에서 비를 내려줄 수 있는 능력을 보유한 신에게 기우제를 지내고 있었던 것이다. 광주 등에서 기우제의 대상 신은 해당 지역 내에 한해 영험을 발휘하였을 것이다. 송악 등의 신들만의 역량으로는 여의치 않은 지역의 경우 해당 지역에서 비를 내려줄 수 있는 능력을 보유한 신이 자신이 책임지는 영역의 가뭄 해결에 일익을 담당해야 했을 것이다. 앞서 본 계양 지역 성황사의 사례는 이러한 맥락에서도 독해될 수 있다. 이와 달리 송악, 동신당, 여러 신묘, 산천, 박연 등은 전국을 대상으로 하여 자신의 영험을 발휘하였을 것이다. 다만 이들 신의 거처는 수도 일대였음에서, 이들은 수도 일대를 일차적인 영험 발휘의 공간으로 하면서도 '전국구'로서의 역할을 하였을 것으로 추측된다.

## 참고문헌

강은경, 2005「고려시대의 국가, 지역 차원 祭儀와 개인적 신앙」『동방학지』129.

고영건, 2007『인디언 기우제』, 정신세계원.

노명호, 2004「高麗太祖 王建 銅像의 流轉과 문화적 배경」『한국사론』50, 서울대 국사학과.

박성지, 2012『고려시대 기이담론 연구』, 박이정.

최종석, 2009「여말선초 명(明)의 예제와 지방 성황제(城隍祭) 재편」『역사와 현실』72.

______, 2009「조선전기 淫祀的 城隍祭의 양상과 그 성격—중화 보편 수용의 일양상—」『역사학보』204.

______, 2016「조선초기 風雲雷雨山川城隍祭의 수용·지속과 그 인식적 기반」『한국학연구』42.

로라 보하난, 2006「티브족, 세익스피어를 만나다」『(개정증보판) 낯선 곳에서 나를 만나다』(한국문화인류학회 편), 일조각.

# 불교의례와 국왕

- 부처와 하늘이 도우시는 황제
- 고려시대 국가의례의 복합적 구성
- 고려불교에 나타난 제왕관
- 왕의 의례로서의 불교의례

강호선

## 부처와 하늘이 도우시는 황제

"해동천자이신 지금의 황제는 부처님이 돕고 하늘이 도와 널리 교화를 펴시네." 『고려사』 악지樂志에 전하는 「풍입송風入松」이라는 노래는 이렇게 시작한다(사진 1). 고려속요인 「풍입송」은 내제외왕內帝外王의 고려 국왕권에 대한 고려인의 인식을 보여주는 자료로 널리 알려져 있다. 고려의 변경과 조정이 모두 평화롭고 남만南蠻과 북적北狄이 자발적으로 내조하여 조공을 바치는 태평성대에 대한 찬양이자, 태평성대에 임금과 신하가 함께 즐기는 성대한 잔치에 대한 노래이기 때문이다. 이러한 점에서 "해동천자"이신 "지금의 (고려) 황제"는 고려 사람들의 천하관을 표현하는 말로 주목된다. 그런데 또 하나 주목되는 것은 해동의 천자인 지금의 고려 황제의 교화가 바로 "부처"와 "하늘"의 도움으로 널리 펼쳐진다고 노래가 시작된다는 점이다. 즉, 고려시대 사람들은 「풍입송」에서 노래하는 고려 황제가 이룬 교화와 태평성대는 부처님의 도움으로 가능하다고 생각했던 것이다. 태조가 남긴 훈요나 태조가 직접 지은 「개태사 화엄법회소開泰寺 華嚴法會疏」에도 고려의 왕업은 불력佛力에 힘입어야 한다는 관념이

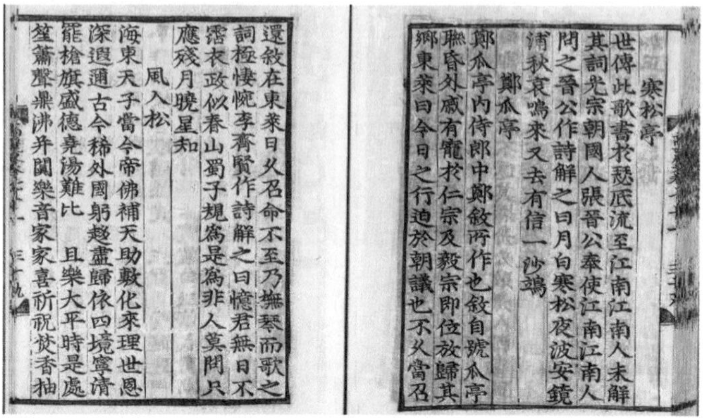

寒松亭
世傳此歌書於瑟底流至江南江南人未解
其詞光宗朝國人張晋公奉使江南江南人
問之晋公作詩解之曰月白寒松夜波安鏡
浦秋哀鳴來又去有信一沙鷗
鄭瓜亭
鄭瓜亭內侍郎中鄭敍所作也敍自號瓜亭
聯昏外戚有寵於仁宗及毅宗即位放歸其
鄉東萊曰今日之行迫於朝議也不久當召

還敍在東萊日久召命不至乃撫琴而歌之
詞極悽惋李齊賢作詩解之曰憶君無日不
霑衣政似春山蜀子規爲是爲非人莫問只
應殘月曉星知
風入松
海東天子當今帝佛補天助敷化來理世恩
深遐邇古今稀外國躬趍盡歸依四境寧清
罷槍旗盛德堯湯難比　且樂大平時是處
笙簫聲鼎沸幷闐樂音家家喜祈祝焚香抽

**사진 1.『고려사』「풍입송」**

**(소장처: 서울대학교 규장각(규 3579)/사진제공: 서울대학교 규장각)**

고려시대 불리던 노래로 고려 국왕의 위상에 대한 당시 사람들의 인식을 알 수 있다.

뚜렷하게 보이고 있어 이러한 생각은 자연스럽게 군주의 숭불崇佛로 이어졌다.

고려사회의 숭불의 이면에는 국가가 교단을 관리하지 않으면 안 된다는 인식도 있었다. 고려는 숭불을 하는 한편으로 국가가 승정僧政을 통해 교단과 승려 그리고 사찰을 관리하고 통제하려 하였는데, 고려의 국왕은 숭불군주인 한편 교단의 가장 위에 군림하는 존재였다. 출가자는 세속권력의 통제를 받지 않는다는 인도불교의 전통은 불교가 동아시아에 들어온 이래 이미 당나라 때 부정되었다. 숭불을 하는 왕조라 할지라도 승려는 황제나 임금에게 스스로를 신하라고 하였고, 신하의 예를 취하였고, 죄를 지었을 때는 국법에 의해 처벌받기도 하였다. 국왕이 정점에 있는 고려의 승정 역시 이러한 맥락에서 이해할 수 있다. 고려에서 운영되었던 왕사王師나 국사國師제도, 그리고 입적한 고승을 국사로 추존하고 왕명으로 부도탑과 탑비를 만들었던 것은 숭불과 승정이 함께 전개된 구체적인 사례이다. 즉, 고려의 국왕은 불교를 믿지만 종교권력은 국왕권에 종속되었던 셈이다.

그렇다면 동아시아의 숭불왕조에서 황제 또는 임금과 부처의 관계는 어떻게 인식되었을까. 이는 국왕의 숭불 문제에서 먼저 밝혀야 할 부분이다. 불교가 중국에 전래된 이후 불교의 중국화 과정에서 일시적으로 황제나 임금을 부처와 동일시하는 국왕관이 존재했던 적이 있었다. 소위 "왕즉불王卽佛"이라고도 하는 이러한 관념은 중국 북위北魏 왕조에서 처음으로 확인되는데, 인도에서부터 유래한 불교 고유의 국왕관도 아니고 중국에서도 북위 외의 다른 왕조에서 일반적으로 수용되었던 국왕관도 아니다. 임금을 부처와 동일하게 생각하는 관념은 북위 문성제文成帝 때 조성한 윈깡석굴雲崗石窟의 담요曇曜 5굴이 대표적인 사례로 태조 도무제道武帝에서부터 문성제에 이르기까지 5명의 황제의 모습으로 불상을 만들어 석굴에 봉안하였다. 또한 그는 황제의 모습으로 만들 불상을 주요 사원에도 두도록 했으니 북위에서는 황제는 부처와 동일시되었다. 그러나 북위를 제외한 대부분의 중국 황제는 전륜성왕轉輪聖王이나 보살이 되고자 하였고, 당나라 이후로는 황제를 부처와 동일시하는 관념은 나타나지 않는다.

한국사의 경우 신라 중고기 진평왕 중심의 특정 가계가 스스로를 석가씨족이라는 의미에서 "찰제리종"이라 칭한 적은 있지만, 신라왕을 부처라고 부르거나 신라왕의 모습으로 불상을 조성하지는 않았다. 스스로를 미륵불이라 부른 태봉의 궁예만이 부처와 임금을 동일시한 거의 유일한 사례이다. 한편 조선시대 적극적으로 불교를 진흥시켰던 세조에 대해 김수온(金守溫, 1410~1481)이 「여래현상기如來現相記」에서 상주하는 부처의 진신이 나타나고 사리가 만들어지는 귀한 상서가 일시에 나타난 것은 우리 성상(세조)이 여러 부처의 덕을 지니고 있기 때문에 여러 부처들이 성상의 상서로움에 응한 것이라고 하여 세조를 부처에 비견하기도 했다. 비록 김수온이 세조를 부처와 같이 찬양하기는 했지만, 세조 스스로는 자신을 "(부처의) 제자"라 했을 뿐 부처와 동일시하지는 않았다. 이처럼 동아시아의 전통에서는 숭불을 하는 국왕은 전륜성왕이거나 보살 혹은 제자가 될 수는 있지만 그를 부처와 동일시하는 것은 일반적이지 않았다.

그렇다면, 고려 불교에서 국왕은 어떤 존재였을까? 왕업이 유지되기 위해서는 부처의 도움이 있어야 한다고 믿었던 사회에서 국왕의 숭불이 구체적으로 표현되는 방법 중 하나는 의례를 들 수 있다. 고려시대 불교와 국왕의 관계는 국가의례로 설행된 불교의례를 통해 구체화되었다. 국가제사國家祭祀 혹은 국가의례는 왕권과 긴밀한 관계를 맺고 있는 정치의례이다. 의례를 주재하는 국왕은 위계화 된 의례질서의 가장 상위에 위치한다. 국왕은 자신이 주도하는 장엄한 의례를 통해 권력을 창출하고, 권력과 위엄을 과시하며, 군신상호간의 질서를 확인하고, 사회구성원으로 하여금 왕을 정점으로 하는 사회적 위계질서를 정당하며 자연스러운 것으로 받아들이게 만들게 함으로써 실제 권력을 창출하는 것이다. 이러한 의례는 정해진 날짜 혹은 즉위식과 같은 특정한 날에 반복적으로 설행됨으로써 계서적인 사회질서와 국왕권을 재확인하였고, 장소도 대개는 궁궐의 주요 전각이었고, 궁궐 밖의 경우에는 국왕권과 관련된 특정한 공간에 한정되었다. 고려의 경우 태묘太廟나 사찰 내에 조성된 진전眞殿이 후자의 대표적인 사례이다. 이 글에서는 고려시대 거행된 국가불교의례를 통해 고려시대 불교와 국왕의 관계를 살펴봄으로써 종교인 불교의 정치적, 사회적 기능을 왕권과의 관계에서 이해해 보도록 할 것이다.

## 고려시대 국가의례의 복합적 구성

고려의 국가의례를 이해하는 기본 자료는 『고려사』 예지禮志로, 그 서문에 의하면 『고려사』 예지는 고려중기 최윤의(崔允儀, 1102~1162)가 편찬한 『상정고금례詳定古今禮』를 근거로 편찬한 것임을 알 수 있다. 유교의례인 오례五禮 즉 가례 · 길례 · 흉례 · 빈례 · 군례로 구성되어 있고, 불교와 도교 의례의 일부가 잡사雜祀 혹은 잡의雜儀로 분류되어 실렸다. 도교의례인 초제醮祭는 「길례」 잡사로, 불교에서 유래한 상원연등회와 중동팔관회는 「가례」 잡의에 편재된 것이다. 이러한 상황으로 보면 고려시대 국가의례 체제를 반영한 『상정고금례』 역시 오례에 의거하여 구성되었고, 도교의례나 불교의례는 선별적으로 수록되었을 뿐만 아니라 그 의례적 성격 역시 잡사나 잡의로 구분되었을 것으로 추정할 수 있다. 하지만, 『고려사』 세가에 수록된 국왕이 설행한 의례 기록만 보더라도 불교의례의 비중이 매우 높을 뿐만 아니라 정기적으로 개최되고 있었음을 확인 할 수 있다. 그러므로 불교적 요소를 지닌 의례의 경우 『고려사』에 전하는 상원연등회와 중동팔관회를 제외하고도 다양한 의례들이 고려에서는 설행되고 있었음을 알 수 있는데 이는 『동문선東文選』이나 『동국이상국집東國李相國集』 등 문집에 전하는 의례 관련 글을 통해서 더욱 분명하게 확인된다. 결국 고려의 국가의례는 오례가 중심이 되었다기보다는 오히려 유교의례 외에도 불교, 도교 등 다양한 의례로 구성되었음을 알 수 있고, 이는 고려 국가의례의 복합성과 다양성을 보여준다.

고려시대 의례의 복합성은 윤소종(尹紹宗, 1345~1393)이 창왕에게 올린 글에서도 잘 나타난다. 윤소종은 고려의 마지막 임금인 공양왕이 전통대로 찬영粲英을 왕사에 책봉하려 하자 그에 대한 격렬한 반대 상소를 올린 대표적인 배불론자이기도 하다. 윤소종은 창왕이 즉위하자 국왕이 친행해야 하는 국가 제사를 대신들이 대신 지내오던 관행을 비판하고, 국왕이 직접 제사지내야만 한다고 건의하였다. 『고려사』 열전 윤소종전에는 왕이 직접 제사를 지낼 뿐만 아니라 제사에 사용할 글을 짓는 일도 직접 주관할 것을 요청하는 글이 실려 있다. 이에 의하면 고려는 원구, 종묘, 사직, 산릉, 진전, 신사에서 제향을 올릴 때 쓰는 축문祝文과 도관 및 사찰에서 사용하는 사詞와 소疏를 쓰는 것은 임금이 목욕재계한 후 직접 주관하였고, 천지와 종사는 반드시 임금이 직접 제사를 지냈으며, 사원, 도전, 신사는 간혹 대신을 시켜 대신 제를 지내게 했다고 한다. 윤소종이 창왕에게 올린 이 글에서 주목되는 것은 이러한 것을 "고려의 옛 제도" 즉 본조구제本朝舊制라고 칭했다는 것이다. 『고려사』를 편찬할 당시 『상정고금례』를 참조했으므로, 창왕 때 윤소종이 언급한 본조구제는 『상정고금례』와 크게 다르지 않았을 것이다. 그러므로 고려시대 국가의례를 오례 체제에 입각하여 이해하는 것은 고려시대에 대한 절반의 이해 혹은 미완의 이해에 그칠 수 있다. 고려의 국가의례는 『고려사』 예지의 내용보다 훨씬 다양하고 복합적이었고, 불교의례는 그러한 다양성의 한 축을 담당하고 있었다.

『고려사』 예지 가례 잡의 조에 전하는 상원연등회와 중동팔관회는 대표적인 고려의 국가 불교의례로 알려져 왔다. 연등회와 팔관회는 불교에서 기원한 것으로 이미 인도에서부터 개최되었지만, 고려시대 정기적인 의례인 상원연등회와 중동팔관회로 정착되는 과정에서 불교 외적 요소들이 결합되어 복합적인 성격을 가지게 되었다. 태조는 「훈요」 제 6조에서 "연등은 부처를 섬기는 것이고 팔관은 천령天靈, 오악五嶽, 명산名山, 대천大川, 용신龍神을 섬기는 것이다"라고 하며 임금과 신하가 함께 즐기는 의례로 반드시 설행할 것을 당부하였고, 실제로 고려에서 상원연등회와 중동팔관회는 거의 빠짐없이 정해진 날짜에 개최되었다. 그리고, 상원연등회와 중동팔관회만이 『고려사』 예지에 수록되게 됨으로써 의례 절차와 의례가 설행되는 공간을 상세하게 알 수 있는 단 두 개의 불교와 관련된 의례로 기록에 남게 되었다. 그런데, 이 두 의례는 기본적으로는 불교의례적인 성격을 가지고 있고, 의례를 통한 국왕권의 구현이라는 측면도 충분히 나타나고 있지만, 불교의 국왕관은 잘 드러나지 않는다. 고려의 상원연등회는 태조신앙과 결합하였고, 중동팔관회는 전통적인 산천신앙 및 조하의식과 결합하였는데, 이처럼 고려시대에서 새롭게 포함되는 의례 요소들이 연등회와 팔관회에서 가장 중요한 부분을 차지하고 있기 때문이다.

이에 비해 인왕도량이나 보살계수계는 중국에서 시작된 불교의례이다. 인왕도량의 소의경전인 『인왕경仁王經』이나 보살계수계의 전거가 되는 『범망경梵網經』 모두 중국에서 찬술된 경전인데, 이 두 의례는 동아시아 불교의 국왕관이 잘 반영된 불교의례이다. 또한 인왕도량과 국왕의 수계의식은 고려시대 정기적으로 궁궐에서 설행된 대표적인 불교의례로 비록 의례 절차는 현재 상세히 알려져 있지 않지만, 원종 5년(1264) 원종이 내린 교지가 『고려사』 권 26에 전하고 있어 의례의 대강을 알 수 있다. 인왕도량과 국왕 보살계수계는 고려시대 불교의례와 국왕의 관계를 조망해 볼 수 있는 대표적인 국가 불교의례이다.

## 고려불교에 나타난 제왕관

고려 국왕은 삼한일통을 이룬 태조의 계승자이자, 덕정德政과 인정仁政을 펼치는 유교적 권위를 갖춘 존재이면서 또 한편으로는 전생에서 닦은 공덕으로 인해 하늘 신의 수호를 받아 왕의 몸으로 태어난 사람 또는 보살로도 인식되었다. 고려 국왕의 권위는 유교에서의 군왕의 모습과 불교에서 이야기되는 다양한 제왕관이 공존하며 유지되었던 셈이다. 불교에서의 국왕관은 고려시대 찬술된 금석문이나 고려에서 많이 유통되었던 불서에서 확인할 수 있다. 이에 의하면 고려의 임금은 전생의 선업의 결과 혹은 전생에서 십선十善을 닦은 결과 왕이 되었으며, 왕으로 태어난 금생에서는 보살계를 받고 불교의 이상적인 인간상인 보살이 된 존재였다. 그리고 이러한 고려 국왕의 치세에는 진신사리眞身舍利의 출현이나 사리방광舍利放光과 같은 불교적인 이적이 나타남으로써 불교는 왕권을 정당화하고 강화화는 데 기여하였다. 이와 같은 불교의 국왕관은 현종이 현화사玄化寺를 창건하고 세운 「현화사비玄化寺碑」에 잘 드러난다.

채충순蔡忠順(?~1036)은 현종의 명으로 현종 13년(1022) 「현화사비」의 음기를 찬술하면서 『금광명경金光明經』을 인용하여 현종이 전생의 업業으로 하늘신의 수호를 받아 왕으로 태어났으며, 안으로는 부처의 가르침을 지키면서 밖으로는 유교의 가르침으로 교화하여 안팎 모두 조화를 이루어 선왕과 여러 부처들의 가르침에 부합한다고 하였다. 이러한 인식은 다른 불교경전에서도 확인되는데 그중에는 고려시대 국가불교의례의 전거가 되는 경전들이 있어 고려불교의 국왕관이라는 문제에서 주목된다. 『금광명경』에서는 업의 쌓임으로 인하여 사람들 중 왕으로 태어나고, 국토를 거느리기 때문에 사람들의 왕이라 부른다고 하였다. 그리고 어머니의 태속에 있을 때는 제천諸天이 수호하는데, 혹은 먼저 제천의 수호를 받은 후 태속으로 들어가기도 하며, 비록 사람들 속에 있지만 사람들의 왕으로 태어난다고 하였다. 채충순은 『금광명경』의 바로 이 구절을 인용한 것이다. 현종의 부모의 결합은 당시 고려사회에서 불륜으로 여겨졌기에 현종으로서는 자신의 정통성 강화를 위해 공개적으로 부모의 명예를 회복해야 했다. 현종이 거란전 직후 부모의 진전사원으로 현화사를 창건한 목적은 바로 부모의 관계를 정상화시켜 왕권의 정통성을 확립하기 위한 것이었고, 이는 불교라는 종교적인 권위를 통해 발현되었다.

또한 비석의 음기에 의하면 현화사 창건 무렵 현종의 어머니의 고향에서는 진신사리가 나타나 빛을 내며 허공을 떠다니고, 아버지인 안종安宗 욱郁의 무덤 근처 절에서는 부처의 어금니가 나타나는 이적이 있었는데, 현종이 직접 진신사리와 불치佛齒를 맞이하여 궁궐에 두었다가 현화사에 7층의 석탑을 세우고 봉안하였다고 한다. 또한 경상도 상주에서 500여 알의 사리가 허공에 떠서 빛을 내자 현종이 교외에 나아가 직접 맞이하여 그중 50알을 현화사 주존불에 납입하고 나머지는 내전도량內殿道場 즉 내불당內佛堂에 안치하고 공양하였다고 한다.

사리가 신이한 능력을 보이고 이를 왕이나 황제가 공양하며 숭배함으로써 왕권의 정당화와 정치적 안정을 꾀하는 것은 중국에서 먼저 나타났는데, 양무제

梁武帝 이래 수문제隋文帝를 거치며 불교와 권력 결합을 보여주는 대표적인 사례가 되었다. 고려와 동시대에 존재하였던 오월吳越의 국왕들도 사리신앙에 열중하였다. 이러한 사리상서舍利祥瑞는 동아시아에서 왕권을 수식하는 불교적인 전통이 되었으며 고려에서도 지금의 왕권을 수식할 수 있는 가장 익숙하고 설득력 있는 방식이었다. 이 점에서 사리상서는 순수한 종교적인 신앙의 발현이면서도 상당히 정치적인 사건이었다. 현종이 공개적으로 부모를 현창함으로써 왕권의 정당성을 강화하기 위해 현화사를 창건할 때 불교적인 사리상서가 나타났고, 상서로운 사리를 현종이 현화사의 탑과 주존불에 봉안하는 일련의 행위는 불교적인 방식으로 왕권을 강화하고 있음을 보여주는 사례이다. 현종은 비정상적인 혼인에 의해 태어난 존재가 아니라 전생의 선업의 결과로 왕이 될 수밖에 없는 존재였기에 현종이 현화사를 창건하자 사리상서가 곳곳에서 나타났던 것이므로 현화사비 음기는 『금광명경』과 사리상서를 통해 현종의 왕권을 설명하는 기록이기도 하다.

『금광명경』과 함께 대표적인 호국경전으로 알려져 있는 『인왕경』에도 불교의 국왕관이 보인다. 고려의 불교의례에서 많이 강경 되었던 경전 중 하나로, 『금광명경』은 금광명경도량의 소의경전이고 『인왕경』은 인왕도량 즉 백고좌회의 소의경전이었다. 『인왕경』에서는 상품上品의 십선을 닦은 자는 철륜왕鐵輪王이 되어 천하를 교화하고, 중품中品과 하품下品의 십선을 닦은 자는 속산왕粟散王이 되어 나라를 다스린다 하였다. 또 보살계수계와 관련이 있는 『영락경瓔珞經』에서는 상품은 철륜왕, 중품은 속산왕, 하품은 인간 중의 왕[人中王]이 된다 하였다. 철륜왕은 불교의 이상적인 세속 군주상인 전륜성왕 중 하나이며, 속산왕은 좁쌀을 뿌린 것 같은 여러 작은 나라의 왕을 의미한다. 그리고 국왕의 즉위식에서 설행되는 보살계수계는 전생의 선업으로 인해 금생에서 보살이자 왕이 되는 의례였다.

『금광명경』이나 『인왕경』, 『영락경』 등에서 전생의 인연, 즉 업과 십선의 수행으로 인해 금생에 국왕으로 태어났다고 하였다면, 『화엄경』이나 『범망경』은 보살로서의 국왕을 설하였다. 가장 대표적인 대승경전인 『화엄경』에서는 보살이 왕이 되어야 한다고 했고, 대승보살계의 소의경전인 『범망경』은 국왕이나 대신이 되려는 사람은 보살계를 받아야 하며 십선을 행하며 보살행을 구현한다고 하였다. 보살의 통치를 지향하고, 국왕의 통치는 보살행이 되어야 한다는 생각은 국왕의 보살계수계를 항례적인 의식으로 자리 잡게 하였고, 보살계를 받은 고려의 왕은 스스로를 "보살계제자"라고 칭하였다.

국왕의 보살계수계는 태조 왕건부터 확인된다. 태조는 후백제와의 마지막 전쟁을 승리로 마무리한 뒤 연산(지금의 논산)에 개태사開泰寺를 창건하였다. 그리고, 절의 창건을 기념하는 법회에서 사용할 기도문인 「개태사 화엄법회소」를 직접 지었는데, 이 기도문에서 왕건은 스스로를 "보살계제자 고려국왕"이라 하였다. 왕건은 보살계를 받은 부처의 제자로 계의 내용을 실천하여 보살이 되고자 하였던 것이다. 왕건은 불교를 돈독하게 믿었던 인물이었고, 통일신라 이후 불교를 신앙하는 이들이라면 승속을 막론하고 받던 것이 대승보살계였기에 왕건이 보살계를 받은 것은 크게 특별한 일은 아니었다. 하지만 그가 임금으로서 지은 기도문에 스스로를 "보살계제자"라 칭했고, 태조 이후 공민왕에 이르기까지 대부분의 고려국왕이 보살계를 받았다는 것은 결국 태조 이래 고려에서 국왕은 보살계를 받아야 했음을 보여주는 것이다.

국왕의 보살계수계는 덕종 때 정기의례로 정착되었다. 정기의례로서의 국왕의 보살계수계는 6월에 궁궐에서 열렸는데, 여러 차례 보살계를 받는 임금도 있었다. 보살계수계는 국왕의 즉위의례에도 포함되었다. 국왕의 즉위의례에 보살계가 포함됨으로써 유교적 성군의 정치를 기본으로 하는 왕정王政은 불교의 이상적인 모델인 보살이 행하는 보살행도 되었다. 그리고 이제 펼쳐질 새로 즉위한 국왕의 정치는 부처의 이름으로 축복받은 것이었다.

아울러 고려에서 국왕이 직접 찬술하거나 문한관이 국왕을 대신하여 찬술하는 기도문[疏]이 "보살계제자"로 시작하는 것은 국왕의 보살계수계와 관련이 있었다. 그리고 "보살계제자"로서 국왕이 기도문을 작성하는 전통은 조선전기까지도 남아 있었다. 조선건국 후 의례 정비과정에서 불교의례는 국행國行 의례로서의 위상을 상실하고 내행內行 의례로 왕실의 후원 속에 존속하였다. 비록 국행의례는 아니지만 대군이나 대비 등이 주관하는 즉, 내행으로 열리는 불교의례의 경우에도 왕명으로 소문이 작성되어 하사되는 사례가 사료에서 다수 확인된다. 조선전기에도 왕명으로 적성된 소문의 서두는 실제 보살계수계 여부와는 무관하게 "보살계제자 조선국왕"으로 시작되었다. 이것은 고려시대 이래 소문의 양식이었기 때문이다.

조선의 임금이 진심으로 자신을 "보살계제자"로 인식하며 그러한 소문을 작성하게 했을 수도 있고, 청산하지 않고 두었던 옛 제도의 흔적이었을 수도 있다. 이미 국행의례로서의 불교의례를 혁파하였기 때문에 더 이상 불교의례를 위한 제도정비가 필요하지 않아 불교의례를 위해 사용했던 문서양식이나 표현을 관습적으로 가능성이 있는 것이다. 아무튼, 불교의례에서 사용하던 소문의 서식은 고려 이래로 큰 변화 없이 그대로 사용되어 성종 초까지도 조선에서는 국왕명의의 소문을 작성할 때는 글의 서두에 국왕을 "보살계제자"라고 명기하였다.

일례로 세조 10년(1464) 오대산五臺山 상원사上院寺 중수 비용을 마련하기 위한 권선문勸善文에 세조가 직접 묵서하고 수결한 어첩御牒에 "불제자 승천체도 열문영무 조선국왕 이유佛弟子承天體道烈文英武朝鮮國王李瑈"라는 글씨와 수결 그리고 압인押印이 확인된다. 이 자료는 기도문은 아니지만 조선전기 국왕이 스스로를 불제자라고 했음을 보여주는 실물자료로 국왕의 불사를 살펴보는 데 유용하다.

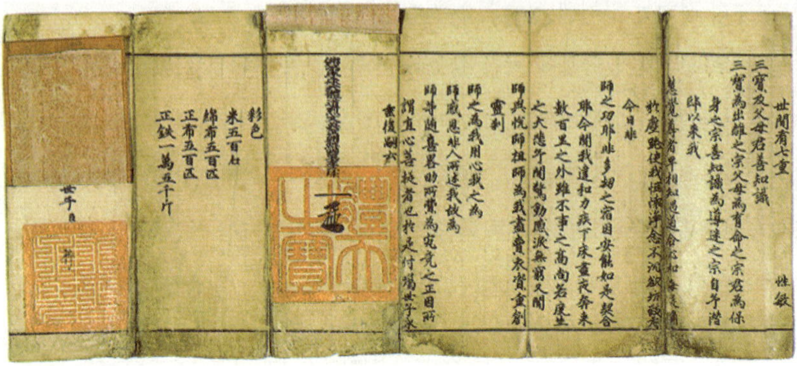

**사진 2. 상원사 중창 권선문(국보 제 292호) (소장처: 월정사 성보박물관/사진제공: 문화재청)**

세조 10년(1464) 상원사 중창을 위해 세조가 채색, 쌀, 무명, 베를 하사한다는 교첩이다. 세조가 직접 수결하고 어보를 찍은 문서로 "佛弟子"라는 묵서가 눈에 띈다.

이러한 소문의 서식에서 "보살계제자"라는 문구가 문제가 된 것은 세종대였다. 세종 6년(1424) 기신재忌晨齋에서 사용할 소문의 서식을 논의하면서 서두의 "보살계제자"와 소문 끝의 "제자"라는 표현이 논란이 되었지만 세종의 결정에 따라 "전례前例"대로 쓰는 것으로 마무리되었다. 이후에도 임금이 직접 수결하거나 압인한 소문에 쓰인 "보살계제자 조선국왕"이라는 말은 여러 차례 조정에서 논란이 되었다. 그리고 마침내 성종 8년(1477) 기신재소의 서두에서 "보살계제자"라는 문구를 삭제하고 단지 "조선국왕"으로만 쓰도록 하였다. 조선시대 불교의례는 의식의 종류나 규모가 축소된 내행의례로만 유지되어오면서도 "보살계제자 조선국왕"이라는 문구로 불교의례가 왕의 의례이자 국가의례로 설행되었었음을 희미하게나마 보이고 있었으나, 성종 8년의 조처로 그 흔적마저도 완전히 사라지게 되었다.

## 왕의 의례로서의 불교의례

원종은 원종 5년(1264) 인왕도량을 개최하면서 "우리나라는 태조 이래로 오직 부처의 가르침에 의존해 왔고, 부처의 내밀한 보호로 국가의 기업을 연장해 왔다. 특히 『인왕반야경』은 호국과 안민安民에 있어 가장 뛰어난 법문法文으로 그 경전에서 말하고 있는 100사자百獅子와 같은 사방승물은 법보法寶의 위의威儀를 상징하는 것으로 도량을 여는 데 가장 중요한 장식물이다"(『고려사』 권 26, 세가 26, 원종 5년 7년 기해) 라고 하였다. 부처의 가르침에 의존하면 부처의 보호로 호국과 안민이 이루어질 것이며 태조 때부터 고려는 그렇게 유지되었다는 원종의 말은 "고려의 대업은 제불다천諸佛多天의 호위 덕분"이라는 태조의 「훈요」 제 1조나, 태조가 직접 찬술한 「개태사화엄법회소」의 부처의 도움으로 후백제와의 전쟁을 승리로 끝낼 수 있었으니 정기적인 의례를 열어 여러 부처와 성현이 보호해 주고 지켜주는 것에 보답하려 한다는 발원에서 확인된다. 이는 앞에서 언급한 「풍입송」에 담긴 생각이기도 하다. 이처럼 불교의 보호에 힘입어 고려가 삼한을 통일하고 나라를 안정적으로 유지해 나갈 수 있다는 믿음은 고려 사회에서 너무나도 당연하게 받아들여지는 상식이었다. 예를 들어 전경도량轉經道場의 개최 목적을 보면 김부식(金富軾, 1075~1151)은 사직社稷의 영장靈長과 백성의 번성을 위해 회경전會慶殿에서 대장경을 전독하는 법회를 연다고 기도문을 썼고, 정지상(鄭知常, ?~1135)도 종사宗社의 편안함과 나라의 영구한 태평을 위해 천성전天成殿에서 전대장경도량轉大藏經道場을 연다고 소문을 작성하였다.(『동문선』 권110)

이처럼 국가 불교의례의 일차적인 목적은 무엇보다도 고려 공동체의 평안과 안녕 그리고 지속을 도모하는 데 있었다. 그리고 이는 고려를 유지하는데 불교는 왜 필요한 것인가, 고려는 왜 불교를 보호하고 교단을 잘 관리하여 불교 본연의 기능을 할 수 있게 해야 하는가라는 물음에 대한 답이기도 했다. 그러므로 국왕의 숭불과 국왕이 궁궐에서 주관하는 불교의례는 순수한 종교적 신앙 행위를 넘어서는 정치적 행위였던 것이다.

또한 국가 불교의례는 불교의 국왕관을 시각화하고 반복적으로 재확인하는 의식으로 불교에서의 이상적 국왕관이 고려라는 현실사회에서 구현되고 있음을 상징하는 의식이었다. 그러므로 국왕은 불교의례를 통해 왕권을 과시하고 장엄하였지만, 다른 한편으로 의례를 통해 이상적인 불교의 국왕이 되어야만 했다. 즉 국왕이 궁궐에서 개최하는 불교의례는 국왕의 권위를 보여주는 전형적인 정치의례이면서 다른 한편으로는 보살이 올리는 경건한 숭불 행위였다. 앞에서 살펴본 것처럼 고려의 국왕은 전생의 업과 수행 결과 금생에 국왕이라는 과보를 받게 되었을 뿐만 아니라 국왕은 즉위하면서 보살계를 수계함으로써 보살이라는 불교의 이상적 존재가 되었다. 그러므로 보살로서의 국왕은 자비를 실천해야 했으며, 불교를 보호하는 호법護法의 의무가 있었고, 그것은 정기적인 의례를 통해 끊임없이 재확인되었다.

고려에서는 국가의 평안과 번영, 왕권의 강화 및 장엄과 관련된 주요 의례가 불교로 수렴되는 경향을 보이며, 매년 복수의 불교의례를 정기적으로 설행하였다. 그리고 국가 불교의례는 궁궐의 내불당이 아닌 전각에서 설행되었고, 국왕이 의례를 주관하였다. 국왕의 절대적 권위의 공간인 조정의 전각과 구정에서 설행되는 의례는 공적인 국가의례로서의 왕권과 직결된 정치적 권위가 우선시되는 행사였다. 정기적 행사인 상원연등회, 중동팔관회, 인왕도량, 장경도량, 보살계도량, 경행 등은 모두 왕의 정치 공간인 궁궐 내 주요 전각이나 구정이 의식이 열리는 장소였다. 다만 선왕의 기일에 지내는 휘신도량諱辰道場은 진전사원에서 개최되었다. 하지만 절에서 열리는 휘신도량도 국왕이 직접 행차하여 지내는 친행의례였을 뿐만 아니라 불교 신앙의 핵심공간인 금당 영역이 아닌 별도의 담장으로 구획된 진전에서 이루어졌다는 점이 주목된다. 사원에서 불교식으로 거행되는 추모의식이기는 하지만 불전에서 행사로 진행된 것이 아니라 국왕과 관련된 별도의 공간에서 국왕의 주관하에 개최되었다는 점에서 사찰에서 일반적으로 열리던 법회와는 근본적으로 성격이 다르다고 할 수 있다.

고려의 독특한 시조신앙이라 할 수 있는 태조에 대한 신앙도 고대적인 천손天孫의식이 아닌 불교적인 요소로 표출되었다.『고려사』「세계世系」에서 왕건이 고려를 건국하고 송악에 도읍할 것이라는 예언은 승려인 도선道詵을 통한 것이었고, 광종 때 본격적으로 시작된 태조신앙은 진전이라는 불교적 공간에서 1월(혹은 2월)의 상원연등회의 조진배알祖眞拜謁과 6월의 태조휘신도량을 통해 구체적으로 구현되었다. 이러한 행사가 열린 태조의 진전은 광종이 봉은사奉恩寺를 창건하며 만든 것으로, 진전 안에는 태조의 소상을 봉안하였다. 이 태조상에는 당시의 가장 신성하고 권위 있는 요소들이 복합적으로 녹아들어 있는데, 이 중에는 불교의 32길상吉相에 준하는 표현도 볼 수 있다.

고려에서 태조는 백성들을 단합시킬 뿐만 아니라 왕의 권위에도 힘을 실어주는 존재로 고려 국왕권의 근원이기도 했다. 이러한 태조에 대한 신앙이 굳이 불교적인 방식으로 이루어질 필요는 없었음에도 태조에 대한 신앙에는 불교적인 요소와 의례가 중요하게 포함되었다. 또한 앞에서 살펴본 것처럼 고려는 숭불의 근거를 태조에 두었으니, 국왕의 불교의례 설행과 보살계수계 역시 태조에서부터 연원한 것으로 인식되었다. 봉은사 태조진전에서 봉행하는 조진배알이 의식의 핵심을 차지하던 상원연등회 외에도 중동팔관회나 경행經行도 의례 절차 중에 태조에 대한 예경이 포함되었다.

중동팔관회는 행사 첫날 아침에 궁궐에 보관하는 태조의 진영을 의봉루儀鳳樓로 옮겨 국왕이 태조의 진영에 진헌하면서 팔관회 개최를 유훈으로 남긴 태조를 기리는 것으로 행사가 시작되었다. 매년 3월 개경과 각 지방에서 정기적으로 개최되었던 경행도 태조에게 행사를 아뢰는 것으로 시작하였다. 경행은 『반야경般若經』을 받들고 시가지를 돌아다니는 행사인데, 왕명으로 열리는 불교행사였다. 경령전景靈殿에 경행이 시작됨을 고유한 뒤 색색으로 칠한 가마에 『반야경』을 얹고 시가지로 출발하여 시내를 도는데, 가마 뒤에는 독송하는 승려들이, 그리고 그 뒤에는 관원들이 공복을 입고 행렬을 이루며 백성들의 복을 빌었다.

고려의 국가와 불교의 관계는 『인왕경』 「호국품護國品」의 "국왕이 불교를 보호하면 인왕이 그 땅을 보호한다"는 관념에 기반하고 있었다. 고려에서 두차례 조성한 대장경은 이러한 생각을 가장 잘 보여주는 불사였다. 국가 불교의례 역시 호법과 호국의 상호관계에 바탕한 것으로, 국왕의 호법을 끊임없이 상기하고 구체화시키는 행위였다. 그러므로 국가 불교의례의 목적은 보살인 국왕이 불교의례를 직접 설행함으로써 의례의 공덕이 고려에 돌아와 고려가 제불다천諸佛多天의 보호를 받아 이 땅에서 전쟁과 재액은 소멸되고, 조정과 백성은 복과 평안을 누리게 하는데 있었다. 고려에서는 천재지변이나 전쟁이 일어나면 소재도량消災道場이나 기양의례祈禳儀禮를 여는 횟수가 급증하는데, 유교적인 천인감응설天人感應說에 따라 국왕의 수덕修德을 요구하는 한편으로 불교의례의 공덕으로 재난을 극복하려 했기 때문이다.

소재도량은 호법을 구현함으로써 부처, 보살, 신중神衆이 호법이 이루어지는 이 땅에 발생한 천재지변을 없애 줄 것이라는 믿음이었다. 그러므로 보살인 국왕이 다스리는 고려는 청정한 땅, 불국토였고 보살행을 실천하는 임금의 외호를 받는 청정한 땅이 천재지변이나 외적의 침입을 받게 되면 불보살과 신중이 도와준다는 호국신앙으로 연결될 수 있었다. 그리고 금강산의 담무갈보살, 오대산의 문수보살, 낙산의 관음보살 등 고려 땅 곳곳에 보살들이 상주하고 있다는 신앙도 고려가 청정한 불국토임을 대변해 주는 것이었다. 태조가 금강산에 갔을 때 담무갈보살의 현신을 만났다는 전승은 14세기 초 그림으로 표현되기도

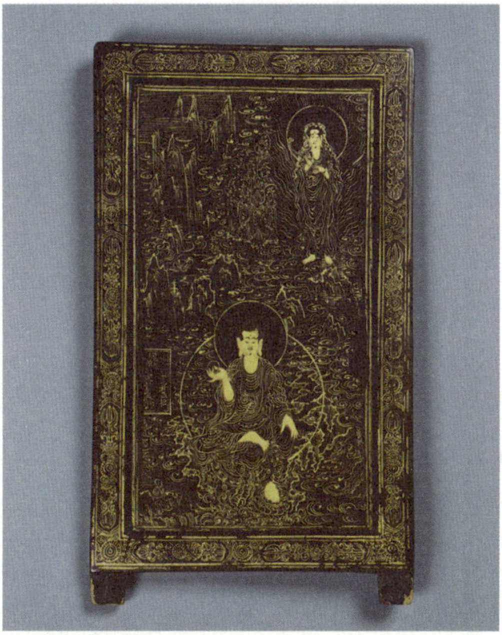

**사진 3. 담무갈 지장보살 현신도**
**(소장처: 국립중앙박물관/사진출처: 국립중앙박물관)**

나무에 흑칠을 하고 금니를 이용하여 그렸다. 1307년 노영魯英의 작품이다. 그림 상단에는 담무갈보살이 권속들을 이끌고 있고, 하단에는 지장보살이 앉아 있다. 이 그림에서 주목되는 것은 그림 좌측 중앙부분에 납작하게 엎드려 담무갈보살에게 예배하는 인물인데, 고려 태조가 금강산의 배점拜岾에서 담무갈보살의 현신을 보고 예배하는 모습이라고 알려져 있다.

하였다.

그러므로 보살계수계는 국왕을 보살이라는 이상적인 존재로 만들어 주었고, 고려의 명산에 상주한다는 보살들은 고려가 불국토임을 증명하는 존재들이었다. 보살계를 받은 고려국왕의 통치는 보살의 자비행으로 정당화 될 수 있었는데, 고려에서 빈번하게 개최되었던 금광명경도량에서 읽혔던 『금광명경』은 호국경으로만 알려져 있지만, 실제로는 자비행을 강조하는 경전이기도 하다. 인왕도량이나 금광명경도량에서 『인왕경』이나 『금광명경』이 독송됨으로써 반복적으로 고려 국왕의 권위는 불교에 의해 수식되었고, 그의 통치는 자비행이자 호법으로 정당화되고 부처의 이름으로 축복받을 수 있었다. 그리고 고려는 보살인 국왕의 자비로운 통치가 이루어지는 신성한 땅으로 보살계제자인 국왕이 정해진 법식에 따라 의례를 통해 공덕을 쌓는 한 각종 재난과 외적의 침입으로부터 보호될 것이라는 믿음을 갖게 하였다. 고려에서 불교가 민심을 안정시키는 데 중요한 기능을 하였다는 것은 바로 이러한 측면을 말함이다.

한편, 그동안 고려시대 국가와 불교의 관계는 불교는 국가를 이롭게 하는가, 즉 불교는 국가를 위해 무엇을 해야 하는가의 관점에서 주목되어 왔다. 이는 위정자의 입장에서 불교를 바라본 오랜 시각이라고 할 수 있다. 그렇다면 보살계를 받은 왕은 불교를 위해 무엇을 해야 하는가? 국가 불교의례는 불교가 국가를 위해 무엇을 할 것인가를 보여주는 행위이면서 한편으로는 보살계를 수계한 국왕은 불교를 위해 무엇을 해야 하는가 그리고 불교는 국왕을 어떻게 도덕적으로 규제할 수 있는가에 대한 대답이기도 하다. 국왕은 정기적으로 개최되는 의례라는 반복적면서도 쉽게 변하지 않는 절차와 행위를 통해 당시 사람들이 생각하는 이상적인 국가와 불교의 모습을 계속해서 보여주고, 보살이자 교단의 외호자로서의 국왕을 구체적으로 형상화하였다.

전생의 업과 십선을 닦은 인연으로 이번 생에 왕으로 태어난 고려국왕의 정치는 불교적 교화 그리고 정법正法 통치의 실현으로 이해되었고, 국왕의 통치와 행위를 도덕적으로 규제하는 기능을 하였다. 또한 국왕은 즉위하면서 보살계를 받았으므로, 계를 지니고 지키고자 노력해야 했고, 계를 어겼을 경우 참회하고 다시 보살계를 받아야 했다. 이는 불교를 통해 국왕이 끊임없이 자신의 행동을 경계하고 돌아보도록 하게 하였다.

고려의 불교의례는 국왕권을 수식하는 동시에 고려의 국왕은 보살이자 불교의 외호자이며, 정법으로 통치하는 자임을 의례 행위를 통해 반복적으로 구현함으로써 왕의 권력을 제약하는 기능도 하였다. 이러한 모습은 고려가 왕사와 국사 제도를 둠으로써 불법佛法이 왕법王法보다 우위에 있음을 전제한 가운데 왕권의 독주를 견제할 수 있는 최소한의 근거를 마련했던 것과도 상통한다. 조선에서는 왕권에 대한 도덕적인 견제 역시 유교로 일원화되었지만, 고려는 유교와 불교가 이원적으로 분담하였다고 볼 수 있다. 그리고 국왕이 주관하는 불교의례는 국왕 개인을 위한 공덕을 쌓는 행사가 아니라 불교를 믿는 국왕의 왕정은 보살행이자 정법의 실현이 되어야 한다는 것을 공개적으로 환기시키는 시간이었다. 그러므로 이러한 의식에는 국왕의 기도문이 공식적으로 작성되었고, 그 글은 "보살계제자 고려국왕"으로 시작하였던 것이다.

## 참고문헌

강호선, 2015「고려시대 국가의례로서의 불교의례 설행과 그 정치적 의미」『동국사학』59.

김철웅, 2002「고려 國家祭祀의 體制와 그 특징」『한국사연구』118.

김형우, 1992「高麗時代 國家的 佛敎行事에 대한 硏究」 동국대학교 박사학위논문.

남동신, 2003「중세 한국 사회와 불교」『인문과학연구』8.

남동신, 2006「나말려초 국왕과 불교의 관계」『역사와 현실』56.

노명호, 2012『고려 태조왕건의 동상-황제제도 고구려 문화 전통의 형상화』, 지식산업사.

노명호, 2014「《고려사》의 '僭擬之事'와 '大赦天下'의 '以實直書'-핵심이 삭제된 고려의 황제제도-」『한국사론』60.

안지원, 2005『고려의 국가불교의례와 문화-연등·팔관회와 제석도량을 중심으로』, 서울대학교 출판부.

한기문, 2003「高麗時期 定期 佛敎 議禮의 成立과 性格」『민족문화논총』27.

케서린벨 지음·류성민 옮김, 2007『의례의 이해-의례를 보는 관점들과 의례의 차원들』, 한신대학교 출판부.

# 고승 탑비의 건립과 사원의 계승

- 고려시대 불교사의 1차 사료, 고승 탑비
- 고승의 탑비와 법손 사찰
- 인멸될 뻔했던 선각국사 도선의 탑비
- 선각국사비 폐기의 정치적 배경
- 선각국사비 건립의 실질적 주체

최연식

## 고려시대 불교사의 1차 사료, 고승 탑비

고려시대에는 불교가 대단히 번성하였지만 당시 불교계의 실상을 보여주는 자료는 생각만큼 많지 않다. 정사인『고려사』와『고려사절요』에는 불교 관계 기사를 최소한도로 축소하였고, 별도로 승려들의 전기나 사찰의 역사, 현황 등을 정리한 자료도 거의 남아 있지 않다. 고려시대 승려들의 저술이 일부 전하지만 대부분 교학 혹은 선사상에 관한 교과서적 문헌들로 구체적인 승려들의 삶, 사찰 생활에 관한 내용은 찾아보기 힘들다. 고려시대 불교계의 모습을 종합적, 체계적으로 정리한 자료는 없고, 단지 불교 관련 금석문(고승들의 탑비(문)와 묘지, 사찰 개창 및 중창비 등)과 사찰 관련 고문서, 문인들의 문집에 전하는 승려와의 교류 기록을 통하여 당시 불교계의 모습을 엿볼 수 있을 뿐이다. 고려사회에서 불교가 차지했던 위상에 비해 당시 불교계의 모습을 알 수 있는 자료는 극히 제한되어 있는 것이다. 이런 제한된 자료들 중에서도 고려시대 불교 연구에 있어 가장 기본이 되는 자료는 승려들의 행적을 구체적으로 기록하고 있는 고승들의 탑비(문)이다. 고려시대 주요 승려들의 활동상을 비롯하여 불교계 각 종파의 성쇠, 국가의 불교 정책 등이 대부분 이 고승들의 탑비 내용을 통해 이해되고 있다. 탑비가 남아 있지 않은 승려들은 설혹 그들이 당대에 불교계를 주도하였고 후대까지 많은 영향을 미쳤어도 자료 부족으로 그 행적이 제대로 이야기되지 못하고, 탑비에 언급되지 않고 있는 사찰들은 그 위상과 성격에 대하여 제대로 밝혀지지 않고 있는 실정이다. 그런 점에서 일부에서 고려시대 불교사를 '비석의 역사'라고 이야기하는 것도 나름 정확한 지적이라고 할 수 있다.

고승들의 탑비는 해당 고승의 행적을 기리기 위하여 건립되는 것으로, 고려시대에는 모든 승려가 탑비를 세울 수 있는 것이 아니었고 국가에서 고승으로 인정된 소수의 승려들에 한해서 탑비를 세울 수 있었다. 고승으로 인정될 수 있는 승려가 입적하면 문도들은 먼저 스승의 유해를 다비(화장)하여 승탑(부도)을 만들어서 그 유골을 봉안하고, 다음에 스승의 행적을 정리하여 국왕에 탑비의 건립을 신청하여 허락을 받아 탑비를 건립하는 것이 일반적이었다. 현재 그 실물 혹은 내용이 전하는 고려시대 고승들의 탑비는 60여 점이다. 이 중 3분의 1에 해당하는 20점 정도는 고려 건국을 전후한 시기에 활동했던 선사들의 비로 고려가 후삼국을 통일한 이후 970년대 말까지 40년 정도의 기간에 집중적으로 건립되었다. 나머지 40여 점은 광종대 이후 왕실로부터 왕사 및 국사의 칭호를 받은 승려들의 탑비로 970년대 이후 약 4백 년 동안의 기간에 만들어졌다. 현재 전하지 않고 망실된 고승들의 탑비도 적지 않았겠지만 전체적으로 970년대 말 이후에 고승비의 건립 기준이 보다 엄격해졌고, 그 대상이 왕사나 국사의 호칭을 받은 승려들로 제한되었다고 할 수 있다. 그런데 왕사 및 국사의 칭호는 고승의 생전에 받는 경우도 있지만 적지 않은 경우는 사후에 탑비의 건립이 허가될 때에 함께 내려지고 있다. 탑비를 건립할 수 있는 고승의 범위를 제한하면서 그 기준을 명확하게 하고 해당 승려의 권위를 높이기 위해 왕사나 국사로 제한하였

**사진 1. 고려시대 고승의 승탑(부도)과 탑비**

고려시대에는 왕사나 국사로 책봉된 승려의 경우 입적 후 문도들의 요청에 의해 승탑(부도)와 함께 행적을 기록한 탑비가 건립되었다. 사진은 서산 보원사지에 있는 법인국사 탄문의 승탑과 부도 (사진제공 한국전통문화학교)

던 것으로 생각된다.

고려시대 고승의 탑비는 이처럼 고려시대 불교사 연구의 기본 자료이지만 지금까지는 주로 탑비에 씌어져 있는 내용 자체에만 큰 관심이 있었고 탑비에 기록되지 않은 사실, 즉 해당 탑비가 건립되는 배경과 구체적 건립과정 등에 대해서는 크게 주목되지 못하였다. 하지만 다른 여타의 공적 기록들과 마찬가지로 고승들의 탑비도 제작자들의 이해관계가 반영, 조정된 결과물이었다. 고승의 사망 이후 탑비가 언제, 어디에, 누구에 의해, 어떤 내용으로 건립될지가 별다른 이견 없이 순조롭게 결정되는 경우도 있었지만 때로는 탑비의 건립을 둘러싸고 적지 않은 갈등과 마찰이 발생하기도 하였다. 고승의 사망 이후 탑비의 건립까지 때로는 수십 년 이상이 경과되는 모습이 보이기도 하는 것은 이러한 상황을 반영하는 것이라고 할 수 있다.

고승들의 탑비가 단순히 고승의 행적을 현창하기 위한 것만이 아님은 당시 많은 승려들이 생활하였고 사람들의 왕래가 잦았던 수도 개경의 주요 사찰들에는 탑비가 전혀 건립되지 않고, 오히려 사람들의 왕래가 많지 않은 지방의 소규모 사찰에 많이 만들어진 것을 통해서도 알 수 있다. 왕사나 국사의 칭호를 받을 정도로 불교계를 대표하는 왕사나 국사의 칭호를 받을 정도로 불교계를 대표하는 고승들이라면 많은 사람들이 볼 수 있도록 그들이 주지를 역임하였던 수도의 대형 사찰에 세웠을 법하지만 현존하는 고승비 중 수도의 대형 사찰에 세워진 것은 왕자 출신이었던 대각국사의 탑비뿐이다. 대부분의 고승비는 대부분 지방의 작은 사찰, 때로는 그와 직접 관련이 없는 곳에 세워지고 있는데, 이는 탑비의 건립에 주인공의 행적 현창뿐 아니라 별도의 중요한 목적이 있었음을 보여주는 것이다. 또한 하나의 사찰에는 하나의 탑비만 건립되었고, 한 사람의 승탑과 탑비가 서로 다른 사찰에 만들어지거나 한 승려의 탑비가 복수의 사찰에 건립되는 사례가 있는 것도 고려시대 고승의 탑비 건립이 단순히 고승과 관계있는 사찰에 그를 기념하기 위해 건립한 것이 아니라 일정한 의도와 원칙하에 만들어졌음을 보여주는 것이라고 할 수 있다.

그렇다면 고승의 탑비는 어떠한 의도와 원칙에 따라 건립된 것일까. 이를 명확하게 밝히고 있는 기록은 없지만 탑비 건립과정에 대한 기록들, 특히 탑비의 건립과정이 순탄하지 못하여 우여곡절을 겪었던 사례들에 대한 기록에는 그것을 추정하게 하는 내용들이 보이고 있다. 이에 대한 검토를 통해 고려시대 고승 탑비의 건립을 둘러싼 불교계 안팎의 역관계와 탑비 건립의 의도와 원칙을 살펴보기로 하자.

## 고승의 탑비와 법손 사찰

고려시대에 모든 사찰은 원칙적으로 국가의 관리 하에 있었고, 따라서 모든 사찰의 주지는 국가에서 임명하였다. 본래 승려들의 공동체인 사원에는 수행과 생활의 모범이 되는 대표자 이외에 사람과 물자, 공간 등을 총괄하고 지휘하는 행정 책임자가 필요하지 않았지만 불교가 국가의 관료체제에 수용되고 그 후원과 통제를 받게 되면서 사찰을 관리하는 책임자로서 국가에서 임명하는 주지가 출현하게 되었다. 우리나라의 경우도 불교 수용 초기부터 중국의 사례를 따라서 국가가 건립한 주요 사찰에는 주지가 임명되었는데, 특히 고려시대에는 모든 사찰의 주지를 국가가 임명하였다. 완전한 국가불교 체제였다고 할 수 있다. 그런데 이러한 국가불교 체제에서도 일부이지만 국가의 직접적 통제에서 벗어나 내부적으로 주지를 선정하여 국가의 형식적 승인만을 받는 사원들도 있었다. 즉 개인이 자신의 재산을 희사하여 사찰을 세우고 운영하는 경우에는 사찰의 구성원들이 자율적으로 주지를 선정하는 것을 허락하였다. 이러한 사찰의 구체적인 사례는 정종靖宗 대에 재상 최제안이 중수한 경주의 천룡사에 관한 기록에서 볼 수 있다. 『삼국유사』 탑상편에 따르면 고려초의 대표적 유학자인 최승로의 손자 최제안은 본관인 경주 남산 서남쪽 고위산에 있던 신라 때의 옛 천룡사터에 새로 절을 지은 후 사찰의 주지를 국가에서 임명하지 않고 사찰 내부의 승려 중에서 선발하도록 할 것을 지방관에게 신청하여 인정받았다. 그는 이러한 사실을 기록한 문서를 사찰 승려들에게 주고 있는데, 여기에서 그는 주변 팔공산과 비슬산 등의 사찰에서도 개인이 재산을 희사하여 운영하는 경우에는 사찰 내부의 승려가 주지를 담당하는 사례가 있음을 근거로 제시하고 있다. 개인이 창건한 사찰은 원칙적으로 국가의 직접적 통제에서 벗어나 자율적으로 운영되었음을 알 수 있다.

한편 국가가 재정적 지원을 하는 일정한 규모 이상의 사원들 중에도 국가가 인정하는 고승이 창건하여 문도들을 가르치는 경우에는 특별히 해당 승려의 문도들 중에서 주지를 선발하도록 하였다. 존경받는 고승의 가르침과 가풍이 그 문도들에 의해 순수하게 잘 계승되기를 바란 것으로서, 사회적으로 인정받는 고승에 대한 우대 정책이라고 할 수 있다. 이러한 대표적 사례로는 묘향산 보현사와 예천 용문사를 들 수 있다. 보현사는 본래 현종대에 탐밀探密이라는 승려가 산 속에 창건한 작은 암자에서 출발한 것인데, 점차 제자들이 늘어나면서 사찰의 규모가 커져 묘향산의 대표적 사찰로 발전하였다. 이에 국가에서는 보현사에 토지를 주어 사찰의 운영을 지원하면서도 주지는 여전히 탐밀의 문하들만이 맡도록 정하였다. 국가가 재정적 후원을 하면서도 운영은 문도들의 자율에 맡긴 것이다. 용문사는 신라말 이래의 선종 사찰로, 후삼국통일 과정에서 이곳에 머물던 두운杜雲이라는 승려가 공을 세웠다고 하여 국가로부터 토지를 지급받고 주지도 대대로 두운의 문도들이 맡아 왔다. 시간이 지나 사찰이 퇴락하자 의종대에 조응祖膺이라는 승려가 문도들과 함께 다시 크게 중창하였는데, 국가에서는 이후 조응의 문도들이 주지를 계승하도록 하였다.

이처럼 개인이 창건하여 운영하는 사찰 이외에도 불교계에서 인정받고 국왕이 존중하는 유명 고승이 창건한 사찰에 대해서는 국가의 지원을 받는 공적 사찰인 경우에도 국가에서 주지를 임명하지 않고 해당 고승의 문도들이 주지를 계승한 후 국가의 승인을 받게 하였는데, 이러한 사찰을 고승의 법손들이 계승하는 법손法孫 사찰이라고 하였다. 이들 법손 사찰은 국가의 지원은 받되 국가의 간섭과 통제로부터는 어느 정도 벗어나 내부 구성원들에 의해 자율적으로 운영되는, 고려의 국가불교 체제 속에서 비교적 자유로운 승려들의 자치적 공간이었다고 할 수 있다. 고려시대 법손 사찰의 수나 불교계에서의 비중은 정확하게 알 수 없지만, 전체 불교계를 국가의 관리하에 두려 한 정책을 고려할 때 그다지 많았다고는 생각되지 않는다. 법손 사찰이 많아지면 국가의 사찰에 대한 통제가 약해질 수 있기 때문이다. 개인이 창건한 소규모의 작은 사찰들이 아닌 국가의 지원을 받는 일정 규모 이상의 사찰들은 원칙적으로 국가가 직접 주지를 파견하여 관리하려 하였을 것이다. 국가의 지원을 받는 사찰 중 특별한 일부에 한해서 법손 사찰로 지정하였다고 할 수 있고, 따라서 법손 사찰로의 지정은 소수에 대한 특혜라고 할 수 있다.

한편 법손 사찰들은 특정 고승의 문도들에 의해 배타적으로 운영된다는 그 속성상 국가가 직접 건립한 대규모의 사찰, 특히 수도 개경의 주요 사찰들은 지정되기 어려웠다. 국가적 차원의 대규모 사찰을 특정 고승의 문도들이 배타적으로 운영하게 하는 것은 국가의 불교 통제에도 장애가 될 뿐 아니라 불교계 다른 세력의 반발을 불러올 수 있기 때문이다. 실제로 현재 확인되는 법손 사찰들은 대부분 지방에 위치한, 규모가 아주 크거나 작지 않은 일정 정도 규모의 사찰들로 나타나고 있다.

고승의 탑비가 건립된 사찰들 중에도 법손 사찰로 확인되는 것이 적지 않다. 광종 대에 칙령으로 정해진 세 개의 '부동사원不動寺院'은 그 대표적 사례이다. 고달원 원종대사비의 음기에 의하면 광종은 971년 궁궐에서 대장경전독회를 마친 후 고달원을 비롯하여 희양원, 도봉원 등을 특정 고승의 문하 제자들만이 배타적으로 관리, 운영하도록 명령하였는데, 이는 해당 사찰들을 각기 찬유(고달원), 긍양(희양원), 혜거(도봉원)의 문도들이 대대로 주지를 맡아 자율적으로 운영하는 법손 사원으로 인정해준 것이다. 그런데 이 세 곳의 사찰에는 각기 해당 고승의 승비가 건립되었다. 고려 중기 이후에도 의천의 탑비가 건립된 선봉사는 의천의 천태종 직계 문도들이 대대로 계승도록 인정받았고, 일연의 탑비가 건립된 인각사도 일연의 문도들이 대대로 계승하여 운영하라는 국왕의 명령이 내려졌다. 다른 고승들의 탑비에는 탑비가 건립된 사찰들이 해당 고승의 문도들에 의해 계승되는 법손 사찰이라는 사실이 명확하게 기록되어 있지 않지만, 그 사찰의 건립 혹은 중수에 해당 고승과 문도가 주도적인 역할을 하고 있고, 국가로부터 일정한 지원을 받고 있으며, 고승 사후 고승의 문도들이 주지를 맡고 있는 것으로 볼 때 이들 역시 실제로는 법손 사찰로 기능하였다고 생각된다. 11세기 이후 건립된 고승 탑비 대부분은 뒷면에 문도들의 이름을 국왕의 허락을 얻어 구체적으로 기록하고 있는데, 이 역시 해당 사찰에 대한 문도들의 권리를 보증하는 것으로 이해된다. 고려시대의 탑비에는 고승의 현창이라는 드러난 목적 이외에 문도들의 특정 사찰에 대한 기득권 인정이라는 드러나지 않는 목적이 담겨져 있었던 것이다.

이처럼 고승의 탑비를 건립하는 것은 해당 사찰을 법손 사찰로 인정하여 일정한 특권을 부여하는 것이었으므로 고승의 탑비 건립은 쉽게 허락될 수 있는 것이 아니었다. 고승의 탑비가 건립될 경우 해당 사찰이 국가의 직접적 통제에서 빠져나가는 결과를 초래하기 때문이다. 따라서 고승의 탑비 건립에는 해당 고승의 불교계 내부의 위상도 중요하였지만 그를 계승하는 문도들의 세력, 그리고 그들을 후원하는 정치, 사회세력의 존재도 중요하였다고 생각된다.

불교계를 존중하면서도 국가의 관리와 통제를 포기할 수 없었던 고려 국가의 불교 정책이 고승 탑비의 건립에도 나타나고 있다. 이하에서는 탑비의 건립 과정이 순탄하지 못하여 우여곡절을 겪었던 사례를 통하여 고려시대 고승탑비의 건립을 둘러싼 불교계 안팎의 역관계와 탑비 건립 주체의 의도를 살펴보고자 한다.

## 인멸될 뻔했던 선각국사 도선의 탑비

고승의 탑비 중 건립과정의 우여곡절이 널리 알려진 것으로는 무인정권 초기에 건립된 선각국사 도선의 탑비, 즉 선각국사비를 들 수 있다. 잘 알려진 것처럼 도선은 한국 풍수지리의 비조이자 태조 왕건의 왕조 창업을 예언한 업적으로 인해 고려 왕조 내내 신성시되었던 인물이다. 태조의 「훈요십조」에서도 그의 가르침을 받들고 있고, 이후에도 그의 가르침은 고려사회의 주요한 운영 원리 중 하나로 계승되었다. 그런데 도선은 본래 고려가 건국되기 이전인 신라하대에 활약하였던 승려로서 그가 죽고 나서 3백 년 가까이 지난 후에 비로소 탑비가 건립되었다는 것 자체가 특이하다고 할 수 있다. 더욱이 이 탑비는 왕명에 의해 만들어졌음에도 불구하고 본래 예정대로 건립되지 못하고 폐기되었다가, 20년 이상 지난 후에야 비로소 세상에 다시 모습을 드러낸 특별한 사연을 가지고 있다.

선각국사비의 건립이 처음 추진된 것은 인종 때였다. 선각국사 비문의 내용에 의하면 인종은 고려 건국에 공이 있는 도선의 업적을 현창하기 위하여 탑비를 건립하기로 하고 최유청에게 그 비문을 짓게 하였다. 앞에서 언급한 것처럼 광종대 이후 고승들의 탑비 건립은 왕사나 국사로 책봉된 사람들에 한정되었는데, 인종 때의 도선 탑비 건립 추진은 그가 국사로 책봉된 것과 관련되는 것으로 보인다. 즉, 『고려사』에 의하면 인종 6년(1128) 4월에 원효, 의상과 함께 도선을 추봉하라는 명령을 내리고 있고, 선각국사비문에서는 도선이 현종 때에 대선사大禪師로 추증되었고, 이후 숙종 때에 왕사, 인종 때에 국사로 봉해졌다고 이야기하고 있는데, 양자를 종합하면 도선은 인종 6년에 국사로 책봉되었고, 이를 기념하여 그의 탑비 건립이 추진되었던 것으로 보인다. 물론 숙종 때에 이미 왕사로 책봉되었으므로, 그때에도 탑비를 건립할 수 있었지만 실제로는 인종이 특별히 그의 탑비 건립을 명령하고 있는 것으로 보아 인종 때까지도 그의 탑비

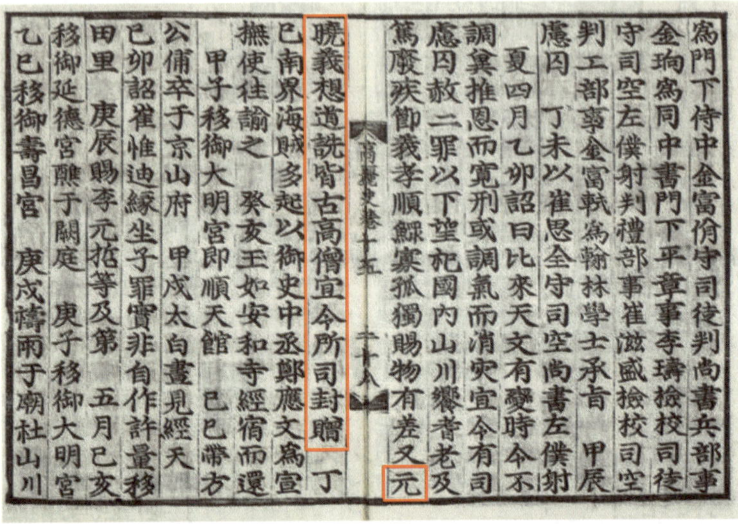

爲門下侍中金富佾守司徒判尚書兵部事
金珦爲同中書門下平章事李璹檢校司徒
守司空左僕射判禮部事崔滋盛檢校司空
判工部事金富軾爲翰林學士承旨 甲辰
慮囚 丁未以崔思全守司空尚書左僕射
夏四月乙卯詔曰比來天文有變時令不
調冀推恩而寬刑或調氣而消灾宜令有司
慮囚赦二罪以下望祀國內山川饗耆老及
篤廢疾鰥寡孤獨賜物有差又元

高麗史卷十五　二十八

曉義想道詵皆古高僧宣令所司封贈 丁
巳南界海賊多起以御史中丞鄭應文爲宣
撫使往諭之 癸亥王如安和寺經宿而還
甲子移御大明宮即順天館 己巳帶方
公俌卒于京山府 甲戌太白晝見經天
己卯詔崔惟迪緣坐子罪實非自作許量移
田里 庚辰賜李元搢等及第 五月己亥
移御延德宮難于闕庭 庚子移御大明宮
乙巳移御壽昌宮 庚戌禱雨于廟社山川

**사진 2. 「고려사」 중의 도선을 국사로 추증 관련 기록(서울대학교 규장각한국학연구원 소장, 규 3579)**

신라 말에 활약한 도선은 고려의 개창을 예언하였다고 하여 고려 왕조에 들어와 성인으로 받들어졌다. 현종 때에 대선사의 법계를 내리고, 숙종 때에 왕사, 인종 때에 국사로 추증되었다.

가 세워지지 않았던 것을 알 수 있다.

실제 어떤 승려가 왕사나 국사로 책봉되었다고 해서 해당 고승의 탑비가 곧바로 건립되는 것은 아니었다. 별다른 문제가 없으면 곧바로 건립될 수 있지만 상황에 따라서 적게는 몇 년, 많게는 수십 년까지 미뤄지기도 하였다. 특히 입적하고 나서 오랜 기간이 지난 후에 특별한 조치로 왕사나 국사로 책봉되고, 탑비 건립이 추진되는 경우에는 그 건립 과정이 더욱 복잡해지기도 하였다. 실제로 인종 6년에 도선과 함께 추봉 대상자로 이야기된 원효와 의상의 경우, 이미 숙종 6년(1101)에 각기 화쟁국사와 원교국사로 책봉되면서 그들의 행적을 기록한 탑비 건립의 명령이 있었지만, 탑비의 건립은 한참 뒤까지도 시행되지 않았던 것으로 보인다. 원효의 화쟁국사비의 경우 기록에 따라 최유청 혹은 한문준이 찬술하였다고 이야기되고 있는데, 두 사람의 활동 시기를 고려할 때 무인집권기인 명종 때에야 건립되었던 것으로 보인다. 의상의 원교국사비는 실물은 물론 탁본도 전하지 않고 있어서 실제 건립되었는지조차 명확하지 않다.『동문선』에는 원교국사비를 지으라는 명령을 받고서 재주 부족을 이유로 사양한 김부식에게 거듭하여 비문을 지을 것을 종용하는 국왕의 비답이 수록되어 있다. 그런데 당시 김부식의 직책이 대사성으로 나오는 것으로 보아 인종 초기의 일로 보인다. 인종 초기까지도 원교국사비의 비문이 만들어지지 않았음을 알 수 있다. 원효와 의상은 숙종 때에 국사로 책봉되고 탑비 건립의 명령이 있었지만, 20여년이 지난 인종 초기까지도 탑비의 비문조차 완성되지 않고 있었던 것이다. 숙종 때의 원효와 의상에 대한 국사 책봉과 탑비 건립은 숙종의 동생인 대각국사 의천의 건의에 의한 것이었는데, 그가 불과 두 달 뒤에 입적하면서 원효와 의상의 탑비 건립은 추진력을 잃고 흐지부지되었던 것으로 보인다. 그렇다면『고려사』에 기록된 인종 6년에 원효, 의상과 함께 도선을 추봉하라는 명령은 실제로는 이미 숙종 때에 국사로 추봉되어 있었음에도 아직 탑비가 건립되어 있지 않던 원효와 의상의 탑비를 건립하고, 그와 함께 도선을 국사로 추봉하고 탑비를 건립하라는 명령을 축약하여 기록한 것으로 생각된다. 도선의 업적이 새롭게 부각되고 그의 탑비 건립이 추진되면서 그때까지 미뤄지고 있던 원효와 의상의 탑비 건립이 다시 국왕에 의해 재촉되었던 것이 아닌가 한다.

인종 6년에 도선을 국사로 책봉하고 그의 탑비 건립이 추진된 것은 당시 묘청이 중앙 정계에 진출하여 국왕 인종의 존경을 받고 국가의 주요 정책에 참여하기 시작한 것과 관련된 것으로 생각된다. 서경의 승려였던 묘청은 지리와 천문 등에 관심이 많던 일자日者 백수한의 추천으로 중앙 정계에 진출하였고, 이후 같은 서경 출신인 정지상 등의 적극적인 추천으로 인종의 신임을 받게 되었다. 사서에 기록된 그의 중앙 정계에서의 첫 번째 행적은 도선이 국사로 책봉되기

전 해인 인종 5년(1127) 3월에 백수한과 함께 궁궐에서 관정도량이라는 밀교 의례를 거행할 것을 국왕에게 건의하고 이를 집행한 것이었다. 사서에 의하면 묘청은 평소 자신이 도선의 가르침을 계승하였다고 주장하였다고 하는데, 풍수지리와 밀교적 능력으로 국왕의 신임을 받게 되면서 도선의 국사 책봉과 탑비 건립을 요청하였을 가능성이 높다.

하지만 인종 6년의 도선 탑비 건립 계획은 예정대로 진행되지 못하였고, 그로부터 20여 년이 지난 의종 3년에 비로소 본격적인 건립이 추진되었다. 의종 3년(1149) 10월에 국왕이 선왕인 인종의 유지를 계승한다며, 인종 때에 비문 찬술을 명령받았던 최유청에게 비문의 완성을 독촉하고 있는 것이다. 인종 때의 도선 탑비 건립이 순조롭게 진행되지 못한 것은 당시 묘청이 중심이 되어 진행되던 정국의 급박한 동향 때문으로 보인다. 주지하듯이 인종의 신임을 받은 묘청은 도선 탑비 건립 명령이 내려진 인종 6년부터 서경천도를 주장하였고, 이 서경천도를 둘러싸고 고려의 지배층은 찬성파와 반대파로 크게 분열되었다. 수년여에 걸친 논란 끝에 서경천도 계획이 철회되자 묘청은 인종 13년(1135) 정월에 서경 세력과 함께 독자적인 정부 수립을 추진하였고, 결국은 중앙 정부군에 의해 토벌되고 말았다. 이러한 급박한 정치 상황 속에서 도선 탑비의 건립과 같은 '한가로운' 사업이 예정대로 이뤄지기는 어려웠을 것이다. 그리고 묘청이 실각한 이후에는 그가 주도하였던 도선 탑비의 건립은 이미 잊혀진 사업이 되었을 것이다.

이렇게 잊혀졌다가 의종 초에 재개된 도선 탑비의 건립은 처음에는 순조롭게 진행되었다. 국왕의 명령을 받은 최유청은 곧바로 도선의 행장 내용을 살펴 비문을 짓기 시작하였고, 다음 해인 의종 4년(1150) 7월에 비문을 돌에 새긴 비석이 완성되었다. 하지만 이 비석은 본래 예정된 곳에 건립되지 못하고 이후 오랫동안 개경 국청사의 회랑에 방치되어야 했다. 비석이 완성된 다음 해인 의종

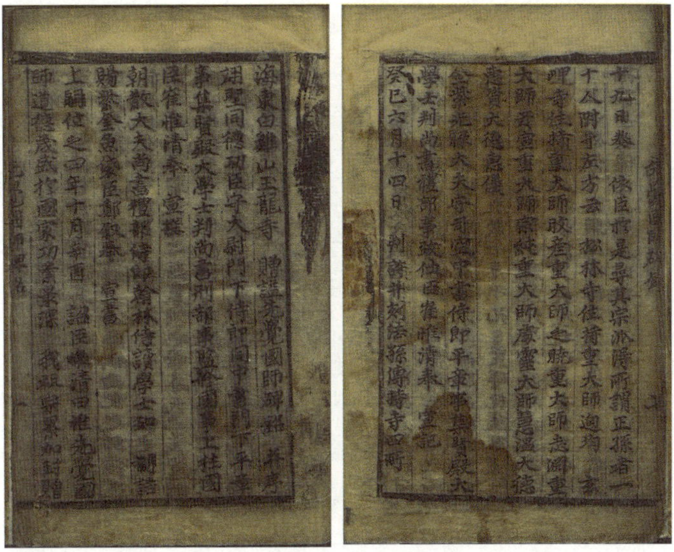

**사진 3. 선각국사탑비탁본을 조선시대에 판각한 책(규장각한국학연구원 소장, 고1723-3)**

도선의 탑비인 〈해동백계산옥룡사증시선각국사비명海東白鷄山玉龍寺贈諡先覺國師碑銘〉은 전해지지 않지만, 비문을 조선시대에 판각한 목판본이 전하고 있어 비석 본문은 물론 음기의 내용을 확인할 수 있다. (규장각 소장의 〈고려국광주희양현고백계산옥룡사제시동진대사보운지탑병서高麗國光州晞陽縣故白鷄山玉龍寺制諡洞眞大師寶雲之塔并序〉에 수록되어 있는 도선탑비 목판본 중 21쪽과 34쪽 사진)

5년(1151) 5월에 비문을 지은 최유청과 비문의 글씨를 쓴 정서가 간관들의 탄핵을 받아 실각하면서 이들이 관여한 선각국사비도 그 의미를 잃고 폐기처분되었던 것이다. 예정대로 건립되지 못한 도선의 선각국사비는 이후 20여 년간 방치되어 있다가 무인난 이후 최유청이 다시 권력의 중심부에 등장하면서 비로소 다시 빛을 볼 수 있게 되었다. 명종 2년(1172)에 옥룡사 승려들이 원래 예정대로 선각국사비를 옥룡사에 건립해줄 것을 요청하였고, 정부는 이를 받아들여 그동안 국청사 회랑에 방치되어 있던 비석을 수습하여 옥룡사로 보내 건립하게 하였다. 명종 3년(1173) 6월 광양의 옥룡사에 최종적으로 자리하게 된 선각국사비의 뒷면 음기에는 비석 완성 이후의 폐기와 복원 과정이 최유청에 의해 기록되었다.

이와 같이 도선의 선각국사비는 처음 건립을 발의했던 묘청과 비문을 지은 최유청의 정치적 부침을 거치면서 처음 건립 명령이 내려진 인종 6년으로부터 45년, 비문이 완성된 의종 4년으로부터 23년 만에 비로소 온전히 모습을 드러낼 수 있었다. 선각국사비의 건립이 이처럼 많은 우여곡절을 겪게 된 것은 이 탑비의 건립이 단순히 도선이라는 역사적 인물의 현창만이 아니라 건립에 참여한 사람들의 정치 · 사회적 이해관계를 반영하고 있었기 때문이었다. 특히 의종대에 왕명으로 비석이 완성되었다가 곧바로 폐기되는 과정에는 국왕과 왕실의 인물들이 대거 관여하는 복잡한 상황이 있었던 것으로 보인다.

## 선각국사비 폐기의 정치적 배경

선각국사비가 중간에 폐기된 배경에 대해 최유청 본인이 작성한 음기에서는 자신과 비문을 쓴 정서의 실각 때문이라고 이야기하고 있는데, 이들의 실각은 개인적인 문제가 아니라 국왕을 비롯한 왕실의 여러 인물들이 두루 연루된 매우 복잡한 상황의 결과였다. 최유청과 정서가 실각된 것은 그들이 당시 국왕 의종의 동생이었던 대령후와 친밀한 관계였기 때문이었다. 의종은 바로 아래 동생인 대령후에게 상당한 콤플렉스를 가지고 경계하고 있었다. 애초에 부왕인 인종과 모후인 공예태후가 장남인 의종에게 군주로서의 자질이 부족하다고 하여 둘째 아들인 대령후를 태자로 책봉하려 하였기 때문이다. 당시의 실권자였던 김부식과 정습명 등이 유교적 원리에 따라 장남의 태자 책봉을 강력히 주장하여 의종이 태자가 되어 왕위를 계승하였지만, 의종은 즉위 후에도 자신을 지지하지 않았던 어머니에 대해 서운한 감정을 숨기지 않았고, 잠재적 경쟁자였던 대령후에 대해서는 극도로 경계하였다. 집권 초기에는 인종대의 정치적 상황이 그대로 이어졌지만, 의종 5년 김부식과 정습명의 사망을 계기로 아무런 제약 없이 왕권을 행사하게 된 의종은 곧바로 대령후를 핍박하였고, 그 과정에서 대령후와 가까운 관계였던 최유청과 정서가 정계에서 쫓겨나게 되었던 것이다. 정서는 공예태후의 여동생의 남편으로서 의종의 이모부였다. 그런데 의종 5년 5월 의종을 어려서부터 보살펴준 유모의 남편이었던 환관 정함이 공예태후의 동생 임극정과 정서가 대령후와 가까이 지내며 '다른 생각'을 하고 있다고 고변한 것을 계기로 임극정과 정서, 그리고 그들과 가까운 인물들이 정계에서 축출되었다. 이때 최유청은 처남인 정서의 요청으로 대령후를 대접할 때 그릇을 빌려주었다는 이유로 지방으로 쫓겨났다. 이미 완성되어 있던 선각국사비가 중도에 폐기된 배경에는 이러한 정계의 급격한 변화가 있었던 것이다.

그런데 왕명에 의해 건립되기로 되어 있던 고승의 탑비가 단순히 비문 제작에 관여한 인물들의 정치적 부침에 따라 폐기되었다는 것에는 의아스러운 점이 적지 않다. 비문을 작성한 사람이 문제라면 새로운 인물에게 비문을 다시 작성하도록 할 수도 있을 것이기 때문이다. 그렇지만 최유청 등이 관여한 탑비가 폐기된 후 무인들의 쿠데타로 정권이 바뀔 때까지 20여 년간 도선의 선각국사비를 다시 제작하려는 시도는 전혀 보이지 않고 있다. 이는 의종 초기 선각국사비의 건립이 비문에서 이야기하고 있는 것처럼 선왕의 뜻을 계승하려는 국왕의 의도에서 비롯된 것이 아니라 국왕에게 영향을 미칠 수 있는 몇몇 소수의 사람들에 의해 추진되었음을 보여주는 것이라고 할 수 있다. 최유청과 정서가 비석의 건립에 적극적으로 관여하였고, 그들의 실각으로 완성된 비석이 폐기된 것을 보면 이들이 선각국사비 건립을 주도하였던 중심인물들이었던 것으로 보인다. 그리고 이들의 가족 배경으로 볼 때 그 배후에는 공예태후 임씨와 그 집안, 즉 정안 임씨가 있었던 것으로 생각된다. 하지만 최유청과 정서, 그리고 공예태후와 정안 임씨 등이 도선을 현창하고 그의 탑비 건립을 추진할 이유는 잘 찾아지지 않는다. 이들은 왜 도선 탑비의 건립에 관심을 가지고 추진하였던 것일까.

## 선각국사비 건립의 실질적 주체

무인 난 이후 오랫동안 방치되었던 선각국사비를 원래 예정대로 옥룡사에 건립하자고 건의하여 이를 관철시킨 사람들은 옥룡사에 있던 도선의 법손들이었다. 이로 볼 때 의종 초기에 도선의 탑비를 건립하려고 한 사람들도 바로 그 법손들이었다고 생각된다. 고승의 탑비가 본래 문도들의 요청에 의해 건립되는 것을 고려할 때 이는 당연하다고 할 수 있다.

옥룡사에 있던 도선의 법손들이 도선비의 건립을 주도하였음은, 그들이 작성한 행장에 의해 서술된 선각국사비의 내용이 실제 도선의 행적이 아니라 그들의 입장에서 정리된 '가공의' 행적을 서술하고 있는 점을 통해서도 알 수 있다. 최유청은 도선의 행장에 의거하여 도선의 생애를 다음과 같이 서술하고 있지만 이러한 내용은 실제 도선의 행적을 전하는 것으로 보기에는 적지 않은 문제들이 있다.

흥덕왕 2년(827) 영암군의 김씨 집안에서 출생. 태종대왕의 서손. 어머니 강姜씨가 구슬을 삼키는 꿈을 꾼 후 임신.

문성왕 3년(841) 월유산月遊山 화엄사로 출가. 『화엄경』을 공부하여 통달함.

문성왕 8년(846) 교학을 버리고 동리산桐裏山의 혜철慧徹 대사에게 나아가 선을 수학함.
혜철 대사에게서 '무설지설無說之說과 무법지법無法之法'을 전해 받음.

| | |
|---|---|
| 문성왕 11년(849) | 천도사穿道寺에서 구족계를 받은 후 각지를 돌아다니며 수행함.<br>이 기간 동안 지리산 구령甌嶺에서 이인異人을 만나 음양오행술을 배움. |
| 경문왕 4년(864) | 광양의 백계산白鷄山 옥룡사玉龍寺를 중수하고 이곳에 머무름. 명성이 알려지면서 많은 제자들이 배우러 옴. |
| 헌강왕 1년(875) | 송악을 방문하여 태조의 탄생과 후삼국 통합을 예언하고 비기秘記를 전함. 이후 헌강왕(886년 사망)의 초청으로 경주의 궁중에 머물다 돌아옴. |
| 효공왕 2년(898) | 옥룡사에서 입적함. 이에 효공왕이 요공선사了空禪師라는 시호를 내리고 부도를 만들어 줌. 문인 홍적洪寂의 요청을 받아들여 박인범朴仁範에게 비문을 짓게 하였지만 비석을 완성하지는 못함. |

현재 일반적으로 선각국사비에 기록된 이러한 내용에 의거하여 도선의 행적이 이해되고 있지만, 여기에 기록된 행적들 중 다수가 우연하게도(?) 신라 말에 활동한 여러 선사들의 탑비에 기록된 행적과 일치하거나 비슷한 것으로 볼 때 실제 도선의 행적이 아니라 후대에 의도적으로 만들어진 가공의 행적일 가능성이 높다. 선각先覺이라는 시호와 출생지를 영암이라고 한 것은 선각왕사비와 일치하고, 월유산 화엄사에서 수학하고 옥룡사에 주석한 사실은 동진대사비에 보이는 내용이다. 또 어머니가 구슬을 삼키는 꿈을 꾸고서 잉태하였다는 출생 인연담 및 '무설지설無說之說과 무법지법無法之法'의 가르침을 수학하였다는 내용은 적인선사비에 나오며, 효공왕이 시호를 하사하고 박인범에게 비문을 작성하게 하였지만 정치적 혼란으로 완성되지 못하고 후대에 비가 건립되었다는 것은 징효대사비의 내용과 일치한다. 선사들의 활동이 대체로 유사하므로 비슷한 내용이 있을 수 있지만 도선의 행적 거의 대부분이 이처럼 이전 선사들의 탑

**사진 4. 선각국사비에 기록된 도선의 행적의 모델 중 한 사람인 선각왕사 형미의 탑비 (강진 무위사)**

태봉의 수도 철원에서 활약했던 선승 형미는 왕건과 친하다는 이유로 궁예의 미움을 받아 처형되었다. 왕건은 즉위한 이후 형미를 선각왕사로 추봉하고 그가 처음 머물던 강진 무위사에 탑비를 건립해 주었다.

비 내용과 일치한다는 사실은 쉽게 납득하기 힘들다. 다른 선사나 고승들의 탑비의 경우에는 이처럼 행적이 일치하는 모습은 거의 보이지 않고 있다. 선각국사비에 기록된 도선의 행적이 다른 선사들의 행적과 중복되는 것은 그의 탑비에 기록된 행적이 실제 도선 본인의 행적이 아니라 기존에 건립되어 있던 선사들의 탑비 내용을 모방하여 편집한 때문으로 생각된다.

주목되는 것은 이러한 도선의 행적의 자료로 활용된 선사들의 탑비가 대부분 전라도 남부지방에 자리하고 있다는 점이다. 선각왕사 형미의 비는 강진의 무위사에 있고, 동진대사 경보의 비는 광양의 옥룡사에 있었으며, 적인선사 혜철의 비는 곡성의 태안사에 있었다. 징효대사 절중의 비는 영월의 흥령선원에 있어 거리적으로 멀리 떨어져 있지만 그의 부도는 순천의 동림사에 있었다. 이처럼 선각국사비에서 도선의 행적을 서술하는데 참조되는 선사들의 탑비 혹은 부도는 도선의 법손들이 주석하고 있고 그의 탑비가 건립될 예정이던 옥룡사에서 가까운 곳에 있었다. 옥룡사 및 주변의 사찰에 주석하고 있던 도선의 법손들은 자신들이 익숙하게 알고 있던 근처의 선사들의 행적을 참고하여 도선의 행장을 작성하고 이를 토대로 도선의 탑비 건립을 요청하였던 것이다.

그런데 선각국사비 건립을 추진하였던 도선의 법손들은 당시 불교계에서 그다지 중요한 위치에 있지 않았다. 선각국사비 음기에는 모두 11명의 법손들 명단이 기록되어 있는데, 그들의 승계는 중대사에서 대덕까지로 고려시대 승계 중에서는 하급에 해당하였다. 그들이 머물고 있던 사찰 역시 다른 자료에 보이지 않는 작은 사찰들이었다. 12세기를 전후한 고승 탑비에 기록된 문도들의 명단이 최고위 승계를 갖는 사람들을 포함하여 수십 명에 이르는 것과 비교할 때 선각국사비의 음기에 기록된 문도들의 위상과 숫자는 대단히 미약한 것이었다고 할 수 있다.

그럼에도 불구하고 지방의 작은 사찰에 있는 하급 승계를 가지고 있던 소수의 도선의 법손들이 스승의 탑비를 건립하라는 국왕의 허가를 받아낼 수 있었던 것은 도선 본인의 위상도 중요하였지만 그에 못지않게 옥룡사에 도선의 탑비를 건립하는 것을 지지하는 강력한 정치적 후원자가 있었기 때문일 것이다. 그 정치적 후원자가 누구인지는 명확하지 않지만 아마도 옥룡사가 위치한 광양에서 가까운 정안(지금의 장흥)을 본관으로 하는 공예태후[임씨]의 집안이 중요한 후원자였을 것으로 생각된다. 공예태후 집안과 혼인관계로 서로 연결되고 있는 최유청과 정서가 비문을 찬술하고 글씨를 쓰고 있는 것이나 그들의 실각 이후 곧바로 비가 폐기되고 있는 것은 이러한 상황을 반영하는 것으로 볼 수 있다. 옥룡사를 거점으로 하는 도선의 법손들이 지리적으로 친연 관계에 있는 공예태후 집안의 후원을 받아 자신들의 사찰에 도선의 탑비 건립을 요청하였고, 그로 인해 손쉽게 국왕의 허락을 받아냈지만, 동시에 그러한 후원자들의 정치적 몰락으로 탑비의 건립이 중단되었던 것이다. 1172년에 탑비의 건립이 재개되는 데에도 새로운 국왕의 모후인 공예태후의 영향이 적지 않았다고 생각된다.

폐기되었던 선각국사비를 원래의 계획대로 다시 건립하자고 주청하여 허락을 받아낸 옥룡사의 문도들은 비석 건립이 일단 완료되자 다시 도선의 적통 제자들과 그 문도들이 계승할 수 있는 사찰의 명단을 비석의 뒷면에 기록할 것을 요청하여 국왕의 허락을 받아냈다. 그 결과 현재 선각국사비의 음기에는 11명의 정통 법손과 4곳의 도선의 문도들이 계승할 수 있는 사찰의 명단이 기록되어 있다. 그런데 이러한 법손과 법손들이 계승할 수 있는 사찰 명단의 작성은 사실은 선국국사비의 건립 당초부터 준비되었던 가장 중요한 기록 사항이었다고 할 수 있다. 고승의 탑비는 해당 고승을 현창한다는 공식적 목적과 함께 해당 고승의 법손을 확정하고 탑비가 건립되는 사찰을 해당 법손들이 배타적으로 계승, 운영하는 사찰로 인정받으려는 목적을 가지고 있었기 때문이다. 선각국사비 건립을 주도했던 문도들에게 있어서는 아마도 두 번째가 보다 중요하고 현실적인 목적이었을 것이다.

옥룡사 및 주변 사찰에 머물고 있던 도선의 일부 문도들은 숙종 대 이후의 조정에서의 도선 현창 분위기와 인근 정안(장흥) 출신 왕비의 출현을 계기로 자신들의 사찰에 도선의 탑비를 세워 자신들이 계승하는 사찰로 인정받고자 시도하였다. 태후와 그 인척들의 협조로 순조롭게 진행되던 그들의 시도는 의종대에 정국이 급변하는 가운데 좌절되었다가, 무인난 이후 태후의 뜻을 존중하는 명종의 즉위 이후 비로소 이루어질 수 있었다. 그리고 이때에는 단지 옥룡사만이 아니라 주변의 네 곳의 사찰까지도 아울러 법손 사찰로 지정받는 특혜를 받게 되었다. 도선의 탑비는 바로 이러한 상황 속에서 건립될 수 있었던 것이다.

## 참고문헌

박윤진, 2006『고려시대 왕사 국사 연구』, 경인문화사.

박한남, 1991「최유청의 생애와 詩文분석」『국사관논총』24, 국사편찬위원회.

최연식, 2013「고려시대 고승의 僧碑와 문도」『한국중세사연구』35, 한국중세사학회.

한기문, 1991「고려 역대 국사·왕사의 下山所의 존재양상과 그 기능」『역사교육논집』16, 역사교육학회(한기문, 1998『고려시대 사원의 구조와 기능』, 민족사 재수록).

# 고려시대의 혈연의식과 가족 · 친족 관계

- 가족 · 친족의 구조와 통념
- 부처 형태의 선택 가능성
- 부처관계의 유동성과 '정조貞操'의 개념
- 여성 중심의 가족 구성과 자녀 양육
- 양측적혈연의식에 근거한 가족 · 친족 구성
- 양측적혈연의식에 근거한 균분상속 관행
- 포괄적 친족용어와 부계를 표상하지 않는 성씨
- 고려시기 가족 · 친족 관계의 현재적 의미

이종서

## 가족 · 친족의 구조와 통념

가족 · 친족은 개인이 태어나면서부터 소속되는 사회의 가장 기초적인 조직이다. 가족 · 친족의 구조와 이에 기반을 둔 삶의 방식은 시대나 사회에 따라 전혀 다른 모습을 보인다. 한 시대나 사회에서 익숙하고 당연한 것이 다른 시대나 사회에서는 어색하고 부당하게 여겨질 수 있다.

어떤 시대나 사회에서는 개인의 자율성을 가족 · 친족의 규제력보다 우위에 둘 수 있다. 이와 반대로 가족 · 친족 전체의 규율에 복종할 것을 요구할 수도 있다. 혼인을 남성과 여성이 대등하게 결합하는 것으로 여길 수 있다. 이와 반대로 일방이 타방에 귀속되는 것으로 여길 수도 있다. 어떠한 태도를 취하는가에 따라 개인과 집단의 관계, 남편과 아내의 관계가 크게 달라질 것이다.

남녀 결합의 산물인 '아들 · 딸'에 대한 이해도 일정하지 않다. 하느님이나 부

**그림 1.「부모은중경」의 「석가여래가 예를 올리다」**

부처가 길가다가 해골을 보고 전생의 부모였을 수 있다며 예를 올리는 모습이다.

처님, 삼신할머니가 생명을 창조하거나 전달한다고 생각할 수 있다. 이 경우 생명의 탄생에서 남 · 녀 중 일방의 역할이 특별히 강조되지는 않는다. 남녀의 결합은 생명 탄생의 전제일 뿐 양자 사이에 근본과 지엽, 핵심과 부수와 같은 관계는 설정되지 않는다. 자녀를 부 · 모의 복제물이나 귀속물로 여기지도 않을 것이다. 반면에 남자는 생명의 근원이고 여자는 생명을 키우는 역할을 한다고 생각할 수도 있다. 이러한 통념이 우세하면 남편이 아내보다 우위에 설 것이고, 아버지는 자녀에게 막중한 의미와 권리를 가질 것이다.

이렇듯 가족 · 친족 관계에는 보편적인 통념이 내재되어 있다. 이 통념은 구성원의 정서와 의식, 행위를 제어함으로써 사회 전반의 성격에까지 영향을 미친다. 따라서 가족 · 친족 관계의 변화에 뒤이은 통념의 변화, 혹은 통념의 변화에 뒤이은 관계의 변화는 개인과 사회에 심중한 변화를 초래한다. 이러한 점에서 과거의 가족 · 친족 관계를 규명하는 연구는 현실적으로도 큰 의미가 있다.

## 부처 형태의 선택 가능성

부부관계의 형태는 일부일처제든 다처제든 대부분의 시대와 사회에서 종교와 법률에 의해 규정되었다. 이슬람 문화권에서는 다처제를 인정하는 반면, 기독교 문화권에서는 일부일처제만 인정하고 있다. 과거 중국에서는 다처제의 변형된 형태인 처첩제를 법으로 규정하였고, 그 영향으로 조선에서도 처첩제가 시행되었다. 그러나 고려에서는 부처형태를 한정하는 종교나 법률이 존재하지 않았다. 비록 당률唐律을 도입했지만 실제 삶에서는 작용하지 않았다. 고려의 부처형태와 부부관계는 보편적인 관행 속에서 개인의 선택에 의해 결정되었다. 부 · 처 쌍방이 인정하면 그러한 관계가 유지되었다. 역대 국왕의 혼인 행태는 이를 잘 보여준다.

고려에서는 태조 왕건을 비롯하여 다수의 국왕들이 복수의 배우자를 맞이하였다. 태조의 배우자 29명은 국가 통합을 위한 정략적 선택이었다고 치더라도 현종의 13명 등 많은 국왕이 복수의 배우자를 맞이하였다. 그런데 이들 배우자의 지위는 조선시기의 개념을 적용하면 모두 '처'에 해당하였다. 국왕의 배우자들은 '원주院主', '궁주宮主', '비妃', '후后' 등의 작호를 받았다. 이들 작호 사이에는 상하의 서열이 있었다. 그러나 이는 관직과 같은 것으로 차례로 승급하여 누구나 최고의 작위인 '후'가 될 수 있었다. 일부는 사후에 '후'로 추증되기도 하였다. 이들이 낳은 자녀들 간에도 신분적 차이는 없었다. 모두 왕자와 공주로 불렸으며, 아들은 왕위에 오를 자격이 있었다. 따라서 고려 국왕의 부처형태는 중국이나 조선의 처첩제와 다르며, 외면으로 나타나는 현상만 보면 다처제였다고도 할 수 있다.

그러나 모든 국왕이 다처를 취한 것은 아니었다. 소수의 국왕은 평생 단 한명의 배우자와 살았다. 그중에는 배우자가 사망했는데 재혼하지 않은 국왕도 있다. 고려전기에 숙종(1095~1105)은 평생 명의태후 류씨 말고는 다른 배우자를 두지 않았다. 무신집권기인 고려중기에는 이러한 현상이 더욱 두드러졌다. 이 시기에 즉위한 6명의 국왕 중 2인의 후비가 기록된 경우는 강종(1211~1213)과 원종(1260~1274)뿐이다. 명종(1170~1197)은 즉위 전에 이미 부인과 사별하였으며, 재위 후 27년을 더 살았음에도 배우자를 맞이하지 않았다. 고종(1213~1259)의 배우자 역시 남편보다 26년 먼저 죽었다. 강종과 원종도 사실상 일처이다. 강종은 억지로 혼인했던 이의방의 딸을 내보내고 다시 혼인했고 원종도 후비 사망 후 다시 맞아들였다.

이처럼 다수의 국왕이 복수의 배우자를 맞이하는 한편, 소수는 한 명의 배우자만 맞이한 것은 다처가 가능한 상황 속에서 국왕의 의지가 작용한 결과라고 볼 수 있다. 국왕이라는 초월적 지위를 배경으로 희망하는 대로 맞아들일 수 있었지만, 스스로 원하지 않거나 권신에게 위축되었을 때에는 단 한 명의 배우자만 맞이할 수도 있었던 것이다. 결국 국왕의 부처형태는 다처제가 가능한 속에서 개인의 선택에 달린 것이었다고 판단할 수 있다.

이렇듯 국왕은 개인의 의지나 처한 상황에 따라 단 한 명부터 십 수명에 이르기까지 배우자를 맞이할 수 있었다. 이들 배우자의 지위는 조선시기 개념을 적용하면 모두가 '처'였다.

그런데 국왕의 총애를 받으면서도 공식적인 관계를 인정받지 못하고 사적인 관계에 머문 여성도 있었다. 이들은 '궁인'이라고 불렸다. 궁인의 용례는 혜종(943~945)의 '궁인 애이주哀伊主'에서 처음 확인된다. 혜종의 다른 배우자들이

'~씨氏'로 기록된 것과 달리 성씨 없이 이름만 노출된 것으로부터 '애이주'는 신분적으로 차별받는 인물이었다고 여겨진다. 고려 중기에 '궁인'은 국왕의 사랑을 받는 천인 여성을 뜻하는 용어로 굳어졌다. 장기간 배우자 없이 산 명종에게서 특히 많은 '궁인'들이 확인된다. 명종은 여러 명의 궁인을 사랑했으며 총애하던 궁인이 사망하자 크게 소리 내어 울기까지 했다. 그러나 이들은『고려사』후비전에 오르지 못했고, 그들의 자녀 역시 종실전에 기재되지 못하였다. '궁인' 소생은 아들이면 강제로 머리를 깎여 승려가 되었다. 딸이면 그녀의 배우자와 아들은 관직 진출에 제한을 받았다.

따라서 고려 국왕의 부처형태는 일부일처나 일부다처의 틀을 적용하기보다 다처가 용인되는 속에 개인의 의지나 처한 상황이 작용하여 결정되었다고 볼 수 있다. 국왕은 초월적인 지위로 인하여 다수가 다처를 취했지만 이것이 제도나 의무는 아니었던 것이다. 또한 신분질서는 국왕의 부처형태를 결정하는 중요한 요인이었다. 국왕일지라도 천인 여성을 공식적인 배우자로 만들 권한은 없었다.

국왕의 부처형태가 신분제의 원리에 의해 제약을 받은 것을 보면 지배층 역시 천인 신분과의 혼인은 인정되지 않았음을 알 수 있다. 고려시기의 기록에서 천한 신분의 여성이 정식 배우자가 된 경우는 단 한 사례도 확인되지 않는다. 공식적인 부 · 부나 자 · 녀의 관계는 동일 신분 내에서만 유효한 것이었다. 신분이 다르면 생물학적 관계가 있을지라도 사회적, 법률적 관계로 공인되지 못하였다.

이처럼 국왕의 부처 형태는 신분제의 원리가 작용하는 가운데 다처가 우세하였다. 그러나 소수는 한 명의 처만 맞이하였다. 고려 전 · 중기에 국왕 이외의 남성이 복수의 배우자는 맞이한 경우는 국왕을 능가하는 권력을 누린 최충헌에게서 유일하게 확인된다. 그 외에는 모두 한 명의 처만 확인된다. 지배층에서 다처의 사례가 나타나지 않는 것은 신분내혼 및 거주 관행과 관련이 깊은 것으로 보인다. 국왕이 다처를 맞이할 수 있는 것은 그가 모든 신분의 상위에 있는 최고 권력자였기 때문이다. 그러나 국왕조차도 신분내혼의 제약을 벗어나지 못했다. 이로부터 동일 신분 내에서의 혼인은 복수의 처를 두는 것이 더욱 어려웠음을 짐작할 수 있다. 동등한 신분에서 혼인이 이루어졌으므로 부인은 남편이 다른 처를 두는 것을 용인하지 않았을 것이다. 게다가 고려시기에는 남자가 처가에 거주하는 '서류부가혼', 또는 '솔서혼'이 보편적인 관행이었다. 처가에 살면서 복수의 처를 맞이하는 것은 더욱 불가능했음을 짐작할 수 있다. 이처럼 신분내혼과 처가거주 관행은 지배층의 혼인을 구조적인 일부일처의 형태로 만들었다.

그러나 조건이 되면 국왕이나 최충헌처럼 다처를 취할 수도 있었다. 서긍이 『고려도경』에서 '부유한 집에서는 3~4인에 이르는 처를 취하고 조금이라도 안 맞으면 이혼한다'고 한 것도 이를 뒷받침한다. 그러나 고려 중기까지 사료상의 사례에서는 지배층의 다처 사례가 확인되지 않으므로 절대다수가 일부일처의 관계를 유지했다고 판단할 수 있다.

## 부처관계의 유동성과 '정조貞操'의 개념

고려는 일부일처 형태가 보편적이었다. 그러나 부부관계가 종교적 신념이나 법규정에 의해 규율되는 것이 아니었기에 임의롭게 이혼하고 재혼할 수 있었다. 『고려사』에서는 남자가 성공한 뒤 처를 버리고 재혼하는 사례가 흔했음이 확인된다. 이러한 이혼은 남성이 부인과 자녀를 두고 처가에서 나오는 방식으로 이루어졌으므로 여성의 주거 여건에 큰 충격을 주지는 않았다. 여성이 남편을 미워하여 이혼한 사례도 확인된다. 이처럼 개인의 의지에 따라 임의롭게 이혼할 수 있었으므로 재혼도 흔하게 이루어졌다. 특히 배우자가 사망한 뒤의 재혼은

**그림 2. 『삼강행실도』의**

**「송씨가 죽음으로 맹세하다」**

송씨는 남편이 사망하자 재혼하라는 부모의 권유를 뿌리치고 시집으로 도망가서 시어머니를 봉양했다. 결국 송씨의 친정 부모는 시어머니를 모시고 와서 봉양하는 것을 허락했다.

당연한 것으로 여겨졌다. 고려에서 지배층 여성의 재혼 문제는 고려가 망하기 직전인 공양왕 1년(1389)에야 처음으로 거론되었다. 그러나 조선 세종 이전의 '열녀'들은 대부분 남편 사후에 재혼하지 않았다는 이유만으로 『삼강행실도』에 수록되었다.

이처럼 부 · 처의 이혼이 가능하고 재혼이 당연했으므로 '정조貞操'의 개념도 조선시대에 성리학자들이 부여한 것과 의미가 크게 달랐다. 중국에서 유래하여 조선에 정착한 '정조'란 다분히 생물학적인 것이었고 여성에게만 적용되는 것이었다. 이는 부인이 남편에게 귀속되며, 그 귀속은 성행위로서 확인된다는 인식에 기반한 것이다. 그러나 남녀 모두 이혼과 재혼의 주체가 되었던 고려에서는 이러한 부부관계도, 이러한 관계 위에 설정된 정조의식도 존재하지 않았다. 이 역시 국왕의 혼인 행태에서 잘 드러난다.

역대 국왕의 배우자 중에는 사별하거나 이혼하고 나서 국왕과 혼인한 여성들이 확인된다. 문덕왕후 유씨는 첫 남편과 사별한 뒤 성종과 재혼하였다. 숙창원비 김씨는 남편과 사별한 뒤 충렬왕과 재혼하였다. 순비 허씨는 3남 4녀를 낳은 남편과 사별한 뒤 충선왕과 재혼하였다. 수비 권씨는 첫 남편과 이혼하고 충숙왕과 재혼하였다. 무신집권자인 최충헌과 최이 부자도 과부와 재혼하였다. 이렇듯 국왕과 최고 권력자가 미망인이나 이혼녀와 혼인한 사례들은 재혼 시에 성 경험이나 혼인 경력의 유무가 배우자의 조건으로 거론되지 않았음을 알려준다. 성관계를 맺는 것을 '순결'을 잃는 것으로 여기고, 남편 사후에 '수절'하는 것을 '정조'를 지키는 것으로 여겼다면 국왕이 이혼녀나 미망인과 혼인하는 것은 불가능했을 것이다.

고려시대에 '정조'가 지닌 의미는 상호 신의의 원칙에 입각한 것이었음이 확인된다. 부 · 처가 서로 상대방에 대한 애정을 지니고 삼가는 것이 곧 고려시기의 정조였다고 볼 수 있다. 이규보는 묘지명을 지어주면서 "혼인한 이후에 다른 여자와 관계한 일이 없다"는 망자의 말을 기록하고 '이 역시 사람마다 하기 어려운 일'이라는 평을 달았다.

이처럼 고려시기의 정조는 남 · 녀 모두에게 적용되는 것이었다. 또한 강제적이고 의무적인 것이 아니라 개인의 성향이나 선택의 차원에서 발휘되었다. 따라서 부부간의 노골적인 불화와 갈등이 깊은 애정과 사랑만큼이나 외부로 쉽게 노출되었다.『고려사』에 기록된, 부인의 행패에 못 이겨 남편이 가출하거나 부인의 폭력으로 남편이 사망한 사례는 부처관계의 수평성과 역동성을 보여준다. 신분내혼과 처가거주 관행으로 인하여 여성은 일방적으로 불리한 위치에 처하지 않을 수 있었다. 대등한 관계 속에서 부 · 처의 성격과 처한 조건 등에 따라 지극한 애정이나 심각한 갈등이 외부에 노출된 것이다.

## 여성 중심의 가족 구성과 자녀 양육

가족 구조와 가정의 분위기는 해당 사회의 보편적인 혈연의식에 의해 결정된다. 부계혈연의식이 지배적이면 처가 남편의 집으로 들어오는 방식으로 혼인이 이루어진다. 3대가 한 집에 살 경우 노부부는 아들과 며느리, 그리고 손자 · 손녀와 한 가족을 이룬다. 남성을 중심으로 가족이 구성되고 남성이 가정의 분위기를 주도하는 것이다. 그러나 고려의 부부관계는 평등하고 역동적이었던 만큼 가족의 구조와 가정의 분위기도 남성 중심이 되기 어려웠다. 고려에서는 대개 남성이 처의 집으로 장가를 들었으므로 3대 가족은 노부부가 딸 · 사위, 외손자녀와 동거하는 형태가 되었다. 외부로 드러나는 모습만 보면 모계 사회의 가족 구성과 흡사하였다.

그러나 고려의 솔서혼은 보편적 관행이었을 뿐 이를 옹호하는 형이상학적인 신념이나 법률에 의해 규율되는 것이 아니었다. 여자가 남편의 집으로 이동하는 방식의 혼인 역시 통계적으로 소수였을 뿐 가능하고 정당한 것이었다. 성종(981~997)이 찾아낸 '미담' 중에는 시어미를 잘 섬기지 않는다고 처를 버린 효자나 재혼하지 않고 시부모를 정성껏 섬긴 과부들의 이야기가 포함되어 있다. 인종(1123~1146) 때에는 시어미를 잘 섬기지 않는다는 이유로 부인을 자식도 딸리지 않고 쫓아낸 사례가 확인된다. 이들 사례는 시부모와 동거하는 가족구성에서 발생한 것이다.

그러나 전체적으로 보면 남자가 처의 집으로 장가를 드는 비율이 월등히 높았다. 당연히 가족 구성이 여성 중심으로 이루어지고, 부인과 부인의 부모가 가정에서 남편보다 많은 권한을 행사하였다. 여기에 이혼이 비교적 수월하고 재혼이 당연시된 만큼 가족의 구성도 조선시기에 비해 복잡하고 다양하였다. 조선시기와의 차이점은 남편이나 부인이 사망하는 경우를 상정하면 잘 이해된다.

남편이 사망하면 전체적인 가족 구성은 위협을 받지 않았다. 반면에 처가 사망하면 가족이 해체될 위험이 컸다.

처가거주 관행 아래서 남편이나 처의 사망은 처가 즉 부인의 집에서 발생하였다. 따라서 남편이 사망해도 부인은 계속 자신의 집에서 부모, 자녀와 함께 거주했다. 자녀들은 아버지만 없을 뿐 계속 그 집에 살면서 어머니의 보살핌을 받을 수 있었다. 어머니가 재혼하더라도 그것은 계부가 어머니의 집으로 들어오는 방식으로 이루어졌다. 가정의 주도권은 여전히 외조부모와 어머니가 행사했으므로 계부에게 학대나 폭력을 당할 가능성은 크지 않았다. 그리고 어머니와 계부 사이에서 자녀가 출생하더라도 그것이 갈등의 소지가 되지는 않았다. 성씨는 달랐지만 같은 어머니의 보살핌을 받으며 성장했으므로 형제자매로서의 우애가 형성되었다. 고려시기의 기록에서는 성씨 다른 형제가 돈독한 우애를 발휘한 사례가 드물지 않게 확인된다.

반면에 어머니의 사망은 가족의 안정을 크게 위협하였다. 처가 사망하면 남성은 그 집을 떠나서 재혼해야 했다. 그러나 자녀와 함께 이동하기는 어려웠다. 재혼은 남성이 후처의 집으로 이동하는 형식으로 이루어졌을 뿐더러 후처, 즉 계모는 전처의 아이들에게 애정이나 의무감을 느끼지 않았기 때문이다. 아이들을 양육하는 것을 당위로 여기지 않은 것이다. 따라서 아버지가 재혼하면 아이들은 아버지와 떨어져 지내야 했다. 계부는 가족의 구성원이 되었지만 계모는 그렇지 않았던 것이다. 이에 어머니가 사망하고 아버지가 재혼하면 아이들은 내 · 외조모, 이모 · 고모 등 여성 혈족의 보살핌을 받으며 성장하였다. 따라서 고려시대에는 아버지보다 어머니의 죽음이 가족의 안정을 위협하는 요소가 되었다. 고려에서는 여성이 가족 구성의 기준이 되었다고 판단할 수 있다.

## 양측적혈연의식에 근거한 가족 · 친족 구성

고려시대에 어머니의 사망이 가족 구성을 위협한 것은 조선과 다른 혈연의식 때문이었다. 고려시기의 혈연의식을 학계에서는 '양측적' 또는 '총계적' 혈연의식이라고 한다. 이러한 혈연의식의 특징은 남 · 녀 모두 자신의 혈연을 중심으로 사고하는 것이다. 양측적 혈연의식하에서는 혈연관계가 있는 인물에게 우선적으로 애정을 느끼고 권리와 의무를 설정한다. 혼인으로 맺어지는 관계는 혈연보다 부차적인 것으로 인식된다. 남편과 아내 모두 자신의 혈족을 중심으로 사고한다. 아들과 딸의 차이는 성별과 사회적 역할의 차이로 인식될 뿐이다. '조부 · 외조부'의 입장에서 보면 '손자'와 '외손자'가 모두 같은 혈통이므로 같은 정도의 애정을 느끼고 권리와 의무에도 차등을 두지 않았다. 이것이 고려의 혈연의식이었다.

이로 말미암아 고려에서는 폐쇄적이고 영속적인 '친족집단'은 존재하지 않았다. 친족은 개인을 기준으로 하는 혈연과 혼인 관계를 뜻하였다. 친족 중에는

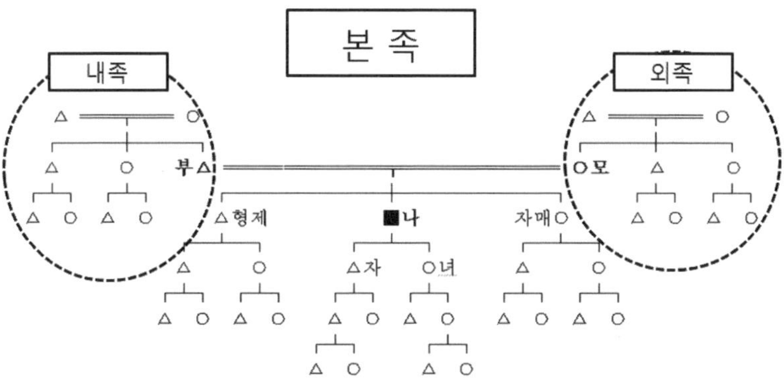


**그림 3. 고려시대 '본족'의 구조**

'나'와 혈연이 통하는 모든 혈족이 '본족'이 되고, 아버지 쪽으로만 혈연이 통하면 '내족', 어머니 쪽으로만 혈연이 통하면 '외족'이 되었다.

'본족本族'과 '처족妻族 · 부족夫族'이 있었다. '본족'은 혈연관계로 이루어진 친족이고, '처 · 부족'은 혼인으로 맺어진 친속이었다. 본족은 다시 '내족內族'과 '외족外族'으로 구분되었다. '내족'은 아버지쪽으로 피가 통하는 혈족이고, '외족'은 어머니쪽으로 피가 통하는 혈족이었다. 그러나 부계만을 별도로 구분하여 부르는 용어는 없었다. 백부의 친손자와 고모의 외손녀가 모두 내족이고, 외삼촌의 친손자와 이모의 외손녀가 모두 외족이었다.

친족의 구조가 이렇듯 방사형으로 뻗어나갔으므로 통념상의 친족 범위는 일정한 범위에서 동심원을 그렸다. 그리고 이 통념상의 친족범위에 기반하여 권리와 의무가 설정되었다. 사회 통념상의 그리고 법률에서 정한 핵심 친족의 범위는 4촌이었다. 고려시기의 상피제와 조선전기 『경국대전』의 자녀 없는 부 · 처가 남긴 유산의 상속 규정은 이를 잘 보여준다.

상피제는 사적인 관계가 공무에 개입하는 것을 막고자 중국에서 고안된 제도이다. 따라서 상피의 대상은 사회 통념상 가장 핵심적인 친족으로 구성되었다. 고려에서 상피 대상은 기준인의 가장 가까운 혈족으로부터 방사형으로 뻗어나갔다. 우선 1촌인 아버지와 아들, 2촌인 손자와 형제가 대상이 되었고, 다음으로 3촌 관계의 혈족인 숙부와 외숙부, 나아가 고모와 이모의 남편이 상피 대상이 되었다. 그 밖으로는 4촌 관계인 친 · 외 · 고종 · 이종 사촌이 상피 대상이 되었다. 이들 4촌은 상피제도가 적용되는 마지막 혈족으로 5촌부터는 상피제가 적용되지 않았다.

『경국대전』의 무자녀부처 유산의 상속 규정도 4촌 범위가 한계가 되었다. 『경국대전』이 성립할 때까지도 부 · 처 중 일방이 타방의 재산을 상속할 수 없었다. 자녀를 두지 못하고 사망하면 부 · 처의 재산은 각자의 친족에게 상속되었다. 자녀 없는 부 · 처의 재산은 우선 2촌인 형제자매가 우선권이 있고, 형제자매의 자녀인 3촌[삼촌질三寸姪]이 두 번째, 그들의 자녀인 사촌손四寸孫이 세 번째로 상속하였다. 사촌손도 없으면 다시 그의 부모의 형제자매인 3촌(삼촌, 외삼촌, 이모, 고모)으로 넘어가고 이어 그들의 자녀인 사촌형제자매가 상속권을 가졌다. 그런데 이 범위를 넘으면 더 이상 상속권을 인정하지 않고 국가에 소속시켰다.

이러한 규정은 방사형으로 뻗어나가면서 4촌 범위에서 동심원을 그리는 친족의식을 반영한다. 친족의식을 피의 농도로 환치하면 2촌인 형제자매는 기준인과 부모가 같으므로 혈연의 농도는 100%이다. 3촌은 부 · 모 중 한쪽과만 관계되므로 혈연의 농도는 50%로 옅어지고, 4촌에 이르면 다시 25%로 옅어진다. 친족의식도 그만큼 약화된다. 그리고 5촌에 이르면 혈연의 농도가 더욱 옅어져 사회 통념상 사적인 감정을 제어할 수 있는 관계, 상호간에 상속권이 인정되지 않는 관계로 여겨졌다. 이에 고려에서는 4촌까지 상피대상으로 지정하였고, 이러한 혈연의식이 남아 있었던 조선전기에 친족의 유산을 상속할 자격을 4촌까지 인정한 것이다.

따라서 고려에서 친족의식은 개인을 기준으로 그물망처럼 펼쳐졌으며, 친족관계는 혈연의 방향과 관계없이 4촌 범위에서 동심원을 그렸다. 이러한 친족관계는 시조를 기준으로 조직된 부계 조직과 구조가 전혀 다르다. 따라서 친족 관계가 개인의 삶을 규정하는 방식과 강도도 부계 의식이 강했던 조선시대와 크게 달랐다.

사촌의 경우 친 · 외 · 이종 · 고종이 모두 동일한 비중을 지니므로, 실제적인 관계에서는 개인의 취향과 의지가 크게 작용하였다. 친사촌을 멀리하고 이종사촌과 가깝게 지낼 수도 있었던 것이다. 친족관계의 이와 같은 특성은 정치 세력의 결속에서 잘 확인된다. 고려전기에 이자의와 이자겸은 친사촌 관계였다. 이자의는 계림공(숙종)과 맞서다 패망한 반면 이자겸은 건재했을 뿐더러 그의 딸이 숙종의 아들 예종과 혼인하여 인종을 낳았다. 이는 정치 세력의 결속에서 혈연이 중요한 요소로 작용할지라도 양측적혈연의식으로 인해 선택의 자율성이 매우 컸음을 알려준다.

남자가 처가로 이동하는 혼인 관행도 양측적혈연의식에 기반하여 유지되었다. 남성과 여성은 성역할이 구분되었다. 남성은 영농이나 관직생활 등 외부 활동에 치중하였고, 여성은 양육과 가사를 전담하였다. 이러한 분업 속에서 남성과 여성 모두 자신의 혈족을 중심으로 권리와 의무를 설정하였다. 여성은 자신의 부모, 자녀, 조카 등 혈족에 대해 애정과 의무를 느끼고 수고를 아끼지 않았다. 그러나 남편의 부모, 남편의 전처자녀, 남편의 조카를 위해 수고하는 것은 긍정하지 않았다. 따라서 처부모가 딸 · 사위와 동거하는 것이 시부모가 아들 · 며느리와 사는 것보다 안정적인 생활을 영위할 수 있었다. 이에 남성이 처가로 들어가는 혼인이 보편적인 관행으로 자리 잡게 되었다. 아버지가 재혼하면 내 · 외조모나 이모 · 고모가 아이들을 양육한 것도 자신의 혈연을 우선시하는 양측적혈연의식에 기인하였다. 양육은 여성의 몫이었기 때문이다.

그러므로 고려의 처가거주 관행은 모계의식을 반영하는 것이 아니라 양측적혈연의식하에서 편의를 따른 결과였다. 여자가 시가로 이동하는 방식의 혼인도 부당하거나 비정상적인 것이 아니었다. 다만, 갈등이 발생할 소지가 컸던 만큼 처가거주에 비해 소수만 이루어져 기록에 잘 확인되지 않을 뿐이다. 부모의 마음 나아가 사회의 통념은 아들과 딸 그리고 그들이 낳은 자녀를 차별하지 않고 동등하게 취급하는 것이었다.

## 양측적혈연의식에 근거한 균분상속 관행

양측적혈연의식에 근거하여 자 · 녀를 동등하게 여긴 고려시대의 통념은 상속 관행에서도 잘 확인된다. 고려의 상속은 철저한 균분 원칙에 의거하여 시행되었다. 분재문서가 남아 있지 않아 구체적인 사례는 확인하기 어렵다. 그러나 역사 기록과 15세기의 분재문서를 통해 분재의 원칙을 확인할 수 있다. 『고려사』에는 부모가 자녀에게 불균등하게 나누어 준 사건을 심리하여 균등하게 고쳐 준 재판 사례가 수록되어 있다. 이 기록은 재판을 담당한 관리를 칭찬하려는 의도에서 수록되었다. 여러 딸들 중에서 유일한 아들이라는 이유로 노비를 더 주려하자 굳게 사양하여 균분하게 한 사례도 확인된다. 이 역시 사양한 아들을 칭찬하기 위한 기록이다. 그리고 조선초기인 15세기의 분재문서에서는 균분 원칙뿐 아니라 균분을 이루기 위한 구체적인 분재 방법까지 확인된다.

부모 생전과 사후를 물론하고 균분이 아닌 경우는 확인되지 않는다. 특히 부모 사후에는 합의나 타협이 아닌 엄격한 균분이 이루어졌다. 형제자매는 모두가 승복하는 균분을 이루기 위해 '집주執籌' 방식을 채택하였다. '집주'는 곧 제비뽑기를 뜻한다.

상속자들은 노비를 노老 · 장壯 · 약弱으로 삼등분하였다. '노'에 해당하는 노비의 이름을 찌나 쪽지에 써서 한 곳에 모아놓고 형제자매가 태어난 순서대로 뽑았다. '장'과 '약'도 동일한 방식으로 뽑았다. 토지 역시 비옥도에 따라 나누어서 쪽지에 기재해 놓고 뽑았다. 이렇게 하면 늙은노비, 젊은 노비, 어린 노비, 기름진 토지, 거친 토지를 골고루 나눌 수 있었다. 약간의 불평등이 발생할지라도 상속자 본인의 행위로 인한 결과이므로 기꺼이 승복할 수 있었다. 상호 이해가 일치될 경우에는 집주의 결과로 얻은 노비나 토지를 교환하였다. 이렇게 하여 모두가 승복하는 균분을 이룰 수 있었다.

그런데 상속 대상 중에는 직전職田, 음서, 직역 등 분할할 수 없으면서 남성만이 승계 자격을 갖는 공적인 것들이 있었다. 이에 대해 국가에서 법으로 승계의 자격과 순서를 정하였다. 국가에 정한 원칙은 '적장嫡長' 우선이었다. 그러나 이 원칙이 부계에 국한한 승계를 뜻하는 것은 아니었다. 직역 부담자가 사망했을 경우 우선 친자親子와 친손親孫에게 승계의 우선권이 있었지만, 이어 사위

**그림 4. 김무허여문기(1429년)의 서문과 서명 부분**

서문에서 생전에 상속하지 못했거나 나중에 발견하는 재산은 '집주執籌'하여 나누라고 당부하였다. 서명부분에서는 태어난 순서대로 서명하였다. 장자는 사망하여 며느리가 대신 날인했고, 딸은 사위가 대신 서명했다.

와 외손도 승계할 수 있었다. 기준인의 공로에 의해 후손이 관직을 받는 음서를 보면, 아들에서 내외손, 내외 증손으로 확대되어 갔다. 마침내 '협이십녀挾二十女', 즉 공을 세운 기준인의 딸에서 시작하여 내리 20대를 여성만 개재된 후손에게까지 음서를 주라는 명령이 내려졌다.

이러한 사례들은 국가에서 정한 '적장' 우선의 원칙이 비부계를 배제하는 것이 아니었음을 알려준다. 아버지가 사망하면 장성한 아들이 직을 승계하는 것이 당연하기에, 적장 우선의 원칙이 천명되었을 뿐이다. 아들이 없으면 딸과 결혼한 사위, 장성한 손자나 외손자가 승계하는 것 역시 당연한 일이었고 이에 이들을 포함한 승계 규정이 제정된 것이다. 이것은 남성 단독 승계에 대한 국가 규정에서도 양측적혈연의식에 기반한 상속 원리가 작용했음을 알려준다.

국가에서는 민간의 재산 상속에도 적장 우선의 원칙을 천명하였다. 그러나 이는 적장자 단독 상속과 전혀 다른 것으로, 자녀의 수로 나누어떨어지지 않는 재산의 처리 규정이었다. 형제자매가 3인인데 노비가 5구인 경우처럼 여분이 남아 완전한 균분이 불가능한 경우 남는 재산을 태어난 순서대로 차지하게 한 것이다. 조선전기 분재문서에서는 상속내역과 서명 부분을 형제자매의 성별과 무관하게 태어난 순서대로 기재하였다. 이 역시 적장 우선의 상속 원칙과 부합하는 기재 방식이다.

## 포괄적 친족용어와 부계를 표상하지 않는 성씨

고려에서는 양측적혈연의식으로 인하여 친족 지칭도 조선후기부터 이어져 현재에도 통용되는, 부계와 비부계를 가르는 지칭과 형태와 구조가 전혀 달랐다. 성별과 혈연거리만 같으면 동일한 지칭으로 포괄하였다. 『고려사』의 상피 규정에서는 상피의 대상을 아버지쪽을 '본족', 어머니쪽을 '외족', 인친을 '처족'으로 구분하였다. 아버지쪽을 '본족'이라고 한 것은 중국의 영향을 받은 표기이다. 그런데 '본족'의 친족지칭 중에는 '부 · 자 · 손', '당형제'처럼 중국에서 성립하여 현재까지 한국에서 사용되는 것들이 있지만, 고모부를 뜻하는 '백모 · 숙모의 남편[*伯母叔母之夫*]'처럼 이해하기 어려운 지칭들이 있다. 또한 '외족'에서는 외조부모를 '어머니의 부모[*母之父母*]', 외삼촌을 '어머니와 부모가 같은 형제[*母之同生兄弟*]'처럼 지칭이 아니라 설명하는 방식으로 기록하였다. 이는 현재 한국에서 쓰고 있는, 대부분 중국에서 유입되었으며 부계와 비부계를 가르는 기능이 있는 지칭을 고려에서는 사용하지 않았기 때문이다.

고려에서는 아버지의 아버지와 어머니의 아버지를 구분해서 부르지 않았다. 아버지의 누이와 어머니의 언니, 아버지의 형제와 어머니의 오라비도 구분하지 않고 하나의 지칭으로 포괄하였다. '한아비(할아버지)'로 내외조부, 즉 친할아버지와 외할아버지를 포괄하였다. 백숙부와 외삼촌은 '아자비(앗+아비)[*叔父*]'로,

고모와 이모는 '아ᄌᆞ미(앚+어미)[叔母]'로 포괄하였다. '앚'은 버금의 뜻이므로 '아자비'는 '아버지에 버금가는 분', '아ᄌᆞ미'는 '어머니에 버금가는 분'이라는 의미이다. 어머니를 여읜 아이를 누가 돌보는 것이 당연하다고 여겨졌을지 짐작케 하는 지칭이다.

이렇듯 고려에서는 성별과 혈연거리가 같으면 동일한 지칭으로 포괄하였다. 한편, 혈족의 처는 혈족을 기준으로 하는 간접 지칭을 사용하였다. 예를 들어 아자비의 부인은 '아자비겨집'이었고, 아ᄌᆞ미의 남편은 '아ᄌᆞ미남진'이었다. 물론 평상시에는 아자비겨집도 '아자미'로 아자비남진도 '아지비'로 호칭하였다. 그러나 외부인에게 소개하거나 법적인 문서에 기재할 때에는 '아자비겨집[叔父妻]'이나 '아ᄌᆞ미남진[叔母夫]'으로 지칭하였다.

이처럼 혈연을 따지지 않는 포괄적 지칭 역시 고려시기에 폐쇄적 혈연집단이 존재하지 않았음을 알려준다. 따라서 성씨의 의미도 현재와 크게 달랐다. 조선후기 이래 성씨는 부계혈연에 근거한 집단과 집단의식을 나타내는 역할을 하였다. 그러나 고려시대의 성씨에는 이와 같은 기능이 없었다. 성씨를 바꾸는 조치는 이를 잘 보여준다. 고려에서는 피휘법避諱法을 적용하여 임금의 이름과 같은 음의 성씨를 바꾸게 했다. 이러한 사례는 중기인 신종과 후기인 충목왕 때 발생하였다. 이때의 명령에서는 어머니의 성씨를 따르고, 부모의 성씨가 같은 경우에는 조모나 외조모의 성씨를 따르게 하였다.

'예천권씨'는 이러한 명령의 결과로 성립한 성씨이다. '예천권씨'의 선조는 본래 예천에서 호장을 세습하던 '흔昕'씨였다. 그러나 충목왕의 이름을 피휘하라는 명령에 따라 어머니 안동 권씨를 따라 '권權'으로 성씨를 바꿔서 현재에 이르고 있다. 이는 고려후기까지 성씨에 부계집단을 표상하는 기능이 없었음을 알려준다. 그러한 기능이 있었다면 단일 성씨의 인물들에게 각각 어머니의 성씨를 따르게 하는 명령은 성립할 수 없었을 것이다. 일괄적으로 다른 글자를 택하여 바꾸게 했을 것이다. 그러나 고려에서는 단일 성씨를 사용하던 다수의 인물을 각각 다른 성씨로 흩어지게 하였다. 부계의식과 부계집단을 표상하는 성씨의 기능은 조선시기에 성립했음을 알 수 있다.

따라서 계보기록에 '~씨 족도', '~씨 족보'와 같은 명칭을 붙일지라도 여기에 해당 성씨만 수록된 것이 아니었다. '~씨'는 기록이 시작되는 첫 인물의 성씨에 불과하였다. 이후 수대에 걸쳐 내외손을 모두 기록한 결과 혈연과 혼인으로 관계되는 모든 인물이 수록되었다. 「해주오씨족도」(1401), 「안동권씨족도」(1454~1456), 안동권씨족보[성화보](1476) 등 현전하는 15세기의 계보기록은 모두 이와 같은 방식으로 작성되었다.

## 고려시기 가족 · 친족 관계의 현재적 의미

조선후기 이래 한국의 '전통적' 가족 · 친족 관계는 부계에 근거한 것이고, 성씨로 표상되는 것이었다. 반면에 고려시기의 가족 · 친족 관계는 '전통'과 전혀 달랐다. 그런데 고려시대 가족 · 친족 관계의 현재적 의미가 갈수록 부각되고 있다. 제반 관행과 의식이 고려시대와 유사하게 변해가고 있기 때문이다.

법률상의 상속은 완전한 균분이 되었다. 관행 역시 균분으로 나아가고 있다. 이에 비례하여 처가 남편 가문의 일원이 된다는 의식은 급격히 약화되고 있다. 아이들은 '할아버지'와 '외할아버지'를 구분해 부르지 않는다. 이혼과 재혼도 급격히 증가하고 있다. 관행과 법률, 의식면에서 조선후기 이래의 '전통'은 약화되는 반면 고려적인 관행과 법률, 의식은 강화되고 있다. 그리고 이로 인하여 '전통'과 변화 사이의 갈등이 발생하고 있다.

현재 한국의 가족 · 친족관계는 '전통'을 온전히 지키는 것도 아니고, '전통'을 완전히 벗어난 것도 아니다. 이 과도기적인 상태로 인해 다양한 갈등이 발생하고 있다. 재산은 법적으로 균분이지만 장자가 더 많이 가져야 할 것 같고, 재혼한 여성은 남편의 전처 자녀에 대해 '어머니'가 되어야 하는 의무 앞에서 고민하고 있다. 이러한 가족적 사회적 갈등과 고민은 현재 심각하게 진행되고 있으며 앞으로도 상당기간 지속될 것이다. 그러므로 고려시대의 가족 · 친족과 관련된 구조와 관행, 의식에 대한 이해는 현재의 문제를 이해하고 미래의 변화를 가늠하는 데 적지 않은 도움을 줄 수 있다.

## 참고문헌

노명호, 1981 「고려의 오복친과 친족관계 법제」『한국사연구』 33.

______, 1983 「고려시의 승음혈족과 귀족층의 음서기회」『김철준박사화갑기념논총』.

______, 1987 「이자겸일파와 한안인일파의 족당세력」『한국사론』 17.

박병호, 1962 「우리나라 솔서혼속에 유래된 친족과 금혼범위-모족·처족을 중심으로-」『법학』 4-2.

이종서, 2009 『고려·조선의 친족용어와 혈연의식』, 신구문화사.

______, 2012 「조선 전기와 후기의 혈연의식 비교-'族' 관련 용어와 권리의무관계를 중심으로-」『한국문화』 58.

# 삶과 죽음의 경계에서: 고려시대 삼년상의 시행방식과 그 의미



황향주

## 삼년상의 의미 변환과 기복논쟁起復論爭

이성계李成桂가 위화도회군(1388년)을 단행하여 우왕禑王을 축출한 이래 고려 정국은 걷잡을 수 없는 혼란에 빠져들었다. 우왕의 실정을 단죄한다는 명목 하에 발생한 쿠데타가 우왕의 아들 창왕昌王의 즉위로 귀결되어버렸던 비정상적 상황은, 쿠데타 주도자들을 분열시키고 그들 사이의 적대감을 북돋기에 충분한 조건을 갖추고 있었다. 개혁정치를 주창하던 사대부들은 창왕의 즉위를 기점으로 이른바 급진파와 온건파로 나뉘어 정치적 정당성을 확보하기 위한 격론을 전개하였다. 이 과정에서 정치 · 문화 · 경제 전 영역에 걸쳐 고려의 전통과 질서에 대한 새로운 사유방식이 등장하게 되는데, 본고에서 주목하는 기복논쟁은 그 일례였다.

기복이란, 전근대 동아시아 국가에서 삼년상 중에 있던 관리를 불러들여 업무를 보게 한 제도이다. 유교에서는 살아계신 부모에 대한 효도만큼이나 돌아가신 부모에 대한 효도를 강조하여 천자부터 서인庶人에 이르기까지 모든 사람들이 삼년 동안 부모의 묘를 지키고 정해진 상례 절차를 밟도록 한다. 이러한 효의 실천에 단 한 가지 경우를 제외한 예외는 용납되지 않는다. 그 한 가지 경우란 국가의 존망이 달린 위기의 순간을 지칭한다. 즉, 기복은 유교의 핵심가치인 충忠과 효孝가 상충하는 상황을 타개하기 위하여 탄생하였다.

『예기禮記』에 처음 공자의 기복 이야기가 수록되었을 때에는 삼년상을 중단할 수 있는 예외적 상황으로 전쟁[金革之事]만이 상정되었다. 이후 중국에서 여러 왕조가 교체되는 동안 관리가 기복할 수 있는 예외적 상황은 점차 확대되었고, 당唐에 이르러 기복은 정치제도로서의 구체적 면모를 갖추게 되었다. 당은 삼년상을 치러야 하는 관원 모두 해관解官, 즉 관직을 내려놓고 떠나도록 강제하는 법령을 제정하면서 동시에 재상 · 장군과 같은 '정치적으로나 군사적으로 중요한 인물'을 기복시킬 수 있다는 예외 조항을 두었다.

이처럼 기복이 제도화된 이후 중국에서는 기복을 둘러싼 정치적 · 사회적 갈등이 종종 빚어졌다. 이는 기복제가 삼년상의 '보장'이라는 측면과 삼년상의 '강제'라는 측면을 동시에 가졌기 때문에 나타난 현상이었다. 삼년상을 치러야 하는 관원에게 해관을 허용하는 것은 일면 국정운영상의 불편을 감수하면서까지 모든 관원에게 효를 실천할 수 있는 권리를 보장해 준 시혜적 조처로 해석될 수 있다. 이때 기복은 관원의 권리를 무시하고 황제의 요구를 관철하는 행위로 이해되어 비판의 대상이 되었다. 다른 한편 삼년상을 이해하는 수준이나 그것을 중시하는 정도에 있어 개인별 차이가 존재하였기 때문에 일부 관원에게 해관은 정치적 거세를 초래하는 방해요소로만 인식될 수도 있다. 그 경우 기복은 정계 복귀를 위한 수단으로 이용되어 때로 정쟁의 소재가 되었다. 더욱이 기복은 모든 관원에게 '일괄적으로' 허용할 수 없는 특수 제도였으므로 그 허용범위를 둘러싸고 논쟁이 촉발될 여지가 다분하였다. '정치적으로나 군사적으로 중요한 인물'의 선정은 개인의 주관에 의하여 좌우되기 때문이다.

고려는 성종成宗 4년인 985년에 상례의 다섯 등급을 규정한 중국의 오복제五服制를 도입하면서 중국과 마찬가지로 기복제를 활용하였다. 흥미로운 것은 기복을 둘러싼 잡음이 빈발하였던 중국과 달리 고려의 기복제가 별다른 논란을 야기하지 않은 채 원활히 운영되었다는 사실이다. 고려 최초의 기복논쟁은 오복제 도입 시점으로부터 약 400년이 지난 창왕 원년(1389)에 이르러서야 발발하였다. 그것은 이색李穡을 겨냥한 정치공세의 일환이었다.

줄곧 가짜 왕을 폐위시키고 진짜 왕건王建의 후예를 옹립해야 한다고 주장해오던 이성계 세력은 창왕 즉위에 기여하였던 이색李穡과 대립하는 과정에서 유학의 대가[儒宗]이자 당대 최고의 원로였던 그를 폄훼하고자 의도적으로 이념적 문제들을 부각시켰다. 유교의 핵심가치인 효孝와 결부되었던 기복은 이성계 세력에게 있어 최적의 소재였다. 창왕 원년 3월 대사헌 조준趙浚을 필두로 한 감찰관들은 아버지가 돌아가셨을 때 상례를 제대로 치르지 않고 국가에서 정한 기복 절차도 지키지 않았다는 혐의를 씌워 이색의 처조카인 민중리閔中理를 탄핵하였다. 같은 해 10월에는 이색의 최측근이었던 이숭인李崇仁이 기복하여 과거시험을 주관하였던 전력으로 인해 도마에 오르내렸다. 이색과 그 측근들의 권위는 민중리 · 이숭인의 행위를 불효不孝로 규정한 이성계 세력의 맹공으로 추락하였으며 정치적 입지 또한 줄어들었다. 기복논쟁 이후 측근들이 처벌을 피할 수 없게 되자 이색은 정계를 떠나 지방에 은거하며 차후의 정치적 공격을 피함과 동시에 위축된 상황에 대한 불만을 간접 표명하였다.

표면적으로 기복논쟁은 이성계 세력의 치밀한 정치적 계산에 의하여 촉발되어 그들의 의도대로 귀결되었다. 그러나 그 이면에는 보다 복잡한 사상적 지형이 자리하고 있다. 정상을 비정상으로 인지하게 되는 시점, 비정상에 대한 비판과 그에 대항하는 반비판이 동일한 전제를 공유하며 적대적 공범관계를 형성하는 시점은 한 시대의 종말을 예고하는 법이다. 이러한 측면에서 기복논쟁은 고려의 기존 전통과 질서에 대한 새로운 시각이 싹트고 공유되어갔던 역사를 비춰준다. 이하에서는 삼년상에 대한 이해와 이를 실천하는 방식의 변화가 곧 기복제를 고려의 새로운 문제로 부각시켰음을 살펴보도록 하겠다.

## '변이된' 고려 기복제와 삼년상의 진면모

고려 성종은 "예악 · 시서詩書의 가르침과 군신 · 부자의 도리는 마땅히 중화中華를 본받아 비루한 풍속을 고쳐야 한다"는 최승로崔承老의 건의를 좇아 중국문물을 수용하는 과정에서 친족 관련 법제의 기준이 되는 오복제를 함께 도입하였다. 국가에서 친소관계에 따른 상복의 등급과 상례기간 등의 의무사항을 제도적으로 확립함에 따라 이제 고려에서도 상례는 사적 영역에만 국한된 문제가 아니게 되었다. 특히 공무와 연결된 사람들에게 상례의 이행을 보장하기 위하여 국가에서 추가적인 조치를 고민해야 하는 상황이 연출되었다.

오복제 도입 직후 고려는 중국의 휴가법령[假寧令]을 참조하여 '오복급가식五服給暇式'을 제정하였다. 오복급가식에서는 관리의 삼년상에 대하여 100일, 일년상에 대하여 30일, 9개월 · 5개월 · 3개월상에 대하여 각각 20일 · 15일 · 7일의 휴가를 주도록 하였다. 여기서 최고 등급의 상례인 삼년상에 대하여 백일의 휴가가 주어졌다는 사실을 주목해야 한다. 백일휴가의 기원은 중국에서 찾아볼 수 있다. 당에서는 삼년상을 당한 관리들에게 해관을 강제하면서도 예외적으로 일부 군관軍官들에게 백일휴가를 주었다. 모든 군관들이 삼년상을 치러야 할 때마다 관직을 사임하고 공무에서 물러나게 된다면 국방상 큰 차질이 빚어져 국가의 존립이 위태로워질 수 있으므로 예외적 조치로 백일휴가를 두었던 것이다. 이는 당 이후 건설되었던 중국 왕조들에서도 유지되었던 방침이다.

고려는 관직이나 관품의 높고 낮음과 무관하게 삼년상을 당한 관리들에게 일

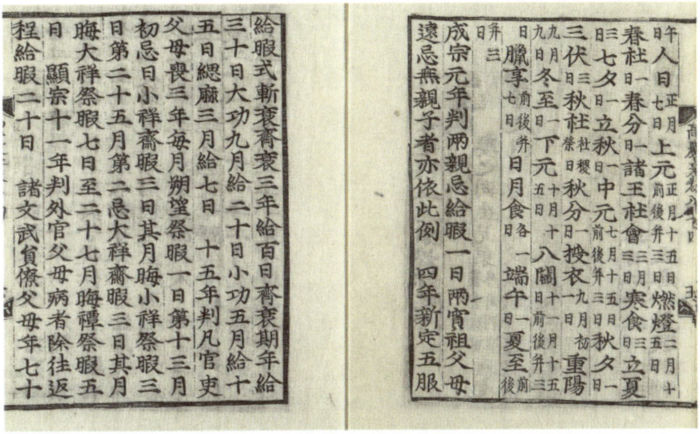
日人日正月七日上元正月十五日前後幷三日燃燈二月十五日
春社一日春分一日諸王社會三月三日寒食三日立夏
三日七夕一日立秋一日中元七月十五日前後幷三日秋夕一日
三伏三日秋社社稷祭日秋分一日授衣九月初一日重陽
九月九日冬至一日下元十月十五日八關十一月十五日前後幷三
日臘享前後幷七日日月食各一日端午一日夏至前後
幷三日
成宗元年判兩親忌給暇一日兩實祖父母
遠忌無親子者亦依此例 四年新定五服

給暇式斬衰齊衰三年給百日齊衰期年給
三十日大功九月給二十日小功五月給十
五日緦麻三月給七日 十五年判凡官吏
父母喪三年每月朔望祭暇一日第十三月
初忌日小祥齋暇三日其月晦小祥祭暇三
日第二十五月第二忌大祥齋暇三日其月
晦大祥祭暇七日至二十七月晦禫祭暇五
日顯宗十一年判外官父母病者除往返
程給暇二十日 諸文武官僚父母年七十

**사진 1. 고려사 형법지 오복급가식(규장각한국학연구원 소장, 규3579)**

관리의 휴가규정[官吏給暇] 속에 오복급가식이 포함되어 있다.

괄적으로 백일휴가를 주었다는 점에서 중국과 차별성을 보인다. 심지어 성종 11년(992)에는 백일휴가를 마친 6품 이하 관리가 담당관청의 명령을 받아 복귀하는 행위를 '기복'으로 부르도록 하였고, 그들이 입는 옷 또한 중국의 기복 관리들이 입던 옷을 참고하여 별도 지정하였다. 5품 이상 관리에게도 동일한 방침이 적용되었다. 고려전기 2품관이었던 평장사 유광식柳光植을 기복시키며 국왕은 "백일이 도래하였으므로 전례대로 옛 직에 돌아오는 것이 마땅하다"라는 논리를 폈다. 즉, 중국에서 중요한 인물을 선별하여 예외적으로 베풀었던 '특례'를 고려는 백일휴가와 연동시킴으로써 보편적이고 일상적인 제도로 변경시켰던 것이다.

기복이 백일휴가와 연동되었기 때문에 사실상 고려에서 삼년상의 원칙은 지켜지지 않았다. 비교적 유교소양이 높고 국가 제도의 구애를 많이 받았던 관리들의 실상이 이러하였으니, 그 이하 서민들에게 삼년상은 더욱 현실성이 떨어지는 이야기였다. 고려말 이색은 상례의 폐단을 지적하면서 문제의 원인이 관리들의 휴가에 있다고 지적한 바 있다. 관리들이 예외 없이 기복을 이유로 삼년상을 중단하기 때문에 관직이 없는 자들이 이를 모방하게 되고, 심지어 서민까지도 구차하고 간편한 것만을 따르게 되었다는 것이 이색의 생각이었다.

기복의 재해석과 변용은 오복제와 고려의 상장례 풍속이 조응하는 과정에서 야기된 필연적 결과였다. 고려에서는 유교가 불교 · 토속종교에 대하여 압도적인 우위를 점하지 못하였다. 정치제도를 제외한 대다수의 영역에서 불교와 토속종교의 권위는 인정되었고, 이는 상례와 장례에 있어서도 마찬가지였다. 고려시대에는 죽은 부모를 화장한 뒤 유골을 수습하여 절에 모셔두거나 생전의 모습대로 동상을 만들어 모시는 예식이 주로 활용되었다. 현전하는 고려 태조왕건동상에서 단적으로 확인되듯 왕실 내에서도 이러한 예식은 어김없이 통용되었다. 따라서 고려 조정에서는 그간의 풍속을 무시한 채 모든 관원에게 삼년상의 원칙적 이행을 강요할 수 없었다.

무엇보다 본질적인 문제는 당시의 유교가 불교 또는 토속신앙이 갖고 있는 종교적 권위를 무너뜨릴만한 형이상학적 체계를 갖추지 못하였다는 데 있었다. 천天이라는 궁극존재와 귀鬼 · 신神이라는 초월적 존재를 상정한다는 점에서 유교 또한 종교로서의 면모를 갖추고 있었으나 이는 불교와 토속신앙을 배제할 만큼 강력하지 않았다. "유교는 나라를 다스리는 법의 근원으로서 현재를 위한 것이며, 불교는 수양의 밑천으로서 내생來生을 위한 것"이라는 최승로의 발언에 단적으로 드러나듯이 고려시대 유교는 종교적 영역으로 확장되지 못한 채 정치적 영역에 국한되었다. 그 결과 산 자와 죽은 자를 매개하는 예식인 상례와 장례에 있어 유교의 영향력은 미미하였다. 고려인들은 불교나 토속신앙의 종교적 체험에 의거하여 삶과 죽음의 경계에 다가서기를 보다 선호하였다.

삼년상을 강제할 수 없었으며 또한 그럴 필요도 느끼지 못하였던 고려 조정은 오복제 도입에 수반되는 딜레마를 해결하기 위하여 기복을 변용시키고 독특한 기복 운용논리를 전개하였다. 고려는 삼년상이 모든 사람들에게 중요한 상례라는 점은 인정하였으나 국가의 이익 또는 국왕의 요구가 삼년상보다 앞서야 한다는 입장을 취하였다. 관리로서의 책임 · 의무에 비한다면 삼년상은 일종의 '구실'이자 '대수롭지 않은 예법[細行]'이었다. 삼년상을 중단하고 국왕의 명령에 응하여 기복하는 것이 고려인들에게는 진정한 대의大義였다. 최고의 효는 죽은 부모에 대한 효가 아니라 살아계신 부모에 대한 봉양이라는 점 또한 강조되었다. 고려 국왕이 관리에게 내린 기복조서에서는 '부모 생전에 봉양을 소홀히 하지 않고 입신양명을 통해 영광을 안겨드렸다면 이미 효도를 다한 것'이라는 논리가 공공연하게 통용되었다.

## 성리학 이해의 심화, 그리고 정상의 비정상화

독자의 체계와 논리를 바탕으로 이어지던 고려의 기복제는 고려말에 이르러 새로운 국면에 접어든다. 지배층 내에서 구래의 삼년상 인식과 기복관행을 비판적으로 바라보는 시각이 대두함에 따라 고려 기복제의 토대가 흔들리기 시작하였다. 대표적으로 원본속기의 이제현李齊賢은 "기한을 정해 휴가를 주는 것도 실례失禮가 심하다"고 하며 고려의 기복제를 부정적으로 바라보았고, 비슷한 시기에 이색 또한 고려에서 삼년상이 제대로 이행되지 않는 것은 모두 관리들의 백일휴가 때문이라고 주장하였다. 실제 이색은 자신의 생각을 공민왕恭愍王에게 상주하여, 공민왕 6년인 1357년에 국가가 관리들의 삼년상을 실질적으로 보장하도록 만들기도 하였다. 이는 백일휴가와 연동된 종래의 기복제를 국왕이 공식적으로 철폐한 사건이었다. 비록 홍건적의 침입과 국정의 혼란 등을 이유로 그 이후 삼년상의 원칙은 수차례 파기되었다가 회복되기를 반복하였으나, 이러한 '번거로움'의 바탕에 새로운 사상적 지형이 자리하고 있었다는 사실은 분명하게 확인된다.

이제현과 이색은 성리학자라는 정체성을 공유한다. 즉, 이들이 고려의 전통과 정상적 질서를 비정상으로 인지하게 된 근저에는 원元을 통하여 전래된 주자성리학朱子性理學이 있었다. 일찍이 중국에서 주자성리학은 남송南宋과 원의 사회문화적 토대를 변화시키는 동력으로 작용하였다. 주자성리학은 이기론理氣論이라는 형이상학적 체계를 통해 하늘과 인간, 귀와 신의 문제를 해명하였다는 측면에서 불교 및 도교와 경합할 수 있는 이론적 기반을 제공하였다. 아울러 지역 사대부의 이데올로기로 작용하여, 학學과 정政의 주체임을 자임한 사대부들이 불교 · 도교와의 직접적인 경쟁을 주도하면서 기저에서부터 체제를 변혁해 나아갈 수 있도록 강한 동기를 부여하였다.

특히 중국의 사대부들은 주희朱熹가 창시한 독자적 예학禮學에 근거해 교화사업을 추진함으로써 중국사회의 내적발전을 촉진하였다. 주희는『대학大學』의 '수신제가치국평천하'라는 강령과 예학을 접목시켜, 개인적 수양 및 가정의 치평 문제와 직결된 가례家禮가 향례鄕禮와 방국례邦國禮, 나아가 왕조례王朝禮까지 확대되는 예적 질서의 시발점이자 중핵이 된다고 주장하였다. 그는 이상적 사회질서의 구현을 위해서는 신분의 고하를 막론하고 관혼상제로 구성된 가례를 준수해야 한다고 이해하였고, 그 가운데에서도 상례와 제례는 부계적인 가족윤리를 확립하고 가정의 안정성을 제고하기 위한 수단으로서 중시하였다. 그 결과 주희를 기점으로 국왕 · 관인층 중심의 오례五禮보다는 사대부를 중심으로 하는 사례四禮로 예학의 초점이 옮겨갔다. 사대부층은『주자가례朱子家禮』를 보급하며 관혼상제의 엄격한 실천을 강조하는 데에 관심을 가졌다.

남송대의 분위기는 몽골 세조世祖 쿠빌라이의 대한족정책對漢族政策에 힘입어 원으로 이어졌다. 일찍이 쿠빌라이는 금金과 남송을 무너뜨리는 과정에서 경제적 · 군사적으로 독립된 한인세후漢人世侯들의 지원을 얻었다. 한인세후와의 연계는 곧 그들 휘하에 있던 지역 사대부들과의 연계로 이어졌다. 몽골의 전쟁 양상이 수탈전에서 정복전으로 전환되던 시기 쿠빌라이는 금과 남송 지역에 대한 지배를 정당화하는 데 전력하였는데, 지역 사대부들은 이 과정에서 막대한 영향력을 행사하며 이데올로기전戰 차원에서 몽골 대 금 · 남송의 대결을 이끌었다. 사대부들은 쿠빌라이를 유교적 이상군주로 포장해 선전하였고, 쿠빌라이는 그들의 사상과 문화를 적극 활용함으로써 정복지의 안정화를 꾀하였다.

쿠빌라이의 정책에 따라 중국 사대부들의 삼년상 문화는 원의 통치하에서도 유지되었다. 쿠빌라이의 후계자인 성종成宗 테무르는 선대의 방침을 계승하여, 몽골인 · 색목인을 제외한 관리들에게 기존의 풍속대로 상례와 장례를 치르는 것을 허락하되 일부 군관이나 조정의 공무를 비울 수 없는 사람들에게만 예외를 적용하겠다는 법령을 공포하였다. 이러한 제도에 힘입어 한족의 삼년상 문화는 차츰 원 지배층 사이에 확산되었다. 심지어 원 문종文宗 시기에는 한족의 방식을 따르려는 몽골인과 색목인에게 한족의 제도를 적용하겠다는 성지聖旨가 발표되기까지 하였다. 이러한 면모 때문에 원은 고려인들의 눈에 중화의 유풍을 계승한 국가로 인식될 수 있었다. 적어도 동시대를 살았던 고려인들은 원을 중화로 인정하였으며, 그 문화를 본받아 고려의 풍속을 바꾸려 하였다. 대표적으로 이색은 고려의 상례와 제례 풍속을 비판하면서 원 사대부의 삼년상 풍속을 예찬하였다.

이색과 같은 고려 사대부들이 중국의 삼년상 풍속을 정상으로 인지하고 이를 비교의 준거로 삼을 수 있었던 배경에는, 원과의 교류를 통하여 주자성리학이 고려 사회 저변에 침투하였던 역사가 있다. 원의 과거제도는 이 과정에서 촉매제 역할을 하였다. 제과制科에 응시하여 입신양명하기를 바랐던 고려 유학생들은 주자성리학에 천착하였으며 자연스럽게 주자성리학의 실천윤리를 체현하게 되었다. 원에서 고려에 설치한 유학제거사儒學提擧司 또한 주자성리학의 보급에 크게 일조하였다. 그 결과 고려말에 이르면 성리학적 소양을 바탕으로 한 신흥유신 세력이 대두하여 고려사회의 사상적 · 정치적 흐름을 조금씩 바꿔나가기 시작하였다. 특히 공민왕대에는 국정운영의 공공성을 회복하려는 노력 속에 신흥유신 세력과 그들의 이념에 관심이 모아지면서 이들에 의한 개혁이 현실화되기에 이르렀다. 공민왕 시기의 '번거로움'은 바로 이러한 시대적 맥락 속에 나타난 역사적 현상이었다.

## '다름'과 '틀림'의 사이

창왕 원년의 이숭인 기복논쟁은 크게 세 단계로 나누어 분석해볼 수 있다. 각 단계별로 명분에 맞는 기복이란 무엇인가에 대한 사대부들의 고민이 조금씩 심화되어 나갔으며, 그 결과는 새로운 기복제로 수렴되어 '조선적' 정체성의 한 부분을 형성하였다.

이성계 세력이 이숭인의 기복을 빌미로 탄핵에 돌입하였을 당시 가장 먼저 문제시되었던 것은 기복의 '불법성不法性'이었다. 전면에서 탄핵을 담당한 오사충吳思忠은 "부모의 상을 당하여 삼년의 기간을 채우지 못하였다면 과거를 관장할 수 없는 것이 국가의 제도"라는 근거를 들며 이숭인의 행동을 비난하였다. 그러나 이러한 언술의 전거는 어디서도 찾아볼 수 없다. 『고려사』에서 부모의 상을 당한 사람이 과거에 응시하여 물의를 빚었던 사례는 찾아볼 수 있는 반면 기복한 관원이 시관을 맡음으로써 문제가 발생하였던 사례는 찾아볼 수 없다. 결정적으로 『고려사』에는 이숭인과 같이 기복 후 시관을 역임한 인물들의 행적이 수록되어 있다. 따라서 오사충의 말을 문자 그대로 받아들여 고려에 기복한 관원들의 활동을 제약하는 법규가 있었다고 보아서는 안 된다. 사실상 오사충의 비난은 기복 후 과거시험을 주관한 행위의 '불법성'보다는 '정당성'을 지적하는 데 있었다. 기복을 떳떳하지 못한 행위로 인식하는 시각이 당시 지배층 내에

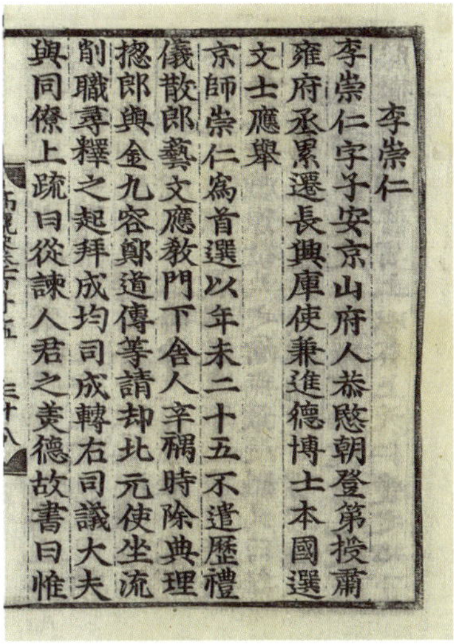

李崇仁
李崇仁字子安京山府人恭愍朝登第授肅
雍府丞累遷長興庫使兼進德博士本國選
文士應舉
京師崇仁爲首選以年未二十五不遣歷禮
儀散郞藝文應教門下舍人辛禑時除典理
摠郞與金九容鄭道傳等請却北元使坐流
削職尋釋之起拜成均司成轉右司議大夫
與同僚上疏曰從諫人君之美德故書曰惟

**사진 2. 고려사 이숭인 열전**
**(규장각한국학연구원 소장, 규3579)**

서 일정한 공감대를 확보하고 있었기에 이러한 오사충의 언설이 등장할 수 있었고, 동시에 유효할 수 있었다.

오사충의 비난을 면밀히 살펴보면 또 하나의 흥미로운 점을 발견할 수 있다. 오사충의 탄핵문에 따르면 표적이 되고 있는 이숭인 또한 종래의 기복 관행을 무비판적으로 답습한 인물은 아니었다. 이숭인은 산기상시散騎常侍라는 높은 직위를 강등하여 상호군上護軍이라는 낮은 관직을 구한 뒤 시험을 관장하였다. 이러한 번잡함은 이전의 사례에서 찾아볼 수 없었던 것이다. 기복 후 과거시험을 주관하였던 옛 고려인들은 굳이 문관직文官職을 사임하고 무관직武官職을 요청하지 않았다. 이숭인은 부모상을 당한 문신이 기복하여 길례吉禮를 행하는 것이 부적절하다고 생각하였기 때문에 이러한 행보를 보였던 것으로 이해된다. 중국의 제도에서 문신은 되도록 기복을 사양해야 했으며, 부득이하게 기복을 한 경우에도 즐거운 행사를 사양하면서 시묘살이를 하던 때와 동일한 생활을 유지해야 했기 때문이다. 정치색과 무관하게 신흥유신 집단 사이에 기복에 대한 새로운 이해방식이 확산되어 나갔다는 사실을 이숭인의 번잡한 행보를 통하여 확인할 수 있다.

두 번째 단계에서는 이숭인을 옹호하기 위하여 개입한 권근權近이 고려 기복제의 본질적 특성과 운용논리를 옹호 근거로 내세움에 따라 논쟁이 본격화되었다. 권근은 고려에 삼년상을 원칙대로 치를 수 있는 자가 만에 한 명밖에 안 된다며 운을 뗀 뒤 그간 국가에서 기복제를 이용하여 삼년상을 할 수 없게 만들었다는 점을 강조하였다. 아울러 이숭인의 기복은 그의 생부生父가 간절히 원하였기 때문에 이루어진 것이라는 이야기를 덧붙였다. 이는 기존 전통과 질서에 기대어 이숭인의 행위를 정당화한 것이었다. 살아계신 아버지를 위하여 돌아가신 어머니에 대한 효를 차치하였다는 논리는 상례보다 '봉양'이 더욱 중요하다는 기존의 기복운용논리를 답습하고 있었다.

최종적으로 오사충이 권근의 논리를 정면 반박함에 따라 고려 기복제를 둘러싼 담론 지형은 완전히 재편되었다. 오사충은 이숭인의 기복이 단순히 개인적 욕망을 위한 것이었다고 비난함과 동시에 권근의 논리가 유효하지 않다고 역설하였다. 오사충은, 생부를 들어 이숭인을 변론한 권근은 리理에 맞지 않는 논리로써 이숭인의 잘못을 덮으려 하였으므로 인륜을 훼손한 죄가 크다고 주장하였다. 봉양을 위하여 삼년상의 의무를 다하지 않아도 된다는 논리는 기복논쟁이 전개되는 과정에서 더 이상 통용되지 않았다.

종래의 기복제는 '틀린' 것이 되었다. 그간 고려에서 기복은 국정운영에 공헌한다는 측면에서 충을 실현하는 방편이었고 입신양명을 통해 부모의 이름을 영화롭게 한다는 측면에서는 효를 실현할 수 있는 방편으로 인식되었으나, 이제 이성계 세력에게 대다수의 기복은 대의를 무너뜨리는 사악한 행위로 낙인찍히게 되었다. 개인적 욕망을 위한 기복과 진정한 대의를 위한 기복을 분별하기 위하여 철저한 정치적 논쟁과 검증을 요구하게 되는 새로운 시대의 막이 열렸다.

## 효에 대한 성리학적 신념과 그 구현

기복논쟁을 거치면서 고려의 기복 관행은 공적인 논의의 장에서 부정되었다. 기복을 정당하지 못한 행위로 보는 인식이 확산된 결과 기복한 관리에게 중요한 직책을 맡길 수 없다는 논리가 등장하였으며, 삼년상을 대수롭지 않은 예법으로 간주하는 인식이나 충실한 봉양을 위하여 기복할 수 있다는 논리 역시 부정되었다. 이로써 최초로 기복 문제를 제기한 이성계 세력은 논쟁이 종식된 이후 새로운 기복제를 구상해야만 하는 상황에 놓이게 되었다.

공양왕恭讓王 2년(1390)의 윤이尹彝 · 이초李初 사건을 해결하면서 정국 주도권과 병권을 장악한 이성계 세력은 다음 해 5월 '대명률大明律'을 준거로 삼아 오복제를 개정하면서 기복제에 대해서도 대대적인 수정을 가하였다. 그들의 지향은 고려의 삼년상을 정상화하는 데 맞추어졌다. 이성계 세력은 유교적 효 실천을 대표하는 삼년상을 만인불변의 예법으로 상정하였으며, 이를 저해하지 않는 선으로 기복의 적용범위를 최소화하였다.

수정된 기복제는 크게 세 가지 측면에서 이전과 차별화되었다. 첫째, 백일휴가를 받을 수 있는 관인층의 범위가 축소되면서 '해관'을 전제한 기복제가 정립되었다. 고려는 백일휴가가 끝난 뒤 기복이라는 명색하에 모든 관리를 복직시켰던 기존 방침을 폐기하고, 관리들이 사임 후 삼년상을 마치도록 종용하였다. 백일휴가는 군관 또는 삼년상을 허가할 수 없는 자들을 위한 예외적 조처로 두고서 기복제와 별개로 운영하였다.

둘째, 삼년상을 당한 관리들이 원칙적으로 해관해야만 하는 시대가 되었기 때문에 새로운 제도에서는 전체 관인층을 대상으로 하는 추가 휴가 규정이 더 이상 보이지 않게 되었다. 이전까지 고려의 기복제는 모든 관리들로 하여금 백일휴가를 받아 관직으로 복귀하도록 만드는 시스템이었기 때문에, 부모 사후 일 년 만에 치르는 소상제小祥祭와 이 년 만에 치르는 대상제大祥祭, 삼년상을 끝낼 때 치르는 담제禫祭를 고려하여 관리들에게 추가로 휴가를 주었다. 반면 공양왕 3년의 제도에서는 소상제 · 대상제 · 담제를 치를 시기만을 확정해줄 뿐 이를 위한 추가 휴가는 상정하지 않았다. 추가 휴가는 기복한 특수 관원이나 백일휴가를 받은 소수의 군관들에게만 제공되는 것으로 그 성격이 바뀌었다.

셋째, 국가의 중요한 정무에 관계되어 있어 반드시 기복해야 하는 자일 경우에만 왕에게 상주하여 허가받고 기복시킨다는 규정이 추가됨으로써 이제부터는 기복의 사안별 '적합성'이 중요한 문제로 부각되었다. 규정대로 공양왕 3년 이후 기복은 국왕과 관리들 간의 충분한 논의를 거쳐 이루어졌다. 이 과정에서 때때로 국왕과 관리 사이에 또는 관리들 사이에 특정 인물의 기복에 대한 이견이 나타나기도 하였다. 관리들이 원하는 인물의 기복을 국왕이 허가하지 않거나 반대로 국왕 또는 일부 관리가 원하는 인물의 기복을 다른 관리들이 서경권署經權을 동원하여 저지하는 경우가 발생하였다. 기복의 적합성을 평가하는 데 있어 '정치적 중요성'이라는 요소는 객관적인 척도가 아니었으므로 기복이 정치적 문제로 비화될 가능성은 매우 커졌다.

공양왕 3년의 기복제는 훗날 조선 건국의 주체가 되는 이성계 세력에 의하여 마련되었기 때문에 자연히 당시의 원형 그대로 조선왕조로 계승되었다. 조선에서는 위에서 언급한 세 가지의 차별화된 특성을 고수하였다. 태조太祖와 태종太宗 등 조선전기 국왕들은 원하는 관리를 뜻대로 기복할 수 없는 현실에 불만을 표하며 관리들과 충돌하기도 하였으나, 삼년상을 중대한 예법으로 치부하던 당시의 사상적 지형에서 결코 벗어나지 않았다. 조선의 국왕과 관리는 모두 기복의 남발이 가져올 사회적 파급효과를 염려하며 기복 문제에 신중한 태도를 취하였다.

이처럼 고려말과 조선초에는 삼년상 인식 및 실천방식의 변화로 인하여 '기복제'라는 기표 안에 전혀 다른 기의가 내포되었고, 이를 계기로 정치문화와 형법 등 다양한 방면에서 연동된 변화가 나타났다. 한편으로 조선시대의 기복은 고려와 달리 중요한 정쟁政爭 수단으로 부상하였다. 기복 대상으로 언급된 관리는 최종 기복명령을 받을 때까지 자신의 정치적 역량에 대한 갑론을박에 시

달려야했음은 물론이거니와 기복 이후에도 기복한 전력을 일종의 낙인으로 짊어졌다. 이는 기복을 불효로 간주하는 논리구조가 만들어낸 필연적 귀결이었다. 다른 한편으로 형법 분야에서는 삼년상 및 기복제 관련 법령의 틈새를 노린 불법적 행위를 강하게 규제하기 시작하였다. 고려에서는 삼년상을 사칭한 관리들을 처벌하는 것이 중요하였던 반면 조선에서는 삼년상을 감추는 관리들을 처벌하는 것이 중요한 문제가 되었다. 이는 양국의 기복제가 전혀 다른 기의를 내포하였기에 불거진 차이였다. 삼년상을 사칭하여 백일휴가를 받는 관리가 문제였던 고려와 달리 조선에서는 해관으로 인한 정치적 거세를 피하고자 삼년상을 다른 가족의 상으로 속이는 경우가 문제였다. 따라서 조선은 중국의 형법을 적극 도입하여 삼년상 중임에도 해관하지 않는 자에게 도형徒刑 2년 반을 주었다.

지금까지의 검토에서 드러나듯 한국의 상례와 장례에 대하여 생각할 때 떠오르는 고정된 이미지, 즉 삼년상을 치르는 자식들의 애통함과 극도의 자기학대 및 절제는 고려말부터 조선초의 시대적 전환 과정에서 만들어진 새로운 문화이다. 외래문물과 토속의 딜레마를 해결하기 위한 고려인들의 고민은 그 이전까지 응용과 창조의 동력이 되어 다양한 분야에서 '고려적인' 요소들을 만들어내었다. 독자의 사회문화적 토대는 고려적인 요소들을 창출하고 유지하는 바탕이 되었다. 이후 그 토대에 형성된 균열은 점차 고려인들로 하여금 정상을 비정상으로 인지하게 만들었다. 나아가 비정상을 해결하려는 노력은 새로운 시대의 정체성을 형성하였다.

## 참고문헌

김택민 외, 1994『譯註 唐律疏議』, 한국법제연구원.

김호동, 1989「蒙古帝國의 形成과 展開」『講座中國史3-士大夫社會와 蒙古帝國-』, 지

식산업사.

남동신, 2009「大城孝二世父母條에 보이는 孝와 善」『新羅文化祭學術論文集-신라인들은 孝와 善을 어떻게 실천했는가?-』, 경주시 · 신라문화선양회 · 동국대학교 신라문화연구소.

도현철, 1999『高麗末 士大夫의 政治思想硏究』, 일조각.

이범직, 1991『한국중세예사상연구』, 일조각.

이희덕, 1984『高麗儒敎政治思想의 硏究-高麗時代 天文五行說과 孝思想을 中心으로-』, 일조각.

채웅석, 2009『「고려사」 형법지 역주』, 신서원.

황향주, 2011「고려 起復制와 14세기말 起復論爭」『한국사론』 57.

小島毅 지음, 신현승 옮김, 2004『송학의 형성과 전개』, 논형.

# 찾아보기

## ㄱ

ㄴ



ㄷ



ㄹ

## A

**노명호**Ro, Myoungho

서울대학교 국사학과 명예교수
서울대학교 국사학과에서 학사, 석사, 박사학위를 받았다. 전남대학교 사학과, 중앙대학교 사학과를 거쳐 서울대학교 국사학과 교수로 재직하였다. 대표적인 저서로 『고려국가와 집단의식』, 『고려태조 왕건의 동상』 등이 있고, 이외에 고려시대 친족제도와 관련한 다수의 논문이 있다.

**서성호**Suh Sungho

국립중앙박물관 학예연구관
「高麗前期 手工業 硏究」라는 주제로 서울대학교 국사학과에서 박사학위를 받았다. 고려시대의 수공업과 도시, 생활, 그리고 유물 등 다양한 분야에 관심을 가지고 공부하고 있다.

**이익주**Lee, Ikjoo

서울시립대학교 국사학과 교수
「고려원관계의 구조와 고려 후기 정치체제」(1966)라는 제목으로 서울대학교 국사학과에서 박사학위를 받았다. 고려시대 국제관계사와 고려 후기 정치사에 관심을 가지고 연구하고 있다.

**박재우**Pak, Jaewoo

성균관대학교 사학과 부교수
「고려전기 재추제도와 국정운영체계 연구」라는 제목으로 서울대학교 국사학과에서 박사학위를 받았다. 고려시대의 중앙정치체제와 지배층에 대해 관심을 가지고 연구하고 있다.

**윤경진**Yoon, KyeongJin

경상대학교 인문대학 사학과 교수
「고려 군현제의 구조와 운영」이라는 주제로 서울대학교 국사학과에서 박사학위를 받았다. 고려시대 지방제도를 중심으로 연구를 수행하고 있다.

**최연식**CHOE, Yeonshik

동국대학교 사학과 교수
「균여 화엄사상 연구」로 서울대학교 국사학과에서 박사학위를 받았다. 불교를 중심으로 한 한국 고대 및 중세의 사상사에 관심을 가지고 연구하고 있다.

**이종서**Lee, Jongseo

울산대학교 역사 · 문화학과 교수
「14~16세기 韓國의 親族用語와 日常 親族關係」라는 주제로 서울대학교 국사학과에서 박사학위를 받았다. 전근대 생활사와 심성사에 관심을 가지고 연구하고 있다.

**추명엽**Chu Myungyub

세종과학고등학교 교사

서울대학교 국사학과에서 고려 12세기 초 여진정벌과 정국 동향을 주제로 석사 논문을 쓰고 박사과정 수료 이후 「고려시기 해동 인식과 해동천하」 등의 글을 발표하였다. 고려시기 국제관계와 정치사회사에 관심을 갖고 연구하고 있다.

**정요근**Jeong Yokeun

덕성여자대학교 사학과 부교수

「高麗 · 朝鮮初의 驛路網과 驛制 연구」라는 제목으로 서울대학교 국사학과에서 박사학위를 받았다. 고려시대 지방사회와 지방제도, 그리고 전근대시기 역사지리 전반에 대한 주제를 연구하고 있다.

**이강한**Lee Kang Hahn

한국학중앙연구원 한국학대학원 한국사학전공 부교수

「13-14세기 고려-원 교역의 전개와 성격」이라는 주제로 서울대 국사학과에서 박사학위를 받았다. 고려와 원제국 간 교역의 역사 및 양국간 제도교류의 실태를 연구하고 있다.

**최종석**Choi Jongsuk

동덕여자대학교 국사학과 조교수

「고려시대 治所城 연구」라는 주제로 서울대학교 국사학과에서 박사학위를 받았다. 고려시대 · 조선초기 사회사와 문화사에 관심을 갖고 연구하고 있다.

**강호선**Kang Hosun

성신여대 인문과학대학 사학과 조교수

「高麗末 懶翁慧勤 硏究」로 서울대학교 국사학과에서 박사학위를 받았다. 고려후기~조선전기 불교사에 관심을 갖고 연구하고 있다.

**이명미**Lee Myungmi

서울대학교 인문대학 인문학연구원 연구원

「고려-몽골 관계와 고려국왕 위상의 변화」라는 주제로 서울대학교 국사학과에서 박사학위를 받았다. 고려후기 대외관계와 정치사에 관심을 갖고 연구하고 있다.

**김우택Kim, Wootaek**

서울대학교 국사학과 시간강사
고려시대의 과거제라는 주제로 서울대학교 국사학과에서 박사학위를 준비중이다. 고려시대의 정치문화와 선거제도에 관심을 갖고 연구하고 있다.

**정동훈Jung Donghun**

서울시립대학교 박사후연구원
「고려시대 외교문서 연구」라는 제목으로 서울대학교 국사학과에서 박사학위를 받았다. 고려시대부터 조선 초에 걸쳐 중국 왕조와의 외교에서 시행된 제도적 요소들에 관심을 가지고 연구하고 있다.

**황향주Hwang, Hyang-ju**

서울대학교 국사학과 시간강사
「고려 起復制와 14세기말 起復論爭」이라는 주제로 서울대학교 국사학과에서 석사학위를 받았다. 고려 왕실을 중심으로 고려시대의 정치사를 검토해보고자 한다.

**오희은Oh Hee-eun**

서울대학교 국사학과 박사과정
「고려시대 '연고지 유배형'의 성격과 전개」로 석사학위를 받았다. 고려시대 법제사, 형벌 제도에 관심을 갖고 연구하고 있다.

**렘코 브뢰커Remco E. Breuker**

Professor and Chair of Korean Studies, Leiden University
네덜란드 출신 한국사 연구자로서 고려 중기와 후기 역사를 연구하고 있다.

**모리히라 마사히코(森平雅彦)Morihira Masahiko**

일본 규슈대학九州大學 인문과학연구원人文科學研究院 교수
「고려-원 관계의 기본구조: 몽골제국의 패권과 고려왕가」라는 제목으로 일본 동경대학에서 박사학위를 받았다. 고려후기 정치사, 한국 중세 근세 국제교류사, 물환경을 중심으로 한 환경사 등에 관심을 가지고 연구하고 있다.